SF 꿈이 만든 현실

The Dreams our stuff is Made of ✳

토마스 M. 디쉬 지음 | 채계병 옮김

SF
꿈이
만든
현실

이카루스미디어
ICARUS MEDIA

초판1쇄 발행일 2017년 7월 10일

지은이 : 토머스 M. 디쉬
옮긴이 : 채계병
펴낸곳 : 이카루스미디어

출판등록 제 8-386호 2002년 12월 10일

01214 서울시 강북구 숭인로 19(미아동) 4층
전화 : 070) 7587-7611 팩시밀리 : 02) 303-7611
E-mail : icarusmedia@naver.com
ⓒ2017 이카루스미디어

ISBN 978-89-94183-02-2 03300
가격은 뒷표지에 있습니다. 잘못된 책은 구입하신 곳에서 바꿔드립니다.

•• 목차 ••

들어가는 말

공상과학소설의 주 독자층은 12살이라고들 한다. 나는 공상과학소설의 주 독자층이 12살이라는 말을 에이전트인 테리 카에게서 1964년에 처음으로 들었다. 12살은 SF를 읽고 놀라움을 느끼기 시작하는 나이다. SF의 주 독자층이 12살이라는 통상적인 견해는 더 이상 현실을 반영하지 못하고 있다. 취학 전 아이들은 누구나 공상과학소설에서 기본적으로 반복되는 이미지들——로켓우주선과 로봇, 외계인과 공룡 따위——을 판타지 생활의 기본 항목으로 삼을 정도로 공상과학소설이 우리 문화에 널리 보급되어 있기 때문이다. 우리 시대 12살 전후의 아이들은 공상과학소설적인 것들에 익숙해져 있다.

분명 10대 아이들이 익숙한 것은 인쇄된 공상과학소설은 아니다. 오늘날의 10대는 구텐베르크의 인쇄매체 세계에서 벗어나 있기 때문이다. 테리와 내가 만화책에서 싸구려 잡지로 옮겨갔듯 더 똑똑한 요즘 아이들은 성숙해지면서 TV에서 컴퓨터 모니터로 관심을 옮겨가고 있다. TV와 컴퓨터에서 과학적 허구와 다채로운 인접 현실들을 구분하기는 점점 더 어려워지고 있다. 영화 속 공룡들은 코끼리나 낙타처럼 현실적으로 보인다. 어린 아이들의 인형은 무기로 변형되고 토크 쇼에 나온 어른들은 자기들이 UFO에 납치되었던 일에 대해 토론한다. 한편 다음 채널에선 따분한 다큐멘터리 프로그램이 우주 탐험의 역사를 이야기하고 있다. 아이들은 학교에 들어가서야 현실과 허구를 구별하기 시작한다.

공상과학소설은 미국이 해외에 이식하지 못한 산업들 중 하나다. 일본은 미국의 자동차산업을 뛰어넘는데 성공한 반면 대부분의 공상과학소설은 아직도 '메이드 인 아메리카'로 SF작가들이 묘사하는 것은 여전히 미국의 미래다. 『오즈의 마법사』에서처럼 캔자스를 배경으로 한 것은 오즈만이 아니라 전 은하제국이 원대하게 그려진 아메리칸 드림(혹은 악몽)일 뿐이다. 영국의 록 스타들이 미국식 악센트를 흉내 내는 것처럼 영국의 SF작가들은 소설에 미국식 속어를 구사하고 있다. 프랑수아 트뤼포나 뤽 베송 같은 프랑스 영화감독들은 미국 도시들을 배경으로 SF영화를 촬영한다.

미국식 SF의 꿈은 약 70년 전 최초의 '공상과학소설' 전문지인 「어메이징스토리」 출간과 함께 하나의 제도이자 산업으로 융합되기 시작했다. 장르 분류가 되지 않았던 것을 휴즈 건즈백이 처음으로 공상과학소설로 부르기 시작했다. 애초에 미국식 SF는 청소년 독자들을 대상으로 그들보다 약간 더 나이 먹은 저자들이 쓴 일관성 없고 분명 불합리한 것들로 가득한 소박하고 어색한 짜깁기 물들이었다. 질에 대한 고려 없이 마구잡이로 출간된 SF가 사실상 오락 산업의 가장 세련된 공급원 역할을 하고 있지만 SF의 본질적 매력과 대상 독자층은 변하지 않았다. 성공적인 SF영화──〈E.T.〉, 〈스타워즈〉 3부작, 〈터미네이터 2〉, 〈인디펜던스 데이〉처럼 흥행에 크게 성공한 몇몇 영화——들은 장르의 소박한 기원인 소년들의 모험 공식을 가장 충실히 따르고 있다.

공상과학소설이 문단에서 오랫동안 배척되었던 이유가 소년들의 모험 공식을 충실히 따랐기 때문이라는 설명은 수긍하기 어렵다. 1950년대와 1960년대의 전형적인 SF영화 포스터들을 보면 공상과학소설이 문학 장르로서 정당한 대우를 받지 못했던 이유를 부분적으로 이해할 수 있다. 당시 SF는 성욕으로 갈등하는 청소년들을 대상으로 한 저예산 영화를 의미했다. 청소년들은 젊은 여배우가 그 모습을 보는 것만으로도 비명을 지르곤 하는 10대 늑대인간, 호색한 로봇, 기이한 피부색의 다른 존재로 변하는 것을 상상하며 전율했다. 흔히 다 알고 있다는 듯 미소 지으며 공상과학소설을 지적 여드름과 다름없는 것——꼴사납긴 하지만 일시적인 고민거리에 불과한 것——으로 치부할 때 염두에 두는 것이 이런 괴수영화들이었다.

이제 〈스타 트렉〉 같은 것은 인정하지만 요즘도 편견에 사로잡힌 사람들은 공상과학소설의 흔적이 있는 것들을 경멸하는 경향이 있다. 하지만 때로 SF가 존중할만하다고 느껴지기 때문에 무턱대고 경멸하기도 어려워졌다. SF의 생활 방식이 컴퓨터 바이러스처럼 지적 환경에 퍼져있기 때문이다. 교양인이나 지식인이라 할 수 있는 주류 작가들 중에서 공상과학소설을 출간한 사람으로는 도리스 레싱(2007년 노벨상 수상), 고어 비달, 마가렛 애트우드, 피터 액크로이드, 이라 래빈, P. D. 제임스, 폴 세로와 저명한 마이클 클라이튼을 들 수 있다.

1969년 『안드로메다 스트레인』을 출간한 이래 〈잃어버린 세계〉가 새로운 박스 오피스 기록을 세울 때까지 20세기에 클라이튼은 상업적인 면에서 연이어 가장 성공을 거둔 SF작가였다. 그는 대체로 SF작가로 치부되지 않아 성인들의 관심을 끈 덕분에 성공을 거둘 수 있었다. 마이클 클라이튼은 자신의 베스트셀러에서 외계에서 온 바이러스성 질병, 아프리카 오지에서 멸망한 부족들, 전자 공학적 행동 통제, 난폭한 로봇, 대양에 추락한 UFO, 현대 도시들을 공포에 몰아넣는 공룡들을 상상하며 전형적인 SF 비유들을 구사하고 있다. 하지만 그가 이런 소재들을 다룰 때 그의 책은 SF가 아니다. 왜 그럴까? 클라이튼의 책에선 우주선이나 다른 행성이 아니라 그럴듯한 현실을 배경으로 한 가지 소재에만 초점을 맞추어 변형하기 때문이다. 하지만 마이클 클라이튼이 제시하는 새로운 경험은 독자들이 이미 절반 정도는 믿고 있는 어떤 것이다. 영화 〈쥐라기 공원〉이 상영될 때 모든 미디어 광고는 과학적으로 공룡을 복원할 수 있는 단계에 이른 것처럼 보이도록 기획되었다. 클라이튼과 그의 배후에 있는 마케팅 조직은 허풍을 떠는 것만으로는 충분하지 않다는 사실을 알고 있었기 때문이다. 사람들은 꾸며낸 이야기들을 '믿고' 싶어 한다. 따라서 복합어인 '공상과학소설'에서 주장을 입증하는 '과학'은 초현실적이거나 초자연적인 환상이나 전설에 반대되는 것으로서 꿈은 이루어질 것이라는 사실을 암묵적으로 보장하고 있다.

로켓 우주선이나 마법의 양탄자를 탄 사람들은 비슷한 옷을 입고 거의 같은 모험을 하지만 로켓 우주선은 SF이고 마법의 양탄자는 판타지 문학에 속한다. 과학적으로 시간 여행은 거의 불가능하고 초능력은 과학이 아닌 사기지만 시간 여행 이야기는 텔레파시나 다른 초능력에 대한 이야기처럼 SF로 받아들여진다. 소위 정통 SF작가로 불리는 합리적인 성향의 일부 SF작가들은 과학으로 다루기 불가능한 이야기들을 배제함으로써 SF장르를 정의하려 한다. 하지만 합리적인 성향의 작가들도 결국 빛보다 빠른 로켓 우주선의 형태를 한 날으는 양탄자라는 소설적 필요에 부응하게 된다. 빛보다 빠른 우주선 없이는 SF가 태양계를 벗어나 자유롭게 모험할 수 없기 때문이다.

그렇다면 SF는 내용보다는 분류상의 문제에 불과한 것일까? 그렇다고 볼 수도 있다. 몇 년 전 작가회의(PEN Conference)에서 저자이자 대학교수인 모리스 딕스타인이 나에게 다가왔다. 그는 당연히 접하게 되는 이단적 작품인 조지 오웰의 『1984』을 공상과학소설로 생각하는지 여부를 내게 물었다. 내가 그렇다고 답하자 그는 마치 터무니없다는 듯한 표정으로 "정말이십니까?"라고 반문했다. 딕스타인은 오웰 같이 지적으로 중요하다고 공식적으로 인정받는 사람이 공상과학소설 같은 것을 썼을 리 없다고 믿는 듯했다. 그에겐 오웰이 1948년 영국을 과감하게 변형시키긴 했지만 『1984』가 적절한 신기술(양방향 텔레비전)과 같이 당시의 역사적 추세로부터 논리적으로 추론한 미래의 영국에 대한 것이었다는 사실은 문제가 되지 않았다. 오웰이 썼다면 그것은 문학이며 따라서 공상과학소설로 불릴 수 없다는 것이다.

그날 딕스타인이 나에게 상기시킨 것처럼 빈민가에 사는 사람들이 자신들이 1등 시민이 아니라는 사실을 떠올리게 되는 것은 끔찍한 일이지만 유익한 측면도 있다. 배불리 먹지 못하는 실험실 쥐들은 굶주리긴 하지만 더 오래 사는 경향이 있다. 마찬가지로 소수의 독자층 이외에 관심을 보이지 않는 공상과학소설가들은 흔히 생산력이 아주 높다. SF작가들의 생존은 생산성에 달려 있으며 최소한 일 년에 한 권은 써야 한다. 아이작 아시모프와 로버트 하인라인은 죽기 전까지 거의 매년 한 권 이상의 집필 속도를 유지했으며 프레데릭 폴과 아서 클라크는 여든이 다 되어서까지도 확실한 일중독자들이었다. 연 한 권 이상의 집필 속도를 유지할 수 없는 사람들은 생산공정에서 자리를 잃고 잊어진다.

나는 SF와 관련된 직업은 모두 섭렵한 덕분에 흔히 무성영화시절에 인기를 누리다 유성영화로 넘어가면서 잊어진 여배우 노마 데스먼드 같은 SF작가들을 만나 교훈을 얻을 수 있었다. 그들은 한때 우상화된 작가들이었지만 더 이상 작품을 쓰지 않는다. 하지만 그들은 자기 책을 읽었던 독자들에게서 쥐어짜낸 인정을 받기 위해 아직 SF작가 회의를 기웃거리고 있다. 알프레드 베스터가 가장 섬쩍지근한 예다. 50년대 그는 『파괴된 사나이』와 『타이거! 타이거! The Stars My Destination』 2권의 책을 썼으며 이 책들은 알프레드 베스터에게 당시 가장 문학적인 SF작가라는 명성을 안겨주었다. 베스터는 주류인 「헐리데이」지 편집장으로 변신했다. 그의 소설은 문학성이 떨어지면서 날카로움을 잃게 된다. 결국 문단 복귀가 수포로 돌아간 후 베스터는 맨하탄에서 벽지로 은퇴했다. 1987년 죽을 때 베스터는 집과 판권을 바텐더에게 상속한다.

베스터의 잘못은 어른이 되어 간다는 것이었다. 공상과학소설의 주 독자층이 10대라면 SF작가들은 계속해서 현명한 어린아이처럼 명석하고 순진할 수 있는지 여부에 성공이 좌우된다. 레이 브래드버리, 할란 엘리슨, 앤 맥카프리, 피어스 앤소니, 올슨 스콧 카드 같은 작가들은 그들이 피터팬 신드롬과 같은 어른이 되고 싶어 하지 않는 아이들의 정서를 공유한 덕분에 인기를 누릴 수 있었다. 그들의 이야기는 성인을 대상으로 책을 쓰는 존 업다이크와 앤 타일러처럼 성숙하고 책임감 있는 소설가들의 일반적인 관심사인 가족이나 직업 같은 문제들에 그다지 관심을 기울이지 않는다. A. E. 밴 포그트의 『슬랭』, 시어도어 스터전의 『인간을 넘어서』, 올슨 카드의 『엔더의 게임』같은 SF장르의 많은 고전 소설과 이야기들은 비범한 지혜와 힘을 가진 어린 아이들에 대한 것이다. 10대 때 이러한 이야기들은 자부심을 느끼게 한다. 나는 SF작가가 되었을 때 한 작품 이상에서 초자연적 능력을 가진 어린아이나 젊은이를 주인공으로 그 전통을 이었었다.

생물학자는 성인이 되서도 미숙함이나 미성숙함을 간직하고 있는 것을 '유형 성숙'이라고 부른다. 이는 일반적으로 창조 과정의 본질적 요소다. 신의 영감을 받은 유치원생들처럼 질질 흘러내리는 기름 물감으로 거대한 캔버스를 칠하는 추상 화가를 생각해보라. 록 스타는 분노를 노래로 전환한다. 무용수는 타이즈와 스커트를 입고 뛰어다닌다. 예술은 일종의 놀이이며 노는 법을 잊어버린 사람들은 훨씬 더 성숙하고 책임감은 있지만 생기 없는 예술품을 만들어낼 것이다. 공상과학소설은 지혜로운 어린 주인공을 창조하지 못했다. 디킨스, 트웨인, 캐더, 샐린저는 모두 같은 맥락에서 고전적인 작품들을 창작했다. 차이점은 SF에선 어린 아이를 주인공으로 내세우는 경우가 주를 이루고 있다는 점이다. 이야기 주인공이 법적으로는 미성년자가 아닐지라도 그 혹은 그녀의 태도나 행동 그리고 독자가 느끼는 매력은 역사나 현재에 실재하는 위대한 인물이 아니라 만화의 초인적 영웅에게나 있을 법한 것들이다.

유치하기 이를데 없는 판타지 활극인 〈플래쉬 골든〉 시리즈나 사상 최악의 영화로까지 거론되는 에드 우드 감독의 〈외계로부터의 9호 계획〉에서 아직 발명되지 않은 기술과 사람들이 일찍이 본 적이 없는 풍경을 세부적으로 묘사한 아서 클라크의 태양계 탐험 모험담들의 탁월한 투시도에 이르기까지 공상과학소설은 많은 방식에서 유형성숙적이다. 1950년대와 60년대에 클라크의 SF를 읽는다는 것은 공룡대신 우주선, 다시 말해서 과거 대신 미래를 진열하고 있는 국립 항공우주 박물관에 가는 것과 같았다. 어린아이와 청소년들은 유머, 섹스, 정치, 산문에 대한 나름의 생각들을 가지고 있으며 더 나이든 독자들에게 이들의 취향은 미숙하고 서툴거나 잘못된 정보에 근거해 당연히 치명적인 오류처럼 보일 수도 있다. 반면 젊은이들에게 예절은 억압적일 수 있으며 과거는 흔히 자신들과 무관하고 때로 임금님은 벌거벗었다고 말하곤 한다. 요컨대 젊은이는 미성숙한 존재가 아니라 다를 뿐이다.

가장 두드러진 차이는 과거와 미래에 대해 젊은이들이 느끼는 방식이다. 성인은 적어도 과거의 일부를 경험했고 어린아이들(성인들도)은 미래를 상상하지 않을 수 없는 것처럼 과거를 상상해야 한다. 현재가 역사와 어떻게 맞물리고 있는가 하는 것에 대한 우리의 의식인 시대정신은 불과 몇 년 사이에 전혀 다르게 변화할 수 있다. 나는 1940년에 태어나 당시 일어났던 세기의 가장 중요한 사건을 모르고 있었다. 나보다 몇 년 더 일찍 태어난 사람이라면 누구나 제2차 세계 대전의 공포와 승리를 자신들의 영혼에 영원히 각인시켰을 것이다. 같은 이유로 1970년 이후에 태어난 사람들에게 히로시마와 아폴로 우주선의 달 착륙은 시대의 전환을 상징하는 대사건이 아니라 지나간 역사에 불과하다.

젊은이들에게 모든 역사는 과거의 것이고 구구단처럼 학교에서 배워야 할 어떤 것이다. 역사는 문화가 고유의 신화들을 보관하고 있는 창고이며 이러한 신화 속 인물——카우보이, 갑옷을 입은 기사들, 해적들과 다른 특이한 복장을 한 무법자——들 중 일부는 억지로 암기할 필요가 없을 정도로 흥미롭다. 하지만 주일학교에서처럼 대부분의 역사적 인물들은 철저히 왜곡되고 순화되기 때문에 교실에서 가르치는 인물에 대해선 당연히 무관심하거나 의문을 갖게 된다. 조지 워싱턴과 벚나무에 대한 이야기는 워싱턴의 자서전을 집필한 파슨 윔스가 날조한 것이 아니라 기존의 싸구려 소설에서 표절하여 각색한 것이다. 헨리 포드의 주장처럼 역사는 허튼소리에 불과할 수도 있다.

미래는 전혀 다른 문제다. 분명 과거는 끝이 났고 죽은 사람들의 사진과 무너진 건물들로 채워진 사진 앨범으로 치부할 수 있다. 하지만 미래는 크리스마스처럼 우리가 오기를 기다리고 있는 것이다. 젊은이들은 미래로 나아가고 있다는 사실을 알고 있으며 따라서 그들은 자기들의 소망을 미래에 반영한다. 미국식 SF가 갓 나타나기 시작한 1930년대와 30년대에 SF가 제시한 미래의 경이적인 예정표는 좋아하는 무적의 무기들과 강한 인상을 주는 공간이동수단들처럼 소년들이 제일 좋아하는 인형들을 기록한 산타클로스에게 보내는 국민 편지였다. 1950년대와 60년대 미래가 현재가 되기 시작한——다시 말해서 싸구려 SF잡지 시대 아이들이 성장한 디자이너와 엔지니어 세대가 SF잡지의 꿈들을 성숙한 소비문화의 물리적 현실로 재생하기 시작한 시기——하자 자동차는 로켓 우주선과 유사한 유선형으로 만들어졌다. 사실상 자동차는 로켓 우주선——직감적으로 만유인력 같은 물리학의 법칙을 거스르는 상징——의 숨겨진 의미로 보여졌다.

자동차와 로켓 우주선을 심리적으로 동일시하는 것은 SF와 이를 둘러싼 문화 간의 관계를 요약하고 있다. '창조적 시각화'의 힘에 대한 가장 설득력 있는 사례는 20세기 초 로켓 우주선에 대한 공상이 나사 NASA의 하드웨어로 발전한 것이다. 공상이 현실화되기까지 「파퓰러 사이언스」, 「메카닉스 일러스트레이티드」 같은 SF잡지나 이와 유사한 발행물들은 '오즈' 나라의 건물과 TV어드벤처 시리즈물인 〈오치와 헤리엇〉에 나오는 오치와 헤리엇의 집을 위한 청사진을 그리고 있다. 이들 잡지와 발행물들은 SF와 그것을 둘러싼 환경 사이에서 급성장하는 산업국가의 새로운 기술들을 똑똑한 10대라면 누구나 이해할 수 있는 용어로 설명하고 있었다.

일련의 청사진과 마침내 만들어진 것 사이엔 불가피하게 모순이 존재하게 된다. 몇몇 스케치들은 애초에 명백한 허구였으며 설계자도 진지하게 받아들여지리라 기대한 것은 아니었다. 오래된 싸구려 잡지에서 나오는 많은 삽화와 뤽 베송의 〈제5원소〉에서의 세트 디자인과 별개로 모든 고층 건물들에 헬리콥터 발착장이 구비되지는 않을 것이다. 교통 통제 문제가 너무 심각해지게 되기 때문이다. 다른 한편으로 1950년에서 1970년에 이르는 한 세대도 지나지 않은 기간에 점보제트기가 장거리 대중 운송에서 기차와 버스를 대신하게 되었고 적어도 우화적 의미에서 현재 항공사의 상용고객 보너스를 염두에 두고 있는 사람들은 현재 누구나 가정용 헬리콥터 발착장을 갖고 있는 것이다.

SF는 가장 예리하게 비유적 통찰을 하고 있다. SF작가들은 오웰의 『1984』처럼 세부적인 사항에서 오류를 범하기는 하지만 때로 정확히 예언하기도 한다. 또한 역으로 SF작가들은 이상하게도 사소한 것은 정확하게 예언하면서 큰 그림을 놓치기도 한다. 올더스 헉슬리의 『멋진 신세계』는 10년을 주기로 예언의 정확성이 더해지는 것처럼 보인다. 기술적으로 진짜 시험관 아기를 창조하는데 근접해가고 있으며 인간복제가 임박해 온 것처럼 보인다. 오늘날 블록버스터 영화는 그가 묘사한 감각적 예술 작품들처럼 어리석고, 자극적이며 노골적인 포르노그래피에 가깝다. 하층 계급의 델타인과 감마인들은 올더스 헉슬리의 소설에서처럼 섹스, 스포츠, 약물로 유지된다. 하지만 현실에서 약물은 불법이고 거리는 위험하며 어리석게도 인간의 본성은 사회 보장 프로그램 대부분의 노력을 헛된 것으로 만들고 있다. 헉슬리가 1930년대 미국에 잠재되어 있다고 본 쾌락주의적 유토피아는 아직도 잠재하고 있다.

나는 이 책에서 공상과학소설 우화에 대한 실마리를 제시하고 미국 그리고 결국 세계문화에 대한 SF장르의 영향을 자세히 설명하고 있다. 미국과 세계문화에 대한 SF의 영향이 로켓 우주선처럼 언제나 직접적인 인과관계가 있는 것은 아니다. 미쳐 날뛰는 로봇에 대한 강박관념처럼 가장 지속적으로 반복되고 있는 SF이미지들 중 일부는 예언을 전혀 적중시키지 못하고 있다. 우리는 도처에 로봇이 사용되고 있는 세계에 살면서 이런 상황을 일반적으로 당연하게 받아들이거나 의식하지 못하고 있다. 로봇이 비행기를 조정하고 엘리베이터를 작동시키며 음식을 요리하고 자동차를 만들고 우리가 없을 때 TV프로그램을 녹화한다. 이러한 로봇들은 오작동할 수는 있지만 미쳐 날뛰는 경우는 거의 없다. '로봇을 이용하는' 컴퓨터 시대의 부산물들이 우리의 생활을 엄청나게 변모시키고는 있지만 '강철 인간' 같은 인격화된 로봇의 매력, 지적이지만 영혼이 없는 비애감 혹은 자신을 창조한 자들에 대한 반란과 같은 강렬한 극적 사건은 일어나지 않고 있다. 단순논리 이상의 긴박한 상황에 대한 어떤 타고난 이야기꾼적 기질을 가진 아이작 아시모프 같은 유능한 추론가들조차 '거의 인간적'인 로봇에 대해 쓰긴 했지만 당시 이미 시작되고 있던 인공지능의 미래를 예견하지는 못했다.

그렇다고 로봇에 대한 SF의 오랜 선입견 때문에 결과적으로 통찰력을 잃게 되었다고 단순하게 결론지을 수는 없다. 공상과학소설이 상상한 로봇은 다른 의미를 갖고 있다. 로봇은 체코 작가인 카렐 카펙의 1920년 희곡 『R.U.R』로 문단에 처음으로 모습을 드러냈다. 카펙은 '로봇'이라는 단어를 처음으로 만들어냈으며 이 단어의 체코어 어원은 '농노 노동'이라는 의미다. 카펙의 로봇은 최초로 러시아에서 볼셰비키가 집권하는 역사적 순간을 중산층의 시각에서 본 프롤레타리아에 대한 악몽과 같은 전망이다. 로봇은 제조되며 따라서 재산(러시아 농노가 그랬던 것처럼)이다. 가장 값싼 노동력의 원천인 로봇들 덕분에 희곡의 특권층 인간들은 사치스럽고 화려한 생활을 누린다. 마침내 로봇은 자신들의 힘을 깨닫고 반란을 일으켜 자기들을 만든 사람들을 모두 죽여 버린다. 카펙의 동정심은 착취당하는 로봇(때로 영혼이 있는 것처럼 보이는)을 위한 분노와 중산계급의 특권을 종식시키게 될 임박한 최후 심판의 날에 대한 두려움 사이에서 동요한다. 인간 노동자를 로봇으로 대신하는 SF적 장치의 우화적 변환을 통해 카펙은 산업 시스템이 인간 노동자들을 마치 기계처럼 취급해 필연적인 반란의 씨앗을 뿌리고 있다는 도덕적 진실을 표현할 수 있었다.

에밀 졸라의『제르미날』, 조지 버나드 쇼의『피그말리온』, 존 스타인백의『분노의 포도』와 다른 많은 희곡, 소설, 논문은 노동자 계급이 '우리'와 같은 사람이라는 사실을 표현하기 위해 쓰였다. 다른 어떤 작품도 제시할 수 없었던 것을『R.U.R.』이 전달한 것은 하층 계급이 수행하게 될 프롤레타리아 혁명에 대한 윤리적으로 온당치 못한 공포였다. 카펙은 우리가 모르고 있는 우리 자신에 대해 말하고 있다. 즉 우리는 우리가 노동력을 착취하고 있는 사람들의 인간성을 마음 깊은 곳에서 믿지 않고 있다는 것이다. 그리고 노동착취공장과 제조소 프롤레타리아의 노동력만 착취했던 것은 아니다. 카펙 시대에 사실상 모든 중산 계급 가정이 요리사, 하녀, 허드렛일을 하는 사람과 같은 형태의 '로봇' 직원들을 두고 있었기 때문이다.

하인과 주인의 본질적 불평등에 대한 관점이 사실상 19세기의 더 가족적이고 온정적인 견해를 대체했다. 19세기의 온정주의적 견해에 따르면 같은 집에서 살며 편의 시설의 일부를 공유한 하인들은 자신들이 봉사하는 주인들에 대해 가족 같은 충성심을 느꼈기 때문이었다. 온정주의적 견해는『바람과 함께 사라지다』, TV시리즈〈업스테어스, 다운스테어스〉, 영국의 국민작가 P.G. 우드하우스의『지브와 베티 우스터』우화들에서 구체적으로 표현되었던 신화다. 주인과 하인의 온정주의적 관계에 대한 신화는 거리가 먼 SF적 장치에 의존하지 않고도 부정될 수 있다. 하지만 보마르셰의『피가로의 결혼』에서 피가로의 역할이나『피터 팬』의 저자 J.M. 베리의『훌륭한 클라이튼』에서처럼 하인과 주인 간의 온정주의적 신화에 반대되는 작품에서 하인들은 희생자의 승리를 즐기고 있다. 예를 들어『훌륭한 클라이튼』에서 주인집 가족과 난파되어 무인도에 갇힌 시종장 클라이튼은 더 위대한 재능을 타고난 덕분에 주인집 가족의 지배자가 된다. 노동자와 하인들을 인간 이외의 다른 어떤 것으로 입증할 수만 있다면 영국신사들처럼 죄책감을 느끼지 않고 하층민을 경멸할 수 있을 것이다.

미국사회는 하인을 두거나 하인이 본분을 지키는 것에 대한 거부감을 특히 민감하게 받아들였다. 미국은 애초에 사람은 누구나 평등하다는 민주주의 국가이자 현대 산업 사회의 여명기에 남북전쟁이란 충격적인 경험을 했기 때문이었다. 남북전쟁은 노예제도에 대한 투쟁이었다. 『R.U.R.』은 체코에서 첫 공연을 한지 2년밖에 지나지 않은 1922년 브로드웨이에서 공연되었다. 미국은 곧 로봇에 대한 생각을 자기 것으로 흡수했다. 불과 몇 년 후 시인 케네스 피어링은 같은 예언을 한다.

> 여흥 로봇 스티브만이 내용을 알고 있네, 광전자 광선과 사랑에 빠진 기계 인간 스티브만이 외로이 남아 있네, 앉아서 담배를 피거나 기립해 서 있는 스티브만이 안전하지.
> 　스티브, 그의 단추 구멍 같은 눈은 공포를 보지 못하고 그려진 귀는 호소를 듣지 못하며 용접된 가슴은 총알도 뚫지 못하고 그의 전기자 영혼은 두려움을 가질 수 없지.[1]

가장 끔찍한 공포는 흔히 표현할 수 없으며 따라서 인정된 불안으로 대치되어야 한다. 헨젤과 그레텔을 노예로 만들어 가둔 마녀는 결코 그들의 어머니나 사악한 계모가 아니라 '다른 것 Other'이다. 그리고 피어링이 두려워한 스티브는 뉴욕 선창가에서 일하는 항만 노동자가 아니다.(피어링은 자신을 좌파라고 설명하고 「뉴 매스」라는 잡지를 통해 처음으로 인정 받았다.) 그는 인간이 아닌 '다른 것'으로 좌파들조차 경악할만한 눈이 멀고 귀가 들리지 않는 로봇이다.

로봇은 걱정할만한 '다른 것'이 존재하는 듯 다양한 극적인 목적을 위해 광범위하게 사용되고 있다. 우리는 이 책에서 로봇 이외에도 많은 '다른 것들'을 만나게 될 것이다. 예를 들어 미국 영주권인 녹색카드 대신 녹색 피부를 한 외계인과 우리 이웃의 빌린 육체에 기생하는 신체 약탈자 외계인들, 안드로이드와 사이보그(변장한 로봇들), 인공 지능 혹은 AI(소멸할 수밖에 없는 코일, 금속 그리고 실체조차 없는 로봇), 다양한 신과 반신반인들(가장 주목할 만한 것은 로버트 하인라인의 『낯선 땅의 이방인』에서 나오는 주인공 발렌타인 마이클 스미스와 희대의 연쇄살인마 찰스 맨스의 파멸적 역할 모델이다) 그리고 마지막으로 아주 중요한 '다른 것들'인 여성들이 그들이다.

초기 SF작가들은 고통 받는 여성으로서 슈퍼맨의 여자 친구 로이스 레인의 역할이 필요할 때 이외에는 대개 여성들을 무시했다. 하지만 『R. U.R.』 이후로 어느 정도 주목할 만한 여자 로봇들이 등장한다. 후에 랜덤하우스의 SF 임프린트사 델 레이 북스를 운영했던 2류 SF작가 레스터 델 레이는 1938년 '주 독자층인 청소년'을 대상으로 한 성 심리의 고전적 예가 된 단편소설 「헬렌 올로이」를 발표했다. 이 소설에서 두 명의 친구가 우편 주문한 맞춤 기계 신부를 공유한다. "그녀는 키이츠가 시를 쓸 때 어렴풋이 알고 있었을 플라스틱 피부와 금속으로 된 어떤 것으로 아름답고 이상적인 여인이다." 게다가 "헬렌은 훌륭한 요리사고 사실 그녀는 기계와 결합되어 여성의 모든 훌륭한 점들을 구비하고 있는 천재이다."[2] 성격묘사는 이런 정도지만 씨앗은 뿌려져 주부=로봇이라는 델 레이의 기본 등식을 페미니즘적 견해로 이야기하고 있는 아이라 레빈의 『스텝포드 와이프』가 1972년 출간되었고 이어 1974년 영화화되어 고전이 되었다.(2004년 니콜 키드만 주연으로 리메이크 되었다-옮긴이.)

결국 가정주부는 마지막 가내 하인이었다. 적어도 미국의 소비문화가 정점에 달했던 1970년대 초에는 그렇게 보였다. 당시엔 주방마다 노동을 절약해 줄 수 있는 전기제품으로 채워져 있었다. 스텝포드 마을의 아내들은 부엌일을 하는 여인들이 아니라 차라리 델 로이의 헬렌 올로이처럼 지배자이자 주인의 쾌락주의적 요구에 부응하는 매춘부였다. 헬렌처럼 그들은 인간으로 받아들여질 수 있다. 스텝포드 마을 부인들이 가지고 있는 로봇의 본질은 그들이 남편과 함께 간직한 비밀이다. 영화는 결국 전형적인 결혼에서 완벽한 아내의 모습을 가장 친밀한 형태의 소외로 그리고 있다.

처음부터 공상과학소설은 이중적인 본질을 갖는다. 가장 미숙한 공상과학소설은 『헬렌 올로이』에서처럼 노골적인 소원성취 판타지로 본능적 충동에서 비롯된 괴물들을 다룬다. 하지만 이런 판타지들은 매우 설득력이 있을 수 있다. 노골적인 소원 성취 판타지들은 순진한 독자들만이 아니라 이런 소설의 근본적 의도에 경계심을 갖는 사람들도 관심을 갖게 될 것이다. 즉 아이라 레빈과 마가렛 애트우드 같은 성숙한 작가들은 만화책의 고유한 판타지적 특징이 소박한 공상과학소설의 그로테스크한 것이라는 사실을 인정하고 있으며 게다가 노골적인 원본을 세련되게 다시 고쳐 설정하고 있다.

바흐친의 상호작용적 의미에서 이런 대화과정은 서로 다른 많은 작가들 사이에서 아주 오랫동안 계속되었기 때문에 고급문화와 하위문화, 순진한 것과 학식이 있는 것의 영역이 서로 영향을 주고받는다는 사실은 누구나 인정하고 있다. 할리우드는 슈퍼맨에서 친숙한 유령인 캐스퍼에 이르기까지 만화책에 나오는 영웅들을 엄청난 자본을 투자해 점점 더 교묘하게 재

창조하고 있으며 다른 한편으로 〈스타 트렉〉이나 「마블 코믹」을 구성하는 통속작가들은 흔히 미셸 푸코나 학자이자 문학평론가인 캐밀 파야의 저작들에서 힌트를 얻는다. 뉴트 깅리치에겐 소설과 논픽션 작성을 도와주는 많은 보조자들이 있으며 그들은 노련한 공상과학소설 전문가들이다.

요컨대 공상과학소설은 사소하거나 심오한 방식으로 혹은 눈에 띄거나 드러나지 않는 방식으로 우리 문화 전반에 배어들고 있다. 공상과학소설의 영향은 다른 것들에 영향을 미치는 하나의 예술형태라는 좁은 의미에서의 '문화'분야에 한정되어 있는 것은 아니다. 우리가 앞으로 무수히 보게 되듯이 공상과학소설의 영향은 산업 디자인, 마케팅, 군 전략, 성관습, 외교정책과 실제적 인식론 다시 말해서 무엇이 현실이고 무엇이 현실이 아닌가에 대한 우리의 기본적 인식과 같은 다양한 영역에서 감지될 수 있다.

나는 현재 역사적 순간의 가장 두드러진 특징들 중 일부는 우리가 공상과학소설에서 습득한 사고방식에 기원을 두고 있다고 생각한다. 즉 베를린장벽의 붕괴, 살인 같은 숨겨진 의도를 가진 천년왕국을 꿈꾸는 신흥종교의 부상, 올리버 노스의 청문회 증언과 그의 상원의원 선거 운동, 마돈나의 의상과 아일랜드 출신 가수 시네이드 오코너의 삭발한 헤어스타일, 유명인 살인사건 재판, 르완다 피난민들에 대한 동정심의 '소진', 챌린저호 우주비행사들의 죽음, 유독성 폐기물 은폐와 그밖에도 무수히 많은 것들이 공상과학소설적 사고방식과 유사하다.

『헬렌 올로이』가 발표된 1938년 당시 24살(레스터 델 레이보다 2살 어린)이었던 시인 델모어 슈바르츠는 자신의 첫 번째 시집『책임은 꿈에서 시작한다』를 출간했다. 이 책 한 권으로 그의 이름은 영원히 기억되게 된다. 이 책은 함축된 진실을 확대하고 있다.

나와 SF의 관계에 대해 잠시 설명하기로 하자.

미국식 공상과학소설이 1926년 휴고 건스백의 「어메이징스토리」의 출간을 기점으로 한다면 공상과학소설이 등장한 후 거의 절반정도 되는 기간 동안 나는 전업 공상과학소설작가로 살면서 당시 공상과학소설의 3분의 2 정도를 읽었다.

또한 열렬한 SF독자들 사이에서 거론되는 1, 2백 명의 공상과학소설 작가들 대부분을 직접 만나보았다. 1980년과 1983년에 영국 SF작가 찰스 플랫은 유명한 SF작가들과의 인터뷰를 엮은 명문집 『드림 메이커』 1, 2권을 출간했다. 나는 1권에 수록된 30명의 저자들 중 2명을 제외하곤 모두 만나봤고 2권에 수록된 28명 중 19명을 만난 적이 있었다. 그들 중 일부와는 방을 같이 쓴 적이 있고 대부분의 작가들과 함께 식사한 적이 있으며 많은 사람들과 사업적으로 관계가 있었다. 내가 그들의 작품을 검토하기도 하고 그들이 나의 작품을 검토하기도 했다. 일부와는 공개 토론을 하기도 했으며 그들 모두와 함께 다른 사람들에 대해 이야기하기도 했다.

모두 저 잘난 맛에 사는 문학 동네를 여기저기 옮겨 다녀보았지만 SF공동체만큼 긴밀하고 복잡하게 뒤얽혀 있는 작가 단체는 없었다. 시인단체가 SF공동체만큼 긴밀하긴 하지만 시인단체는 적대적이거나 냉담한 많은 소집단들로 분열되어 있다. 다문화로 다양한 시인단체들은 사교활동이나 미학에서 분리주의 성향이 있다. 교실이나 여름 수련회 같은 제도적인 환경에서만 젊은이와 나이 먹은 사람들이 함께 한다. 하지만 무엇보다 중요한 차이는 시인들이 수세기에 걸친 다른 시인의 작품들에 열중할 수 있다는 사실이다. 시인은 전적으로 동시대인의 시를 읽지 않으면서도 폭넓고 심도 있으며 현대적 의미를 내포한 시를 읽을 수 있다.

반면 읽을 만한 가치가 있는 공상과학소설은 대부분 내가 만났던 적이 있는 작가들의 작품이다. 그들 중 시어도어 스터전과 로버트 하인라인 같은 작가들은 30년대 말에 책을 내기 시작했다. 『게일의 문학전기 사전』의 SF판 서문을 쓴 1981년 당시 나는 모든 위대한 SF작가들이 기본적으로 건강하게 살아 있는 동시대인들이며 일반적인 나이, 성, 그리고 이데올로기의 차이에 개의치 않고 거리낌 없이 경계를 넘나들며 다양한 분야를 접목시키고 있다고 선언할 수 있었다. 그 이후로 찰스 플랫이 인터뷰했던 60명의 SF작가들 중 로버트 하인라인, 아이작 아시모프 그리고 9명 이상의 작가들이 사망했다. 그렇지만 양자 역학, 컴퓨터 디자인, 유전 공학을 제외하면 게일 사전의 참고 문헌에 등재된 가장 저명한 인물들 중 상당수가 생존해 있는 경우는 다른 분야에선 거의 찾아보기 힘들다. 또한 문화적 영향을 고려했을 때 SF장르만큼 짧은 역사를 가진 분야는 훨씬 더 적다.

이 책은 SF의 영향에 대한 것이며 문학사가 아니다. 내가 문학적으로 아주 높게 평가 하고 있는 공상과학소설들 중 일부——존 크롤리, 진 울프, 폴 박——는 그 영향이 적기 때문에 간략하게 다루고 있다. SF장르에 대해 통찰력이 있는 독자들은 이들의 작품들에 감탄하지만 타의 추종을 불허하기 때문에 다른 작가들이 이런 작품들을 흉내 내지는 못하고 있다. 반면 SF장르에서 가장 영향력 있으며 널리 모방되고 있는 작가들 중 일부——아시모프, 하인라인, 허버트, 푸넬——는 솔직하지 못하고 문학적 품위가 부족한 데 대해 허풍을 떨거나 최소한 존 웨인식 페르소나로 가장하고 있다. 그들은 '이야기꾼'에 불과하다.

거론하는 많은 작가들과 그들의 열성적 독자들은 기분이 상하겠지만 내가 공상과학소설의 '정체를 폭로'하려는 것은 아니다. 사실 가장 큰 모욕을 받은 사람은 전혀 거론되지 않은 작가들일 것이다. 출판계의 통계 수치를 보면 상당수 SF가 어린아이나 교육을 받지 못한 사람들을 대상으로 하고 있다. 사실상 국내뿐 아니라 해외에서 집단정신에 가장 확고한 원형을 확립하고 가장 많은 애호가들이 접하는 SF는 출판물이 아니라 TV로 방영되거나 영화화된 것들이다. 이런 작품은 '가장 낮은 공통분모'를 목표로 한 것으로 치부할 수도 있지만 그렇게 생각하면 복음도 마찬가지라 할 수 있다. 심령이 가난한 사람이 복이 있을까? 그렇다면 〈스타 트렉〉의 팬들에게도 복이 있는 것이다. 하늘나라가 그들의 것이다.

SF세계에서 오래 생활하면서 많은 참여자들을 알고 지냈기 때문에 이 책에서 나의 개인적 경험을 배제하는 것은 지나친 겸손이 될 것이다. 말하자면 이 책은 회상록도 어떤 일련의 나의 미학적 원칙에 대한 변명도 아니라는 점을 덧붙이고 싶다. 사실 나는 미학적 원칙을 갖고 있지 않으며 SF라면 가리지 않고 좋아하는 편이다. 나는 만화책에 빠져들기도 하고 「어스타운딩」에 연재된 아시모프의 작품(이 작품은 금속 서판에 휘갈겨 썼던 나의 첫 번째 스페이스 오페라의 줄거리에 영감을 주었다)에 빠져들기도 했으며 콘 블러드와 폴(23살에 시작해 중단된 끝맺지 못한 첫 번째 소설의 롤 모델)의 풍자 소설, 터무니없는 보조 작가와 무명의 천재들처럼 무수히 많은 다른 작가들의 작품에 열광했었다. 세월이 흐르면서 어떤 열정은 줄어들었고 또 다른 열정은 지속되었으며 새로운 열정이 생겨나기도 했다. 60년대 말 나는 혁신주의자로 조이스, 카프카, 베케트와 주네의 후계자로서 SF의 진정한 잠재력을 끌어 올린 뉴 웨이브라는 참된 신앙에 따라 배타적이었다. 이제 어느 정도 거리를 두고 볼 수 있게 되었기 때문에 나는 관용의 여유를 가질 수 있게 되었으며 객관적이기를 희망하고 있다.

1장 거짓말할 권리

미국은 거짓말쟁이들의 나라다. 덕분에 공상과학소설은 미국의 국민 문학이 될 특별한 자격이 있다. 공상과학소설은 우리가 듣고 싶어 하고, 믿는다고 주장하고 싶어 하는 거짓말을 하기에 가장 적합한 예술 양식이기 때문이다.

일반적으로 크레타인들은 모두 거짓말쟁이라고 전해진다. 십계명에 거짓말하지 말라는 것이 있는 것을 보면 모세 시대에도 거짓말하는 사람들은 있었을 것이다. 미국의 거짓말쟁이들이 이전 시대나 다른 국민과 다른 점은 미국의 거짓말쟁이는 거짓말이 발각되어도 스스로 수치스럽게 여기지 않는다는 사실이다. 사실상 거짓말쟁이가 뻔뻔스럽고 대담하게 거짓말을 많이 하면 많이 할수록 대중들은 더 감탄하게 된다.

교활한 습성 때문에 환호받는 첫번째 미국의 영웅은 아메리카에 고유한 코요테 같은 기질을 가진 사람이다. 소설 분야에서 코요테 같은 기질을 가진 사람들의 직계 후손들은 조엘 챈들러 해리스의 형제 래빗, 허만 멜

빌의 사기꾼, 마크 트웨인의 톰 소여, 아서 밀러의『가혹한 시련』에서 거짓말 때문에 메사추세츠주 세일럼에 마녀 재판을 불러일으킨 청교도 소녀 에비게일 윌리엄스를 들 수 있을 것이다.[1] 미국의 사기꾼들은 다른 문화의 사기꾼들과는 놀라울 정도로 다르다. 아버지께서『톰 소여의 모험』을 큰 소리로 읽어주시던 것과 톰 소여가 친구들에게 9피트 높이에 30야드 길이의 판자울타리를 희게 칠하도록 속여 넘기는 장면에 재미있어 했던 기억이 있다.

거짓말할 권리에 대한 SF적 요소를 말하기에 앞서 미국의 거대한 반공주의 방벽의 도덕적 수준을 분명히 함으로써 지난 40년간 미국 역사의 '의로운 거짓말들'로 일컬어지는 사례들을 제시하고자 한다. 2차 세계 대전 이후의 첫 번째 중요한 거짓말이자 냉전 시대의 기본적인 터무니 없는 거짓말은 아이젠하워 대통령이 1960년 소련에서 격추된 U-2기가 첩보임무 중이 아니었다는 주장이었다. 의례적인 외교적 수사는 아이젠하워가 사망했을 것으로 추정했던 조종사 프란시스 게리 파워가 스파이 행위로 재판정에 서면서 함정이 되었다. 시셀라 보크는 "이 거짓말은 미국 시민들이 지도자들의 말에 급격히 신뢰를 잃게 되는 중대한 전환점들 중 하나였다"고 공표했다.[2]

미국인들은 베트남 전쟁을 통해 정부가 불편한 진실을 무시하고 있다는 더 많은 교훈을 얻게 된다. 전쟁 보도에 대한 이야기『첫 희생자』에서 필립 나이트리는 베트남과 관련해 다음과 같이 기록하고 있다.

미국 개입 초기에 사이공 특파원들의 보고와 워싱턴 주재 기자들에게서 들은 내용을 일치시킬 수 없었던 많은 편집자들이 차라리 공식적으로 알려진 견해를 쓸 정도로 정부는 워싱턴 기자들을 오도했다. 「타임」지 베트남 특파원

존 쇼는 "백악관과 국방부는 몇년 동안 베트남에 있는 기자단을 약화시켰으며…… 하지만 국방부 비밀보고서는 사이공 특파원들이 전송했던 것이 진실이라는 사실을 완벽하게 입증했다.[3]

나이트리는 언론(정부는 아니지만)은 그 어떤 현대 전쟁에서보다도 정직했다고 주장하고 있다. "하지만 이는 그다지 의미가 없으며……베트남에 있는 백만불짜리 기자단은 일년 동안 캄보디아 전쟁에 대해 모르고 있었다"고 인정하고 있다.[4]

하지만 아무리 쉽게 속아넘어가는 시민들이라도 워터게이트 사건을 통해 대통령, 그들의 참모들과 뇌물을 받을 가능성이 있는 사람은 누구나 잔학과 음모의 화신이자 폭군으로 상징되는 리처드 3세만큼이나 진실에 대해 거의 관심이 없다는 사실을 분명하게 알게 되었다. 닉슨은 중요한 문제들에 대해 오랫동안 들키지 않고 거짓말을 해왔기 때문에 스캔들이 불거진 그 해 한해 동안 법관들이 자신을 보호해 줄 것으로 믿고 있었다. 불명예스럽게 사임한 후에도 닉슨은 계속해서 단호하게 부인했기 때문에 닉슨은 이후로 더할 나위 없이 뻔뻔스러운 최고 거짓말쟁이의 사례가 되었다.

해병대 장교로 대통령 보좌관이자 1994년 레이건 행정부 당시 공화당미 상원의원 후보 올리버 노스는 마침내 거짓말을 '권리로'——특히 하느님이 준 권리——기정 사실화했다. 1987년 7월 노스는 미국인 인질 석방을 대가로 이란에 대한 무기 판매에 백악관이 연루된 일과 무기 밀매에 따른 불법 자금이 니카라과의 콘트라반군 지원(의회의 반대 속에서)에 유용된 것, 그가 감독한 이 작전과 관련된 위증에 대해 상원에서 증언하도록 소환되었다. 노스의 자서전을 쓴 벤 브래들리 주니어는 올리버 노스의 삶 자체였던 모든 거짓말들을 다음과 같이 요약하며 시작하고 있다.

의회에서 콘트라 반군에 대한 노스의 공인된 거짓말, 이란 사람들에 대한 공인된 거짓말, 이란 의안제출권 연대기에 대한 공인된 왜곡, 그의 공인된 문서 파기와 이란-콘트라 사건이 1986년 11월 해명되었을 때 다양한 행정부 관리들에 대한 공인된 거짓말 이외에 NSC(국가 안보 위원회)에 있는 동안 그가 다양한 사람들에게 사실이 아니라고 강하게 혹은 일치하지 않는 것으로 부인했거나 사실이 아닌 것으로 생각했던 이야기, 진술 혹은 주장들이 있다.[5]

브래들리는 노스가 한 아주 많은 당황스러운 새빨간 거짓말들을 자세히 설명하고 있다. 이 거짓말들 중엔 대통령과 함께한 은밀하고 사적인 기도모임에 대한 다양한 자기 자랑, 적들의 자동 화기를 뚫고 비행기를 조종할 때 부상당한 콘트라 반군 병사들(유감스럽게 후에 죽은)을 구조한 것과 관련한 필사적 용기, 앙골라 그리고 포클랜드 전쟁 중 아르헨티나에서의 복무, 이스라엘의 레바논 침공 직전 이스라엘 국방장관 아리엘 샤론과의 전략적 대담(이 세 가지 이야기는 순전히 꾸며낸 이야기다), 독약을 먹고 죽은 자기 개——"아마도 자기 목숨을 위협하는 자들이 저질렀을 것이라고 이야기한"(어떤 이웃사람은 그 개가 암과 노화로 죽었다고 주장했다)——이야기가 포함되어 있다. 노스의 거짓말 성향은 전략적이고 편의적인 정도를 넘어 병리수준에 이를 정도로 광범위하며 이는 그보다 훨씬 평판이 좋은 그의 친구들의 증언으로 확인되고 있다.

상원에서 노스의 연기는 너무 교묘해서 상당수 국민들이 한결같은 반응을 보였다. 시카고의 어떤 식당 주인은 "올리버 노스처럼 미국 대중을 매료시킨 사람은 처음이다"라고 말했다. "진실을 말하고 있지 않을 때조차 그는 고상하다. 이 친구는 아주 매력적이다." 칼럼니스트이자 1996년 공화당

대통령 후보 경선에 뛰어든 패트릭 부캐넌은 노스가 "중대한 도덕적 딜레마——동료와 대의명분을 배신하느냐 아니면 상원의원들을 기만하느냐——에 빠져 두 개의 악 중 명예로운 길인 차악을 선택한 공화당의 아들. 그것은 숭고했다"라고 찬사를 보냈다.

거짓말이 성공하려면 두 가지 부류가 있어야 한다. 거짓말을 하는 측과 속는 측이다. 복잡할 수 있지만 거짓말하는 사람의 동기는 쉽게 알 수 있다. 일반적으로 노스의 경우에 자기 이익, 사람들의 환호에 대한 욕망, 어느 정도의 합리적 두려움과 천성적으로 거짓말을 즐긴다는 것을 감지할 수 있다. 노스가 성공할 수 있었던 요인들 중 상당 부분은 분명 TV시청자들이 그의 뻔뻔스러움에 대해 한결같이 감탄을 금치 못한 덕분이었다. 부캐넌처럼 시청자들은 노스가 거짓말하고 있다는 사실을 알고 있었지만 워낙 능숙하게 거짓말을 했기 때문에 그의 거짓말을 숭고하게 받아들였다. 어쨌든 당시는 대통령이 거듭해서 발뺌을 하거나 소설 같은 이야기를 꾸며내던 시대였다. 하지만 국민들은 개의치 않았다. 사실상 시청자들은 두 사람의 연기력——메이는 목소리, 반짝이는 눈과 명예를 건 정직성——에 환호를 보냈다. TV 비평가 톰 셰일즈는 상원 청문회에서 노스의 등장을 적절하게 영화 〈5월의 7일간〉 버트 랭커스터의 연기에 비유했다. 이 영화에서 버트 랭커스터는 군 쿠데타를 계획한 장군 역할을 했다.

나는 미국이 거짓말쟁이들의 나라라고 말했다. 더 고상하게 표현하자면 미국은 자칭 배우들의 나라다. 어린아이들은 학교 수업보다 TV 시청 시간이 더 많으며 그들이 TV에서 보는 것 대부분은 허구다. 학교에선 아이들에게 소설을 읽으라고 가르친다. 배우들은 전국적인 유명인사고 쇼 비즈니스는 처세에 대한 비유로 일반적으로 인정받고 있다. 자수성가한 사람들의 세계에서 매력적인 미소와 빛나는 구두는 성공의 단순 필요조건이다. 쇼를 계속하라, 믿는다면 그것은 진짜로 보일 수도 있다.

그렇다면 기껏해야 스타들을 보고 환호하며 믿고 투표하는 역할에 그치는 우리 대다수에게 남은 것은 무엇일까? 물론 많은 사람들이 오락 산업의 감언이설에 속지 않고 연기와 신념을 구별할 수 있다. 하지만 대체로 우리는 미디어 스타들을 동경한다. 그들은 흔히 '롤 모델' 말하자면 우리가 그것에 근거해 사회생활의 외적 인격을 형성하는 표본으로 언급되고 있다. 그들이 저지르는 잘못된 일들조차 유행하게 된다.

또한 레이건과 노스가 어떤 제재도 받지 않고 거짓말을 할 수 있다면 왜 우리라고 거짓말을 해선 안 된단 말인가? 평범한 사람이 자기 확대를 위한 만병통치약으로 '국가 안보'를 내세울 수 있는 경우는 거의 없지만 편의적 거짓말을 정당화할 수 있는 가치 있는 대의명분은 어느 정도 존재한다. 1987년 말 4일 동안 백인 경찰들에게 성폭행 당했다고 주장한 흑인 10대 소녀 타와나 브롤리 사건을 보자. 후에 브롤리의 변호사 앨턴 매독스와 C. 버논 메이슨이 작성한 진술서에 따르면 부보안관과 또 다른 지역 보안관 해리 크리스 주니어가 가담한 것으로 기록되어 있다. 해리 크리스 주니어는 브롤리의 이야기가 뉴스에 크게 보도되고 이어 타와나 브롤리 변호사들의 주장을 부정할 수 없게 된 직후 자살했다. 흑인 운동가들은 브롤리를 순교자로 추켜세웠다. 흑인 선동가 앨 샬프턴 목사는 브롤리와 거짓말에 공모한 그녀 어머니의 후견인이 되어 그들이 주에서 벗어나 브롤리가 주장한 강간을 조사하는 대배심원단의 소환을 피할 수 있게 해주었다. 덕분에 샬프턴 목사는 브롤리가 스스로 개똥을 바르고 자기 몸에 숯으로 '깜둥이'와 'KKK'라고 썼으며 입고 있던 청바지 가랑이를 태운 것처럼 모든 것이 꾸며낸 이야기라는 사실을 알고 있었다는 수치스러운 진실에 대해 위증할 것인가 아니면 인정할 것인가라는 어려운 선택을 하지 않아도 되었다. 하지만 대심원단 보고서는 타와나 브롤리가 거짓말했다고 입증하는 많은 증거를 제시했지만 9년이 지난 지금까지 앨 샬프톤 목사는 이 특정 범죄가 일어난 적이 없다 해도 이와 유사한 다른 사건들이 일어나고 있다는 이유로 브롤리의 진실성을 얼버무리고 있다.

타와나 브롤리 사건 이후로 성폭행에 대한 주장이 유행하게 되었지만 이후 거짓말쟁이들은 브롤리 사례에서 학습해 아주 쉽게 반증될 수 있는 거짓말은 하지 않게 된다. 이런 관점에서 아주 유용한 것이 악마 숭배 의식에서 행해지는 흉악한 아동학대 환상과 결합되거나 그것의 단순한 형태인 회복된 기억 신드롬이다. 최근 몇 년 간 가장 유명한 사례들을 열거하는 것조차 불필요한 지면낭비일 정도로 많은 사례들이 있다. 이제 아주 큰 서점들이 서가를 할애해 이 현상에 대한 책들을 빼곡히 채워 놓고 있기 때문이다.

어린아이에 대한 성적 학대가 일어나고 있다는 사실을 부정할 순 없지만 어린아이에 대한 성적 학대가 공론화되었을 때조차 정확한 사실 확인을 거칠 때까지는 판단을 유보할 필요가 있다. 어린아이가 대개 어른들보다 정직할 것이라는 가정은 특히 거짓말쟁이들의 문화에선 성립되지 않는다. 시카고에서 일어난 최근의 사례는 경각심을 불러일으키고 있다. 이 사건에서 10살, 11살과 12살이 된 세 명의 자매가 4년간 아버지에게 성추행, 구타, 약물 주입, 튀긴 쥐와 삶은 바퀴벌레 같은 것을 먹도록 강요당했다고 주장했다. 상세한 마지막 설명은 전국적인 관심을 끌었지만 소녀들의 부모가 기소되지 않을 수 있었던 치명적이고 과도한 결함이 있었다.

대개 어린아이들은 더 공공연한 비행과 중죄에 비해 거짓말에 대해선 거의 책임을 지지 않는다. 이론적으로 어린아이는 선험적으로 순진무구하다. 많은 성인들은 자신들이 어린아이들과 비슷한 방종의 권리가 있다고 생각한다. 그들에게 회복된 기억 운동은 하느님이 주신 선물이다. 살이 찌셨습니까? 저체중이신가요? 걱정되십니까? 불감증이십니까? 성적으로 비정상적으로 과민하신가요? 무수히 많은 자기 정신 요법 책들에 따르면 그렇다면 당신은 어린 시절 성적으로 학대를 당했지만 그 기억을 억압하고 있는 것이다.[6] 이런 기억들은 집단 요법, 최면과 마사지로 회복되어야 한다.

로렌스 라이트는 『악마를 기억하는 것』(1994)에서 이 같은 과정이 어떻게 진술을 하는 사람들과 심지어 부당하게 비난받고 있는 사람들조차 시나리오를 꾸며내고 이어 그것을 믿게 할 수 있는지에 대해 설명하고 있다. 이 책은 딸들에게 종교 의식에서 비롯된 극악무도한 폭행을 저질렀다고 고발당한 후 누명을 쓰고 투옥된 그들의 아버지에 대한 소설보다 더 이상한 이야기다. 두 딸과 그의 아내는 결코 저질러진 적이 없는 죄들에 대한 기억을 '회복'할 수 있었을 뿐 아니라 그들에게 고발당한 아버지이자 남편조차 더 그럴듯한 '기억들'을 만들어내는데 협력하고 있다. 이 같은 움직임의 근거인 심리학 이론에 대해 프레데릭 크로스는 애초에 「뉴욕 북 리뷰」에 발표되었다가 그들이 불러일으킨 부당한 기사 「기억 전쟁 : 논쟁에서 프로이트의 유산」(1996)과 함께 다시 출판된 두 편의 논문에서 아주 철저하게 반박하고 있다. 크로스는 종교 의식을 빙자한 극악무도한 폭행이 자행되고 있다고 믿는 사람들의 아주 뻔뻔스럽고 환상적인 주장만큼이나 정신분석학 이론과 실제에서 지적이고 증거에 근거한 실체는 거의 존재하지 않는다고 주장했다. 사실상 크로스는 종교 의식적인 극악무도한 폭행을 믿는 사람들의 아주 뻔뻔스러운 환상적인 주장은 정신분석학 이론과 실제가 악용되어 왜곡된 데서 비롯되었다고 주장했다.

나는 다음과 같은 더 많은 시사점에서 크로스에 공감한다. 즉 오늘날 토크쇼 시청자들의 요구에 따라 공상과학소설은 프로이트 이론과 그것을 각색한 이론들을 전달하는 데 필수적인 요소가 되어왔다는 사실이다. 실제로 두 개로 분리된 SF 전달자들이 존재했다. 첫 번째 경로는 다이어네틱스(사이언톨로지같은 '종교'로도 불리는)(해로운 심상을 제거하려는 심리 요법-옮긴이)의 사이비 과학을 「어스타운딩 사이언스 픽션」 1950년 5월 호에 소개한 SF작가 L. 론 허바드 같은 질 낮은 프로이트주의다. 두 번째의 더 직접적인 경로는 휘틀리 스트리버로 대표된다. 그는 당시 7살짜리 아들과 함께 평생 주기적으로 외계인들에게 납치되어 성적으로 학대당했다고 주장하는 공포 소설들을 썼다. 이 주제에 대한 스트리버의 책 『커뮤니언』, 『실화』, 『변신』, 『돌파구』는 기성 전업 작가가 쓴 이런 유형의 유일한 책들이었기 때문에 아직도 주목받고 있다. 이 같은 명성 덕분에 스트리버는 『커뮤니언』으로 백만 달러라는 엄청난 선인세를 받았다.[7]

L. 론 허바드와 공상과학소설 간의 징후적 관계는 SF와 종교에 대한 7장에서 더 상세하게 검토하게 될 것이다. 스트리버와 다른 '유괴된 사람들'의 UFO 체험 기억들은 또한 더 고귀한 유리한 위치에서 고려되어져야 할 것이다——공식적으로 인정된 종교들에 대해 미디어와 대중이 회의적 검토를 하지 않고 암묵적으로 신성하게 받아들인 것처럼 그들의 기억을 받아들인다면. 다행스럽게도 스트리버가 『커뮤니언』으로 상업적인 성공을 거두긴 했지만 외계인들에게 유괴된 사람들의 사이비 종교 의식을 만들려는 노력은 최소한의 동력을 얻는데 실패했다. 결국 그가 납치되었다고 주장한 1985년 크리스마스 다음날 밤 이후 10년 이상 『커뮤니언』은 종교가 아니라 대중 문화사의 일부가 되었다.

휘틀리 스트리버는 지금까지 가장 호기롭게 자기 환상으로 가장 많은 수익을 얻은 인물이지만 그가 처음으로 UFO에 대해 거짓말했던 사람은 아니었다. 의도적인 목격담들이 최초로 쇄도했던 것은 날개 같은 돛들을 단 시가처럼 생긴 우주선 함대가 미국 하늘을 가로질러 항해했던 1896년 우주선단 미스터리였다. 의도적 목격담이 전한 최초의 비행선들은 분명 공기보다 비중이 큰 비행선 출현 시대를 상상하는 열정의 표현이었으며 실제로 비행 시대가 시작되자 이런 꾸민 이야기들은 자취를 감추었다.

이어 원자력 시대 초기에 비행접시가 나타났다. 1947년 케네스 아놀드는 워싱턴 주 레이니어 산 주위를 배회하는 9개의 원반처럼 생긴 물체를 보고했고 1947년에만도 850차례의 다른 "비행접시" 목격담이 언론에 보도되었다. 비행접시 목격담을 믿는 사람들은 처음부터 그것들이 외계에서 온 것이라고 추정했다. 다시 말해서 그들은 공상과학소설의 후예였다. H. G. 웰즈의 『우주 전쟁』을 드라마화한 오손 웰즈의 라디오 방송은 1938년 청취자들에게 공황을 불러일으켰다. 이는 누군가 필요로 한다면 잠재적 신자 같은 다수의 청중이 있다는 증거였다.

하지만 밤하늘의 이상한 빛으론 충분치 않았다. 접촉은 불가피했다. 1952년 11월 20일 이미 이 주제에 대해 강의를 하고 UFO사진을 파는 따위의 비행접시 사업을 하던 보잘것없는 장사꾼 구루 조지 아담스키는 오손이라는 금성인과 첫 번째 대담을 했다. 금성인은 무언의 몸짓과 텔레파시로 비행접시가 지구 자기작용으로 동력을 얻는다고 설명했다. 오손은 다소 간략하게 영어로 설명한 후 원자폭탄실험과 핵전쟁의 전망에 대해 평화를 사랑하는 외계 우주인들의 경고를 전할 수 있었다.('쾅, 쾅!') (겨우 1년 전인 1951년 SF영화 〈지구가 멈추는 날〉(2008년 키아누리브스 주연으로 리메이크됨—옮긴이)

에선 비행접시 한 대가 같은 메시지를 전달하기 위해 워싱턴 D.C.에 착륙한다. 우연일까?)

　1965년 아담스키가 죽기 전 오손과의 접촉에 대한 아담스키 대필 작가의 설명『비행접시 착륙하다』(1953)와 그 속편인『우주선 내부』(1955) 그리고『비행접시들의 작별』(1961)은 이미 비행접시 팬들 사이에서 인기를 잃었다. 아담스키의 속임수 스타일과 이야기꾼으로서의 재능은 UFO학이라는 새로운 분야에 너무 원시적이었다. 아담스키는 신비주의와 심령현상을 강조하기 시작했기 때문에 그의『우주속보』의 충실한 독자들조차 멀어지게 했다. 아담스키는 처음부터 심령연구가 UFO에 대한 정보를 억압하기 위해 활동하고 있는 '침묵 단체'인 세계은행 세력들과 공모하고 있다고 선언했다. 당시 그는 자신의 우주인들과의 접촉 그리고 어두운 달 뒷면으로의 여행이 망상적인 경험에 불과할 수도 있다고 말하는 것처럼 보였다.

　아담스키가 이 점을 얼버무린 것은 더 격조 높은 UFO에 '유괴된 사람들'과 이후 세대 기록자들의 통상적인 특징이 되었다. 물론 스트리버가 정황을 정확하게 묘사하기 전「뉴스위크」가 'UFO학의 갈릴레오'로 부른 J. 앨런 하이네크 박사는 최초의 유괴된 사람들인 베티와 바니 이야기에 마지못해 신뢰를 보냈다.[8] 하지만 1982년까지 하이네크는 UFO가 외계에서 기원한다는 일반적 상식에서 뒷걸음질 치고 있었다. "하이네크가 평생을 바친 수수께끼를 과학공동체는 불가해한 것으로 치부하며 아직도 받아들이지 않고 있다. 하이네크는 UFO가 연이어 우리 현실에 끼어들었다 사라지는 평행 현실의 일부일 것이라고 말했다. 경험주의 과학자로서 그는 분명이 같은 가정을 받아들이기 힘들었을 것이다. 하지만 목격자 인터뷰와 목격 보고서, 레이더 연락과 비행접시가 착륙한 물리적 흔적들을 30년간 조사한 후 다른 어떤 가설도 그에게는 의미가 없는 것처럼 보였다."[9]

평행우주는 공상과학소설의 레퍼토리에서 빌려온 또 다른 진부한 표현이다. 평행우주는 자신들이 환기시킨 경이로운 현상들에 대해 합리적인 설명 없이 즉시 환상으로 만들고 싶어 하는 저자들에겐 아주 편리한 것이었다. '현실성이 버팀목'이라는 SF팬덤의 모토처럼 평행우주에서 마법은 가장 중요한 작동기제다. 물론 하이네크가 다목적 예외규정을 받아들이기 전 많은 SF저자들이 입증할 수 없는 모든 UFO현상에 대해 끊임없이 같은 설명을 제시했었다. 영국의 SF작가 이안 왓슨의 『기적의 방문자들』(1978)이 가장 똑똑한 사탕발림이었다.

UFO학자들에게 증명할 수 없다는 것은 닉슨과 워터게이트 공모자들의 진술 거부와 같다. 진술거부권이 없었다면 그들은 위증자로 입증되었을 것이다. 스트리버와 닥터 존. E. 맥(동료교수들에게서 UFO학 '연구'에 대한 격렬한 논쟁을 이끌어낸 하버드 의대 교수)은 영리하게 책임질 말은 하지 않으며 자기들의 납치 이야기를 조심스럽게 윤색했다. 아담스키가 조잡하게 위조한 UFO 사진들과 수십 년 간의 '긴밀한 만남'에도 불구하고 용케도 늘 카메라 렌즈를 피했던 그의 외계인 착륙 예정 지역 계산은 그들에게 도움이 되지 않았다. 아니, 선종 대사의 고안에 의문을 제기해서는 안 되듯이 외계인들은 말로 표현할 수 없고 알 수도 없으며 그들의 변덕에 의문이 제기되어서는 안 되었다. 합리적이고 정밀한 조사가 진행되지 않았던 많은 발표들 중 하나에서 스트리버는 다음과 같이 선언하고 있다.

방문자가 누구이든 무엇이든 그들의 활동은 인간의 단순한 연구 수준을 훨씬 뛰어 넘는다. 그들은 아주 깊은 단계에서 우리와 관련되어 꿈에 나타나며 상상과 현실을 오간다. 마침내 그들은 실재할 수 있는 것——하나의 연속체의 다른 측면들——처럼 보이기 시작한다. 실제로 방문자들을 충분히 인식하기 위해선 신비주의자의 자유로운 상상력과 과학자의 기본적인 지적 엄격성을 결합시킨 통찰력 있는 새로운 학문분야를 창안할 필요가 있을 것이다.[10]

거짓말쟁이들의 문화에서 해가 없다고 생각되는 거짓말을 밝히도록 요청하는 것은 무례한 짓으로 받아들여지고 있다. 레오 베네트 광고 대행회사가 한 전화설문 조사에서 505명 중 91%가 정기적으로 진실을 말하지 않는다고 고백하고 있다.[11] 「뉴욕 타임스」지 기자는 다음과 같이 설명하고 있다. "사람들은 과장, 거짓, 위조문서, 허위진술, 거짓전언, 얼버무리는 말, 억지스런 변명, 꾸며낸 이야기, 모호한 말, 발뺌, 핑계, 그럴듯한 모습과 꾸며진 진실을 그 어느 때보다 더 많이 받아들이고 있다. 사람들은 심지어 상상력을 발휘하는 것을 칭찬함으로써 아이들이 그렇게 하도록 부추기고 있다."

「타임스」 자체가 일요일 서평 섹션에서 『커뮤니언』을 다룰 때, 서평가인 그레고리 벤포드에게 더 정중하고 호의적인 논조를 강요해 비슷한 입장을 취하고 있다. 주목받는 물리학자이자 뛰어난 SF 작가인 벤포드는 하고 싶은 말을 꾹 참고 초고를 손질했다.[12] 덕분에 『커뮤니언』은 「타임스」 베스트셀러 목록 논픽션 부문에 게재된 데 이의가 제기되긴 했지만 전국 주요 일간지에서 전례 없이 정중한 관심을 받게 된다. 스트리버는 일간지들에 다음과 같은 취지의 언급을 하고 있다. "솔직히 방문자들이 그들의 목격자들과 전혀 무관한 실체들로 존재한다고 확신할 수는 없다. 그들이 이곳에 존재하지 않는다고 말할 수도 없다." 그는 당연히 UFO가 존재하지 않는다고 말할 수 없었다. 그렇게 말했다면 그는 출판계약을 할 수 없었을 것이다.

나는 「네이션」지에 『커뮤니언』에 대한 서평을 게재했다. 서평에서 나는 「타임스」가 강요한 지침에 따를 필요가 없었고 스트리버의 계획에 대해 자유롭게 의견을 개진할 수 있었다.[13] 게다가 나는 결정적인 증거를 가지고 있었다. 스트리버가 직접 초기 UFO 증언들과 관련해 순진한 말을 많이 했기 때문이었다. "이 일이 있기 전 나는 UFO에 대해 믿지 않았다. 또한 접촉을 주장하는 어떤 사람 면전에서도 웃음을 터뜨렸을 것이다." 그는 UFO에 관심이 없었지만 직접 겪은 체험 때문에 다른 UFO 문헌들을 조사하게 되었다고 주장했다. 스트리버가 문헌들을 폭 넓게 읽었다면 그 자신의 UFO 체험과 다른 사람들이 기록한 경험들이 놀랍도록 유사하다는 사실을 알게 되었을 것이다. 스트리버의 주장처럼 그가 다른 사람들의 경험을 모르고 있었다면 유사성은 분명 무언가 일어나고 있는 증거처럼 보인다.

밝혀진 것처럼 스트리버는 이와 관련해 중요한 기록을 남기고 있다. 1986년 양장본 공포소설 선집에 게재된 「고통」이란 단편소설이다. 「고통」은 전통적인 UFO 혼합물에 사도매조키즘적 주제를 분명하게 추가한 『커뮤니언』의 원형으로 주목할 만하다. 다음이 스트리버가 외계인에게 어떻게 강간당했는지 드러내고 있는 『커뮤니언』의 경우다.

비행접시에 승선한 후 나는 끝에 일종의 철사 그물모양을 한 회색 비늘 같은 크고 아주 불쾌한 물체에게 인도되었다. 그것은 적어도 1피트 길이의 폭이 좁은 삼각형 구조였다. 그들은 이것을 나의 항문으로 삽입했다. 그것은 마치 자체의 생명력을 갖고 있는 것처럼 내 몸속으로 기어오르는 것처럼 보였다. 분명 그것의 목적은 샘플, 아마도 대변 같은 물질을 채취하는 것이었겠지만 당시 나는 강간당하고 있다는 인상을 받았으며 처음으로 분노를 느꼈다.

스트리버처럼 소설가인 화자는 「고통」에서 폭력을 휘두르며 성행위를 주도하는 창녀에게 반한 자신의 열정에 대해 이야기하고 있다. 이 창녀들은 전 역사를 통해 인간의 고통을 먹고사는 오랜 외계 인종이었다. 그들은 로마 제국을 담당하고 홀로코스트를 준비했으며 케네디를 암살하고 이제 그들의 대리자인 잔인한 자넷 오레일리는 스트리버의 주인공에게 전형적인 복종과 지배 상황을 겪게 한다.

「고통」과 『커뮤니언』은 텍스트에서 상당부분 유사하다. '원형적 납치 체험'과 복종과 지배의 종교 의식적 의례를 재치 있게 동일시한 스트리버는 자신이 이전의 UFO학자가 개발하지 못했던 금맥을 찾아냈다는 사실을 알고 있었을까? 스트리버의 획기적인 설명은 『커뮤니언』에서 외계인들이 억압한 기억들을 처음으로 표면화된 것이 묘사되고 있다는 것이었다. 외계인들은 「고통」을 쓰기 불과 며칠 전 스트리버를 비슷하게 괴롭혔던 것이다.

자신의 UFO증언들을 감히 엄연한 사실이나 거룩한 선견지명 이외의 것으로 보는 사람들에 대한 스트리버의 반응은 너무 열정적이어서 많은 회의론자들은 그가 진심으로 자기 망상에 빠졌다고 생각했다. 뛰어난 UFO 실체 폭로가인 필립 J. 클라스는 스트리버가 아마도 측두엽 간질로 고통받았을 것이라고 주장했다. 측두엽 간질은 "스트리버가 UFO조종사들과 몇 차례 만나면서 기록한 강력한 냄새와 흔히 결부되어 생성한 환영을 불러일으키는 뇌의 측두엽에서 비롯된 일시적 현상이다. ……측두엽 간질이 있는 사람들은 축어적이고 철학적이며 유머 감각을 결여하는 경향이 있다."[14] 클라스가 옳다면 스트리버는 자신의 거짓말을 알고 있었다. 베티와 바니 힐이 진정으로 착각했을 수도 있는 반면 스트리버는 관대한 해석이 받아들여질 수 있도록 아주 가시적이고 체계적으로 자신의 흔적들을 감추기 위해 노력했다.

언제나 재치있던 스트리버는 자신의 거짓말 성향을 설명하기 위해 또 다른 진부한 SF적 비유를 구사했다. 외계인들은 그의 항문을 점검하지 않을 땐 '거짓 기억'들을 주입했다는 것이다. 폴 가그너와의 인터뷰에서 스트리버는 자신이 많은 사람을 살해한 찰스 휘트먼의 희생자가 될 뻔했던 상황을 묘사하고 있다. 당시 찰스 휘트먼은 텍사스 대학 캠퍼스에 있는 탑에서 총을 쏘았다. 스트리버는 고뇌에 찬 말투로

> 나는 바로 그 한 가운데에 있었다. 다른 사람과 함께 2.5피는 높이의 벽 아래 웅크리고 숨어 있었다. 우리 가까이에 있던 사람들이 모두 총에 맞았다. 모두 죽은 것은 아니었지만 분명 총에 맞았다. 바로 그곳에서 내가 다른 사람과 함께 벽 아래 누워있을 때 우리에게서 10피트 정도 떨어져 있던 곳에서 어떤 여자가 갑자기 비명을 지르기 시작했다. 그녀는 끔찍한 부상을 입고 있었다. 위에 총을 맞아 큰 소리로 울부짖고 자신이 흘린 피로 흥건한 바닥을 헤집으며 필사적으로 기어가고 있었다. 함께 있던 남자가 그녀에게 달려가려했다. 그가 벌떡 일어서자 휘트먼이 그의 정수리를 날려버렸다. 휘트먼은 물론 우리를 끌어내기 위해 여인의 아랫배를 쏜 것이었다. 그는 그곳에서 총을 쥐고 기다리고 있었다. 나는 움직일 수 없었다. 이 일은 평생 잊어지지 않았다.

하지만 『커뮤니언』에서 스트리버는 "수년 동안 찰스 휘트먼이 1966년 타워에서 총을 계속해서 난사하고 있을 때를 떠올린다고 말해왔다. 하지만 나는 그곳에 없었다"고 밝히고 있다.

〈토탈 리콜〉(1990)에서 아놀드 슈왈제네거를 본 사람은 이식된 기억이라는 개념에 익숙해지게 된다. 스트리버의 책이 영화보다 먼저 나오기는 했지만 영화의 원작인 필립 딕의 단편소설 「도매가로 기억을 팝니다」는 1966년 발표되었고 그의 고전적인 소설 『어긋난 시간』(1959)은 본질적으로 같은 생각을 전개하고 있다. 따라서 이식된 기억이란 생각이 UFO에 유괴된

사람들에겐 얼마나 편리한 것인가. 그들은 입증할 수 있는 거짓말로 곤경에 빠졌을 수도 있었을 것이다. 납치를 사도매조키즘의 전율과 동일시하는 이상으로 이식된 기억은 UFO학 전통에 대한 스트리버의 가장 큰 유산이 되고 있다. 사람들이 말하거나 쓴 것은 어느 것도 분명 진심에서 우러난 증언을 반박하는 증거로 사용될 수 없다. 과거는 얼마든지 형편이나 경우에 따라 융통성 있게 처리할 수 있기 때문이다.

현재는 불완전한 포스트모던 세계로 대부분의 정보는 여전히 문서보관소에 숨겨진 인쇄물 같은 당혹스러운 형태를 띠고 있으며 거짓말쟁이들은 역사 기록 때문에 쉽게 부정당하지 않도록 스스로를 선전해야 했다. 이런 관점에서 UFO는 본질적으로 변덕스럽고 정의하기 어려우며 검증할 수 없는 것으로 알려진 꼬마 요정과 유령의 이점을 갖고 있다. UFO의 존재는 엄밀하게 말하자면 이런 이야기를 하기로 한 사람들의 증언을 믿고자 하는 우리의 의지 작용이다.

거짓말쟁이들이 선택적으로 지향하는 두 가지 영역이 존재한다. 편리하게 고립되어 있거나 아득한 과거의 시기들이다. 스트리버는 캣스킬에 있는 시골 오두막 침실에서 납치되었으며 유괴된 다른 사람들도 일반적으로 유사한 상황에서 납치된다. 또 다른 더 큰 유형의 거짓말쟁이는 역사를 우주적인 규모로 다시 쓰며 자신에 대해서가 아니라 문자 그대로 창조 시대부터 행성 전체에 대해 거짓말을 한다. 이 같은 거짓말쟁이의 원조는 이그나티우스 도넬리(1831~1901)다. 한때 화려했던 그의 명성은 기이한 학술 논문들의 몇몇 각주 수준으로 시들어버렸다. 도넬리는 세 편의 SF소설을 썼다. 그 중 하나인 『카이사르의 기둥』(1889)은 당시 베스트셀러(또한 9장에서 〈스타워즈〉 테크노 스릴러의 원조로 고찰하게 될 것이다)였지만 그의 진정한 재능과 천재성은 속이는데 있었다. 그는 세 가지 서로 다른 근거로 쉽게 믿어버리는 대중들에게 편승했고 세 가지 날조 모두가 변조된 형태로 아직도 회자되고 있다.

그가 최초로 한 가장 모방적인 거짓말은 사이비 고고학 작품인 『아틀란티스 : 대홍수 이전의 세계』(1882)이다. 이 책에서 그는 다음과 같이 주장하고 있다. "이 섬에 대한 플라톤의 묘사는 오랫동안 가정되었던 것처럼 우화가 아니라 진짜 역사다. 그것은 인간이 처음으로 야만 상태에서 문명을 일으킨 지역이었으며……멕시코만 연안, 미시시피강, 아마존, 남아메리카 태평양 연안, 지중해, 유럽과 아시아의 서해안, 발트해, 흑해와 카스피해엔 이 문명이 확산되어 문명화된 민족들이 거주하게 되었다."[15] 요컨대 플라톤과 창세기를 제외하면 기록된 모든 역사는 오류이다. (1882년에도 도넬리는 별난 이론을 이야기하는 가장 좋은 방법은 그것을 근본주의자의 신앙에서 비롯된 교의와 결부시키는 것이라는 사실을 알고 있었다. 노아의 방주를 믿을 수 있다면 아틀란티스는 왜 믿지 못한다는 말인가?)

이미 19세기에 날조가 성공하기 위해선 어떤 유사 '과학'이 혼합될 필요가 있었으며 도넬리는 당시 신생 고고학에서 증거를 인용했다. "로마인들, 중국인들, 아비시니아인들과 캐나다 인디언들 사이에서 신랑 집 문지방에서 신부를 들어 올리는 특이한 관습이 유행하고 있다." 이것을 어떻게 설명할 것인가? 이 같은 문화의 공통된 기원이 아틀란티스 관습이라는 것으로 설명될 수 있다. "우리가 아틀란티스 없이 어떻게 유럽에 있는 바스크족의 존재를 설명할 수 있겠는가? 바스크족은 언어상으로 유럽 대륙의 어떤 민족과도 유사하지 않은 반면 아메리카 언어와는 유사하지 않은가?" 이 책은 알파벳, 신화, 풍속과 모든 문명의 고고학적 유물들 사이의 그럴듯한 유사성을 담은 거대한 선물꾸러미였다. 수집가같은 도넬리의 관심을 끌만한 변쩍이는 것은 무엇이든 우리가 아틀란티스에서 기원했다는 또 다른 증거가 되었다.

도넬리의 아틀란티스에서 SF적인 사이비 역사의 위대한 후예가 생겨난다. 이 중 가장 인기 있는 것이 에릭 폰 다니켄의 『신들의 전차』(1968)다. 폰 다니켄은 다음과 같이 말하고 있다.

정의를 내리기는 힘들지만 아득히 오래전 알려지지 않은 우주선이 우리 행성을 발견했다. 이 우주선 선원들은 곧 지구가 지적 생명체가 발전할 수 있는 모든 전제조건들을 충족시키고 있다는 사실을 알게 되었다.……아주 오랜 전설이 전하듯 우주인들은 인공적으로 이 종족의 몇몇 여자 구성원들을 수태시켜 깊은 잠에 들게 하고는 떠났다. 수천 년 후 우주 여행자들이 되돌아와 표본인 호모 사피엔스가 확산되었다는 사실을 알게 된다. 그들은 품종 개량 실험을 몇 차례 되풀이 해 결국 사회적 규율을 전할 만큼 지적인 피조물을 만들어낸다. 당시 사람들은 아직 야만적이었다. 그들이 퇴화해 동물들과 다시 짝을 맺을 위험이 있었기 때문에 우주 여행자들은 실패한 표본들을 죽이거나 다른 대륙들에 옮겨 거주하게 했다. 최초의 공동체와 최초의 기술들이 존재하게 되었으며 암벽과 동굴 벽에 그림이 그려지고 도기 제조법이 발견되고 최초의 건축들이 시도되었다.[16]

폰 다니켄은 다윈, 구약성서와 제3제국의 우생학적 환상을 불쾌하게 혼합한 출판물로 엄청난 성공을 거두었다. 1978년 보급판 35쇄의 표지엔 "4,000,000부 이상 판매"되었다고 자랑하고 있다. 도넬리는 UFO신화학과 보급판 시대 이전에 살기는 했지만 『신들의 전차』에 『아틀란티스』와 도넬리 후예들의 거짓말들로 이미 충분히 전개되지 않은 새로운 것은 전혀 없었다. 『신들의 몰락 : 불과 자갈의 시대』(1883)는 오래전 혜성이 지구와 거의 충돌할 뻔하면서 어떻게 아틀란티스를 침몰시키고 다른 다양한 파괴들을 불러일으켰는지 설명하고 있다. 도넬리가 이미 다윈에게서 영향을 받았던 것처럼 뉴턴에게서 영향을 받은 이 같은 다소 신중한 천문학적 판타지는 또 다른 편협한 고고학자인 임마누엘 벨리코프스키(예를 들어 『충돌한 세계』) 작품을 예시하고 있다. 그는 태양계는 원한을 품은 신들이 잔디 위에서 하는 크로켓 경기와 같다는 어리석은 이론의 증거로 고대 문명들의 잡동사니들을 제시하고 있다.

분명 스트리버, 폰 다니켄과 벨리코프스키의 많은 독자들은 재미만을 추구하며 SF이야기에 끌리는 것과 같은 장난스런 기분으로 그들의 책을 접한다. 그들의 책은 클린턴이 외계인과 악수하는 사진을 게재한 슈퍼마켓의 선정적인 신문의 거짓된 즐거움보다 더 재미있다. 이런 독자들에겐 "파격적이야!" "섬뜩하군!" "다음은 어떻게 되지?"가 평가다. 믿음은 실제로 문제가 되지 않는다. 여론 조사원에게 UFO를 믿는다고 말하는 사람들 중에서도 상당수는 그런 믿음을 '즐기고 있는 것'으로 가장 잘 이해될 수 있다. 한편으로 외계인들이 자신의 삶에 직접적으로 영향을 미치지 않는 한 UFO를 믿는 다는 것은 멋진 생각이기 때문이고 다른 한편으로 UFO를 믿는다고 말하는 것은 아는 체 하는 지적 속물들을 조롱하는 방법이 되기 때문이다.

어떤 계층의 독자들은 정확히 자신들이 기괴하고 편집증적이기 때문에 기괴하고 편집증적인 이론들을 높이 평가한다. 70년 대 말 SF작가 로버트 앤턴 윌슨은 모든 음모론, 신비와 UFO이론의 종합연구서가 되고자 하는 『일루미나투스!』라는 포괄적인 제목으로 시리즈물을 출간했다. 책들 중 일부는 소설로, 일부는 논픽션으로 소개되었다. 윌슨과 그의 팬들에게 진실은 전혀 문제가 되지 않았다. 나는 언젠가 로스앤젤레스에서 저자 사인회가 끝난 후 아마도 진짜로 믿고 있는 사람에게 심각하게 허풍을 떨고 알 수 없는 암시를 넌지시 비추며 이어 눈짓을 하고 낄낄거리는 그를 본 적이 있다. 그는 인지적 불협화를 경험했을까? 나는 당시 궁금했었다. 올리버 스톤이 '마치' 자신이 실제 사건들을 재창조하고 있다는 듯 역사 기록에 대한 엄청난 왜곡을 필름에 담았을 때 그는 인지적 불협화를 경험했을까? 두 가지 의문에 대한 답변은 아마도 그렇지 않았을 것이라는 사실이다. 그들은 분명 자신을 거짓말쟁이나 심지어 공상가가 아니라 필립 시드니 경이 1595년 '시에 대한 옹호'에서 썼을 때 의도한 의미에서 시인으로 생각했을 것이다. 시드니 경은 "시인만이……창작력에서 힘을 얻고 자연적으로 만들어진 것보다 더 나은 것을 만들거나 결코 존재한 적이 없었던 아주 새로운 형태를 만드는 또 다른 본성으로 성장한다"고 쓰고 있다.

'시인들'이 자신들의 환상과 보편적 정의감에 맞도록 고대 역사를 다시 쓸 때 취한 파격이 때로는 현실 세계에 불행한 결과를 가져오곤 했다. 풍자하거나 교훈을 주기 위한 허구적 역사 서술이 전국적으로 수업과 대학 교과목에 미치는 영향을 목격하고 있다. 『아프리카계 미국인의 기본 에세이들』은 고대 이집트인들(이들은 흑인이다)이 다윈보다 훨씬 앞서 진화론을 전개했으며 양자 역학을 이해했고 글라이더를 날렸으며 점성술로 길일을 예언할 수 있었고 영적인 힘으로 미래를 볼 수 있었다고 학생들에게 가르치는 텍스트로 사용되고 있다. 이런 정보는 학문으로 얼렁뚱땅 넘겨진다. 『블랙 아테나』(1987)의 저자인 마틴 버날은 그리스 문명은 이집트에서 차용하거나 훔쳐온 것이라고 믿게 하고자 했다. 다른 흑인 중심주의자들은 아리스토텔레스가 자신의 철학을 알렉산드리아(그가 살아 있을 당시에 존재하지 않았던 도시) 도서관에 있는 책들에서 몰래 들여왔으며 소크라테스와 클레오

파트라는 흑인이었다(그들에 대해 험담을 하는 많은 사람들이 언급하지 않고 있는 사실)고 주장하고 있다. 제스퍼 그리핀은 「뉴욕 북 리뷰」에서 이 문제들에 대해 다음과 같이 말하고 있다. "반증과 무관하게 계속되는 주장들은 병리학적인 집단 심리학에서 매력적인 연구 대상이다.……하지만 언외의 의미들은 우려스럽다. 일부 대학교수들과 또 다른 사람들은 이 같은 주장들이 물증에 근거하고 있는가 여부나 이 주장들이 냉철한 검증을 감당할 수 있는지 여부는 중요하지 않다고 말하거나 생각하고 있다."[17]

다시 말해서 흑인 중심주의적 신화 해석자들은 거짓말할 권리를 갖고 있다. 거짓말할 권리를 갖고 있을 뿐만 아니라 그들의 그럴싸한 학문을 논박하거나 조롱하는 것은 인종주의에서 비롯된 행동으로 치부된다. 10년 전 논쟁의 대상이 되었던 것은 강간을 당했다는 타와나 브롤리의 자작극에 대한 고발들이었지만 이제 논쟁의 대상은 '간단히' 서구 문명이다. 대수롭지 않게 생각하는 사람들은 분명 흑인 학생들에게 자존감의 중요한 원천으로 작용하는 이런 판타지들로 아무도 피해를 입지 않는다고 생각할 것이다. 하지만 이런 허풍 때문에 현실적으로 해악이 야기되고 있다. 더 큰 공동체가 이처럼 인정한 그럴듯한 거짓들에 속아 믿게된 사람들은 조만간 자존감보다는 공격적인 분노와 노골적인 편집증 같은 태도를 발전시키게 될 것이다. 「뉴 요커」지에 최근 UFO지식에 대한 책 서평을 쓴 제임스 워코트는 '유괴된 사람들'과 자신의 친밀한 만남을 다음과 같이 기술하고 있다.

그들에게 놀라지 않을 수 없었다. 현혹된 괴짜들의 사이비 신흥종교를 대하고 있다고 느끼게 되었다. 내가 면담했던 유괴되었던 사람들은 평범한 일상에서 볼 수 있는 사람들과는 거리가 멀었다. 그들은 환생, 영기, 치료하는 수정구슬 따위가 빠짐없이 갖추어진 뉴 에이지 상점을 뒤졌으며……그들에게 외계인들은 정신적 성장의 동인이었지만 그 기저엔 궁색한 진실이 있었다. 내가 만난 사람들은 전형적으로 호감이 가지 않는 수동적 공격성을 가진 사람들이었다. 내면엔 분노와 불신을 품고 있었다.[18]

하지만 UFO 신봉자들의 공격성이 모두 수동적인 것은 아니다. 1996년 6월 14일 롱 아일랜드에서 세 사람——롱 아일랜드 UFO 네트워크 의장과 이 조직에 속한 두 명의 회원——이 서포크 카운티 관리들을 암살하고 카운티 통치권 장악을 모의한 혐의로 체포되었다. 그들은 관리들이 1995년 여름 롱 아일랜드에서 잡목림에 불을 질렀던 UFO들이 제시한 명백하게 현존하는 위험을 인정하고자 하지 않는데 자극을 받아 이 같은 일을 저지른 것으로 알려졌다.

자기기만, 꿈과 거짓말들을 세상이 대체로 액면 그대로 받아들여야 한다고 주장할 때 이런 광신의 가능성은 늘 존재한다. 유감스럽게도 세상은 흔히 그들의 주장을 거부하곤 한다. 롱 아일랜드의 광신자들은 이런 상황에 고유한 긴장을 해결하려 노력하면서 분명 잘못된 행동을 했다. 더 현명하고 조금만 더 인내심이 있었더라면 다른 재능 있는 거짓말쟁이들이 때로 놀랍도록 성공적으로 해왔던 것처럼 그들은 자신들의 종교를 시작할 수도 있었을 것이다.

혹은 그들이 그런 정도의 웅대한 꿈을 꾸지 못했다면 미국 최초의 SF작가이자 우리의 가장 성공한 거짓말쟁이들 중 한 명인 에드거 앨런 포가 그들을 위해 뚜렷이 보여준 인생 경로를 따를 수도 있었을 것이다.

2장 SF의 당황스러운 선조, 포

포에서 시작하고 있다.

　다른 많은 사람들은 SF의 가장 중요한 선구자로 최초의 슈퍼맨인 길가메시 전설을 기록한 무명의 저자를 꼽는다. 또한 많은 최신 SF들에서 등장하게 되는 주제인 노아와 대홍수, 니므롯과 바벨 탑을 기록한 성경 저자들을 SF의 선구자로 주장하기도 한다.[1] 하지만 신화와 전설을 SF로 본다면 소설이 등장하기 전 세계 문학의 절반은 SF의 기원으로 보아야 할 것이다. 보이지 않는 율리시즈가 투명한 모습으로 알키오누스의 궁정으로 들어가는 것을 묘사한 호메로스는 다른 많은 투명 인간들을 예고하고 있다. 로마의 단편 작가인 사마소타의 루키아누스는 달과 태양으로의 여행을 묘사해 비슷한 환상 여행을 이야기한 라블레, 시라노 드 베르냑, 조나단 스위프트 같은 다른 최초의 SF작가들에게 영감을 주었다. 엉뚱하고 기발한 생각이나 엄청나게 과장된 맥락에서 글을 쓴 SF작가들——피어스 앤소니, R. A. 래퍼티와 로버트 쉐클리 같은 다양한 사람들——은 루키아누스와 그의 유산을 정신적으로 잇고 있다고 할 수 있지만 일반적인 의미에서 직계는 아니다. 루키아누스는 자기 시대 그리스 로맨스 소설을 의도적으로 흠집내며 달로 날아간다는 생각을 결코 어리석다고 생각하지 않는 어떤 사람을 생각하며 숨죽여 웃었을 것이다. 아주 유사한 방식으로 SF 풍자가들과 익살꾼들은 통속적인 공상과학소설에 자극을 받아 우주인과 외계인 같은 상투적인 모습들을 농담과 희롱거리로 사용했다. 그것이 라블레의 풍자와 다소 유사한 것은 순전히 우연이다.

단순히 환상을 사실적으로 묘사한다는 이유로 거론되는 인물을 제외하면 장르 창시자로 에드거 앨런 포에 맞설 수 있는 의미있는 경쟁자는 한명만이 남는다. 『프랑켄슈타인』(1818)의 저자 메리 셸리다. SF장르의 권위 있는 역사서 『10억년의 잔치』[2]에서 브라이언 앨디스는 메리 셸리가 밀턴, 괴테와 에라스무스 다윈에게 영향을 받았다고 언급하면서 그녀가 또 다른 고딕 소설가에 불과한 것이 아니라는 사실을 입증하는 방식으로 셸리를 더할 나위 없이 대변하고 있다. 앨디스는 다음과 같이 주장하고 있다.[26쪽] "따라서 찰스 다윈의 할아버지 에라스무스 다윈이 최초의 실제적인 공상과학소설 창시자다. 파우스트의 주제는 초자연적인 수법을 대신한 과학덕분에 극적으로 현대화되었다.……프랑켄슈타인은 과학뿐만 아니라 인간의 이중적 본성을 언급한 현대적 주제다. 프랑켄슈타인은 꼬리 없는 원숭이의 유전된 호기심 때문에 성공과 불행을 경험하게 된다."

셸리가 전개한 주제들이 중요하다고 강조했지만 앨디스의 논증은 루키아누스에 대한 것처럼 이론적인 것에 불과하다. 사람을 보낼 수 있는 어떤 곳으로 달을 상상했다는 의미에서 루키아누스는 SF를 쓴 것이다. 유능한 과학자가 인간의 생명을 만들 수 있다는 메리 셸리의 견해는 루키아누스 같은 기본적인 방식에서 SF다. 하지만 일단 약간의 유창한 말솜씨와 무대

도구로 전제가 확립되면 셸리의 이야기는 철학적 막간극이 있는 초기 단계의 멜로드라마가 된다. 몇몇 기억할 만한 숭고한 요소들은 전반적으로 서툴게 묘사되어 있다. 앨디스는 SF의 어머니라는 최고의 명예를 메리 셸리에게 부여하지 않는 이유를 다음과 같이 말하고 있다. "선별된 시체의 각 부분을 조립해 생명을 불어 넣어 괴물을 만들어내곤 겁에 질려 자신이 만든 괴물에게서 도망치는 빅터 프랑켄슈타인 이야기에 친숙한 많은 사람들 중 메리 셸리의 원작 소설을 읽고자 하는 사람은 없을 것이다." 이는 앨디스에게 "산업화시대라는 이 최초의 중요한 신화의 침투력"을 의미하고 있다. 이것은 또한 나에게 메리 셸리가 자신의 주제를 적절하게 다루지 못하고 있다는 것을 의미한다. 독자들이 읽지 않는 작품의 저자는 어떤 사람에게도 지적인 영향을 미칠 수 없다.

메리 셸리는 이지적 학자 부모에게서 태어나 부유한 명문 출신의 위대한 시인과 결혼하는 엄청난 행운을 누렸다. 이 같은 배경이 없었다면『프랑켄슈타인』이 낭만주의 운동의 호기심을 불러일으키는 것들 중 하나가 되어 계속해서 출판되었을지는 의문이다. 그렇다고『프랑켄슈타인』이 가치가 없다는 의미는 아니며 재미가 아니라 학구적인 호기심에서 소설을 읽는 사람에게만 호소력이 있다는 말이다. 브라이언 앨디스가 열거한『프랑켄슈타인』의 지적 중요성은 대부분의 독자들에겐 의미가 없는 것이다. 단순화되고 왜곡되어 영화화된 '프랑켄슈타인'만 접한 대다수 사람들에게『프랑켄슈타인』은 미쳐 날뛰며 방어할 수 없는 여자에게 위험한 괴물과 관련이 있다는 환원적이고 경멸적인 의미에서만 공상과학소설적이다. 프랑켄슈타인은 성적 매력 없는 드라큘라, 번개로 생명을 얻은 좀비, 거의 200년 전을 배경으로 횃불을 치켜든 마을 사람들에게 추적당하는 시대극 인물이다. 이 같은 이미지는 공상과학소설이 아니라 정반대되는 옛날이야기에나 나올법

한 모습이다. 아서 클라크의 『2001 스페이스 오디세이』과 아이작 아시모프의 『아이, 로봇』에서 인상적으로 그려진, 미쳐 날뛰거나 영혼이 있어야 할 빈자리를 시무룩하게 생각하는 로봇의 모습은 셸리가 아니라 아마도 훨씬 이후에 나온 프랑크 바움의 『오즈의 마법사』에서 나오는 양철 인간과 함께 카렐 카펙의 『R.U.R.』에서부터 전해지고 있다.

에드거 앨런 포가 원조다. 그의 단편소설들이 아직도 읽히고 있기 때문이다. 1849년 포가 죽은 후 유고 관리인 루퍼스 그리스워드 목사가 첫번째 전집에 첨부된 회고록에서 포에게 지독한 욕설을 퍼부은지 수십 년이 지난 후에도 포는 독자들을 잃지 않았다. 십 년 후 그리스워드의 악의에 찬 비판이 담긴 세 권으로 된 판본은 "저자는 삶이나 작품들에서 거의 어떤 미덕도 보여주지 못했다. 선악의 판단을 인정하거나 명시하지 않고 영문학에서 그렇게 많은 것을 성취한 사례는 없을 것이다"라고 묘사했지만 17쇄를 찍었다.[3] 부분적으로 포의 삶과 성격이 비난할만했기 때문이지만 그리스워드의 신화에서 비롯된 포는 독자들이 원하는 포였기 때문에 그의 악의적인 비난은 고착되었다. 포는 굶주린 예술가, 상도를 벗어난 거짓말쟁이, 술고래, 성적으로 타락한 사람이자 흔히 그에게서 그의 센세이셔널한 소설들을 쉽게 떠올릴 수 있는 다재다능한 미친 천재였다.

유럽에서 포는 그리스워드가 비난했던 바로 그 기질들 때문에 찬사를 받았다. 보들레르는 포를 자기 파괴의 완벽한 스승으로 우상화했다. 수 세대의 프랑스 작가들은 포의 선례를 따랐다. 독일에선 니체, 릴케와 카프카 등이 포를 따르며 자신들의 강한 애착에 대해 비슷한 이유들을 고백 했다. 유럽인들은 떠받들 수 있는 특별한 유형의 문학적 타락자가 계속해서 미국에서 배출될 것으로 기대하고 있었다. 윌리엄 버로스와 찰스 부코스키는 자기 나라에서도 명예를 누리기는 했지만 유럽대륙에도 존경받았다. 유럽은 자기들이 쓴 이야기를 실연해보인 자기 신화화 저자들에게만 경의를 표했다. 그들의 경우에 신화는 포처럼 자포자기한 도박꾼으로 변한 개척지 신참자의 신화다. 세련된 말투에 한 때 잘 차려입었던 부르주아 신사는 이제 술집 바닥에 널브러져 있다. 포는 유럽독자들이 대서양을 건너 개척시대 미국 서부의 싸구려 술집에서 흥청거렸다면 자신도 그렇게 되었을 것 같은 비극적 인물이었다.

미국 독자들, 적어도 상층 중산계급 독자들은 같은 신화를 구입하고자 하는 열기가 상대적으로 덜 했다. 바로 자기 문 밖에서 빈민굴을 볼 수 있을 때 그것을 낭만적으로 생각하기는 어렵다. 따라서 미국인들은 포의 작품들을 읽기는 했지만 마지못해 읽고 있었다. 동시대에 유행을 만드는 사람들은 포를 자기 소관 밖의 일로 치부했다. 에머슨에게 포는 "소리에 민감한 사람이었다." 휘트먼⁴⁾은 "시는 물론 포의 삶과 추억에 대해 형언할 수 없는 매력"이 존재한다고 시인했다. 휘트먼은 포가 "재기가 뛰어나고 매혹적이지만 열정은 없다"는 것도 인정했다. 하지만 그는 결국 포의 작품이 "거의 도덕적 원칙 또는 현실이나 현실적 영웅주의에서 비롯된 애초의 흔적이나 인간의 마음에 대한 소박한 애정은 거의 존재하지 않는다"는 이유(정확히 그리스워드의 견해를 되풀이 하고 있는)로 전적으로 찬사를 보내지는 않았다. 이후의 비평가들은 그보다는 더 관대하지만 아무리 찬사를 늘어 놓는다해도 늘 완전히 받아들일 수 없는 요소가 있었다. 포의 작품은 지적으로 역동적이고 쉽게 흥분하는 10대들에게 아주 적합한 것으로 평가받고 있었다. T. S. 엘리엇은 다음과 같은 방식으로 그 점을 기술하고 있다.

포가 강력한 지성의 소유자라는 사실은 부정할 수 없다. 하지만 그것은 내가 보기에 사춘기 이전 타고난 재능이 뛰어난 젊은이의 지성이다. 그의 활기찬 호기심이 취한 형태들은 사춘기 이전의 지력이 즐거워하는 것들이다. 자연과 역학 그리고 초자연적인 것에서 비롯된 경이로운 현상들, 암호문과 암호, 퍼즐과 미로, 기계적인 체스 경기자와 제멋대로 상상의 나래를 펼치는 추론 따위가 그것이다. 다양하고 열정적인 그의 호기심은 즐겁고 감탄스럽지만 결국 일관성이 없고 괴벽스러운 그의 관심사는 독자들을 지치게 만든다.[5]

엘리엇이 포에 대해 말한 것은 장르로서의 공상과학소설에 동일하게 적용될 수 있을 것이다. 공상과학소설 주독자층 연령대는 12살이다. 그것은 포를 알게 되어 그에게 푹 빠지게 되는 것과 같은 연령대다. 나는 6학년 때 「황금벌레」를 우연히 접하면서 엘리엇의 말마따나 암호문에 대한 정열을 갖게 되었던 것으로 기억한다. 사실상 글자 맞추기 잡지에서 1달러를 받으며 내가 처음으로 발표한 작품은 바틀릿의『친숙한 인용문』에서 찾은 로마 시대 시인 호라티우스 시 몇 줄을 암호로 바꾸어 쓴 것이었다. 12살 때까지 나는 더 인기 있는 포의 이야기들을 모두 읽었고 「양심의 가책」같은 공연으로 어린 동생들을 무섭게 하는 것을 좋아했다. 나는 얼굴에 유령 같은 음영이 비치도록 손전등을 거꾸로 들고 비춘 채 동생들에게 「양심의 가책」을 큰 소리로 읽어 주었다. 결국 나는 고등학교 때 이 소품을 포의 많은 시들과 함께 기억하게 되었다. 고등학교 때 진정한 의미에서 나는 공상과학소설 팬이 되었다.

또한, 셰익스피어, 디킨스, 입센, 토머스 하디, 베토벤, 바그너, 거슈, 라벨과 바흐, 피카소, 뒤피, 렘브란트와 다빈치, 히치콕, 드밀, 펠리니와 베르그만, T. S. 엘리엇에 대해서도 그들 각각에겐 포처럼 "관심사가 일관성이 결여되고 괴벽스러울" 뿐만 아니라 "다양하고 열정적인 그의 호기심"이 있다고 말할 수 있을 것이다. 분명 엘리엇이 "사춘기 이전의 타고난 재능이 뛰어난 젊은이"는 "자연과 역학에서 비롯된 경이로운 현상들"에 즐거워한 다고 말한 것은 옳았다. 공상과학소설을 강력히 지지하는 사람들은 흔히 SF장르의 특별한 장점으로 '경이감'에 대해 말하고 있다. 그런데 감수성을 잃는 것이 성숙해지고 현명해진다는 증거일까? 엘리엇이 포에게서 지치게 만든다고 한 "일관성이 없고 괴벽스러운 관심사"는 지나치게 물릴 줄 모르 는 포의 욕망보다는 오히려 엘리엇이 편협하기 때문은 아닐까?

가장 열정적인(그리고 편견에 사로잡힌) 비평가들은 엘리엇(그리고 포)처럼 자기 작품의 정당성을 입증하는 미의식을 창조해야 하는 사람들이었다. 주 목할 만한 것은 엘리엇이 포의 작품을 단순히 무시하는 것이 아니라 헐뜯 을 필요가 있다는 사실을 알게 되었다는 것이다. 보들레르와 비슷한 지위에 있는 다른 유럽 작가들의 높은 평가로 분명 어떤 자극을 받았겠지만 더 근 본적인 이유는 포가 융의 심리분석학적 의미에서 엘리엇의 그림자였기 때 문이었다. 포는 엘리엇과 그의 동료들과는 정반대되는 모더니즘의 특징을 대표하고 있었다. 포는 대학의 명사들 같은 높은 교양 청중들이 아니라 훨 씬 더 넓은 독자층에게 이야기하고 있다. 포는 오로지 재미를 위해 극단적 인 것, 노골적으로 나쁜 심미안에 빠져 있는 사람을 독자층으로 삼았으며 양심의 가책 없이 자신의 예술을 시장에 맞추어 솔직하게 돈을 벌 욕심에 이끌리는 사람(가난한 사람들이 흔히 그렇듯)이었다. 결국 일반적으로 이민자 들의 나라인 미국에 적합한 예술에 기대할 수 있듯이 모더니즘은 과거보 다는 미래에 더 많은 관심을 가지고 있었다.

저급 예술과 고급 예술, 대중 예술과……같은 두 가지 예술 유형——엘 리엇 대 포, '주류' 문단 소설 대 공상과학소설——사이의 경쟁이었다. 대 중 예술에 반대되는 것은 무엇일까? 인기 없는 예술? 대중성이 문 앞의 야 만인들에게 놀란 엘리엇과 그와 같은 유형의 사람들이 부족한 것이다. 작가들은 무엇보다 자기 작품들이 읽혀지기를 희망하며 따라서 그들 중 일부는 분명 현실적으로 평가 절하된 작품을 돕는다. 그런데 '엘리트주의자'가 더 정확히 반대되는 사람이 아닐까? 엘리트주의자가 모든 민중주의자가 즐겨 사용하는 모욕적인 어구이며 흔히 아주 정확한 통칭이다. 엘리트주의가 어떤 사람이 힙팝보다 발레를, 음유시인으로 불리는 로드 맥컨보다 퓰리처상을 수상한 시인 왈라스 스티븐스를, 소설화한 〈스타 트렉〉보다 1976년 노벨 문학상 수상자 솔 벨로를 더 좋아한다는 것을 의미한다면 그것이 엘리트주의——통속적인 것이나 대중적인 것 모두를 파멸에 이르게 하는 것으로 치부하지 않는다해도——라 할 수 있다.

포가 죽은지 150년 후 '거의' 전통적인 지혜가 되고 있는 중요한 사실은 지식인과 교양이 낮은 사람은 본질적 가치의 차이가 아니라 인구 통계학적인 차이라는 사실이다. 엘리엇의 모더니즘은 논쟁의 여지없이 중요하다——하지만 포의 모더니즘 역시 중요하다. 엘리엇에게 전혀 무가치한 아류자들이 있는 것처럼 포에게도 무가치한 아류자들이 있다. 하지만(그리고 이것이 엘리엇과 같은 고급문화의 사도들이 아주 쓰라리게 분개하고 있는 반전이다) 대중문화가 고급문화보다 영향력이 더 크다. 포의 정통 후계자인 스티븐 킹은 연이어 베스트셀러 목록에 이름을 올리고 있으며 소설화한 〈스타 트렉〉은 정기적으로 아주 명망 있는 저자들의 작품보다 더 많이 팔리고 있다.

고급과 저급——엘리엇과 포, 주류 문학과 공상과학소설——의 차이는 전통적인 비평 기준으로 측량될 수 있는 것이 아니다. 예를 들어 사람들은 엘리엇이 형식주의자이고 포는 아니라고 주장할 수 없다. 왜냐하면 모든 저작은 애초부터 형식주의적이다. 포는 분명 엘리엇보다 더 형식주의적이다. 「갈가마귀」와 「황무지」 중 어느 것이 더 '형식주의적'인 시인가? 더 노골적인 계몽주의와 설교조 같은 문제에서 포는 더더욱 포다운 모습을 보이고 있다. 엘리엇은 에머슨이나 다른 위선적인 어떤 고결한 빅토리아 풍 사람들 (포를 제외한) 많큼이나 많은 설교를 하고 있다. 위에서 인용한 문장에서 엘리엇은 포의 작품 주제들의 미숙한 특성에 대해 비웃고 있다. 하지만 포를 비웃는 사람들은 보들레르, 도스토예프스키와 릴케 같은 사람들을 매혹시킨 낯설음의 영역들을 고려하지 않고 있다.

본질적인 차이는 미학이나 어떤 불가사의한 형이상학적 본질이 아니라 두 작가의 정반대되는 사회·경제적 입장에서 비롯된 것이다. 포의 저작은 시장에 끌린다. 그는 대중 시장을 겨냥한 최초의 작가들 중 한 명이다. 포가 글을 썼던 1830년대와 1840년대는 시장이 막 생겨나던 시기라는 것이 그에겐 불행이었다. 평생 버림받은 포의 희망은 근대 독자층에게 짧은 시간 (그는 단편소설과 시는 앉은 자리에서 읽을 수 있어야 한다고 믿었다)관심을 끌고 소름끼치게 흥분하게 할 수 있는 전국적인 잡지를 창간하는 것이었다. 그는 자신이 생각한 이상적인 잡지 설립 취지서를 쓰고 또 쓰면서 재정적 후원자를 찾기 위해 노력했다(그리고 실패했다).

포는 잡지 기자였다. 잡지 기자라는 단어가 『옥스퍼드 영어 사전』에 처음으로 수록된 것은 1821년이었다. 잡지 기자는 언제나 잡지를 위해 글을 쓰는 사람이라는 경멸적인 표현이었을 것이다. 현재 우리는 단순하게 통속예술가라고 말하고 있다. 잡지 기자는 소설가와는 전혀 다르다. 소설가들은 소설을 쓰기 때문에 소설가로 불린다. 잡지 기자들은 잡지를 쓰지 않는다. 잡지 기자들은 잡지를 위해 글을 쓴다. 그들은 존재하는 독자들의 요구에 부응하기 위해 글을 쓴다. 독자들이 자기들 요구에 부응해 쓴 글이 있다는 사실을 알기도 전에 자기 독자들을 위해 글을 썼다는 것이 포의 불행이었다. 결국 그는 무일푼으로 죽었다. 하지만 적어도 장기적 관점에선 포가 옳았다. 독자들은 존재했고 통속예술가들이 세계를 지배하는 것은 시간문제였다. 자신이 추구했던 잡지를 발행할 기금을 모으기 위한 편지에서 포는 다음과 같이 밝히고 있다.

> 궁극적 목적——나의 잡지나 내가 소유권을 가질 수 있는 잡지를 만들겠다——이 있기 때문에, 그 자체로 대단한 명성을 얻는 것이 아니라 나의 특별한 목적을 성취하는데 도움이 될 명성을 얻기 위해 계속해서 노력해 왔다. 따라서 나는 책을 쓰지 않고 있으며 지금까지 본질적으로 나는 잡지 기자다.[6]

편집자이자 저자로서 그의 많은 설립 취지서와 그가 했던 일로 판단할 수 있는 그의 이상적인 잡지는 최고 양질의 「더 뉴요커」와 최악인 「내셔널 인쿼러」를 결합하는 것이었다. 말하자면 포는 번득이는 한, 예술에 대한 거부감은 없었으며 독자가 요구하고 있다고 생각하는 것에 독창적으로 부응했다. 그의 독자들은 자신들이 희망하고 두려워하는 것(독자들의 아주 어리석은 공상과 아주 편집광적인 의심들처럼)에 상당히 근거가 있다는 사실을 설명받고 싶어 했다. 그리고 이런 관점에서 포는 현대 공상과학소설의 진정한 원조라 할 수 있다.

책의 남은 지면의 상당부분에선 변화될 것을 예언하고 자기기만 같은 속임수에 조력한 포의 선례와 지난 반세기의 공상과학소설이 어떤 점에서 일치하는지를 입증하게 될 것이다. 하지만 먼저 SF장르의 원조가 이런 힘든 일을 어떻게 시작했는지 알아보기로 하자.

포는 거짓말쟁이였다. 가장 성공적인 첫 번째 거짓말(그리고 최초의 주요한 SF작품)은 1831년 「뉴욕 선」지의 신문 기사였다. 이 기사는 파리로 예정된 항로를 지나 우연히도 최초의 대서양 횡단 비행을 성취한 웰시의 기구

타는 사람에 대한 항해일지를 의도한 것이었다. 포는 1940년대 「마치 오브 타임」의 흥분한 장중한 논조를 흉내 내며 예측 기사를 시작하고 있다.

마침내 중요한 문제가 해결되었다! 인간은 육지와 바다는 물론 하늘도 과학으로 정복해 흔히 볼 수 있는 편리한 교통로로 삼게 될 것이다. '실제로 기구로 대서양을 횡단했다!' 그리고 대서양 횡단은 또한 기계를 조정해 어려움 없이, 어떤 분명한 커다란 위험도 없이 기계를 조정해 바다를 가로질러 75시간이라는 믿을 수 없을 정도로 짧은 시간 안에 이루어졌다!

이어 포는 가슴 벅찬 토로에서 "있는 그대로의 사실들"로 능숙하게 넘어가고 있다.

찰스턴, S.C.에 있는 알선자의 도움으로 우리는 대중에게 아주 특별한 여행에 대한 세부적인 설명을 최초로 보도할 수 있게 되었다. 에버라드 브링허스트, 벤틴크 경의 조카 오스본 씨, 잘 알려진 기구 조종사 몬크 메이슨과 로버트 홀란드 씨, 『잭 셰퍼드』의 저자 해리슨 에인스워스 씨 등과 지난번 성공하지 못한 비행기구의 소유주인 헨슨 씨가 두 명의 울위치 출신 선원과 함께 모두 8명이 이 달 6일 토요일과 9일 화요일 오전 11시와 오후 2시 사이에 이 여행을 마쳤다.

1831년 「뉴욕 선」지 한 부를 집어 든 당신을 상상해보라. 그 사실을 믿으려 하지 않겠는가? '스푸트니크'호 이전에 우리(SF독자들) 모두 잘 알고 있듯이 우주 비행은 불가피했고 따라서 「선」지의 독자들은 이미 영국 해협을 건넌 것처럼 인간이 탑승한 비행선이 언젠가 대서양을 횡단하리라는 사실을 알고 있었다. 그것은 시간문제에 불과했으며 때가 되었던 것이다. 분명히.

포의 거짓말은 성공했다——적어도 사우스 켈리포니아에서 증인이 오지 않았을 때까지는. 책 분량에 버금가는 「포, 포, 포, 포, 포, 포, 포, 포」라는 멋진 비평적 연구의 저자 다니엘 호프만에 따르면 신문에 게재하고 이어 부인 성명을 발표할 때까지가 포의 생애에서 가장 행복했던 날이었을 것이다. 호프만은 그를 '거짓말쟁이 포'라 부르며 포의 가장 위대한 사기 행각은 큰 소용돌이 속으로의 상상 여행이나 대양 횡단을 다룬 것이 아니라 시간 정복을 묘사한 '과학적 유령 이야기들'이라고 단언했다.

> 지금은 거의 잊혀졌지만 보들레르는 이 같은 것[단편들]에서 포의 매력을 처음으로 느끼게 된다. 프랑스 시인이 번역한 포의 첫 번째 작품은 진짜 과학 실험 보고서로 환영받은 스웨덴의 종교 신비 철학자 스베덴보리 추종자들의 정기 간행물에 게재된 「최면의 계시」였다.
>
> 아 그 바보들. 영혼의 존재를 증명하려고 어떤 것을 너무 간절히 원했기 때문에 그들은 거짓말쟁이 포에게 속았다. 기구의 대서양 횡단을 믿고 싶어 했던 뉴욕 「선」지 편집자들과 독자들처럼. 하지만 포는 "이 이야기는 모두 꾸며낸 것이다"라고 인정하고 있다.[7]

포는 「최면의 계시」를 쓰고 그것과 짝이 되는 이야기인 「발데마르에게 생긴 일」을 각각 1844년과 1845년에 발표했다. 포는 겨우 30대 중반이었지만 그의 가장 훌륭한 작품 대부분은 이미 출간되어 있었다. 포가 13살 소녀일 때 결혼했던 어린 신부 버지니아는 그의 어머니와 형을 죽음에 이르게 한 폐결핵으로 죽어가고 있었다. 포의 소설과 시에서 자신과 사랑하는 사람의 죽음에 대한 공포는 변함없는 주제였다. 그만이 죽음을 두려워한 것은 아니었다. 빅토리아 시대 사람들은 죽음에 대해 고민하고 있었다. 장례식의 의전과 의식들은 매우 체계적으로 정리되어 있었다. 디킨스와 스토 같은 대중 소설가들은 눈물을 짜내는 식의 죽음 장면을 자랑스러워했다. 포는 자기 시에서 가장 분명하게 드러나는 감상적인 한탄에 대해 나름의 특징을 갖고 있었다. 시에서 그는 "천사들이 레노어라 부르는 드물게 상냥스럽게 미소 짓는 처녀"라는 강렬한 고별식의 화려함으로 찬사를 보내고 있다. 하지만 이 시에서도 그의 가장 유명한 시 「갈가마귀」의 후렴구인 "더 이상은 없어"와 같은 끊임없는 반복구는 '먼 에덴동산에서' 성인의 명부에 오른 처녀와 자신이 결국 재결합하게 되리라는 시인의 경건한 희망을 부정하게 된다. 포에게 죽음은 종착점이며 천사들과 에덴동산 그리고 유감스럽게도 처녀가 성인의 명부에 오를 자격조차 기껏해야 우아한 숙녀들을 위로하기 위해 만들어낸 희망적인 생각에 불과하다.

빅토리아 시대에 포처럼 솔직하게 죽음을 표현하는 작가는 거의 없었지만 죽음에 대해 우울한 관점을 가진 사람이 그만은 아니었다. 계몽운동이 일어났고 그것은 일어나지 않을 수 없었다. 의심을 품게 되었고 더 이상 볼테르와 그가 생각한 죽을 운명처럼 죽음에 대해 의심을 표현하는 것은 좋지 않게 받아들여졌다. 하지만 당대에 주도적인 작가들——테니슨, 에머슨, 디킨스, 조지 엘리엇, 위고, 톨스토이——에게서 발견되는 기독교적 감정이 바로 죽음에 대한 우울한 감정이었다. 예수는 도덕적 표본으로 찬미되었지만 그의 신성은 영국의 군주제와 아주 흡사한 고상한 가설이 된다. 기독교 신앙의 요점은 늘 보상과 처벌 같은 죽은 후의 삶에 대한 기독교적 예정표였으며 보상과 처벌 이외의 선택지는 없었다.

사후 세계는 아직도 미지의 영역으로 남아 있다. 사후 세계는 햄릿의 불평처럼 어떤 여행자도 돌아오지 못한 세계다. 그래도 시인들은 자신들이 목격한 것을 이야기한다. 14세기 단테 알리기에리에서 최근 사망한 제임스 메릴에 이르기까지 시인들은 독자들이 사후 세계에 대한 그럴듯한 세부적인 설명을 그 무엇보다 좋아한다는 사실을 알고 있다. 사실상 시가 아닌 노골적인 주장으로 충분했다.

「최면의 계시」와 「발데마르에게 생긴 일」은 대중 과학 보도문으로 작성되어 기교적으로 서툰 노골적 주장들이었다. 이런 사기 행각은 과학적 객관성을 띠는 것이 중요했다. 단테가 묘사한 지옥과 천국에 의구심을 품고 처음으로 신앙을 대신한 것은 결국 과학이기 때문이었다. 시적 정의는 과학이 사후세계를 부활시키는 데 도움이 되기를 요구하고 있었고 예언자적 재능을 가진 포는 바로 이 역할을 해줄 수 있는 과학을 찾아냈다. 즉 최면술이었다.

1844년 최면술 혹은 최면학은 이미 세기의 3/4분기에 유포되고 있었다. 최면술의 창안자인 프리드리히 안톤 메스머는 오스트리아의 저명한 정신과 의사로 자기 손의 치유력과 자기력을 환자들의 몸 속에 불어넣어 히스테리성 환자들을 진정시킬 수 있었다. 마법을 행한다고 비난받던 그는 파리로 이주했다. 그곳에서 그는 사기꾼으로 고발당했으며 1784년 의사들과 과학자들로 구성된 위원회(벤자민 플랭클린이 포함된)에서 조사받았다. 위원회는 그를 비난했다. 메스머는 은퇴하지 않을 수 없었다. 하지만 최면술은 계속해서 매력을 발휘했으며 포가 「최면의 계시」를 쓸 때는 다음과 같은 확신에 찬 주장으로 이야기를 시작할 수 있었다.

최면술의 '이론적 해석'이 어떤 의심을 받고 있든 최면술의 놀라운 '사실들'은 이제 거의 누구나 인정하고 있다. 요즘 의심하는 사람들은 단순히 직업적으로 의심하는 사람들로 어떤 도움도 되지 않는 평판이 나쁜 부류의 사람들이다. 요즘 의지작용만으로 인간이 다른 사람에게 죽음과 아주 유사한 비정상적인 상황에 빠지도록 강한 인상을 줄 수 있다는 사실을 증명하려는 시도는 절대적인 시간낭비에 불과하다.

이야기는 계속해서 벤커크씨라는 사람이 폐결핵으로 죽기 전 저자를 불러 최면 상태에서 어떻게 정보를 얻었는지 자세히 설명하고 있다. 벤커크는 다음과 같이 설명하고 있다.

"저는 오늘밤 당신을 부르도록 했습니다.……제 병을 치료하기 위해서가 아니라 최근 저에게 일어난 어떤 정신적인 영향들 때문에 아주 놀라고 불안한 마음을 안정시키기 위해서입니다. 제가 지금까지 영혼의 불멸이란 문제에 대해 얼마나 회의적이었는지 말하지 않아도 알고 계실 겁니다. 지금까지 부정해왔던 바로 그 영혼에 있는 것처럼, 영혼 자체의 존재에서 비롯된 알 수 없는 불완전한 감정이 늘 존재했다는 사실을 부정할 수는 없습니다. 하지만 이 불완전한 감정이 결코 확신에 이르지는 못했습니다."

벤커크는 최면에 빠져 있는 동안 질문을 받는다면 불멸에 대한 자신의 의심들이 해결될 수 있을 것이라고 믿었다. 저자는 그의 요청에 동의하고 "몇 차례 시도 끝에 벤커크씨를 최면으로 잠들게 했다." 이런 유리한 위치에서 그는 포의 사후세계에 대한 사이비 과학적인 숙고 결과──때로는 교묘히 불분명하게, 때로는 쓸데없이 장황하게──를 설명하고 있다.

정신과 물질이 적절하게 모호해지게 되는 '비입자 물질'과 '빛을 내는 에테르'(정신과 물질이 요즘 양자물리학과 태극 모두 전체론적으로 어째서 하나인 지를 설명하는 책들에서 하고 있듯이)에 대해 농담하긴 했지만 포는 속고 싶어 하는 사람들만을 설득하고자 했다. 포는 물질은 정신과 같지만 다르다고 설 명했다. 즉 우리의 감각은 어두운 창을 통해 보고 그가 말할 때 최면 상태는 죽음과 유사하다는 것이다. "최면은 최종적인 삶과 유사하다는 의미다. 왜 냐하면 내가 무아경에 있을 때……감각 기관 없이 직접적으로 외부적인 것 들을 감지한다." 다시 어떻게 그럴 수 있지?하는 의문을 가질 수 있을 것이 다. 최면에 빠져 포의 견해를 대변하는 벤커크는 다음과 같이 대답한다.

인간의 감각기관은 초보적인 상태 그리고 유일하게 그 상태에만 맞추어져 있 다. 조직화되지 않은 인간의 궁극적 상태는 하나 다시 말해서 비입자 물질의 움직임——신같은 자유의지의 본질——을 제외한 모든 점에서 무한한 이해력을 갖는다. 당신은 그것을 완전한 뇌로 인식함으로써 궁극적 육체에 대한 분명한 생각을 갖게 될 것이다. 완전한 뇌는 존재하지 '않는다.' 하지만 이 같은 본질 에 대한 개념은 당신이 '존재'하는 것을 이해하는데 더 가까워져야 할 것이다. 빛을 내는 육체는 빛을 내는 에테르에 진동을 전한다.

소원성취, 대중 종교 신학과 사비이과학적 농담의 이같은 놀라운 융합 엔 한마디로 말해 바로 공상과학소설——그리고 그것에 고유한 도래할 미 국 대중 문화의 더 나은(그리고 최악의) 부분——이 존재한다. 그것은 경이적 이고 예언적인 위업인 동시에 비열한 말이다.

후에 상세하게 전개하고자 하는 주장들 중 일부를 앞당기고는 있지만 이 특이한 이야기에서 포가 SF장르 전체를 예견한 방식들을 설명하지 않을 수 없다.

1. '최면술.' 틀림없이 지적으로 포는 당시 초기였던 심리'학'의 가장 모호한 영역을 밝혀주었다. 최면 상태에 있는 사람의 '증언'은 20세기 말에도 여전히 우리에게 어린 아이에 대한 종교의식적인 극악무도한 학대와 UFO에 납치되었던 이전 삶으로의 심리적 퇴행을 믿게 하는 사람들이 선호하는 타협안이다. 소박한 가정에 따르면 최면상태에 있는 사람은 날조하거나 얘기를 꾸며낼 수 없기 때문이다.

2. '꿈은 이루어진다.' 포가 「최면의 계시」에서 제시한 확신은 역사 시대 전체의 증거를 거스르는 태고적부터의 약속이다. 즉 죽음은 존재하지 않는다. 불멸은 SF가 선호하는 주제들 중 하나다. 하지만 SF장르는 한결같이 증명할 수 없으며 그 만큼 매력적인 것들——텔레파시, 초능력과 현실적으로 어려운 것을 열망함으로써 소원을 실현시키는 방법들 같은 다양한 유형의 다른 모든 정신적 능력들——을 담고 있다.

3. '적대적 성향의 우위.' SF는 사회적 지위를 잃은 사람의 문학이다. 그것이 강점일 수도 있지만 대개는 SF장르의 아킬레스건이다. 이야기의 두 번째 문장에서 포는 다음과 같이 말함으로써 자신의 비평가들을 예상하고 있다. "의심하는 사람들은 단순히 직업적으로 당신을 의심하는 사람들로 어떤 도움도 되지 않는 평판이 나쁜 부류의 사람들이다." UFO에 유괴된 많은 사람들도 그렇게 이야기한다. 다양한 믿음을 가진 다른 진정한 SF 신자들도 그렇게 이야기한다. 그들은 화성에 지구인이 살 수 있도록 해야 한다고 믿는 사람들이고, 공상과학소설에서 사이언톨로지로 옮아가는 사람들

이고, 초능력은 있지만 급여가 낮은 직업을 가진 사람들이다. 포는 같은 문제를 갖고 있었다.

4. '진정한 선지자적 능력.' 그리고 그것이 문제이자 훌라 후프와 베이스볼 카드처럼 시대정신이라는 지나가는 유물 이상으로 공상과학소설이 곰곰이 생각할 만한 가치가 있는 이유다. 포는 어떤 것을 향하고 있었다. 「최면의 계시」에서조차 그는 거짓말쟁이 포 이상인 경우들이 있었다. '궁극적 육체'는 '완전한 두뇌'일 뿐이라고 생각하는 관점은 20세기적 아이콘이 되어왔다. 롤랑 바르트의 에세이 「아인슈타인의 뇌」를 읽거나 「도노반의 뇌」영화 포스터를 분석해보라.[8] 혹은 급속 냉동되었다가 결국 다시 살아나 고유한 '극저온의' 계시를 분명히 할 수 있도록 자신이 벤커크씨의 상황에 있을 때 자기 머리를 자르게 하겠다는 의사를 TV 토크 쇼에서 진지하게 토론하고 있는 영국 SF작가 찰스 플랫을 보라.

분명 최면상태에서조차 지나치게 말이 많은 벤커크의 성향 때문에 「최면의 계시」에서 가장 선지자적인 순간과 SF의 가장 본질적인 이미지——외계인——의 전조가 되는 것이 사실상 주목받지 못하고 있다.

성운, 행성, 태양들과 그 이외의 다른 물체들로의 희귀한 물질의 복합체는 오로지 무수히 많은 초보적 존재 기관들의 '특이한 성격'에 영양물을 공급하는 것만을 목적으로 하고 있다. 하지만 궁극적인 생명체에 앞선 초보적 생명체가 필요하기 때문에 이 같은 물체들은 존재하지 않았을 것이다. 각각의 육체들은 유기체적, 초보적, 생각하는 피조물들 같은 분명한 변형이 진행되고 있다.

포가 말한 것은 바로 칼 세이건과 그 이전에 다른 SF작가 세대들이 말해왔던 것이다. 우주는 아주 광대하기 때문에 '분명' 다른 생명체가 존재할 것이며 따라서 우리는 혼자가 아니라는 것이다. 우주에는 생명과 의식을 필연적으로 만드는 일종의 기술이 존재한다.

이는 전통적인 종교를 믿는 사람들에게는 도움이 되지 않는 위안처럼 보일 수도 있다. 하지만 계몽시대 이후의 회의론자에게 우리 인간의 의식은 거의 무한한 우주 안 다른 어떤 곳에서 일어나는 한결 같은 것(생명)에 선행한다는 견해는 고무적일 수도 있다. 사실상 의식이 생명보다 선행한다는 생각은 SF 단체 내에선 하나의 신조이자 그 이상이 되었다. 전 세계 수십억 인구가 UFO가 실제로 존재한다고 믿는다고 고백하고 있다.

포와 관련해 UFO의 중요성은 내세 같은 더 오래된 신앙 교리가 본질적으로 외계생명체 같은 더 새로운 개념과 관련이 있다는 사실을 포가 이해하고 있었다는 사실이다. 내세에 대한 믿음은 UFO에 대한 믿음을 조장한다. 사후 세계를 의심하는 햄릿도 호라티오에게 자신의 철학에서 꿈꾸고 있는 하늘과 땅에는 더 많은 것들이 존재한다고 밝히고 있다. 포는 호라티오가 꿈꾸지 않는 다른 것들을 보주여주는 것을 자신의 특별한 사명(SF처럼)으로 받아들였다.

예지력은 냉정한 관점에서 불확실한 기준이다. 즉 예지력은 극히 주관적이다. 어떤 사람의 예지력은 또 다른 사람의 몽상이다. 사실상 낭만주의 세기에 시인들은 예지력과 (아편 같은)몽상 사이의 관련성을 즐겨 사용하기 시작했다. 콜레리지, 드 퀸시, 포와 보들레르는 모두 아편 남용자들이었고 결국 그것 때문에 고통 받았다.[9]

5. '능란한 특수 효과.' 포는 심미안에서 비롯된 한계들을 인정하려하지 않았다는 의미에서 예언자적이고 모범적인 대중 예술가였다. 그는 극단으로 치달으며 사람들을 역겹게 하는 것을 즐겼다. 포의 독자들은 그의 작품에서 다른 어떤 것보다도 이런 극단적인 측면을 즐겼다. 「최면의 계시」

는 너무 지적이어서(따라서 대중이 선호하지 않는 작품이다) 이 같은 포의 재능을 보여주지 못하지만 그 짝이 되는 이야기 「발데마르에게 생긴 일」은 놀라 공포에 질리게 하는(특별한 형태의 극치) 포의 훌륭한 예를 보여주고 있다. 이 단편 소설에서 폐결핵의 또 다른 희생자는 죽기 직전 최면에 빠지는 데 동의한다. 이번에 그 결과는 신지학상의 담화가 아닌 가사 상태에 있는 최면 대상의 좀비화다. 이야기는 최면상태에서 몇 주간 진행되는 '몽유병자'의 육체적 부패 증상에 초점이 맞추어져 있다. 즉 "입언저리가 넓게 확장되어 부풀어 검게 변한 혀를 완전히 드러내고 있으며" "자극적인 아주 불쾌한 냄새가 나는 노란 액체가 흥건하게 흐르는(눈꺼풀에서)" 벌어진 입과 "아교 같은 혹은 끈끈한 물질이 촉감을 누르듯이" 화자에게 강한 인상을 주는 음색. 결국 불운한 M 발데머는 애원한다. "제발!-어서!-어서!-잠들게 해 주십시오-아니, 빨리!-깨워주세요!-어서!-'출구가 없습니다!'" 이야기는 곧 다음과 같이 이어진다.

분명 환자의 입술이 아니라 혀로 '갑작스럽게 표현하는' "출구가 없어! 출구가 없어!"라는 갑작스러운 절규 속에서 내가 재빨리 최면을 시도했을 때 그의 전체 골격이 한 순간-1분이나 그 보다 짧은 순간에, 오그라들어-부스러지고-내 손에서 완전히 '썩어' 문드러졌다. 모두가 모여 있는 앞에서 침대 위에는 거의 액체 덩어리 같은 메스꺼운 것——혐오스럽게 악취가 나는——이 누워있었다.

이 이야기를 처음 본 독자 대부분은 (「최면의 계시」를 읽었을 때처럼) 실제 사건에 대한 기록으로 받아들였다. 완전히 속지 않은 사람들조차 어떤 보스턴 독자처럼 "나는 이 같은 현상이 '일어날 수 있다는 사실'을 인정한다"고

밝혔다. 하지만 전문가들은 마치 히치콕의 팬이 그의 더 많은 고도의 예술적 기교의 흐름 중 하나에 매혹되듯이 반응했다. 버지니아주 시인 필립 펜들턴 쿡은 이 단편 소설에 다음과 같은 찬사를 보내고 있다.

> 이제까지 누군가 인식했거나 썼던 가장 가증스럽고, 사실적이고, 끔직하고, 머리털이 곤두서고, 충격적이고, 독창적인 소설의 장이다. 아교처럼 끈끈한 그 남자의 목소리라니! 이전에 이 같은 생각을 한 사람은 없었으며……
>
> 당신의 단편소설들을 읽은 후 오랫동안 늘 나를 괴롭혔던 몇 가지 주목할 만한 것들을 발견했다. 베네니스에서 '이'-모렐라에서 변화하는 눈-어셔가에서 핏발이 서 노려보는 갈라진 틈-병 속에서 발견된 편지에서 갑판의 작은 구멍-리지아에서 술잔으로 떨어지는 눈에 보이는 방울들.[10]

1960년대 초 로저 콜만은 포의 가장 인기 있는 출판물(어떤 시인과도 특이하게 구분되는 그의 시들 중 2편을 포함한) 중 7가지에 기초해 저예산 공포 영화 시리즈를 감독했다. 콜만의 미학은 바로 포의 미학이었다. 모두 겉만 번지르르한 붉은 우단과 연무기는 이 내용들에서 하나의 심미안에 따라 점차 모두 기억할만한 무시무시하고, 기괴하거나 단순히 혐오스러운 결말에 이르게 한다. 나는 특히 『때 이른 매장』의 주인공이 메마른 입술로 잔을 들어 올리다 잔이 꿈틀거리는 구더기들로 가득 찬 것을 발견하는 장면을 기억하고 있다.

포에서 영감을 받은 콜만의 영화들은 대개 전형적인 공포영화와 공상과학영화다. 영화관객은 바로 필립 펜들턴 쿡이 말했던 것, "끔직하고, 머리털이 곤두서고, 충격적이고, 독창적인" 어떤 것을 원하고 있다. 그들은 고질라가 무너뜨리는 도쿄를 보고 싶어 하고 그것을 '믿고'(쿡이 말한 것처럼 '사실적') 싶어 한다. 그들은 외계인의 곤충 발톱이 인간의 내장 안에서 '뚫고 나오는 것'을 보고 싶어 한다. 그들은 머리가 터지는 것(크로넨버그의 〈스캐너〉처럼)과 단계별로 부패한 좀비들을 보고 싶어 한다. 그들은 아틀란티스와 화성 그리고 비어 있는 지구 속을 보고 싶어 한다. 또한 글이든 영화든 이 같은 욕구들을 충족시켜줄 수 있는 사람은 누구나 할리우드에서 남부럽지 않은 생활을 보장받는다.

6. '미숙한 유머.' 포의 역겨운 것의 미학은 특히 유머(그가 작가적 에너지의 상당부분을 쏟아부었던)보다는 공포 영역에서 성공을 거두고 있다. 사실상 역겨운 것은 포가 재미있다고 알고 있는 거의 유일한 방식이었다.

역겨운 것의 미학은 흔히 진가를 인정받지 못하고 있다. 역겨운 것을 추구하는 예술가는 웃게 하거나 미소 짓게 하려 하지 않는다. 역겨운 것을 추구하는 예술가는 사람들을 숨 막히게 하려 한다. "있을 수 없는 일이야!"라는 생각 때문에 숨이 막히게 되고 그루초가 다시 한 번 파멸시키기 때문에 마가렛 뒤몬트가 분노로 숨이 막히는 것은 비평가들이 이제 '초월적' 행위로 부르고 싶어하는 것을 목격한 사람들의 숨 막힘이다. 코메디언 존 벨루시와 앤디 카우프만은 초보 수준의 역겨운 것을 추구하는 예술가들이다. 그들 나름의 방식에서 윌리엄 버로스와 '행위 예술가' 카렌 핀들리도 마찬가지다. 포 역시 열정적으로 역겨운 것을 추구했다.

이런 맥락에서 가장 주목할 만한 포의 작품들은 가장 널리 알려진 그의 작품에는 포함되지 않는다. 명문집과 교본을 모아 정리한 사람들은 무분별한 재미가 아니라 조용하게 위엄 있는 어조로 쓰여 졌을 때만 공포 단편 소설을 인정한다. 「양심의 가책」과 「아몬틸라도의 술통」 화자들처럼 장황스러운 열광자는 상관없지만 다음과 같이 「곤경」을 시작하는 불합리한 시그노라 사이크 제노비아 같은 노골적인 미치광이들은 허용되지 않는다.

내가 에디나라는 매력적인 도시 밖을 산책할 때는 아직 조용한 오후였다. 거리는 끔찍하게 번잡하고 북적였다. 남자들이 이야기하고 있었다. 여자들은 비명을 지르고 있었다. 아이들을 숨막혀 하고 있었다. 돼지들이 뻑뻑 소리를 내고 있었다. 손수레가 덜컥거린다. 황소들이 울고 있다. 암소들이 음메 한다. 말들이 히히힝 거린다. 고양이들이 야옹야옹한다. 개들이 춤을 춘다. '춤을 춘다!' 그럴 수 있을까? '춤을 춘다고!' 유감스럽게도 '내가' 춤을 추었던 날들이 끝나는구나!

진짜 지독하지 않은가! 이어 바로 다음에서 더 심해져 기괴하게 눈에 띄는 문장은 포가 세련된 감수성을 가진 독자들을 역겹게 하기 위해 생각할 수 있는 모든 방식으로 끝까지 몰아붙이며 계속해서 악화된다.

사이키 제노비아는 복슬강아지 그리고 하인 폼페이와 함께 살고 있었다.

폼페이, 귀여운 깜둥이! 사랑스러운 폼페이! 너를 어떻게 잊을 수 있겠니? 나는 폼페이가 내민 팔을 잡았다. 그는 키가 3피트(나는 분명하게 하고 싶다)로 70이나 80살 정도였다. 그는 오다리에 뚱뚱했다. 입은 작다고 할 수 없었고 귀가 짧다고 할 수도 없었다.

그것은 또한 더 심해진다. 포는 남북전쟁 이전의 버지니아주 사람이었고 그는 흑인을 단순히 하등 인간이라고 생각했다. 포의 소설에서 흑인은 공포의 대상(그의 소설 『아서 고든 핌의 모험』에서는 식인종들)이나 흔히 재미있는 인물로 그려졌다.

사이키는 "고딕 성당——웅장하고 고색창연하며 높은 첨탑이 있는"의 꼭대기에서 전망을 즐기고 싶었다. 그녀는 끝없는 계단을 올라가 종탑에 이르러 폼페이에게 벽에 있는 높은 구멍으로 자기가 머리를 내밀 수 있도록 그의 어깨 위로 올라서겠다고 강압적으로 말했다(폼페이의 머리칼을 당겨서). 사이키는 "목덜미에 부드러운 압력을 가하는 아주 차가운 어떤 것에 놀랄 때"까지 자기가 보고 있는 경치에 대해 열광적으로 말했다. 그것은 첨탑 시계의 분침이었다. 사이키는 고딕식 공포의 언어로 분침이 눈알을 머리에서 하나씩 튀어나오게 하고 목덜미를 가로질러 이어 몸에서 머리를 잘라내는 장면을 묘사하고 있다. 이 모든 것이 세심하고 정확하게 묘사되고 있다. 폼페이는 달아나고 사이키의 복슬강아지는 쥐에게 잡아먹힌다. 이 이야기는 복슬강아지의 죽음을 애도하는 독일 시에 대한 풍자적인 모방시로 끝을 맺는다. 이어 "귀여운 강아지! 강아지도 나를 위해 희생했다. 개도 없고, 깜둥이도 없고, 머리도 없이 이제 불행한 시그노라 사이키 제노비아에게 남은 것은 무엇일까? 유감스럽게도 아무것도 남아 있지 않구나! 나처럼."

어떤 대학생 풍자가가 대학 잡지에 「곤경」을 자기작품으로 발표했다면 제적당했을 것이다. 어쨌든 그것이 이 이야기에 대한 칭찬이다. 발표되고 150년이 지난 후에도 이 작품은 순결을 제외한 알려진 모든 예절에 위배되고 있다.

그렇기는 하지만 다니엘 호프만은 포의 가장 인상적인 작품들 중 하나로 「곤경」을 꼽고 있다. 한편으로 이 이야기가 그의 더 진지한 고딕 단편소설들의 미학을 드러내는 방식 때문이었으며(「블랙우드 기사를 쓰는 법」이라는 자신의 평론에 부록으로 쓰여 졌다. 이 잡지는 당시 소멸하고 있는 고딕 전통의 본거지였다) 또 다른 한편으로 거대한 분침에 머리가 잘린 사람의 이미지가 10대 호프만을 공포에 질리게 해 개인적 강박관념이 되었기 때문이었다.

그것이 성공적인 역겨운 것의 힘이다. 즉 그것은 지금도 잊어지지 않고 있다. 1970년대 방송과 저작으로 미국 문화현상 중 하나를 특징지었던 요리 연구가 줄리아 차일드를 흉내 내며 바로 그/그녀의 최고급 요리 위에서 피를 흘리며 죽어가는 영화배우 댄 애크로이드를 생각해보라. 또는 많은 양의 감자 칩과 맥주를 먹고 마시는 고깔머리들——외계인들과 아주 닮은 사람들——을 생각해보라. 혹은 〈닥터 스트레인지 러브〉의 엔딩장면에서 열려진 해치 밖으로 수소폭탄을 탄 채 지구에 '야호!'라고 마지막 인사를 하는 슬림 피켄스를 생각해보라.

마지막 두 가지가 공상과학소설적이라는 사실은 우연이 아니다. 공상과학소설 장르는 늘 고상한 취향을 격노하게 하고 싶어 한다. 할란 엘리슨의 널리 알려진 성공적인 작품집 『위험한 비전들』(1967)과 『다시, 위험한 비전들』(1972)의 대단한 명성은 다른 곳에서 출간되기에는 너무 많은 금기가 있는("초월적"이란 말은 당시 나타나지 않았다) 단편소설들을 발간한 편집자의 결정덕분이었다. 하지만 엘리슨이 X등급의 이점을 공식적으로 인정하기 오래전부터 SF작가들은 재갈을 물리려는 시도에 맞서 싸우고 있었다. 필립 호세 파머는 외계인들이 성관계를 하는 역겨운 방식들을 상상함으로써 이름을 알렸고 시어도어 스터전은 말하자면 그의 곁에 있었다.

관습에 대한 SF의 체계적 도전들이 모두 역겹게하는 유머의 맥락에서 전개되는 것은 아니다——위반 순간의 숨 막힘에 이어 잠시후 키득거리는 것으로 이어지는 경우를 제외하고. 사람들은 흔히 다니엘 호프만의 설명처럼 공포의 이미지들에 반응한다. 그는 「곤경」을 읽고 바보짓이라고 치부하고 책을 읽었던 일을 잊은 후 그 핵심적인 이미지 때문에 악몽에 시달리다 결국 몇 년이 지난 후 그 이야기를 재발견하고 떨쳐버리게 된다.

7. '신성한 광기.' "나는 진짜!——신경질적이고——아주, 아주 끔찍하게 신경질적이었고 신경질적이다. 그런데 그대는 왜 내가 미쳤다고 말하려하는 거지?" 이어 포의 가장 널리 알려진 이야기(그 같은 명예가 「어셔가의 몰락」에 속하지 않는다면)가 분명한 「양심의 가책」을 펼쳐보자. 화가 나 독선적 어조로 자신의 악행을 고백할 때 화자의 피해 망상증적 과장은 통속적 대중소설과 B급 영화뿐만 아니라 미국 법률 체계의 비상용품이 되고 있다. 미국 법률체계에서 하비 밀크의 살인범에 대한 '어리석은 변호'(게이 혐오자인 댄 화이트는 시청 창문으로 기어들어가 미국의 유명 정치인인 게이 하비 밀크를 살해한다. 변호인단은 댄 화이트를 한정치산자로 몰아가 그가 우울증에 걸려 있었기 때문에 살인을 계획할 수 없었다고 주장하고 그 증거로 화이트가 최근 들어 단 음식을 먹었다는 사실을 거론했다. 이 같은 주장은 받아들여져 그는 일급 살인죄를 모면하게 되었다-옮긴이)같은 아주 불합리한 억지이론들이 아내, 부모, 자식과 불쾌한 원인이 되는 사람을 죽이기로 계획한 사람들의 무죄를 변론하기 위해 인용되었을 것이다. 이 같은 변호의 목적은 재판관에게 무죄라고 설득하는 것(내가 이론화하고자 하는)이 아니라 오히려 포가 독자들에게 원했던 것처럼 몇몇 배심원들(사람은 믿는 것에 불과하다)이 반응하도록 범죄의 장면을 묘한 매력이 있는 파렴치한 것으로 만드는 것이다. 즉 대리체험으로 매혹적이거나 감명적인 범죄자와 동일시함으로써 그리고 뒤틀린 공범의식에서 범죄자가 법망을 벗어날 수 있게 하는 것이다.

포의 가장 인기 있는 이야기들 중 4편은 살인에 대한 미치광이의 고백이라는 형식을 취하고 있다. 「검은 고양이」, 「양심의 가책」, 「아몬틸라도의 술통」과 「변태」 따위가 그것이다. 다른 화자들은 살인을 저지르지 않은 미치광이들로 그들 각각은 강박관념과 환상에 사로잡혀 어떤 시점에서 "왜 너는 내가 미쳤다고 말하려 하는 거지?"를 반복하고 있다.

미친척하는 것이 멋진 일이라는 사실을 포만 알고 있었던 것은 아니다. 많은 주정뱅이들(포를 포함한)은 주정뱅이처럼 행동할 수 있도록 술을 마신다. 오락적인 환영을 보거나 느끼기 위해 아편과 다른 약물들이 사용되곤 한다. 영매 그리고 영혼과 교신하는 사람은 쉽게 속는 사람에게 사회적으로 허용된 환상의 위안을 제공한다. 예산이 더 제한되어 있다면 말로 격려하는 오순절파 교회들이 있다. 다양한 형태의 정신 요법이 통제된 상황에서 광기와 같은 모의실험을 조장한다. 즉 원시적인 비명, 최면적 퇴행 등이 있다. 이 모든 사례에서 '멀쩡한' 사람은 정신을 놓고 휴식을 취하며 평상시 사회적 그리고 도덕적 법규에 부정되는 행동 혹은 상상의 자유를 누릴 수 있다.

이같이 미쳤다가 제정신으로 돌아오도록 허용된 왕복 여행티켓은 아주 흔해 졌기 때문에 1960년대와 70년대에 R. D. 랭과 같은 급진적인 정신요법의사들 사이에서 광기는 의도하지 않은 샤머니즘인 더 고귀한 형태의 지혜라는 주장이 유행했다. 결과적으로 당시의 소설과 영화——가장 주목할 만한 영화는 케시의 〈뻐꾸기 둥지 위로 날아간 새〉(1964, 1975)지만 또한 페터 바이스의 〈마라트/사드〉(1966)와 필립 드 브로카의 〈왕이 된 사나이〉역시——에서 정신병원은 몇몇 성스러운 바보들이 더 고귀한 온전한 정신으로 살고 있는 속세의 수도원으로 표현되었다. 반면 정신병원 바깥 세계에선 진짜 미치광이들이 전쟁과 혁명에 몰두하고 있었다.

포의 '유머러스'한 이야기들 중 하나인 「닥터 타르와 페더 교수의 가설」은 환자들이 주도권을 장악한 정신병원 비유들——이야기의 전제——의 원천이라 할만하다. 「닥터 타르와 페더 교수의 가설」은 포 최고의 작품 중 하나는 아니다. 의심하지 않는 방문객을 다른 가치 기준으로 평가되는 정신병원에 안내하는 것으로 무대 설정을 한 후 포는 기분 나쁘게 허튼 소리를 떠듬거리며 늘어놓는다. 품위 있는 저녁 만찬에서 방문객에게 동료 내빈으로 소개된 포의 미친 남녀는 기회가 날 때마다 자신들의 조병을 경쟁적으로 과시한다. 한 여자는 예전의 어떤 환자에 대해 고집스럽게 이야기 한다. 즉 "그녀는 다소 우연하게 자신이 검은 닭으로 변했다는 분별 있는 생각을 하게 되었지만 보통 말하는 그런 식으로 교양 있게 행동했어요. 그녀는 놀랍게도 날개를 퍼덕거렸죠. 이렇게, 이렇게, 이렇게요. 그리고 그녀의 수탉 울음소리에 대해서 말하자면 아주 재미있었죠! 꼬끼요! 꼬끼요! 꼬끼요 꼬꼬꼬!"

이것이 역겹게하는 해학의 가장 폭넓은 맥락에서 독자들에게 독자들이 원한다고 생각한 것을 전달하는 포의 묘사다. 즉 미치광이들이 열광적으로 자유분방하게 의외의 행동을 하고 있는 모습이다. 포가 썼던 이야기는 화자가 자리에 앉아 벨리니의 아리아를 부르는 아름다운 젊은 여자에게 귀를 기울이고 이어 그녀가 제정신인지 내내 의아해 하면서 점잖게 대화를 나눌 때처럼 어렴풋이만 이해될 수 있을 뿐이다.

사실상 30분 후 확실히 불안한 눈빛 때문에 그녀가 제정신이 아니라고 생각하게 되었다. 때문에 나는 이야기를 일반적인 주제와 내가 미친 사람에게 불쾌하거나 자극적이지 않다고 생각한 것에 한정했다. 그녀는 나의 이야기에 대해 아주 이성적인 방식으로 대답했다. 그녀의 독창적인 견해는 심지어 더할 나위 없는 건전한 분별력을 띠고 있었다. 하지만 오랫동안 '광기'의 형이상학을 알고 있었던 나는 그녀가 표면적으로 온전한 정신처럼 보이기는 했지만 면담하는 내내 처음에 가졌던 경계심을 풀지 않았다.

아주 일상적인 '예의바른' 대화에서 우리가 처하게 되는 어려운 상황에 대해 다 알고 있는 듯한 이런 논평 수없이 꼬끼요 꼬꼬꼬하고 미친 소리를 하는 것에 버금가는 가치가 있다.

'광기의 형이상학'은 종종 돌연변이 주인공이 미치광이로 여겨지는 이야기 형식에서 우주정복 못지않게 공상과학소설적 요소지만(『양심의 가책』에 따르면) "정신병은 감각을 파괴하거나 둔화시키지 않고 예민하게 만들었다." 올라프 스태플든의 『이상한 존』은 정신적 슈퍼맨이며 로버트 실버버그의 『죽어가는 내부』에서 너무 취약한 텔레파시 능력자는 또 다른 슈퍼맨이다. 로버트 하인라인의 단편 소설 「그들」과 「조나단 호크의 불편한 고백」과 같이 실현된 편집증적 망상에 대한 이야기들이 정신적으로 포에 더 가깝다. 하인라인의 단편소설들이 묻고 있듯이 자신 이외에는 실제로 누구도 존재하지 않는다면? 전 우주가 사람들이 속아 믿고 있는 프로그램된 망상에 불과하다면?

많은 독자들은 이 같은 자기중심적 성찰이 위협적이기보다는 오히려 편하다는 것을 알게 된다. 60년대 SF팬덤에서 인기 있는 배지는 '현실성이 버팀목이다'였다. 이 배지들은 수집할 가치가 있었을 것이다. 그런데 분명 최근 유행하고 있는 가상현실 기술에 대해 같은 감정이 다시 작용하고 있다. 가상현실은 '나는 깨어 있는가 아니면 잠들어 있는가?/ 그것은 현실인가 아니면 저장된 기억 Memorex인가?'와 같은 의문을 주제로 한 많은 SF 소설들이 출간되게 한 개념이다. 필립 딕은 통속적 인식론 같은 이런 SF 하위장르에서 독보적인 위대한 거장이며 4장에서 그를 다루게 될 것이다.

어쨌든 자기기만의 즐거움이 결코 SF에 한정되지 않는다는 사실은 지적해야 할 것이다. 자기기만의 즐거움은 SF 같은 소설 그리고 모방한다는 한도 내에서 아마도 모든 예술에 본질적일 것이다. 여성의 형상을 조각하는 사람은 실제로는 또 다른 피그말리온(키프로스의 여인들은 나그네를 박대하였다가 아프로디테——로마신화의 비너스——의 저주를 받아 나그네에게 몸을 팔게 되었는데, 이 때문에 피그말리온은 여성에 대해 좋지 않은 감정을 갖게 되어 결혼할 마음이 들지 않았다. 대신 '지상의 헤파이스토스'라고 불릴 정도로 뛰어난 자신의 조각 솜씨를 발휘하여 상아로 여인상을 만들었다. 실물 크기의 이 여인상은 세상의 어떤 여자보다도 아름다웠다고 한다. 피그말리온은 이 여인상에 갈라테이아라는 이름을 붙이고 사랑하였는데, 갈라테이아는 아키스를 사랑한 바다의 님프이기도 하다. 아프로디테 축제일에 피그말리온은 이 여인상 같은 여인을 아내로 삼게 해 달라고 기원하였으며, 그의 마음을 헤아린 아프로디테는 조각상에 생명을 불어넣어 주었다-옮긴이)이 아닐까? 예술에서 가장 확고부동하게 실용주의적인 건축조차 대리석이나 콘크리트로 천국의 특징을 의미하는 성역을 창조하는 것을 가장 고귀한 업적으로 꼽고 있다. 또한 모든 관광 명소들 중 가장 인기 있는(그리고 특히 미국에서) 것은 디즈니랜드——요금을 지불하는 고객을 속이기 위해 고안된 포템킨 마을들——를 본보기로 한 테마 파크들이다. 미국 베스트셀러 SF작가의 가장 주목할 만한 성공들 거둔 세 작품——『웨스트월드』, 『쥬라기 공원』, 『잃어버린 세계』——을 배경으로 한 테마 파크가 있는 것은 분명 우연이 아니다.

예술 형식을 '대중적'이라고 말하는 것은 그것이 상업적이라는 말의 또 다른 표현이다. 닥터 존슨이 밝힌 것처럼 바보가 아니라면 저자들은 누구나 돈을 벌기 위해 글을 쓴다. 하지만 포와 우리 시대, '상업 소설'과 더 나은 유형의 소설가들이 작업하는 예술 소설 사이에는 큰 차이가 있다. 본질적으로 그것은 계급적 차이다. 상업 소설은 저급한 취향에 영합하며 스캔들, 폭력, 감상적인 생각을 다룬다. 예술 소설은 세련된 심미안에 호소하며 같은 소재들을 더 품위 있는 방식으로 다룬다.

포가 가난했고 지독하게 가난했으며 명성이 절정에 이르렀을 때조차 굶주렸다는 사실은 그의 신화——일급 예술가들 중 포처럼 무일푼이었던 사람은 거의 없었다——뿐 아니라 그가 창조한 작품들을 평가하는데도 가장 중요했다. 그는 지방 순회공연을 하는 부모에게서 태어났다. 아버지는 가출했고 어머니는 직후에 폐결핵(아내와 형이 죽게 되는)으로 사망했다. 버지니아주의 어떤 상인이 그를 양자로 받아들여 상류사회 교육을 받게 했으며 덕분에 그는 잠시 사관학교인 웨스트포인트에 다니게 되었다. 이어 너무 자주 눈 밖에 나게 된 포는 자신이 태어난 사회계급으로 되돌아가게 되었으며 예술가, 가난뱅이이자 허식가가 되었다. 포를 트웨인의『허클베리 핀』에 나오는 두 명의 선구적인 행위 예술가로 한결같이 과장되게 거드름피우고, 아웃사이더의 분노를 드러내며, 멍청이들을 속이는 데 교활한 즐거움을 느끼는 왕과 공작의 사촌으로 생각하라.

SF작가들은 대체로 과장되게 거드름피우고, 아웃사이더의 분노를 드러내며, 멍청이들을 속이는 데 교활한 즐거움을 느낀다는 점에서 당연히 포의 후계자들이다. 그들은 속고 싶어 하는 독자들의 욕구를 충족시켜준다. 즉 그들의 독자는 UFO 신자들에게 마법의 나라 오즈인 뉴 멕시코 로스웰 순례자들, 아틀란티스와 뮤 대륙을 믿는 사람들, L. 론 허바드의 추종자들, 천국의 문과 옴 진리교 숭배자 집단이다. 이 모든 숭배자 집단은 거의 직접적으로 SF작가들의 우화적 소설화에서 기원하고 있다. '실체를 오해한' 순수한 사례로 보이는 로스웰 사건조차 공상과학소설적 기만 요소들을 가지고 있다. 로버트 스펜서 카(유명한 미스테리 작가 존 딕슨 카의 동생)는 17살 때 베스트셀러 소설을 써 신동으로 작가 생활을 시작했다. 그는 1950년대 초에 SF 하청작품을 출판하다 모습을 감추었다. 이어 그는 1970년대 라디오 인터뷰에서 아직까지 유행하는 오하이오주 데이톤 인근 라이트 패터슨 공군

기지 냉동 창고에서 부검되어 보관된 외계인 이야기를 꾸며내며 잠시 유명세를 탔다. 그의 아들이 한 증언에 따르면 카는 고질적인 공상가였다. "어머니와 나는 아버지께서 낯선 사람들에게 터무니없는 이야기를 해 당황하곤 했다.……플로리다 늪에서 거대한 악어와 친구가 되고 멕시코 만에서 돌고래들과 복잡한 철학적 사고들을 공유했던 이야기들 같은 것이었다. 과장된 이야기들은 이 이야기들이 진실이라는 맹렬한 주장 이외에 큰 해를 끼치는 것은 아니었지만…… 이야기는 몹시 진지했고 맹세코 이야기를 믿는 체 하거나 아니면 화를 내거나 부정하며 용감하게 맞서는 것이 나았다."[11]

포는 공상과학소설의 원조일 뿐만 아니라 SF에 기원해 지금까지 계속되고 있는 최초의 전국적 날조의 원조였다. 강신술은 19세기의 UFO학이었고 포는 1844년 「최면의 계시」에서 많은 이론적 근거들을 제공했다. 포가 죽은 지 1년 후인 1849년 뉴욕주 북부에서 두 명의 십대 자매인 마기와 테이트 폭스가 포의 이론을 실천했다. 폭스 자매는 가족, 이웃들을 놀라게 했으며 결국 톡톡 두드리는 소리——방문을 두드리듯이 누군가 가볍게 두드리는 것 같은——로 교신한 유령을 출몰시킬 수 있는 재능으로 전국을 놀라게 했다. 이 같은 기괴한 소리들(소녀들이 바닥에 댄 빠른 발가락 관절로 만들어내는)은 곧 초보적인 형태의 모스 부호로 서서히 발전했다. 폭스 자매는 세계 최초의 영매가 되어 사별한 사람들에게 죽은 사람과 직접 교신할 수 있는 위안을 주었다. 많은 영매들이 곧 자신들이 폭스 자매의 심령 능력을 갖고 있다는 사실을 알게 되었다. 포의 「최면의 계시」에 따라 이들 영매들이 밝힌 사후세계는 저승에서 돌아온 더 초기 세대 영혼들이 암시한 지옥보다는 더 따스하고 온화한 곳이었다. 영매들은 강신술 모임에 참석한 사람들을 소스라치게 놀라게 하려 하지 않았다. 고객들은 위안을 원했고 위안은 그들의 다소 신경질적인 떨림으로 얻을 수 있는 것이었다.

UFO처럼 판돈은 점점 더 커졌다. 접신은 괴기한 음악 연주, 가구의 움직임과 영매의 몸에서 나온 가상 심령체의 영혼이 날아다니는 모습이 준비될 필요가 있었다. 강신술의 역사는 한결같이 같은 패턴이 반복되고 있다. 뒤이어 나타난 영매는 어떤 새로운 불가사의한 것을 야기하고 잠시 호황을 누리다가 마침내 도를 넘어서게 되고 이어 사기로 드러났다.

그들 중 가장 위대한 영매는 1875년에 창설되어 아직도 유지되고 있는 신지학 협회 창설자 헬레나 페트로브나 블라바츠키(1831~1891)였다. 하지만 신지학 협회는 성립초기에 아주 빈번했던 신문 머리기사와 스캔들을 더 이상 만들어내지 못하고 있다. 언제나 '마담' 블라바츠키로 불렸던 그녀는 불워-리턴의 『자노니』(1842)와 『기이한 이야기』(1862) 같은 신비주의 소설을 '논픽션'으로 혼합한 『베일을 벗은 이시스』로 자기 신화화한 저자였다. 마담 블라바츠키와 그녀의 숨은 후예들에 대해 아주 재미있는 그룹 역사를 쓴 저자 피터 워싱턴은 "블라바츠키의 새로운 종교가 사실상 불워-리튼의 소설에서 만들어졌다고 말한다고 부당하다고 할 수는 없을 것이다"라고 주장하고 있다.[12]

이전의 신비주의 문학과 구별되게 하는 『베일을 벗은 이시스』와 『비밀교의』(1888)의 서로 다른 요소는 찰스 다윈의 진화론에 대한 도전이었다. 다윈의 진화론은 요즘처럼 당시에도 종교 교리영역에 대한 과학의 침해에 분개하는 사람들을 불안하게 했다. 마담 블라바츠키는 성경 계시의 옹호자로 활동하기보다는 불교, 힌두교 그리고 자신이 상상했던 이집트 종교가 혼합된 자신의 계시를 제시했다. 블라바츠키는 다윈의 생각을 일부 받아들이기는 했지만 진화는 원숭이가 인간으로 변화하는 것으로 끝나는 것이 아니라 인간이 자신과 자신의 다양한 정신적 안내자들인 '스승들에 대한 위대한 순백의 성직자단'처럼 더 고귀한 존재로 변화하고 있는 중이라고 밝혔다. 책을 쓰도록 지시하거나 잠들어 있는 동안 자기 책상에 완성된 원고를 '던져 놓은' 것은 더 고귀한 이 존재들——세라피스와 투이티느 베이, 티베트 왕자 마스터 모리야, 그리고 카시미리 브라민 쿠트 후미(더 이전에 피타고라스로 육체화했었던)——이었다. 이 고귀한 존재들은 또한 공개적 강신술 모임에서 블라바츠키와 상의하고 제자들의 주머니에 그녀에게 물질적 지원을 하도록 재촉하는 편지를 남겼다.

요컨대 블라바츠키는 철면피한 협잡꾼이었다. 다른 협잡꾼들처럼 그녀는 흔히 강신술 모임 중 현장에서 체포되었다. 하지만 그녀는 이 같은 사기들을 충성과 믿음의 시험 같은 스승님들의 더 큰 계획의 일부로 치부했다. 그녀는 다음과 같이 쓰고 있다. "사람들을 지배하기 위해 그들을 속여야 할 때, 현혹해 무엇이든 따르게 하기 위해서 그들에게 인형들을 약속하고 보여줄 필요가 있을 때 어떻게 해야 할까? 나의 책들이 1000배는 더 재미있고 신지학 협회회원들이 1000배는 더 경건했다고 하자. 이 모든 것들의 배후에 '이상한 일들'이 계속되지 않았다면 내가 어디에 살고 어느 정도의 성공을 거두었을 것이라고 생각하는가? 나는 분명 아무것도 성취하지 못했을 것이며 오래전에 굶어죽었을 것이다."[13]

멋지다! 세상이 인정하는 거짓말쟁이다운 말이다! '미국인' 거짓말쟁이는 아니지만 그녀가 미국에서 잔꾀를 배웠다는 것은 공공연한 사실이다. 그녀는 1874년 버몬트를 여행하며 세명의 어린 영매들의 공연을 보았다. 그들은 아주 싸구려 볼거리로 인디언 여인들, 최근에 죽은 유명인들, 죽은 아이들(그 어머니는 모든 공연에 참석해 늘 경탄했다)과 노래하고 춤추고 칼로 결투를 하는 다른 영혼들(커튼 뒤에 그림자로 보이는) 같은 유령들을 호출했었다. 분명 영매 역할에 따른 기술은 25년 앞서 폭스 자매들이 발가락으로 소리를 내기 시작한 이후로 계속 발전했다.

UFO시대에 마담 블라바츠키의 후계자들은 한결같이 속임수를 모르는 관객들에게 깊은 인상을 줄 수 있는 '이상한 일들'을 만들어내야 할 필요성을 인정하고 있다. 블라바츠키는 공중부양, 심령 음악, 하늘에서 온 편지들을 제시했다. UFO선동자들은 비행접시가 착륙했던 증거로 밭의 밀이 원형으로 쓰러지는 현상 같은 미스터리 써클을 흉내 내고, '외계인 부검' 촬영 필름을 제작하고, 선정적인 TV를 위해 '재현' 대본을 쓰고 있다. 동시에 논점을 부풀리고 상류층 고객을 끌어들이는 방식으로 사이비과학의 합리성이 쉽게 초월에 이르게 되는 뉴 에이지 종교에 대한 추종과 결부되어 전개된다. 심령적 영매들이 기술한 사후세계는 거의 유황냄새가 나지 않는 온화하고 어둠이 없는 에덴동산이다. 이것이 직업적인 UFO 피납자들도 점차 받아들이게 된 논조다. 휘틀리 스트리버는 다음과 같이 쓰고 있다. "방문자들이 오랫동안 여기에 머물지는 모르겠다. 인간 유전학에 대한 명백한 관심을 고려했을 때 그들이 우리의 진화와 어떤 관련이 있을 것이라는 생각이 들기도 한다. ……우리는 과거에 방문자를 정확하게 인식할 수 없게 했던 미신과 혼란의 단계를 지나 진화 과정에 있는 것일 수도 있다."[14] 마담 블라바츠키도 그같은 말을 했을 것이다.

3장 지구에서 달로 : 10년

SF의 원조라는 명예 혹은 불명예는 최종적으로 해결될 수 없는 논쟁이지만 로켓 우주선이 SF장르의 주요한 아이콘이라는 사실에는 논쟁의 여지가 있을 수 없다. '아폴로', '타이탄'과 케이프 커내버럴에서 '챌린저'호가 폭발하는 것이 저녁뉴스에 나오는 지금에도 로켓의 이미지——가급적 자동차 폰티액처럼 50년대 유형의 모델인 비행기의 수직안정판——는 선호하는 SF의 이미지로 남아 있다. 그것이 매회 〈스타 트렉〉이 시작할 때 나타나는 것이다. 로켓은 〈2001년 스페이스 오디세이〉에서 '아름답고 푸른 도나우 강'의 선율에 맞추어 왈츠를 춘다. 로켓은 십자가나 망치와 낫처럼 계급, 취향이나 심지어 논리의 차이조차 뛰어넘어 하나의 포괄적인 의미를 가진 상징성을 띠고 있다. 가장 권위 있는 학술서적 출판사가 1992년 간행한『SF 단편소설 옥스퍼드 북』은 단순한 자동차 휠캡 모양의 비행접시가 오렌지색, 녹색, 노란색 빛의 띠를 남기며 연 푸른 공간을 가로질러 날으는 장면을 표지로 쓰고 있다. 또 다른 학술 출판사인 루틀리지사는 데미언 브로데릭의 유행하는 구조주의 비평서『별빛으로 읽기 : 포스트모던 사이언스 픽션』 (1995)의 표지에 크리스마스트리처럼 많은 달과 행성으로 장식된 먹 같은 하늘을 배경으로 우주선을 전면에 배치하고 있다. 우주여행이란 주제와 연관이 없는 SF소설과 모음집도 우주선과 행성(특히 토성)으로 표지를 장식했다. 소설이 상상하는 미래엔 우주계획이 예산상의 이유로 오래전 폐기되어 겨우 향수를 불러일으키는 대상에 불과한데도 나의 소설『333』은 영국에서 피상적인 우주선과 별이 반짝이는 하늘을 표지로 한 보급판이 출판되었다. 나의 작품집『다시 이용된 태양 : 유토피아 SF 선집』(1976)은 15편의 단편 소설 중 한편만이 지구 밖을 모험하는데도 120도 정도 회전하는 우주선이 영국판 표지에 그려져 있다. 대체로 일반인들이 생각하듯이 출판업자들도 공상과학소설하면 의례 우주선과 행성들을 연상한다.

그 이유는 오로지 우주선과 행성들이 그리기 쉽기 때문일 것이다. 콤파스, 자와 에어브러시나 컴퓨터 그래픽 소프트웨어에 어느 정도 경험만 있다면 초심자라도 할 일 없는 오후에 이런 표지를 12장은 디자인할 수 있을 것이다. 그리고 이런 표지들이 책을 엉망으로 만들고 있다. SF독자들은 표지가 책의 내용이 아니라 SF장르를 대변한다고 생각한다. 우주선 자체는 독자들에게 거의 흥미를 불러일으키지 못한다. 최근의 SF는 우주선에 대한 기계적 세부묘사나 망원경으로 볼 수 있는 아득히 멀리있는 천체의 특징에 거의 관심을 보이지 않는다. 〈스타 트렉〉 에피소드들이나 동시 발매 소설들은 빛보다 빨리 여행할 수 있는 기술들에 대해 거의 말하지 않는다. 사실상 아인슈타인이 생각하는 우주에서 빛보다 빨리 여행할 수는 없으며 모든 SF의 이론적 근거들은 그럴듯하게 꾸며낸 것에 불과하다. 예를 들어 〈스타 트렉〉에서 순간 이동 장치는 양자역학의 기본법칙인 하이젠베르크의 불확

정성 원리에 어긋난다. 이 경우에 저자는 하이젠베르크 보정기라는 장치로 그 같은 오류를 보완하고 있다.

이런 유형의 거짓말은 에드거 앨런 포가 뜨거운 공기를 이용한 풍선 기구에 태워 한스 팔을 달로 보낸 이후로 계속되고 있다. 포의 풍선기구는 "각각 약 50갤런 정도를 담을 수 있는 다섯 개의 쇠를 씌운 큰 통과 적절한 모형의 지름 3인치 길이, 10피트의 6개 주석관, 이름을 알 수 없는 많은 '특별한 금속 물질 혹은 반금속'과 '아주 특별한 산'을 담은 입구가 큰 많은 유리병"으로 만들어졌다. "유리병에 담긴 산으로 만들어진 가스는 나 외에는 어느 누구도 만들어낼 수 없는 가스다." 포가 하이젠베르크 보정기에 대해 알았다면 그는 분명 그것도 사용했을 것이다.

그럴듯하게 꾸며 낸 것들에 첨단 기술이라는 외관을 입혀 외계로의 여행을 묘사한 최초의 공상과학소설은 1865년 쥘 베른의 소설 『지구에서 달로』이다.[1] 베른은 거대한 대포로 우주여행자들을 쏘아 올렸다는 사실 때문에 조롱을 당했다. 날아가는 데 필요한 가속도 때문에 여행자들이 납작하게 눌려 찌그러지기 때문이었다. 하지만 이 소설의 다른 세부 묘사, 특히 우주여행의 사회 공학적 문제에 대해선 로버트 하인라인 같은 최근의 인물들보다도 더 통찰력 있는 미래상을 그리고 있다. 에인 랜드 식으로 하인라인은 '빌어먹을 가부장적 정부'의 방해를 무릅쓰고 최초의 우주비행과 달의 식민지화를 책임지고 있는 특이한 영웅적 자본가 델로스 D. 해리를 설정하고 있다. 베른은 그 과제를 공식적인 미국 정부에 돌리지는 않았지만 그것을 초기 미국 군산복합체의 위업으로 생각했다. 미국의 군산복합체는 "대포에 대한 과학적 연구방법에서 유럽인들을 현저히 앞서고 있다. 사실상 미국 군산복합체 무기들이 그들의 과학적 연구방법보다 더 완벽한 것은 아니지만 전대미문의 차원을 과시하며 결과적으로 지금까지 들어 본 적이 없는 사거리에 이르고 있다." 남북전쟁에 이어 평화가 예상되자 환멸을 느낀 무기 기술 전문가 단체는 '1,833개의 실제적 회원과 30,565개의 거래처 회원'을 거느린 건 클럽을 조직했다. 이것은 전국 총기협회와 NASA의 혼성물처럼 생각되었다. 건 클럽은 거대한 대포들을 쟁기가 아니라 우주선으로 만들며 소설이 시작된다.[2]

이것은 V-2로켓을 개발한 독일 로켓 과학자들의 재능을 이용해 제2차 세계대전의 결과로 NASA가 출범한 방식과 흡사하다. 우주계획은 기능적 의미에서 늘 평화 시에 군을 위한 일자리 만들기 프로그램이었다. 베른이 다음과 같이 요약하고 있는 것처럼

어느 날, 어쨌든 전쟁 생존자들 사이에서 평화——슬프고 우울한 날!——조약이 체결되었다. 총성은 점차 잦아들었으며 박격포는 침묵했다. 곡사포는 무기한 폐쇄되었고 포구가 낮춰진 대포는 다시 무기고로 되돌려 보내졌으며 탄환들은 회수되었다. 피비린내 나는 모든 기억이 지워졌다. 풍부한 비료를 뿌린 들판에선 목화가 무성하게 자랐고 모든 장례복들이 슬픔과 함께 버려졌으며 건 클럽은 심각한 침체기에 빠져들었다.

물론 베른은 프랑스인이고 프랑스는 분명 고유한 공상과학소설 전통을 가지고 있다. 하지만 주된 형식적 영향(포)과 SF장르에서 고유하게 형성해 간 영향 모두에서 베른은 거의 미국인에 가깝다고 평가될 수 있을 것이다. 베른의 소설 64권 중에서 23권은 베르톨트 브레히트의 『마호가니』나 잭 런던의 『강철 군화』의 악몽 같은 자본주의적 디스토피아와 점점 더 유사해지는 미국을 배경으로 하고 있다. 『지구에서 달로』가 나온 지 1년 후인 1866년 집필한 『정복자 로버』에서 베른은 하인라인 식으로 영웅적인 미국인 자

본가를 묘사하고 있다. 그는 비행기를 발명한다. 1904년 속편『세계의 지배자』에서 바이러닉 로버는 미친 과학자이자 최초의 히틀러가 된다. 공중 여행(우주여행이 아닌)은 늘 위험하다.

베른의 더 어두운 측면은 그와 정반대되는 인물인 H. G. 웰스와의 편의적인 이분법을 유지하기 위해 일반적으로 경시되거나 무시되고 있다. 웰스는 악몽 같은 미래를 창조한 비관론자로 받아들여지고 있다. 베른은 과학 기술에 호의적인 낙관론자다. 하지만 이 같은 이분법은 두 명의 저자 모두에 대해 부당한 선입견을 갖게 한다. 웰스는 주목할 만한 유토피아주의자이기도 했으며 베른은 애초에 새로운 과학기술 시대가 열리는 것에 대해 합당한 불안감을 가지고 있었다. 하지만 현재 우리가 알고 있듯이 발표되지 않았던 원고인『20세기 파리』(1863년에 집필되어 1994년에서야 발표된)의 저자 베른은 파리에 대한 그의 생생한 묘사처럼 철저한 과학기술 옹호론자는 아니었다.『20세기 파리』에서 그는 가스를 동력으로 하는 자동차(그리고 교통 혼잡)를 예언했고 팩스와 전화 심지어 단두대가 발전한 전기의자까지 예언했다. 하지만 베른은 또한 불어가 영어에 압도될 것으로 예언했으며 시인인 소설 주인공은 서점에서 절망적으로 빅토르 위고의 작품들을 찾는다――바로 프랑스 지식인들이 야직도 두려워하고 있다고 고백하고 있는 극단적 결말. 다행스럽게도 그의 출판업자이자 수호천사인 쥘 에첼이『20세기 파리』를 거절하고 융통성 있는 저자를 연이은 대중적 모험소설의 방향으로 나아가게 한 덕분에 쥘 베른은 상업적으로 성공을 거둘 수 있었다. 그를 영원히 기억되게 한 총서『신비의 여행』, 즉 쥘 베른을 할리우드가 생각해낼 수 있는 이름으로 만든 작품들이지만 적어도 영어로는 읽은 사람이 없는『해저 2만리』,『80일간의 세계일주』,『잃어버린 세계를 찾아서』같은 작품들이 그것이다.

사실상 쥘 베른은 1865년 달 여행에 대해 처음으로 의도적으로 공상과학소설로 설명하고 있다. 왜 달일까? 몇 가지 분명한 해답이 있다. 달은 행성들과 달리 외계에서 가장 가까운 목적지로 도달할 수 있는 어떤 곳처럼 보인다. 아주 오래전 2세기에 사마소타의 루키아누스는 『진짜 역사』를 썼고 달은 모험심이 강한 여행자들에겐 가공의 목적지로 중요했다. 달의 변화를 이해하는 것은 그것이 지구처럼 둥글며 태양빛을 반사한다는 사실을 깨닫는 것이다. 달까지의 거리와 그 크기는 계산될 수 있었다. 달은 거대하고 유혹하며 늘 그곳에 있다.

행성은 훨씬 더 가설적이다. 우리는 행성들을 볼 수 있고 천문학자들은 (코페르니쿠스와 뉴턴이후) 행성의 질량과 움직임을 추론할 수 있다. 하지만 태양계의 나머지 것들에 대해선 망원경으로 화성에 있는 운하들을 볼 수 있게 된(혹은 달 못지않게 상상할 수 있게 된) 19세기 후반이 되어서야 달과 같은 정도로 관심을 보이기 시작했다.

하지만 달은 물질적 존재로서 '그곳'에 있을 뿐만 아니라 천국의 일부이며 천국은 우리가 밤에 볼 수 있는 하늘 보다 훨씬 더 중요하다. 달은 거의 모든 문화가 신들의 거처이자 축복받은 영혼들의 휴식처로 삼고 있는 곳이다. 따라서 달로 가는 것은 문자 그대로 천국의 땅에 발을 내딛는 것이다. 달은 단테의 『신곡』 '천국'편에서 정확히 그같은 방식으로 묘사되고 있다. 달은 더 먼 행성들과 그 너머 가장 높은 하늘의 대기실인 지구의 연옥 산에서 올라가는 첫 단계다. 따라서 달이 천국의 시초라면 그곳에 누군가 있어야 하지 않을까? 거주자들. 우리와 같은 사람들이지만 다른 것. 외계인들이다.

공상과학소설가들(비록 그가 우리가 기억하고 있는 작품들을 쓸 때 공상과학소설이란 용어가 아직 만들어지지 않긴 했지만) 중 가장 위대한 작가로 H. G. 웰스를 들 수 있다. 웰스가 포의 작품을 읽었을 수도 있지만 포의 영향을 받았다는 증거는 없다. 분명 베른의 작품들을 읽었지만 거의 그를 모방하지는 않았다. 1895년(『타임머신』)과 1914년(원자폭탄을 예언한 『불타는 세계』) 사이에 웰스가 쓴 SF 장편과 단편소설들의 뛰어난 작품성은 과학과 소설이라는 장르상의 특징적 경계들을 능수능란하게 넘나들고 있다. 고지식하게 시대에 뒤떨어지거나 틀리지 않을 때 베른의 '과학'은 교실의 과학이었다. 베른의 소설을 읽는 것은 견본들이 진열된 지역 항공우주 박물관을 방문하는 것과 같다. 잠시 후 구내식당에라도 가고 싶어진다.

반면 웰스는 천부적인 소설가였다. 물론 그 점에서 웰스는 다른 거장들의 영향을 받았다. 웰스는 150년간 영국 소설의 관례와 방식들을 받아들여 30대가 되어서야 첫 책을 쓰게 된다. 결과적으로 그의 가장 뛰어난 책들은 베른과 (흔히) 포의 작품을 읽을 때 필요로 하는 의지력을 발휘하지 않고도 순수한 대리 만족을 느끼면서 즐겁게 읽을 수 있다.

웰스는 또한 탁월한 논객이었다.[3] 오랜 세월이 지난 후 그는 탁월한 논객이었다는 사실 때문에 파멸하게 된다. 웰스는 심지어 쥘 베른 이상으로 완전한 교사가 되었다. 이것은 이후의 많은 SF작가들——하인라인, 아시모프, 브래들리, 르 귄, 딜레이니——에게 닥친 운명으로 직업적 위험으로 받아들여져야 할 것이다. 하지만 한창 때 웰스는 현대에 신화가 된 작품들을 창작하기 위해 허구와 논쟁적인 기교 양자를 적절하게 구사했으며 그의 작품들의 의제는 아주 설득력 있게 그려져 순전히 이야기의 힘으로 어떤 의혹도 불식시킬 수 있었다.

웰스가 『타임머신』, 『모로 박사의 섬』, 『우주 전쟁』, 『달나라 최초의 인간』 같은 작품들에서 제시한 의제는 인간의 역사에 적용된 다윈의 진화론이었다. 웰스는 소설을 쓰기 전 다윈의 가장 영향력 있는 투사인 T. H. 헉슬리의 학생이었다. 1860년 사무엘 윌버포스 주교와 헉슬리의 공개 논쟁은 윌버포스의 영향력에도 다윈이론의 압도적인 승리로 받아들여졌다. 하지만 논쟁에서의 승리는 그다지 중요하지 않았다. 사람들은 자신들이 믿고 싶어 하는 것을 믿으려한다. 진화론에는 아직 논쟁의 여지가 남아 있다. 사실상 다윈의 진화론은 '현대' 문화에서 본질적으로 단절된 경계선을 남기고 있다. 그리고 우리시대까지 계속될 만큼 완강한 신화들을 창조함으로써 진화론이란 가설을 수용할 수 있게 저울을 기울게 한 사람은 헉슬리보다는 오히려 웰스였다. 이론은 논박될 수도 있지만 신화는 감정적 차원에서 설득한다.[4]

그런데 진화론이 달로 가는 로켓들과 무슨 관계가 있을까? 진화론은 석기시대 피조물들──동굴에서 살던 인간들과 공룡──을 연상시킨다. 로켓 우주선과 우주인들은 미래를 상징한다. 그럼에도 불구하고 그것들 사이엔 공통된 연결 고리가 존재하며 그 고리는 H. G. 웰스의 작품에서 아주 분명하게 찾아볼 수 있다. 웰스는 원시인과 공룡 그리고 로켓 우주선과 우주인들이 진화의 연속성에서 현재를 기준으로 같은 거리만큼 떨어져 있는 보완적 이미지들이라는 사실을 실감나게 그리고 있다. 인간이 보다 나은 유형의 꼬리 없는 원숭이에 지나지 않는다는 다윈주의 자연법칙이 불러일으킨 불안감은 외계에 대한 전망으로 사라진다. 이전의 꼬리 없는 원숭이는 '슈퍼맨' 같은 새로운 모습으로 외계를 가로질러 하늘을 날 수 있다. 슈퍼맨이란 단어는 1903년 조지 버나드 쇼가 니체의 위버멘쉬를 번역해 만든 단어였다. 니체의 위버멘쉬는 호모 사피엔스에서 완전히 더 진화한 형태로 인식되고 있다. 후에 만화주인공으로 변화한 슈퍼맨은 순전히 의지력으로 우주의 어디나 날아갈 수 있고 X-레이 시력과 모든 형태의 내재적인 〈스타워즈〉 무기들을 장착한 강철 인간의 모습을 한 로켓 우주선과 다름없다.

웰스의 뛰어난 SF작품 거의 대부분이 진화론적 의미를 담고 있다. 그의 첫 번째 소설 『타임머신』(1895)에서 802,701년 인류는 2개의 종으로 갈라진다. 즉 지상에 사는 성미가 까다로운 엘로이와 지하에 사는 약탈자 멀록이 그들이다. 웰스는 책의 부제를 '발명 Invention'이라 붙였다. 대부분의 독자들은 그의 악몽 같은 전망을 당시 영국의 계급구조에 대한 뛰어난 현실 도피적 재미로 받아들였다. 하지만 현실적으로 가능한 것으로 취급되자 타임머신의 발명은 최근 들어 가장 격렬한 '책들의 전쟁'들 중 하나를 불러일으키고 있다. 리처드 허스타인과 찰스 머레이의 『벨 커브』[5]는 계급 차이를 일반적으로 분명한 상층과 하층계급으로 고착화하는 것을 가정하고 있으며 무질서하고 이단적인 절규로 마무리된다. 인종 불화를 일으킬 잠재력은 없지만 『벨 커브』의 명제는 『타임머신』이나 『종의 기원』과 같이 당황스러운 것이었다. 이 책은 인간의 본성은 신이 준 절대적인 것이 아니라 영향 받기 쉬운 유전자의 기능으로 현실적으로 변화하는 것이라고 암시하고 있다. 우리는 꼬리 없는 원숭이였고 다시 꼬리 없는 원숭이가 될 수도 있을 것이다.[6]

웰스는 이듬해 SF소설 『모로 박사의 섬』(1896)에서 진화론에 대해 색다르면서 더 끔찍한 다른 해석을 제시하고 있다. 모로 박사는 현대의 빅터 프랑켄슈타인이다. 그는 표범, 돼지, 개, 원숭이와 다른 동물로 인간 잡종인 '짐승 인간'을 창조하기 위해 생체 해부 실습을 이용한다. 그의 짐승 인간은 인간 본성에 내재된 흉포성과 동물의 본성에 내재되어 있는 동정심, 심지어 '정신적인 것'——그리고 종교적 감수성을 가진 빅토리아 시대 사람들이 피로 물든 동물인 인간이 거주하는 무자비한 자연에 대한 전망 때문에 다윈주의에 진저리치는 이유——양자를 실증하고 있다.

다윈주의적 인간은 기원이 아니라 운명에서 짐승이다. 지금처럼 당시 영국인들은 쇠고기보다는 사냥한 고기를 훨씬 더 좋아했다. 이전의 다른 모든 제국들처럼 대영제국은 강자의 약자에 대한 성공적 약탈을 대표하고 있었고 그것이 변형된 형태가 『우주 전쟁』(1898)의 주제였다. 표면적으로 이전 작품들보다 덜 다윈주의적이긴 하지만 우주 전쟁은 여전히 같은 사고의 맥락을 이어가고 있다. 근대 포병 부대가 사모아를 정복한 것처럼, 혹은 정복자들이 멕시코와 페루를 정복한 것처럼 침략군인 화성 우주선들은 런던과 영국 교외를 저항할 수 없게 힘들이지 않고 철저하게 파괴한다. 대비는 의도된 것이었으며 『우주 전쟁』에선 분명하게 다윈주의적 색채가 부여되고 있다.

포의 벤커크가 「최면의 계시」에서 예언적으로 "그것 전체가 뇌라는 것을 이해함으로써 궁극적인 육체가 어떤 것인지 알게 될 것이다"라고 선언한 것처럼 웰스도 화성인들을 "머리들——오로지 머리들——로 설명하고 있다. 그들은 어떤 장기도 갖고 있지 않았다"고 기술하고 있다. 그는 그 이유를 진화론적인 것으로 설명하고 있다. 더 오래된 행성에서 살았기 때문에 화성인들은 더 오래 진화해왔고 그들은 진화를 거치면서 약탈자에게 꼭 필요한 뇌만 남게 되었다. 웰스는 다음과 같이 설명하고 있다.

완벽한 기계장치가 궁극적으로 팔다리를 대신한다. 완벽한 기계설비가 소화기관을 대체 한다. 머리카락, 코, 이, 귀와 턱 같은 기관들은 더 이상 인간의 본질적 신체의 일부가 아니었다. 세대를 거듭하면서 기관들이 계속해서 줄어드는 방향으로 자연도태가 진행되게 되었을 것이다. 결국 뇌만이 중요한 필수적인 것이 되었다.

웰스의 화성인은 최초의 생체공학적 인간들, 불멸의 강철을 씌운 순수한 지적 존재인 원시적 로보캅들이다. 진화론적 논리에 따르면 뇌만 남은 화성인들로의 귀결은 피할 수 없는 만큼 끔찍하다.

비유 없이 다윈의 진화론을 따르고 있는 웰스의 아주 노골적인 투시도는 『모로 박사의 섬』이 출간된 이듬해인 1897년에 나온 「석기 시대 이야기」에서 찾아볼 수 있다. 진 아울의 『동굴 곰족』같은 흥미진진한 모험담이 나오기 83년 전 웰스는 석기 시대 영국에서의 일상생활에 대해 이야기하고 있다. 「석기 시대 이야기」는 소설가 겸 비평가인 헨리 제임스 같은 사람들도 높이 평가한 해학으로 풀어내고 있는 아울 서사시의 축소판이다. 이야기는 지리학 덕분에 지구의 역사를 더 넓은 관점에서 보며 다윈이 시작한 곳에서 시작하고 있다.

이 이야기는 역사가 시작되기 전, 인간이 기억할 수 없었던 시대의 이야기다. 당시는 사람들이 신을 적시지 않고 프랑스(현재 불리고 있는 것처럼)에서 영국으로 걸어가고, 넓고 느린 템스강이 습지들을 가로질러 더 멀리 있는 라인강과 만나던 시대다. 당시 템스강은 지금은 북해로 불리는 수면 아래의 넓고 평평한 지역을 가로질러 흐르고 있었다.

친숙한 것들——제비, 흰 미나리아재비속, 황새냉이 무리의 잡초——이 서식했지만 하마, 사자, 코끼리와 '많은 담황색 동물들'도 살았던 더 초기의 변화되는 영국을 환기시키며 웰스는 한 동안 이런 맥락을 이어가고 있다.

아울의 소설에서처럼 여기서도 동굴 곰——두 마리——이 등장하지만 웰스는 '따분한' 소설에서 탈피해 동굴 곰들이 키플링의 『정글북』에서처럼 말할 수 있게 하고 있다. 소설 주인공인 우그-로미가 휘둘렀던 첫 번째 도끼질에 굴욕적으로 부상당한 채 동굴로 되돌아왔을 때 그들 부부의 대화는 아주 익살스럽고 공감을 불러일으키는 웰스의 창작물들 중 하나다. 남편인 안두가 먼저 다음과 같이 말한다.

"평생 그렇게 놀라긴 처음인 걸……아주 괴상한 짐승들이야. '나를' 공격하다니!"

"저는 그것들이 마음에 들지 않아요." 뒤쪽의 어둠 속에서 아내 곰이 말했다.

"본 적이 없는 아주 연약한 유형의 짐승이야. 세상이 어떻게 되려는지 모르겠어. 털도 듬성듬성한 마른 다리들하곤……그것들은 겨울에 어떻게 온기를 유지할까?"

"전혀 체온을 유지할 수 있을 것 같지 않아요." 아내 곰이 말했다.

"일종의 퇴화된 원숭이 같아."

"돌연변이죠." 아내 곰이 말했다.

잠시 침묵

곰들은 못 보던 짐승들의 무기와 불——'유일하게 그것이 날뛰는 낮에 하늘에서 생겨난 눈부신 빛'——사용에 대해 곰곰이 생각한다. 남편 곰은 굼뜬 호기심을 느낀다. 아내 곰은 곰 같은 마음으로 다른 생각을 하고 있다.

"그것들은 먹을 만할까요?" 아내 곰이 말했다.

"먹음직스럽게 보이던데." 식욕을 느끼며 안두가 말했다. 북극곰들처럼 동굴 곰들은 뿌리나 꿀을 먹지 않는 육식동물들이었다.

두 마리 곰은 잠시 생각에 빠져들었다. 이윽고 안두는 우그-로미의 도끼에 부상당한 눈에 다시 소박한 관심을 보인다. 동굴 입구 앞 녹색 경사 위 햇빛의 색조가 점점 따뜻해져 마침내 불그스레한 호박 빛이 되었다.

"아주 이상한 날이군." 동굴 곰이 말했다. "낮이 너무 길다는 생각이 들어. 사냥하기엔 아주 좋지 않아. 줄곧 눈이 부시군. 당연히 낮에는 거의 냄새를 맡을 수 없어."

아내 곰은 대답하지 않았지만 어둠에서 율동적인 우두둑하는 소리가 들렸다. 아내 곰이 골절을 푸는 소리였다. 안두는 하품을 했다. "원 참" 남편 곰이 말했다. 남편 곰은 굴 입구로 터벅터벅 걸어가 언덕을 살피려 머리를 내밀고 멈춰 섰다.

독자들은 안두의 육중하고 멍한 머리 위 절벽 꼭대기에 동굴 인간이 동굴 곰의 해골을 부서뜨리기 위해 설치한 큰 알돌이 매달려 있다는 사실을 알고 있다. 사실상 우리는 안두가 곰곰이 생각하고 있는 내내 큰 알돌이 매달려 있다는 사실을 알고 있기 때문에 곰의 모든 말은 희비극적 풍자로 읽힌다. 그는 우리가 아주 즐겁게 엉덩방아를 찧으리라 예상하는 채플린 단편 영화의 특대형 멍청이 같다. 하지만 그는 또한 다윈의 이론을 추종함으로써 새롭고 이상한 사고들과 타협하려하는 대표적인 빅토리아 시대의 가장이기도 하다. 그는 새로운 세계에 압도된 구세계다. 이윽고 피할 수 없는 일이 일어나 동굴 앞에서 누운 채 부패하고 있는 안두의 시체를 하이에나가 뜯어 먹는다. 그때 웰스는 어조를 익살에서 비가로 변화시킨다.

아내 곰은 꼼짝도 할 수 없었다. 지금도 모르는 것이 없는 훌륭한 안두의 죽음이 믿겨지지 않았다. 이윽고 아내 곰은 머리 위 높은 곳에서 들리는 이상한 소리를 들었다. 그것은 하이에나의 울음소리 같았지만 더 크고 낮은 소리였다. 아내 곰은 위를 쳐다보았고 희미하게 밝아오는 빛 때문에 어두워진 작은 눈엔 거의 아무 것도 보이지 않았으며 콧구멍은 떨리고 있었다. 그런데 아내 곰의 훨씬 위쪽 절벽 끝에 희미하게 밝아오는 분홍빛을 등지고 작고 흐릿한 두 개의 둥글고 검은 물체들이 있었다. 아내 곰을 큰 소리로 비웃고 있는 유데나와 우그-로미의 머리였다. 아내 곰은 그들을 분명하게 볼 수는 없었지만 들을 수는 있었고 어렴풋이 이해하기 시작했다. 아내 곰은 미지의 재난이 임박한 것 같은 이상한 감정을 느꼈다.

악역에게 주인공 못지않은 인간성을 부여하는 것이 통속 예술가와 반대되는 위대한 작가의 표시이며 그것이 웰스가 이 소설에서 해내고 있는 것이다. 우그-로미와 그의 짝 유데나는 분명 인간으로 정확히 아담과 이브지만 다른 한 쌍의 남녀처럼 그들 또한 음흉하고 옹졸하며 거들먹거린다. 안두와 그의 아내는 바로 그들의 정중한 대화 때문에 소설의 낭만적인 주인공들이다. 그들은 진화의 낙오자들이다.

따라서 그들은 필요로 하는 자신들의 멸종――즉 인류가 지구 전역에서 성공적인 진보를 시작하고자 한다면 필요로 하는――을 예견할 수 없는, 요컨대 '밝아오는 빛 때문에 앞을 보지 못하는' 빅토리아 시대의 중산계급이기도 하다.

웰스도 달로 자신의 원정대를 보냈다. 사실상 쥘 베른이『지구에서 달로』와 1870년 틀에 박힌 속편인『달 주위』[7]에서 선례를 제시했기 때문에 웰스도 달에 대한 소설을 쓸 필요가 있었다.『달 최초의 사람』은 웰스가 장르 저자에 대한 요구에 따랐음을 보여주고 있다. 에드먼드 힐러리 경이 에베르스트 산이 있기 때문에 산에 올랐던 것처럼 웰스는 달이 있기 때문에 달로 간 셈이다.

그렇지만 그것은 반중력 효과가 있는 가상의 물질 '카보라이트' 같은 저자의 결단으로 추진된 공상속의 비행이다. 중력은 우주 비행의 적이며 따라서 웰스는 반중력을 생각해냈다. 1901년 웰스의 책이 나왔을 때 아직 활동하고 있던 베른은 반중력이란 개념을 경멸하며 가혹하게 비난했다. 즉 카보라이트는 '과학적'이지 않다는 것이다. 동굴 곰 안두처럼 미래를 어느 정도 감지하고 있었던 쥘 베른은 카보라이트에 흥미를 느낄 수 없었다. 웰스는 더 영리한 소설가로 날카로운 사회적 풍자를 모험과 뒤섞고 전체적인 것을 심리적으로 심각하게 설명할 수 있었다. 당대의 지식 계급은 웰스의 작품에 감탄한 반면 베른의 작품들은 이미 '소년들의 모험담'으로 치부되었다. 현재까지도 계속해서 같은 식으로 대비되고 있다.

하지만 쥘 베른과 웰스는 한 가지 사실에서 일치하고 있었다. 즉 달이 짜릿하고 도달 '가능한' 목적지로 보였다는 사실이다. 동시대인들은 달로의 여행에 대한 그들의 설명을 루키아누스나 시라노와 비슷한 유형의 단순한 환상으로 보았을 것이다. 쥘 베른과 웰스가 루키아누스나 시라노보다는 더 잘 알고 있었다. 쥘 베른의 소설은 NASA 홍보 담당자가 거의 수정 없이 인용할 수 있는 구절들을 담고 있었다. 반면 웰스의 주인공 베드포드는 달에서 금을 찾고자 갈망하는 인물로 그려지긴 했지만 실제로 달에 도착했을 때 자신의 영혼에 내재된 이상주의적 기질을 알게 되고 왜 자신이 달에 왔는지 알고 싶어 한다. 그는 다음과 같이 자문하고 있다. "인간은 어떤 기질에 자극받아 끊임없이 행복과 안전에서 벗어나 스스로 위험에 빠지며 심지어 논리적으로 확실한 죽음을 감수하게 되는 것일까? 달에서 갑자기 늘 알고 있었던 것처럼 인간이 단순히 계속해서 안전하고 안락하고 잘 먹고 즐겁도록 만들어지지 않았다는 사실이 이해되기 시작했다. 자신의 이익이나 행복과 무관하게 인간은 항상 충동에 이끌리고 있다."

웰스의 여행자들이 우주선에서 내렸을 때 그들은 합리주의자인 쥘 베른이 너무 자부심이 강해 독자들에게 전달하지 않은 어떤 것, 즉 외계인들을 발견한다. 웰스의 달나라 사람들은 화성인들——'전부' 뇌는 아니지만 그같이 진화하는 경향이 있는——보다 더 진화된 변종이다. 초이성적인 달나라 사람들에게 사로잡혔다 황금으로(베드포드에겐 다행스럽게 달에선 가장 평범한 금속) 한몫 잡아 탈출한 이야기의 끝에서 웰스는 가장 핵심적인 결말을 이끌어내고 있다. 즉 인류는 육식성 꼬리 없는 원숭이와 영혼이 없는 달나라 사람들, 무정부적 야만성과 질서는 있지만 전체주의적인 과학 문명 사이의 진화론적 전환점에 서 있다는 것이다.

이 전환점이 인간이 그 이후로 줄곧 그리고 분명 예견할 수 있는 미래에 자리하고 있는 곳이다. 되풀이해 한결같은 대조가 주목받게 될 것이다. 즉 앨더스 헉슬리의 『멋진 신세계』(주민들이 인간 달나라 사람들로 유전학적으로 운명 지어진 노동역할에 맞도록 수정되었다)와 그에 못지않게 기억할 만한 클라크와 큐브릭의 『2001 스페이스 오디세이』(1968)에선 우그-로미와 아주 흡사한 살인적인 퍼스트 액스가 순수한 정신 기능인 HAL이 관리하는 우주선으로 변형된다. 인간 우주인 데이비드 바우만이 전적으로 슈퍼맨인 어떤 것으로 변화되는 것처럼 그 이상의 보완적 변형이 있다. 다음이 변형 순간에 대해 클라크가 소설에서 설명하고 있는 것이다.(시각적으로 놀라운 영화의 대단원에서 애매해 보이는 많은 것이 소설에서 설명되고 있다.)

잊어진 탈출선의 금속과 플라스틱, 그리고 자신을 데이비드 바우만이라고 불렀던 실체가 한 때 입었던 의상은 불꽃으로 확 발화했다. 지구와의 마지막 연결고리가 사라지고 그것들의 구성 요소인 원자들로 되돌아갔다.

하지만 어린 아이(변태된 바우만)는 거의 알아채지 못했다. 그가 자신의 새로운 환경(우주의 진공상태)에서 비롯된 안락한 행복감을 받아들였기 때문이었다. 한동안 그는 여전히 자기 힘의 진원으로 이 같은 물질적 껍질을 필요로 했다. 불멸의 육체는 육체에 대한 그의 정신의 현재 이미지였다. 또한 그는 자신이 가진 그 모든 힘에도 자신이 아직도 어린 아이라는 사실을 알고 있었다. 따라서 그는 새로운 형태를 결정할 때까지 혹은 물질적 필요들을 넘어설 때까지 남아있게 될 것이다.[8]

SF의 역사에서 이렇게 본질이 밝혀지는 결정적인 순간이 전례 없는 것은 아니다. 마담 블라바츠키가 주장한 숭고한 것으로의 미래 진화적 도약 이외에도 1953년 클라크의 소설에서 더 분명한 전례를 찾아볼 수 있다. 그가 SF장르에 영구적으로 기여한 첫 번째 공헌인 『유년기의 끝』은 결말에서 지구의 어린아이들은 '상상할 수 없는 변형' 같은 행성을 소멸시키는 폭발로 '진화해' 우주적인 '오버마인드'와 결합하는 것으로 끝을 맺는다. 인간의 변형을 감독하는 금성의 '오버로드들'은 아주 지적인 존재로 오버마인드와 비물질적으로 통합하도록 진화할 수 없었던 웰스의 달나라 사람들과 비슷하다. 분명 큐브릭이 〈2001 스페이스 오디세이〉 대본을 쓰기 위해 클라크에게 이야기를 꺼냈을 때 그는 이미 의도된 클라이맥스 장면의 재연을 계획했었다. 이는 사람들이 영화(그리고 소설을)를 사실상 더 초기 작품의 교정본으로 생각하게하기 위한 것이었다.

하지만 더 앞선 사례들도 있다. 그 중에서 올라프 스태플든의『스타 메이커』(1937)가 가장 웅장한 작품이다. 스태플든은 클라크처럼 H. G. 웰스 모방자다. 스태플든의 스타 메이커는 육체에서 분리된 1930년대 영국인이다. 그는 우주여행을 떠나 모든 유형의 외계인을 목격하고 결국 창조주를 포함한 다양한 비물질적인 영적 존재와 어울려 지낸다. 그것은 소설이라기보다는 하나의 비전이며 그 영향은 거의 고립된 SF집단 내에 한정되었다. 하지만 이 책은 가장 순수한 유형의 난해한 범주——SF High Sublime——로 남아 있다. 이 책은 부정할 수 없는 장점을 가지고 있지만 몹시 추운 날 밤 야외에서 아름다운 북극광을 보듯이 썰렁하고 지루하게 느껴진다.

웰스, 클라크, 헉슬리, 스태플든, 이들은 내가 '본질적으로' 미국적이라고 주장하고자 하는 장르의 꽤 유명한 영국 대표단이다. 또한 1950년대 초까지 사실상 주로 영국에서만 불후의 SF걸작들이 출간된 것은 분명 그들 덕분이었다. 포 이후로 1950년대까지 미국에선 에드워드 벨라미의『뒤를 돌아보며』(1888), 이그나티우스 도넬리의『카이사르의 원기둥』(1890)과 잭 런던의『강철 군화』(1907) 같이 겨우 몇 권의 주목할 만한 유토피아와 디스토피아 소설들만이 출간되었다. 주로 학술적 성향의 독자들이 이 책들에 흥미를 보였다. 미국인들은 미래를 건설하기에 너무 분주해 굳이 미래를 상상하려 애쓰지 않았다.

하지만 에드거 앨런 포도 외계에 대한 나름의 견해를 제시하고 있으며 전 세계적인 지구의 초월 같은 문제와 앞으로 보게 되듯이 명백하게 미국적인 양식에서 클라크를 앞서고 있다. 포는 실제로 지구/인종적 변형에 대한 두 가지 분명한 선례를 제시하고 있다. 즉 앞서 언급한「최면의 계시」와「에이로스와 샬미온의 대화」는 다음과 같이 완고한 상류사회의 위선적인 논조로 시작하고 있다. "에이로스 : '왜 나를 에이로스라고 부르지?' 샬미온 : '당신은 지금부터는 늘 그렇게 불리게 될 거요. 당신도 지구에서의 '나'의 이름을 잊고 샬미온으로서 나에게 이야기해야 해요.'" 밝혀진 것처럼 그들은 혜성이 가깝게 지나 '지구의 대기에서 질소가 완전히 추출됨'(포의 강조)으로써 에이로스와 샬미온으로 '변화'되었다. 에이로스가 회상하듯이 그 결과는 다음과 같다.

저항할 수 없게 모든 것을 삼켜버리고, 도처에 만연해 있으며 당면한, 다시 말해서 맹렬하고 무시무시한 성경 예언의 경고 같은 아주 상세하고 끔직한 모든 세부사항들의 완전한 실현.

……모두가 강렬한 정신적 흥분 상태에 빠졌으며 위협적인 하늘을 향해 팔을 뻗은 그들은 두려움에 몸을 떨며 큰 소리로 비명을 질렀다. 하지만 파괴자인 혜성의 핵이 당시 우리들 머리 위에 있었으며 여기 에이덴에서조차 말하면서 나는 떨고 있다. 요컨대──전멸을 야기한 파멸처럼 순식간에. 한순간 전혀 뜻밖의 소름 끼치는 번쩍임이 모든 것을 엄습해 관통했다. 이어……우리가 존재했던 현재의 에테르 덩어리 전체가 동시에 일종의 강렬한 화염으로 폭발했다. 그 놀랄만한 광채와 아주 뜨거운 열기는 아득히 높은 하늘에 있는 순수한 지식을 가진 천사들조차 형언할 수 없는 것이었다. 이윽고 모든 것이 파멸되었다.

어떤 특정한 동시대적 사건이 연상되지 않는가? 아마도 히로시마? '그 점'에 대해선 다음 장에서 보게 될 것이다. 어쨌든 포 자신은 팔을 뻗어 크게 울부짖으며 어떤 것보다 가장 오래되고 명확한 선례인 코린트인들에게 보낸 바울의 첫 번째 서한 15장 50절에서 55절까지를 환기시키고 있다.

형제들아 내가 이것을 말하노니 혈과 육은 하나님 나라를 이어 받을 수 없고 또한 썩는 것은 썩지 아니하는 것을 유업으로 받지 못하느니라

보라 내가 너희에게 비밀을 말하노니 우리가 다 잠 잘 것이 아니요 마지막 나팔에 순식간에 눈 깜박할 순간에 다 변화되리니

나팔 소리가 나메 죽은 자들이 썩지 아니할 것으로 다시 살아나고 우리도 변화되리라

이 썩을 것이 반드시 썩지 아니할 것을 입겠고 이 죽을 것이 죽지 아니함을 입으리로다.

이 썩을 것이 썩지 아니함을 입고 이 죽을 것이 죽지 아니함을 입을 때에는 사망을 삼키고 이기리라고 기록된 말씀이 이루어지리라

사망아 너의 승리가 어디 있느냐 사망아 네가 쏘는 것이 어디 있느냐

이 구절들은 근본주의적 천년 왕국설 신봉자들 사이에서 떠도는 휴거의 근거가 되는 중요한 몇몇 성경 텍스트들 중 하나다. 신도들에 따르면 휴거는 묵시록의 더 무시무시한 사건들에 앞서 일어난다. 이 때 신자들은 집단적으로 동시에 모두 하늘로 들어 올려져 메시아를 맞이하고 그와 함께 '마지막 위대한 행성 지구'에 예언된 피할 수 없는 종말을 가까이에서 지켜보게 된다.

이는 신학적으로 새로운 견해다. 이미 오래전부터 예수의 재림이 다가오는 것처럼 보이기 시작했던 아우구스티누스 시대 이후로 신학자들은 계시의 묵시록적 예언들을 우화적으로 보는 경향이 있다. 빅토리아 시대까지 성경에서 밝히고 있는 정교한 시나리오는 실용적인 목적을 위한 천년 왕국의 견해로 축소되었다. 즉 정확한 날짜를 알 수 없는 예수의 재림은 영원으

로 이어진다는 것이다. 7개의 봉인, 적그리스도, 바빌론의 창녀, 아마겟돈과 다른 모든 호기심을 불러일으키는 것들이 망상적 견해나 단순한 허구로 치부되었다.

하지만 이어 다윈이 등장했고 다윈에 대한 많은 반응들(SF 이외에) 중에는 성경 자체의 '미래' 이야기들에 대해 새롭게 관심을 보이며 주장을 전개했다. 우리의 기원에 대한 설명——아담과 이브, 바벨탑, 대홍수——으로 성경을 옹호하는 것은 점차 방어적인 행동이 되었다. 대안은 미래로의 비행인 초월성(공상과학소설처럼)이며 바울의 서한이나 『유년기의 끝』에서처럼 썩을 것은 썩지 아니할 것을 미룬다.

하지만 '달'은 어떻게 될까?

할 린드세이는 물음에 답하고 있다. 할 린드세이는 많은 베스트셀러 천년왕국 소책자의 저자다. 그는 『최후의 위대한 행성 지구』(1970)로 시작해 지구와 할 자신이 계속해서 존재한 덕분에 그 이후로 연이어 책을 내고 있다. 『휴거』(1983)에서 린드세이는 위의 51절을 인용한 후("순식간에 눈 깜박할 순간에……") 다음과 같이 논평하고 있다.

누군가는 눈을 깜박하는 순간은 1초의 1000분의 1정도라고 말한다. 원자라는 단어가 파생된 그리스어 단어는 atomos다. 그것은 나뉘어질 수 없는 어떤 것을 의미한다. 다시 말해서 휴거는 아주 빠르고 갑작스럽게 일어나게 되기 때문에 휴거가 일어나는 시간의 틀은 인간의 힘으로는 나눌 수 없다.

바로 그 점을 생각해보라……1초라는 순간이 지난 후 지구상에 살아있는 모든 신도가 사라지게 될 것이다. 갑자기 경고도 없이 믿지 않는 사람들만이 행성 지구에 거주하게 될 것이다.

나는 최근 발사된 우주 왕복선을 지켜보며 경외감을 느꼈다. 대략 몇 분 후에 그것은 시야에서 사라져 소리보다 6배는 더 빠른 속도로 여행하고 있었다. 휴거 때 각각의 살아 있는 신자들에게 일어나게 될 일은 어떤 비유로도 이것을 넘어선다.[9]

무의식적 정신만이 요구할 수 있는 정확성으로 발사=휴거라는 관련성이 존재한다.[10] 휴거와 그와 관련된 희망으로 린드세이는 수백만부의 책을 팔수 있었을 뿐 아니라 다음과 같이 기억할만한 종말론적 저질 물품들에 영감을 불어넣었다. 즉 "표면 주위에 '주께로의 귀환이 한 시간 더 가까워졌다'라는 말이 새겨진 휴거 손목시계, '주여, 저를 들어 올리소서' 혹은 '경고 : 휴거가 일어나게 되면 이 차에 운전자가 사라지게 될 것임'을 선언한 범퍼 스티커, 틀에 끼워진 인쇄물들과 식기 밑에 까는 얇은 식탁용 매트처럼 우편엽서 크기의 충돌하는 자동차들과 비행기들이 채워진 총천연색 휴거 그림들"[11]

이 범퍼 스티커들이 시사하듯 휴거는 대체로 몇 가지 측면에서 세계에 대한 노골적이고 모욕적인 도전이다. 순간적으로 에테르로 변화되기를 기대하지 않을지라도 당신 바로 뒤에 있는 운전자와 이중적 의미를 가진 어구를 공유한다는 것은 얼마나 유쾌한 일인가. 오늘날 대다수 미국인들 사이에서 믿음은 다른 문화적 산물이 향유되는 것과 같은 맥락에서 '즐겨지고' 있을 것이다. 그것이 약속된 시간에 최후의 심판일이 되풀이해 실현되지 않았음에도 천년왕국 신봉자들의 믿음이 계속해서 인기를 얻는 이유일 것이다. 판타지로서 휴거는 좋아하는 노래처럼 되풀이해 재생될 수 있다. 사람들은 어떤 노래가 '진실'이기를 요구하지 않는다. 노래는 흥얼거리고 싶은 선율이 있는 것으로 족하다.

다음이 1979년 인터뷰에서 레이 브래드버리가 전달한 것과 같은 기본적인 선율이다.

오웰의 『1984』은 30년 전 여름에 출간되었다. 이 책에선 빅 브라더에 대한 대안으로 그에게서 벗어날 수 있는 방법인 우주비행을 언급하지 않는다. 이는 1930년대와 1940년대 지식인들이 얼마나 근시안적이었는지 입증하고 있다. 그들은 우주여행처럼 흥분되고 영혼이 열리며 계시적인 어떤 것을 보고 싶어 하지 않았다. 우리는 탈출'할 수 있기' 때문에 우리는 벗어'날 수 있으며' 탈출은 인간 정신에 아주 중요한 강장제다. 우리는 400년 전 유럽을 탈출했고 그것은 정말로 환영할만한 일이었다.[12]

중심 사상인 '우리는 탈출할 수 있다'에서 브래드버리의 강조가 탈출이 아니라 우리라는 단어에 맞추어졌다면 의미는 더 분명해진다. 종교적 천년왕국설 신봉자처럼 진실을 믿는 SF팬에게 지구에서의 수직이륙에 대한 약속은 특권을 부여받은 상위의 소수에게 한정되어 있다. 엔터프라이즈 스타일의 파자마를 입고 〈스타 트렉〉 전국대회를 기다리는 사람들처럼 더 단순한 유형의 SF팬은 달이 자신들의 목적지라고 믿고 있다. 하인라인은 초기 소설에서 멘사 지망자들을 위한 행성 탈출 동아리실 같이 달에 대한 생각을 활성화시켰다. 1947년 「세터데이 이브닝 포스트」에 게재된 단편소설 「돌아오는 것이 중요하다」에서 주인공은 자신이 왜 달에서의 자기 일로 되돌아오기로 결심했는지 설명하고 있다. "아주 조금 전에야 나는 진심으로 내가 미친놈이었다는 사실을 알게 되었다.……발에 통증을 느꼈으며(지구의 중력이 더 강하기 때문에) 괴짜로 취급당하는 것에 신물이 난다. 나는 견뎌 보려했지만 변함없이 반복되는 일들을 견딜 수 없었다. 사랑하는 옛날 달의 문명화된 사람들이 그립다."

브래드버리의 수사적 기교와 하인라인의 초기 단편소설들에서 외계는 넥스트 프론티어로 그려지고 있다. 제국의 서쪽 진로가 태평양 연안에서 한계에 도달하자마자 나아가야 할 어떤 곳, 빅 브라더의 감시와 지나치게 문명화되고, 지나치게 통제되고, 지나치게 혹사당하는 존재에 대한 다른 제약들 너머에 있는 어떤 곳인 다음 미개척 영역으로 외계가 그려지고 있는 것이다.

외계를 넥스트 프론티어로 보는 것은 착각이다. 현재와 예견할 수 있는 미래에 보통의 시민은 달이나 그 너머로 날아가기보다는 가톨릭 추기경단으로 선출될 수 있는 가능성이 훨씬 더 높다. 아서 클라크가 SF에 대한 아주 일반적인 오해에 대한 논픽션 고찰『미래에 대한 분석표』에서 그 점에 대해 간결하게 설명하고 있듯이.

우주 변경은 고갈될 수 없을 정도로 무한하다. 하지만 우주 변경이 제시하는 기회와 도전은 과거 우리가 우리 세계에서 맞았던 그 어떤 것과도 전혀 다르다. 태양계의 모든 달과 행성들은 수천 명의 인간 거주민 이상을 결코 수용할 수 없는 이상하고 적대적인 장소다. 그곳의 거주민들은 원자력 연구 실험소가 있는 로스 앨러모스 주민만큼이나 조심스럽게 선발되게 될 것이다. 집단 식민지화 시대는 영원히 사라졌다.[13]

클라크가 너무 고상하거나 정치적이었기 때문에 지적하지 못한 것은 우주 계획을 위해 선발권을 행사하는 권력자가 빅브라더라는 사실이다. 전체적인 계획이 복잡하고 취약하며 실패하기 쉽다는 점을 고려할 때 상황이 다른 식으로 정해질 수는 없었다.

전쟁이 끝난 직후 우주계획이 시작되었을 때 빅 브라더는 우주계획에 자금을 제공할 우호적인 여론 분위기를 조성할 필요가 없었다. 냉전은 곧 격화되었고 미국 군 당국자는 과학 연구를 위한 백지수표를 받고 있었다. 예산의 가장 큰 몫이 핵무기에 할당되었다. 하지만 전면적인 핵전쟁은 대륙간 탄도미사일을 필요로 하게 되었고 따라서 우주계획에 자금이 지원되었다. 나치를 위해 V-2로켓을 개발한 베르머 폰 브라운 같이 이를 위해 충원된 몇몇 과학자들은 유황의 고약한 냄새를 풍기긴 했지만 러시아가 스푸트니크호를 발사한 1957년까지 우주계획은 그 자체의 이미지에 대해 걱정할 필요가 없었다. 우주계획은 최고의 기밀로 생각되었다.

스푸트니크호와 이어진 구소련의 성공들 이후로 우주계획은 자체의 외적 인격으로 작용하기 시작했다. 톰 울프의 『필요한 자질』(1983년 필립 카우프만 감독의 영화 제목은 〈필사의 도전〉이었다-옮긴이)은 스푸트니크호 이후 최초 우주인들의 채용과 훈련을 묘사하고 있다. 울프가 애쓰긴 했지만 우주인들을 뛰어난 운동선수 이상의 어떤 것으로 과장할 수는 없었다. 책과 1983년 영화버전에서 그들의 대화는 미식축구경기 라커룸 인터뷰처럼 무기력하다. "내가 생각하는 것은 팀 전체가 협력해 어려움을 극복하고 그곳으로 나가 승리하는 것이다!" 할리우드가 NASA에 보낸 이어진 큰 후원은 팀 전체가 협력하면 승리하게 될 것이라는 사실을 증명한 영화인 1995년 작 〈아폴로 13호〉였다.

이것은 주입할 필요가 있는 도덕적 가치였으며 많은 우주인들은 당연히 실생활에서 흥미로운 사람들이었을 것이다. 하지만 우주인으로서 그들은 따분한 사람들이었다. 돈으로 살 수 있는 최고의 사운드트랙과 영화 촬영술로도 할리우드는 우주인들이 롤러 코스트를 탄 사람들만큼이나 자신의 운명을 거의 책임지지 못한다는 사실을 피할 수 없었다. 영화 〈아폴로 13호〉

는 우주인들이 자신의 생존에 대해 어느 정도 사소한 기여를 할 수 있는 상황을 제시했지만 대부분의 경우에 그들은 그저 답답하게 매달려 있어야 했다. 그것은 영웅적이 아니라 악몽 같은 행동방식이었다.

당연히 NASA는 달로 유인 우주선을 보내는 임무를 더 이상 요란하게 선전하지 않고 있다. 달은 인간의 발길이 닿지 않은 꿈의 소재일 때만이 NASA에 유용했다. 일단 달에 발을 내디며 달의 먼지 속에 깃발을 세우고 기념사진 몇 장을 찍기만 하면 더 이상 달 착륙은 그다지 큰 관심을 불러일으키지 못한다. TV시청률이 떨어지자 의회는 인색해졌다. 1986년 왕복우주선 '챌린저호' 폭발로 우주인 7명이 죽자 이어진 비난은 NASA를 국방부의 소부서인 군산 복합체의 또 다른 자금줄에 불과한 것처럼 보이게 했다. 예상컨대 달엔 더 이상 사람의 발자국이 찍히지 않게 될 것이다.

그래도 '아폴로 11호'가 착륙한 시점쯤에 달을 버린 공상과학소설에 더 이상 달 탐사가 없는 것은 거의 어떤 영향도 미치지 못하게 될 것이다. 데이비드 하트웰이 SF장르에 대한 이야기인 『기적의 시대』에서 언급한 것처럼 "공상과학소설이 실현될 때 그것은 더 이상 재미없게 된다." '스푸트니크호'는 어느 정도 환멸의 원천인 답변된 기도였다.

일부 SF팬들은 재미없는 사실들과 무관하게 1960년대와 1970년대에 줄곧 우주여행 같은 모험적인 사건을 믿고 있었다. 하지만 다른 많은 사람들 특히 수십 년 동안 자기 분야에 민감한 사람들은 미국 언론과 정부의 우주여행을 점점 더 멀리하게 되었다. 훈련받은 침팬지도 할 수 있다면 우주복과 궤도 진입 최저속도에서 다단계 로켓과 통신위성에 이르는 이 모든 기술들을 예언하는 것이 무슨 소용이 있겠는가?……

……TV대본에 따르며 완전히 용두사미에 불과한 두 번째 달 착륙 때까지는 헌신적인 SF팬들조차 올바른 일을 잘못된 사람이 잘못된 방식으로 하고 있다고 투덜거리며 불평하기 시작했다. 어떻게 그렇게 로맨틱하지 않게 할 수 있지? 어떻게 그렇게?[14]

NASA와 우주 탐험이라는 재미없는 실체에 대한 대중의 무관심, 그리고 심지어 분노는 때로 SF의 주제가 되고 있다. 1977년 영화 〈카프리콘 프로젝트〉는 영화 세트장에서 벌어진 화성으로의 가짜 비행을 가정하고 있다. 20년 후 '패스파인더'의 화성 착륙과 작은 '소저너'의 모험들은 CNN이 방송한 장면도 모두 날조라는 소문을 불러일으켰다. 이는 열광적 편향론자들조차 그것이 자신들의 의제에 적합할 때 회의적일 수 있다는 사실을 입증하고 있다. 현실 세계가 UFO를 단순한 사기로 모욕한다면 그들도 화성에 대해 같은 짓을 하게 될 것이다.

영국 SF작가 J. G. 발라드는 수십 년 동안 정색을 하고 NASA를 풍자해 왔다. 그가 선호하는 이미지는 케이프 케나버럴의 발사대와 우주 시대의 침몰한 성당들처럼 파괴된 채 방치되어 있는 NASA의 다른 거대한 기계류들이었다. 1992년 출간된 『화성에서 온 메시지』와 수년간 그의 가장 훌륭한 단편소설들 중 하나에서, 발라드는 화성으로의 유인 우주선 비행을 완전한 날조는 아니지만 분명 TV시청자들의 요구에 부응해 역을 배정하고 대본을 썼기 때문에 분명 가짜로 간주하고 있다고 묘사하고 있다. 5명의 우주인이 임무를 마치고 돌아왔을 때 쇼를 위해 계속해서 장기공연이 계획된다.

매체출연 같은 끊임없는 계획이 우주비행사들을 기다리고 있었다. 상당히 많은 대도시들을 지나는 개선 행렬 후 6개월 간 세계 여행이 계속해서 이어지게 된다. NASA는 이미 우주인들을 위해 상업적 이익을 추구하는 문학계 에이전트와 대중 관련 전문가들로 구성된 회사들을 정하고 있다. 스포츠 후원자들, 책 계약과 고임금의 컨설턴트들이 있으며……제우스 4호가 착륙하기 이틀 전 NASA는 세 개의 메이저 할리우드 영화사들이 사상 최고의 제작비를 투자해 영화제작에 참여하게 될 것이라고 발표했다. 영화에선 우주비행사들이 직접 화성 여행을 충실하게 재현하게 될 예정이었다.[15]

하지만 제우스 4호가 착륙했을 때 우주비행사들이 나오기를 거부한다. 그리고 그들은 나오기를 거부하는 이유를 설명하려고도 하지 않았다. 선체의 두꺼운 금속은 핵폭발에 버금가지 않는다면 어떤 것으로도 뚫을 수 없으며 우주선엔 40년간의 식량이 준비되어 있었다. 여론이 분분한 가운데 비협조적인 우주비행사들은 불교의 선종처럼 어떤 일에도 개의치 않고 내부에서 일상적인 일들을 계속한다. 결국 그들은 수십 년 후 사망한다.

일찍이 달에 대한 관심을 잃게 된 것처럼 화성에 대한 대중의 환멸은 다양한 형태를 띠고 있다. 그중 많은 것이 패스파인더 임무에 대해 내가 살고 있는 지역 신문 뉴욕시 미들타운의 「타임스-헤럴드 레코드」 일요일 증보판에 할애된 견해를 불러일으키고 있다. 페미니스트인 칼럼니스트는 냉소적으로 반응하고 있다. 즉 화성은 남자들의 일이다. 그녀는 인형가게 마텔에서 단돈 5달러면 구할 수 있는 소저녀 화성 차량 장난감 상자에 신문 한 면의 절반을 할애하고 있다. 이것으로 사람들은 지역 자갈 채취장에서 자신의 날조된 화성 착륙 장면을 제작할 수 있을 것이다. 이어 지역 이발사 버치 헌트에 대한 이야기가 있다. 그는 UFO를 직접 목격했으며 우주가 뉴스가 될 때마다 「레코드」지에서 다뤄지고 있다. 화성에 대한 SF영화 관객은 〈화성 침공〉보다 〈우주 전쟁〉이 더 높은 점수를 얻은 것으로 전해지고 있다.

전체적인 인상은 엄밀히 말해 화성이 따분하고 사소한 정보라는 것이다. 이어진 '패스파인더' 임무를 토론하기 위해 모인 지역 아마추어 천문학자들의 모임에 대한 기사는 다음과 같이 현명하게 끝을 맺고 있다. "20명 정도의 청중들 중 그 토론이 조금 지루하다고 생각하는 사람은 없는 것처럼 보였다. '칼 세이건이 말하곤 했듯이 경이로운 시대에 살고 있다'라고 린드만 씨는 말했다."

'패스파인더' 임무와 외계 생명체와의 교신에 대한 자신의 SF소설에 기초한 영화 〈콘택트〉 개봉 겨우 몇 달 전에 사망한 칼 세이건은 유감스럽게도 상징적인 인물이다. 그는 NASA의 가장 중요한 지속적 후원자들 중 한 명이었으며 적극적으로 많은 NASA 프로젝트들에 참가했다. 그의 관점은 늘 저 너머에 '분명' 생명체가 '존재'한다는 것이었다. 이 같은 신념을 추구하면서 그는 외계 지적 생명체 수색 단체인 SETI를 조직하는데 기여했다. SETI는 누군가 메시지에 답하기를 희망하면서 별들에 메시지를 퍼뜨리기 시작했다. 지금까지 응답은 없다. 별들의 침묵에 대한 세이건의 반응은 창작이었다. 요컨대 그것이 〈콘택트〉의 줄거리다. 평생 원칙에 의거해 UFO 광신자들의 정체를 폭로했던 세이건은 아마도 광신자들의 믿음을 보강하는데 도움을 주었던 사람으로 가장 잘 기억되게 될 것이다.

사마소타의 루키아누스의 시대 혹은 시라노 드 베르냑의 시대에도 달 여행은 판타지의 소재였다. 일단 달 여행이 현실적으로 가능해보이기 시작하자 공상과학소설은 그 자체를 별개의 장르로 확립했지만 판타지에 대한 친화성은 SF장르에 남아있다. 달, 화성 그리고 우리 태양계의 대부분이 현실적──하지만 재미없는──인 목적지처럼 보이게 되었기 때문에 SF는 판타지로서 그 기원으로 되돌아가고 있다. 왜냐하면 별들 간의 거리와 상대성 이론의 제약들에 대해 우리가 알고 있는 것들을 고려하면 별들 사이의 여행과 외계인들에게 둘러싸인 모험을 가정한 모든 SF 소설은 이상한 나라 오즈로의 여행이기 때문이다.

로버트 하인라인의 말처럼 또 다른 맥락에서 달은 무자비한 여왕이다.

4장 SF가 원자폭탄에 대한 공포에서 벗어난 방법

1945년 8월 6일 히로시마에 원자폭탄이 떨어졌을 당시 나는 5살이었다. 나는 히로시마 원폭투하나 사실상 제2차 세계대전과 관련된 다른 어떤 기억도 없다. 나는 1946년에서 1953년까지 초등학교에 다녔으며 1982년 다큐멘터리 〈핵 카페〉 같은 기록보관소 필름에 묘사된 것과 같은 민방위 훈련이 있었다. 이 다큐멘터리에선 초등학생에게 거북이 버트가 폭탄이 떨어졌을 때 '머리 숙이고 감싸!'(자기 책상 밑에서 태아의 자세를 취하는)라고 소리치지만 나는 그것도 기억나지 않는다.

12살 때 1950년 핵 우화 「따뜻한 비가 내리겠지」가 속한 레이 브래드버리의 선집 『화성인 연대기』[1]를 읽은 것도 기억'할' 수 없다. 「따뜻한 비가 내리겠지」는 캘리포니아 앨런데일에서 자동화된 집의 가정적인 일상사를 묘사하고 있다. 집에는 아무도 없다. 아침 식사가 준비되었다 싱크대로 버려진다. 로봇 쥐가 먼지를 빨아들인다. 브래드버리는 다음과 같이 설명하고 있다. "잡석과 잿더미뿐인 도시에 이 집만이 홀로 세워져있다. 그것은 남겨진 유일한 집이었다. 폐허가 된 도시는 밤이면 수마일 밖에서도 볼 수 있는 방사성 백열광 빛을 발했다." 집의 이전 거주자들은 아빠, 엄마, 아들과 딸로 이루어진 핵가족으로 외벽에 비친 그림자로 확인할 수 있다. "그들의 이미지는 목재위에서 강렬한 한순간에 불타버린다." 이 이미지는 우연한 불로 집이 파괴될 때 지워진다.

이어지는 책의 마지막 단편소설 「수백만 년의 소풍」에서 또 다른 핵가족이 마지막으로 작동하는 로켓 우주선을 타고 화성으로 탈출함으로써 가까스로 살아남게 된다. 아빠는 화성에 도착하자 자기 아이들에게 상황을 설명하고 있다. "전쟁은 점점 더 확대되었고 결국 지구 전체가 파괴되었단다. 라디오 소리가 나오지 않는 이유도 그 때문이고. 우리가 도망친 이유도 그 때문이란다."[2]

당시 어렸던 나는 원자폭탄의 이론적 기초를 학교수업과 대중적인 과학 잡지들의 설명을 통해 습득했다. 결과적으로 12살까지 나는 핵에너지에 대해 소수의 미국 시민을 제외한 그 누구보다도 많이 알고 있었다. 이 주제에 대한 정부의 정보 독점은 사실상 절대적이었기 때문이다. 핵에너지위원회 수장인 데이비드 릴리엔탈조차 '마치 핵에너지가 미국시민의 관심사가 아닌 것처럼 행동하는 일부 부서들(군)의 점증하는 경향'에 대해 불평하곤 했다.[3] 하지만 릴리엔탈도 대개는 공식적 정부 통제에 따르며 핵전쟁과 방사능의 위험을 축소하고, 값싼 원자력이 가져올 유토피아──핵에너지위원회가 고등학교용으로 1948년 발행한 참고서 『사용할 수 있는 원자력에 대한 전망』에서 약속하고 있는 것과 같은 유토피아──에 대해 열광적으로 말했다.

원자력 엔진으로 구동되는 플라스틱 자동차를 운전하며 완전하게 냉난방장치를 한 플라스틱 주택에 거주하게 될 것이다. 음식은 세계 어디서나 값싸고 풍족해질 것이며……누구도 장시간 노동할 필요가 없게 될 것이다. 많은 여가 시간을 누리게 될 것이며 세계까지는 아니더라도 미국엔 휴양지가 곳곳에 산재하게 될 것이다.[4]

본질적으로 국민 여론은 해악을 보거나 듣거나 말할 수 없었다. 허버트 마크는 「시카고대학 법률 논평」[5]의 불쾌감을 주는 지면에서 "이 분야에 의문을 제기하는 것은 비애국적이다"라고 고발하고 있다. 많은 사람들이 이 같은 명제를 이의 없이 받아들였을 것이다. 지금 생각하면 당시 정부는 1940년대 말을 3세기 초 예수에 대해 가르치려하기 보다는 예수의 가르침을 따르려 했던 믿음의 시대처럼 보이게 한 일반 대중에게 존경을 명령했기 때문이었다. 결국 당시 미국 정부는 세계 역사상 가장 대규모로 치러졌던 전쟁에서 이제 방금 승리를 거두었고 승리의 정점은 은밀히 수행되었던 과학 연구의 결과였다. 은밀히 수행되었던 과학연구의 비밀주의에 대한 이유들은 여전히 존재했다. 즉 누구도 자기 적이 이런 무기를 갖기를 원치 않았다는 사실이다.

하지만 공포의 씨앗은 뿌려져 있었다. 히로시마에 원자폭탄이 투하된 후 신문들은 파괴 반경을 표시한 미국 도시 지도를 게재했다. 결과적으로 사람들은 원폭 낙하점에서 자기 집까지의 거리에 따른 생존 확률을 평가할 수 있게 되었다. 1945년 8월 25일자 「뉴요커」지는 「어스타운딩 사이언스-픽션」지 편집장인 존 W. 캠벨과의 인터뷰를 게재했다. 이 인터뷰에서 캠벨은 전면적인 핵전쟁으로 일어날 수 있는 결과를 다음과 같이 묘사하고 있다. "모든 주요 도시들은 30분 안에 파괴될 것이다.……뉴욕은 광재 더미가 될 것이며……방사성 에너지 때문에……대지는 폭탄 크기에 따라 열달에서 500년에 이르기까지 사람들이 거주할 수 없게 될 것이다."

정확히 1년 후 「뉴요커」지는 1946년 8월 30일자에서 존 허시의 「히로시마」라는 핵시대에 대해 특이하게 아주 영향력 있는 기록을 게재했다. 차분하지만 냉담하지 않은 논조로 허시는 폭발이 일어난 후 8월 6일 아침부터 시간과 날짜에 따라 6명의 히로시마 거주자들의 개인적 운명을 추적했다. 허시의 주인공 6명의 눈을 통해 우리는 이 대참사의 정도를 이해하기 시작한다. 수 마일에 걸친 폐허, 시체더미들 그리고 폭발이 일어난 지 불과 몇 시간 만에 방사선 화상으로 죽어가는 생존자 무리들. 즉 방사선 화상은 "처음엔 노란색, 이어 붉은 색으로 부풀어 오른 살갗이 벗겨지고 결국 저녁 때 곪아 고약한 냄새가 난다." 공포심은 어떤 측면에서 아우슈비츠보다 더 악몽 같았다. 핵에 대한 공포는 도덕적으로 이해할 수 없을지라도 물리적인 일련의 인간 행동이 아니라 오히려 한 번의 순간적인 '죽음이 있으라'에서 비롯된 결과였기 때문이다. 눈 깜짝할 사이에 100,000명이 죽고 도시 하나가 파괴되었다.

히로시마에 이어 말없이 동의한 침묵의 수년간이 무지하거나 순진무구한 기간은 아니었다. 폭탄의 정체가 밝혀졌다. '머리를 숙이고 감싸라!'라는 거북이 버트의 권고를 따름으로써만이 핵의 힘과 그 잠재력에 대한 경험을 잊을 수 있었으며 눈을 질끈 감고 책상 아래 숨어 있는 순간에도 사람들은 새로운 유형의 공포를 느껴야 했다.

물론 이런 상황을 억압본능의 상태에 비유하는 것이 극히 이론적으로만 존재하는 것은 아니다. 『웹스터』 9판은 억압본능의 상태를 '받아들일 수 없는 욕망이나 충동이 의식으로부터 배제되어 무의식 속에서 작용하도록 하는 과정'으로 정의하고 있다. 억압된 요소들은 악몽의 형태——혹은 선정적인 소설이나 B급 영화, 요컨대, 특히 표면상 성인 오락일지라도 흔히 어린 아이 같은 특성을 갖고 있던 더 순수한 시대에 존재했던 장르인 공상과학소설 같은 문화적 수준에서——로 표면화되는 경향이 있다. 「새터데이 이브닝 포스트」에 게재된 1951년 단편소설에서 분명한 이미지를 창조한 사람은 또다시 레이 브래드버리(피-위 허만에 못지않은 재능으로 평생 어린 아이를 흉내 낸 사람)다. 〈수심 20,000패덤에서 온 짐승〉(1953)으로 영화화된 단편소설 「농무 경적」은 잠들어 있던 공룡이 핵폭발로 깨어나 농무경적 소리를 짝짓기 소리로 오해해 사랑을 찾아 뉴욕시를 파괴하는 내용(영화버전에서)이다. 소설을 집필하게 된 계기에 대한 브래드버리의 설명은 놀라울 정도로 시사적이다.

어느 날 밤 아내와 내가 월 30달러짜리 신혼부부아파트에 살던 켈리포니아주 베니스에 있는 해안가를 걷고 있을 때 모래사장 위에 무너져 바닷물에 부식되고 있는 베니스 피어의 교각과 받침대, 궤도, 오래된 롤러-코스트의 침목을 발견했다.

"저 공룡은 여기 해변에 누워 뭘 하고 있는 거지?" 내가 물었다.

아내는 현명하게도 대답이 없었다.

해답은 다음날 찾을 수 있었다. 당시 나는 호출 소리에 잠에서 깨어 거듭해 불어대는 산타 모니카만 농무경적의 애정 어린 울음소리를 귀 기울여 들었다.

그렇구나! 나는 생각했다. 공룡은 그 등대 농무경적이 불어대는 소리를 듣고 그것이 먼 과거에서 깨어난 또 다른 공룡이라고 생각하며 사랑을 찾아 헤엄쳐 와서 그것이 농무경적에 불과하다는 것을 알고 상심해 그곳 해안에서 죽는다.[6]

20세기 후반기 이어진 영화들——1954년 〈고질라〉에서 1993년 〈쥬라기 공원〉과 속편인 1997년의 〈잃어버린 세계〉에 이르기까지——에서 거듭되게 되는 일률적인 형태엔 모든 이론과 과학이 제거된 원자폭탄의 의미가 존재하고 있다. 원자폭탄은 단지 자아의 기저를 이루는 본능적 충동인 이드에서 비롯된 모든 괴물들 중 가장 두드러진 것일 뿐이다. 영화 포스터의 광고 문구는 '자기 눈을 믿을 수 없을 것이다!' '당신도! 공포를 벗어날 수 없을 것이다!' 원자폭탄은 도시들을 파괴하는 힘이지만 그것은 또한 다른 괴물들——프랑켄슈타인의 창조물, 드라큘라, 오페라의 유령——처럼 사랑을 찾고 있다.

자칭 중재자에게는 유감스럽게도 폭탄들——그리고 다른 모든 유형의 무기들——은 고유한 색정적 요소를 갖고 있다. 전대미문의 아주 강력한 폭탄으로써 원자폭탄은 그것에 대해 쓰거나 영화를 만드는 거의 모든 사람에게 그것을 이드의 힘을 풀어 놓는 일종의 색정적인 힘으로 묘사하도록 영감을 불어넣고 있다. 진실로 넓게 퍼지는 핵 버섯구름의 이미지는 너무 노골적인 시각적 유희여서 빈틈없는 검열자들은 오래 전부터 매체가 그 같은 이미지를 사용하는 것을 금지해왔다. 그리고 그것이 핵 버섯구름에서 브래드버리의 목이 긴 색정적인 공룡에 이르기까지 손쉽게 서로 다른 이미지로 자연스럽게 변화되는 과정이다.

하지만 공룡들은 다른 상징적 중요성을 갖고 있다. 그들은 멸종되었다——원자폭탄 덕분에 우리 자신이 곧 멸종될 수도 있는 것처럼. 브래드버리의 이야기가 생각나게 하는 풍경은 황폐해져 바다 속으로 무너져 내리는 서구 문명의 이미지——버려진 롤러 코스트——다. 뉴 아틀란티스로서 미국은 농무 경적을 오해했기 때문에 슬퍼한다. 그것은 결국 러브콜이 아니라 무시된 경고였다.

핵 실험이나 방사능 때문에 풀려난 다른 B급 영화 속 괴물들엔 고질라의 다양한 도전자들(모트라, 기간, 메카고질라와 다른 것들), 〈뎀!〉(1954)의 거대한 개미와 도시를 파괴하는 다른 거대한 벌레들 그리고 필연적으로 〈놀랍도록 거대한 인간〉(1957)이 망라되어 있다. 방사능은 돌연변이를 만들어내고 당연히 원자폭탄이 특수효과 팀이 만들어낼 수 있는 모든 돌연변이들, 즉 끔찍한 피부병이 있거나 머리가 두 개인 인간, 혹은 단순히 〈매드 맥스〉식 난폭한 폭주족을 초래하게 되었다.[7]

핵에 대한 공포가 유령의 집 거울에 비친 영상처럼 뒤틀려 반영되어 나타나기 시작했던 초기에 나는 7학년이었다. 나는 탐욕스럽고 무비판적인 감수성을 가진 나의 어린영혼으로 그것들을 빨아들였다. 나는 그 같은 심미안을 좋아했고 원없이 향유했다──공상과학영화만이 아니라(당시 공상과학영화는 아주 드물었고 텔레비전 같이 대규모로 재방영하는 장치는 아직 정착되지 못하고 있었기 때문에) SF잡지와 초기 보급판 책들의 더 발전되고 설득력 있는 소설들로.

핵 공포는 이 시기에 최고조에 달했다. 러시아는 1949년 9월 이후로 독자적인 원자폭탄을 갖게 되었다. 그 직후에 수소폭탄에 대한 연구가 시작되었다. 스파이 훅스, 공산당원 로젠버그와 소련의 간첩 의혹을 받던 전 국무성 직원 앨저 히스에 대한 재판들이 매카시즘의 전조가 되었다. 한국 전쟁이 시작됐고 원자폭탄을 북한과 중국에 대해 사용해야 할지 여부에 대해 심사숙고하기 시작했다.

필연적으로 당시의 공상과학소설엔 한결같은 공포가 팽배해 있었다. 악몽 비슷한 상황들과 문학적 형상은 확고한 생각의 뒤틀림으로 방향이 바뀌었다. 핵 불안에서 비롯된 모든 소설이 원자폭탄에 대해 구체적으로 언급한 것은 아니었다. 그렇다하더라도 질병이나 환경 재앙으로 인류의 멸망을 상술하고 있는 조지 스튜어트의『지구는 죽지 않는다』(1949)와 워드 무어의『당신의 생각보다 더 푸른』(1947) 그리고 존 크리스토퍼의『잔디의 죽음』(1956) 같은 소설들은 핵 공포의 산물이다. 자기 독자들에 대한 입문서로 1949년에서 1959년 사이에 모두 출간된『공상과학소설 : 100선』(1985)에서 데이비드 프링글이 먼저 언급한 30권의 소설들 중 7권이 핵전쟁, 핵전쟁의 방지나 핵전쟁 이후와 직접적으로 관련이 있는 반면[8] 또 다른 8권은 분명하게 원자폭탄에 대한 정통적 작품들이다.[9]

전후 가장 인기 있거나 비평적으로 좋은 평가를 받았던 SF작가들 중 종말론적 공포의 천사와 한두 번 씨름해보지 않은 작가들은 거의 없지만 이 분야에서 특히 두각을 나타냈던 사람이 두 명 있었다. 한 사람은 많은 팬들이 주저하지 않고 20세기의 가장 위대한 SF작가로 꼽고 있는 로버트 하인라인이다. 사실상 하인라인은 SF독자 투표에서 '전례 없이 뛰어난 작가'로 정기적으로 선출되고 있다. 그의 작품에 대해선 SF팬덤은 물론 그의 관점을 비난하고 그의 영향력을 안타까워하는 비평가들도 감탄하지 않을 수 없었다. H. 브루스 프랭클린 같은 비평가는 책으로 엮어낼 수 있는 분량의 논문「로버트 A. 하인라인 : 공상과학소설로서의 미국인」(1980)을 하인라인과 공상과학소설을 접합적 의미에 대한 주장으로 시작하고 있다. 상당부분 동의하지 않았다면 나도 그의 주장을 과대망상이라고 생각했을 것이다.

로버트 A. 하인라인 현상은 무엇보다 20세기의 일상적인 경험에 대한 특별한 성질을 표현하고 있다. 하인라인은 분명 가장 논란의 여지가 있고, 아마도 가장 영향력 있으며 가장 인기 있는 공상과학소설가다. 또한 공상과학소설은 부단히 미국 문화의 중심을 향해 이동하며 영화, 소설, TV, 만화, 시뮬레이션 게임, 언어, 경제 계획과 투자 프로그램들, 과학 연구와 사이비 과학적 신흥종교, 현실과 가상의 우주선을 통해 우리의 상상력을 만들어가게 하고 있다.(우리 중 많은 사람들이 인정하고 싶어 하는 이상으로.)[10]

핵 시대에 대한 하인라인의 첫 번째 우화는 SF경쟁자(그리고 현실성)보다 수년정도 앞섰다. 하인라인이 34살이었던 1941년 5월 「어스타운딩」에 발표했던 「불만족스러운 해결책」은 미국이 핵 우위를 성취함으로써 2차 세계대전에서 독일에게 승리하고 이어 '전 세계에 군사력으로 강요된 군사독재정부를 수립'하려는 미래 역사에 대한 행동계획을 설정하고 있다. 러시아가 주도하는 '유라시아 동맹'은 이 같은 친절한 계획에 저항해 미국에 대해 핵 기습공격을 감행하고 이어 핵무기로 공격을 받는다. 결국 소설의 주인공 클라이드 맨잉 대령은 '세계에 대한 논란의 여지가 없는 군독재자'가 되기 위해 세계안보위원자리에서 물러나 위엄 있는 최고 권위를 행사하지 못하는 미국 대통령을 대신한다. 진주만 공격 이전에 발표된 이 특이한 소설에서 하인라인은 2차 세계대전을 종식시키는 원자력의 역할뿐만 아니라 이어지는 냉전시대의 핵 교착 상태도 예견하고 있다. 또한 그는 냉전의 절정기에 개봉된 〈닥터 스트레인지러브〉(1962)와 〈5월의 7일간〉(1964)같은 고전적인 영화 두 편의 기본적 줄거리를 예시하는 군사 쿠데타로 소설을 마무리 짓고 있다. 이 영화들에서 쿠데타를 시도하는 장군들이 하인라인의 맨잉 대령처럼 세계의 구원자라기보다는 미치광이로 그려진다는 점에서 하인라인의 소설과는 큰 차이를 보이고 있다.

공상과학소설은 적과의 동침을 가능하게 한다. 작가로 활동하면서 하인라인은 매카시즘(『에이리언 마스터』, 1951), 대량학살을 수반한 전쟁(『스타십 트루퍼스』,(1959), 인종주의적 편집증(『팬햄의 자유보장권』, 1964)을 인정하는 것처럼 읽힐 수 있는 소설을 써 자유주의적 감수성을 가진 사람들을 분노하게 했다. 그는 심지어 『달은 무자비한 밤의 여왕』(1964)에서 미치광이 우파 극단론자의 새로운 망상적 환상을 예견했다. 즉 U.N.이 자유세력을 지배하려한다는 견해로 그들의 마지막 희망은 민병대로 단결하는 것이다. 이같은 이력에도 불구하고 하인라인은 『낯선 땅의 이방인』(1961) 같은 뉴 에이지 판타지들만이 아니라 '억압적 탈승화 repressive desublimation'[11]와 같은 마르쿠제 이론의 더할 나위 없는 선례이기 때문에 1960년대 반문화의 인기 있는 저자였다. 다시 말해서 그는 자신의 주요 독자층인 청소년과 대학생 연령대 남자들이 원하는 것을 알고 있었으며 자신의 보수적 견해에 당시 묵인될 수 있을 정도의 노골적인 성행위로 재미를 더했다. 이 점에서 그는 미키 스필레인(그의 『키스 미 데들리』는 영화버전에서 묵시록적 백일몽 같은 가장 중요한 기념비들 중 하나가 되었다)과 이안 플레밍(그의 제임스 본드 소설들은 케네디 대통령의 추천으로 베스트셀러 목록의 정상에 오르게 되었다) 같은 냉전시대의 다른 대중적인 작가들에 동조하고 있다. 그의 가장 추악한 파시스트적 판타지들을 제외한 모든 작품에서 하인라인은 우파와 좌파의 전통적인 이분법을 뛰어 넘을 수 있었다. 왜냐하면 (1)독자들이 '읽을거리'로 전환된 정치적 의도를 간파할 정도로 지적이지 못했고, (2)'진지한' 독자들은 SF 때문에 고민하지 않았다. 따라서 하인라인이 좌파 SF독자들 사이에 불러일으킨 어떤 논쟁도 결코 SF 동호회를 넘어서까지 논란이 된 경우는 없었으며, (3)하인라인의 소설들은 한번 잡으면 손에서 놓을 수 없을 정도로 재미있었기 때문이었다.

하인라인은 냉전시대의 공포를 아주 탁월하게 환기시키는 작품인 『꼭두각시의 비밀』(1994년 〈에이리언 마스터〉라는 이름으로 영화화됨-옮긴이)에서 사랑과 로켓, 순간적인 성적 자극 그리고 핵 공포를 뻔한 분노의 외침과 정당한 권리로 완화하는 공허한 폭력을 교묘하게 뒤섞고 있다. 하인라인은 외계인 적들을 사악한 대표적인 것으로 가정함으로써 히로시마 원폭투하라는 도덕적 딜레마(무고한 수많은 시민들을 살해해도 괜찮은 것일까?)를 해결하고 있다. 『꼭두각시의 비밀』의 외계인들은 인간의 신경계에 연결되어 숙주를 노예로 삼는 기생적인 민달팽이다. 그들의 첫 번째 임무는 모방작인 『신체 강탈자의 침입』(1956년 영화화(2007년 니콜 키드먼 주연 〈인베이젼〉으로 리메이크됨-옮긴이)으로 리메이크됨-옮긴이)에서처럼 전 인류를 외계인의 '꼭두각시'로 변화시키는 것이다. 수상쩍은 사람들을 벌거벗기지 않는다면 그들이 외계인의 숙주인지 아직 인간인지 구별할 수 없다. 담당 구역을 순찰 중인 경찰, 당신의 의사, 당신의 배우자 그들 중 누구든 외계인일 수 있다. 당시 맥카시주의자인 마녀 사냥꾼들의 말처럼 공산주의자 간첩들은 도처에 존재하며 뉴딜 정책을 지지하는 자유주의자로 위장하고 있다. 하인라인의 화자에 따르면 이런 적에 대처하는 유일한 방법은 완전한 절멸이다. 이야기는 원자력 시대에 무력의 과시를 아주 서사적으로 입증하는 경고로 끝을 맺고 있다.

나는…… 군목에서 요리사에 이르기까지 우리 모두가 그렇듯 전투병이다. 이것은 언제까지나 변함이 없으며 우리는 이 민달팽이들에게 그들이 이 우주에서 죽일 수는 있지만 길들일 수는 없는 동물로 가장 강인하고, 사납고, 집념이 강하며 무자비한——그리고 가장 유능한——생명체와 싸우는 잘못을 저질렀음을 입증하고자 하며……

　우리가 성공하든 실패하든 인류는 자신의 힘으로 얻은 사나운 명성을 유지할 필요가 있다. 자유의 대가는 언제 어디서든 전혀 개의치 않고 불시에 전투에 임하겠다는 의지다. 물론 우리가 민달팽이에게서 그것을 배우지 못했다면——"게다가 시대에 뒤떨어진 자들이라니! 멸종될 준비를 하라!"……

우리는 지금 막 갈아타려 하고 있다. 나는 유쾌해지는 기분을 느낀다. 꼭두각시 주인들이여——자유로운 인간들이 너희들을 죽이게 되리라!

'죽음과 파멸을!'[12]

12살 때 『꼭두각시의 비밀』을 읽은 나는 지금은 아픈 엄지손가락만큼이나 명백해 보이는 소설의 숨겨진 의미를 해독하려 생각하지는 못했었다. 나는 정보가 없었고 무관심했다. 시사문제는 우리가 금요일에 15분 동안 수업 중에 했던 어떤 것이었다. 나는 신문 배달을 하긴 했지만 신문을 읽지는 못했다. 어머니는 아서 고드프리의 텔런트 쇼와 연속극에 귀를 기울이긴 했지만 뉴스 프로그램엔 거의 관심이 없었다. TV는 아직 미네소타주 페어몬트에는 이르지 못했고 가족이 TV가 방영되던 트윈 시티로 이주했을 때도 뉴스 프로그램은 10대의 관심을 불러일으킬 정도의 연출 솜씨를 보여주지는 못했다.

따라서 『꼭두각시의 비밀』에 대한 나의 반응은 다른 대부분의 초기 독자들과 같았다. 즉 나의 척추 기부에 끼어들어 내게 끔직한 짓을 하게 하는 외계의 어떤 것에 지배되고 있다는 생각 때문에 민달팽이에게 겁이 났다. 하인라인 소설의 화자가 기생자의 숙주로서 자기 경험을 묘사할 때 나는 공감할 수 있었다.

나는 잔물결을 통해 응시하는 것처럼 기묘하게 이중적 시각으로 나를 둘러싼 것들을 보았다. 하지만 놀라거나 호기심이 일진 않았다. 나는 내가 하고

자 하는 것을 의식하지 못하는 몽유병자처럼 움직였지만 완전히 깨어 있었으
며……

할 필요가 있는 일에서 오는 만족 이외에 대개 감정을 느끼지 못했다. 그
것은 내가 이해하는 것보다 더 아래의 어떤 의식 단계에 있었다. 나는 견딜 수
없이 불행하고 두려웠으며 죄책감을 느꼈지만 그것은 '잠겨 억압되어 있는 저
아래 쪽' 바닥이었다. 다시 말해서 나는 그것에 대해 거의 깨닫지 못했고 그것
때문에 영향을 받지도 않았다.[13]

이 '이중적 시각'은 '부정직' 혹은 '허위의식'으로도 불리는 것에 대한 기술
로 검열을 멋지게 피할 수 있었다. 그것은 확실히 『1984』 결말에서 묘사된
윈스턴 스미스의 영혼 상태다. 그때 그는 빅 브라더를 사랑할 수 있다는 것
을 알게 된다. 이 같은 점에서 하인라인이 외계인을 러시아인과 동일시했다
는 것이 근거 없는 비방은 아니었다. 하인라인은 실마리가 되는 구절로 핵
심을 찌르고 있다. "왜 [민달팽이들이] 러시아를 먼저 공격하지 않았는지 의
문이 들었다. 즉 러시아는 그들에게 가장 적합한 장소처럼 보인다. 두 번째
로 그들이 러시아를 먼저 공격했는지 궁금했다. 세 번째로 그렇다고 달라질
것이 있을지 의문이었다."[14]

세번째 생각에 대해 우리는 진지하게 생각해 보아야 한다. 무심코한 말
이 아니라면 그것은 분명 러시아에 대해 민달팽이들과 싸우는 데 필요한
것과 같은 '사나움', '불시에 전투에 임하겠다는 의지', '전혀 개의치 않고'
맞서야 한다는 의미로 이해되어져야 한다. 따라서 '빨갱이보다는 차라리 죽
음을'이 공산주의자들에 대한 선제 핵공격을 선호하는 사람들이 좋아하는
구호다. 하인라인도 같은 말을 하고 있는 것처럼 보인다.

함정에 빠진 갱이 거대한 둥근 가스탱크 위에서 "어머니, 세상의 제일 위에요!"라고 외치며 자기 파멸을 선택하는 것처럼 〈화이트 히트〉(1949) 결말의 제임스 캐그니가 죽는 장면에서 폴 보이어는 상징적인 의미를 찾는다. 보이어에게 이것은 정신분석학자 프란츠 알렉산더가 1949년 에세이 「원자폭탄과 인간의 정신」에서 예시한 원자폭탄 자살에 상응하는 것이다. 즉 "그의 파괴 수단을 발명했던 사람은 핵 시대의 스트레스에서 영원히 벗어나고 싶은 유혹을 거부할 수 없으며 잠재의식적으로 '고통 없는 종말'이 '끝없는 고통'보다 낫다고 결론지었을 것이다."[15]

하인라인의 호전적인 판타지들에서 가장 무서운 것은 자살 충동적 요소일 것이다. 그의 공격성은 당연히 침실 거울에 비춰 보기 위해 죽음의 상징인 해적기 같은 귀고리 장식(『스타십 트루퍼스』의 젊은 주인공처럼)을 구매하는 경향이 있는 10대 소년들의 허세라 할 수 있을 것이다. 장기적인 관점에서 당연히 더 위험해 보이는 것은 '잠겨 억압되어 있는 저 아래 쪽' 바닥에 채워진 극심한 불행, 공포와 죄책감 같은 감정들이었다.

로버트 하인라인은 1907년에 태어났다. 애너폴리스에 있는 미해군사관학교를 졸업한 그는 폐렴에 걸린 1934년 현역에서 은퇴해야 했다. 1939년 SF를 출판하기 시작했고 초기 단편 소설들 중 한편에서 하인라인은 2차 세계 대전을 종식시키기 위한 원자폭탄 사용을 예언했다. 히로시마에 원자폭탄이 투하되었을 때 하인라인은 38살이었고 그는 현실적이었다. 하인라인은 무의식 단계에선 공포나 죄책감 때문에 분명 안절부절 못했겠지만 원폭 투하에 대한 그의 있음직한 반응은 간결하고 독선적인 "내가 말했었잖아"였을 것이다.

우리가 핵 공포(그리고 흥분)와 관련해 두 번째로 살펴볼 사람은 필립 딕으로 그는 1928년에 태어났다. 문자 그대로 그는 원자폭탄 시대 사람이었다. 소년시절 친구인 레온 리모프에 따르면 필립 딕은 전쟁 뉴스에 '확실히 실제적으로 집착했으며' 지도와 그림으로 전쟁 추이를 도표로 만들었다.[16) 원자폭탄이 히로시마에 투하되었을 때 그는 아직 16살이었고 원폭투하 사건은 그의 남은 생애에 줄곧 영향을 미쳤다. 필립 딕이 50년대 초 SF를 발표하기 시작할 때 그의 단편소설과 장편소설들은 거의 예외 없이 핵에 의한 대학살 이후의 미래를 배경으로 하고 있다. 1955년 초 SF 팬을 주독자층으로 한 잡지에 발표된 에세이에서 딕은 출간되게 될 많은 단편소설과 장편소설들에서 자신의 글쓰기를 결정하게 될 이론을 제시하고 있다.

어느 정도 책임감 있는 작가들은 어쩔 수 없이 누구나 최후의 심판을 외치는 자가 된다. 최후의 심판은 아직 이루어지지 않았기 때문에……공상과학소설에서 작가는 단순히 자신의 절대적 의무인 지식인으로서 예언자적인 카산드라의 역할을 하고자 하는 것은 아니며……

[하지만] 최후의 심판 이야기들은 단조로워지기 때문에……아마도 우리는 최후의 심판을 당연한 것으로 받아들이고 거기서부터 이야기를 이어가야 할 것이다.

잿더미로 파괴된 세계를 전제 하라. 즉 결말에서 최후의 심판으로 마무리 짓기보다는 최후의 심판은 간략하게 말하고 끝내라. 그리고 인물들이 전후 생존의 문제를 해결하기 위한 시도를 이야기의 핵심 주제로 하라.[17)

따라서 「변이하는 인간」, 「두 번째 변종」, 「옹호자들」과 「포스터, 너는 죽었다」(네 편 모두 1953년 발표)로 시작해 오랫동안 이어진 단편소설들에서, 그리고 그의 상당수 장편소설들 (『존스가 만든 세상』, 『어긋난 시간』, 『높은 성의 사나이』, 『타이탄의 도박사』, 『닥터 블러드머니』, 『잽 건』, 『안드로이드는 전기양을 꿈꾸는가?』가 포함된)에서 딕은 냉전 시대의 공포와 군비경쟁이란 주제에 대해 끊임없이 변주하고 있다.

몇 가지 경우에 핵 공포는 줄거리의 초점이 아니라 단순한 배경으로 작용하고 있다. 사실상 누구도 이 문제들에 대한 딕의 견해를 공포에서 비롯된 것으로 확실하게 특징지을 수 없다. 신기원을 연 큐브릭의 1962년 영화 〈닥터 스트레인지러브〉의 부제(혹은 '내가 걱정을 멈추고 원폭을 사랑하게 된 방식')에서처럼 딕은 자신의 가장 기억할 만한 종말론적 이야기들 중 상당수를 희극적이고 쾌활하며 목가적이기까지 할 정도로 통상적인 근거에서 오싹한 기분을 음미했다. 그는 좋아, 결국 우리는 이틀 후에 모두 소각되게 될 거야라고 말하는 것처럼 보인다. 그것은 불행한 일이다. 하지만 '어쨌든' 당신은 화성인들과 바빌론의 창녀에 대해 들어본 적은 있겠지? 딕의 유머는 그가 가장 친하게 지냈던 두 명의 다른 냉전시대 작가들인 조셉 헬러(『캐치 22』)와 커트 보네거트(『제5도살장』)의 유머처럼 임박한 재난에 대한 그의 느낌과 무관한 것은 아니다.

핵에 대한 주제를 특유의 신랄한 재치로 다룬 딕의 첫 번째 소설은 1959년의 『어긋난 시간』이다. 소설의 주인공 레글 굼은 다른 많은 딕 소설의 주인공들처럼 은유적 자화상이다. 굼은 SF소설을 쓰는 것이 아니라 훨씬 더 이상한 일을 함으로써 생활비를 벌었다. 즉 그는 일간지에 나오는 '작은-녹색-인간은-다음엔-어디에-있게 될까?' 콘테스트들을 풀었다. 사실상 굼(그는 자신이 1958년에 살고 있다고 생각한다)은 실제로 1998년 미국 방위 전략을 도표로 만들기 위해 정신적 재능을 사용하고 있다. 군은 그만을 위해 금방이라도 무너질 듯한 1958년 세계를 건설해왔다. 이는 자기 머리 위에 매달려 있는 다모클레스의 칼과 같은 핵에 대해 괴로워하지 않고 굼이 전략적 판단을 내릴 수 있도록 하기 위해서였다. 딕의 소설에 열광하는 대부분의 사람들은 소설의 도덕적 비전 같은 공정함에 주목하지 않고 『어긋난 시간』의 포템킨 마을을 즐긴다. 이 소설의 도덕적 비전은 아주 분명하게 요약될 수 있다, 즉 뉴스를 읽는 사람은 누구나 '뉴스에 대해 책임이 있다.' 다시 말해서 우리 머리 위에 매달려 있는 다모클레스의 칼과 같은 원자폭탄은 우리의 세금으로 비용을 지불하고 우리의 묵인으로 유지되고 있다는 것이다.

1950년대 위대한 SF소설들 중 하나인 알프레드 베스터의 『내가 갈 곳은 우주』 결말에서의 순간이 존재한다. 그것은 『어긋난 시간』의 도덕적 형태를 예시하고 있다. 베스터의 소설에서 아주 많은 오싹한 모험들 후에 주인공 걸리 포일은 자신과 다른 등장인물들이 책 전체에서 추적하는 맥거핀[18]의 본질을 발견한다. 그것은 파이어(PyrE 화장용 장작)로 불리며 "그것은 그것을 폭발시키려는 누군가의 욕망으로 폭발되는 원자핵 융합반응 폭발물이다. 화학작용을 일으키지 않는 납 동위원소로 절연되지 않는다면 핵분열 연쇄반응을 유지할 수 있는 임계질량에 이르게 하는 폭발물인 것이다." 이 같은 뜻밖의 새로운 사실에 대한 걸리 포일의 반응은 초능력으로 도시들을 여행하면서 전 세계에 파이어의 비밀을 밝히는 것이다.

포일은 요오드 수정구슬 색깔의 담배만한 크기로 무거운 쇳덩어리인 파이어를 꺼내들었다.…… 그것은 일 파운드의 트랜스플루토니안 동위원소 고용체였다.

"파이어!" 그는 폭도들에게 외쳤다. "가져가라! 간직하라구! 그것이 너희들의 미래인 파이어다!"

[그는 샌프란시스코, 노움으로 여행하며 같은 메시지를 전달했다. 이어 그는 되돌아가 자신이 이 프로메테우스의 불을 훔친 파워 엘리트 구성원들의 눈앞에 들이대며 아직 남아 있는 파이어를 되돌려준다.]

"전쟁을 하기에 충분히 남아 있다. 파괴……절멸을 위해서도 충분하다.……그대들이 무모하다면." 매우 우스꽝스러운 승리감에 젖어 킥킥거리고 웃으며 흐느껴 울고 있었다. "방어를 위해 수백만 달러를 쓰지만 생존자를 위해선 1센트도 지출하지 않는군."[19]

오랜 세월 동안 문학적 성향이 있는 SF독자들은 『내가 갈 곳은 우주』를 최고의 SF걸작 소설로 생각했으며 이는 어느 정도 베스터의 파이어-기술적 대단원에서 비롯된 카타르시스적인 힘에서 비롯된 열광이었다. 죽은 트리스탄을 바라보며 이졸데가 마지막으로 부르는 아리아 '사랑의 죽음'처럼 파이어가 영화 〈키스 미 데들리〉 결말에서 폭발한 여행가방 폭탄보다 핵에 대한 훨씬 더 훌륭한 은유다. 파이어의 분명한 메시지는 이것이다. 즉 아마겟돈을 원하는가? 자, 이제 그것을 갖고 있다.

어떤 방식에서 그것은 해방의 메시지이다. 또 다른 방식에서 그것은 허튼소리다. 현실에서 폭탄으로 죽을 수도 있는 사람들은 폭탄의 배치에 발언권이 없기 때문이다. 실용주의적 관점에서 역사는 우리에게 일어나고 있는 어떤 것이며 그것이 그렇게 많은 사람들이 외면하고자 하는 이유다. 하지만 딕은 달랐다. 다음으로 중요한 소설 『높은 성의 사나이』에서 딕은 정신력 덕분에 세계사의 버팀목이 될 수 있는 보통 사람의 위안이 되는 관점을 버리고 거대한 괴물 같은 정치 세력들이 지배하는 우리 세계와 훨씬 더 흡사한 세계를 상상하고 있다. 하지만 1962년의 이같이 더 '현실적'인 세계는 또한 소설이 발표된 1962년과 믿기 어려울 정도로 다르다. 주축국들이 2차 세계대전에서 승리해 미국은 전후 독일처럼 점령지역으로 분할되어 있기 때문이다. 독일이 동부 연안지역과 일부 중서부 주들을 지배하고 있는 반면 일본은 미국의 서부 연안을 관리하고 있다. 승리한 독일은 구소련과 아프리카 주민들을 없애고 지중해의 물을 빼 새로운 농경지를 만들었으며 북 아메리카 전역에 집단포로수용소를 설치한다. 독일인들도 달, 화성과 금성에 로켓우주선을 보낸다. 미국 서부 연안에 있는 일본 점령군은 반어적으로 미국의 일본 점령과 흡사한 체제를 시행한다. 일본 정복자들은 남북전쟁 기념품에서 미키 마우스 손목시계에 이르는 모든 미국 풍물을 알아본 수집가들이 된 반면 정복당한 미국인들은 일본 문화를 흉내 내기에 바쁘다.

한편 승리를 굳히자 독일인들과 일본인들은 그들 나름의 냉전에 착수한다. 독일인들은 미군을 파견해 남아메리카에 있는 일본의 위성국가들을 침입하게 한다. 딕은 심지어 일본인 관료 두 명의 간단한 대화에서처럼 독일과 일본의 경쟁에서 우주개발경쟁을 어떻게 생각하는지에 대해 통찰력 있는 평가를 하고 있다.

"본국[일본]은 유럽과 북아시아 주민들을 노예로 삼으려는 독일의 계획——게다가 모든 지식인들, 부르주아 집단, 애국적인 젊은이와 그 외의 비슷한 인물들을 살해하는——이 경제적으로 재앙이 될 것으로 보고 있어. 독일 과학과 산업의 엄청난 기술적 성취들만이 그들을 지켜주고 있지. 말하자면 경이로운 무기들이야."

"그래……그들의 경이로운 무기들인 V-원, V-투와 그들의 제트 전투기들이 전쟁에서 했던 것처럼."

"그것은 교묘한 속임수 사업이야. 주로 그들의 원자력 에너지 사용이 문제들을 지속시키고 있어. 그리고 그들의 화성과 금성으로의 로켓 우주선여행

같은 오락은······그들의 감격스러운 취지와 무관하게 로켓 우주선여행은 경제적 가치가 있는 것은 전혀 생산해내지 못하고 있고······고위직 나치들은 경제적 어려움에 정면으로 맞서려 하지 않고 있지.”

딕은 자기 시대의 다른 어떤 SF작가들보다도 공상과학소설이 미래를 예견하기 위한 것이 아니라 현재를 고찰하기 위한 것이라는 사실을 잘 이해하고 있었다. 앨더스 헉슬리가 『멋진 신세계』에서 묘사하고 있는 세계는 어떤 가상의 미래가 아니었다. 다시 말해서 그것은 재즈 시대 미국을 처음으로 방문해 오싹할 정도로 충격을 받은 상류 계급 영국인의 반응이었다. 당시 미국은 셰익스피어의 비극적 전망 이상으로 ‘감각적 예술작품들’(할리우드 영화들)을 높이 평가하고 있었다. 『1984』에서 조지 오웰이 상상했던 세계는 소설이 쓰여진 1948년을 더 음울하게 그리고 있을 뿐이다. 이런 풍자들의 진가를 완전히 이해하려면 일종의 이중적 시각을 활용해 더 엉뚱한 상상력의 비약을 즐겨야 하지만 시종 동시대적 대상에 대한 저자들의 노골적인 풍자를 의식하고 있어야한다.

‘진지한’ 독자들은 이 같은 전략을 비난하는 경향이 있다. 적들과 함께 자신들이 풍자의 대상이 되고 있다는 사실을 그들이 어렴풋이 알고 있기 때문일 것이다. 『1984』와 『동물농장』의 초기 좌파 독자들은 이 책들에 대해 적대적이었다. 그들은 오웰이 사회주의를 공격하고 있다(실제로 그랬던 것처럼)고 생각했기 때문이었다. 반면 우파 독자들은 진실부서에 대한 그의 묘사가 양날의 칼임을 의식하지 못했기 때문에 환호를 보냈다. 쾌락주의에 근거한 전체주의 국가에 대한 헉슬리의 전망은 같은 방식으로 비난을 피하고(혹은 초래하고) 있다. 그가 화려함, 선정성, 자극, 포르노 같은 할리우드적 가치들에 대해 비난만 했다면 그는 교황이나 솔제니친 같은 또 다른 불평꾼으로 이해되었을 것이다. 위대한 풍자의 비결은 사람들이 비난하는 가치들이 일상적인 삶의 구조에 결합된 세계, 다시 말해서 모든 등장인물의 의식이 인물이 살고 있는 악몽에 의해 변형되는 세계를 구체적으로 그리는 것이다.

이것이 딕이 『높은 성의 사나이』에서 효과적으로 공감을 불러일으키게 하고 있는 것이다. 어떤 등장인물에서 또 다른 등장인물로 관점이 이동하기 때문에 우리는 역사의 기정사실들이 어떻게 사고 방식을 결정하는지 알 수 있다. 샌프란시스코의 고미술 판매상은 시대를 초월하는 동시에 새로운 시대정신에 어울리는 노예근성으로 일본 고객에게 아첨한다. 지적인 이탈리아인 암살자는 프롤레타리아적 마키아벨리 같은 편협하지만 예리한 관점으로 세계정세를 논의하고 있다. 대화 한 줄 한 줄이 딕이 상상한 세계——우리 자신의 대화처럼——에 의해 구체화되며 우리는 충분한 거리를 두고 그것들을 엿들을 수 있을 뿐이다. 딕이 창조한 대안 세계는 충분한 거리를 허용하고 있다.

그것은 또한 필요한 진술 거부권을 인정하고 있다. 딕의 상상력은 때로 장난스럽고 때로는 아주 진지한 피해망상증에 자극받고 있다. 읽는 사람이 없기 때문에 주의를 끌지 못하는 SF작가로서 그는 초기 작품들이 출간된 맥카시 시대에 다른 작가들이 누릴 수 없었던 자유를 만끽했다. 그만이 자유를 누렸던 것은 아니다. 공상과학소설은 좌와 우 양쪽의 이단적 견해들이 상대적으로 어떤 비판도 받지 않고 계속해서 표현될 수 있는 공개토론장이다. 누가 신경이나 쓰겠는가? 공상과학소설은 어쨌든 쓰레기에 불과한데.[20]

딕은 1961년 『높은 성의 사나이』를 끝낸 후 작가로서 꽃을 피우며 독립기념일의 폭죽처럼 연이어 일련의 소설들을 발표했다. 『화성의 타임-슬

립』(1963), 『닥터 블러드머니 혹은 핵폭발 후 우리가 살아가는 법』(1963),
『타이탄의 게임 플레이어』(1963), 『시뮬라르크』(1964), 『알파 달의 종족』
(1964), 『두 번째 진실』(1964), 『파머엘드리치의 세 개의 성흔』(1965), 『잽
건』(1966)이 그것이다. 작곡가들이 소설가들보다는 더 빈번하게 리바이벌
에 성공해 전성기를 누린다. 하지만 딕의 경우 소설들은 평가 상의 성공이
었을 뿐이며 결과적으로 일부 SF독자들만이 그의 사고방식에 동조했다.

이 8편의 소설들 중 『두 번째 진실』은 뛰어나다고는 할 수 없지만 핵 군
비 경쟁에 대한 그의 궁극적인 주장을 표현하고 있다. 그의 주장은 단순히
무시하라는 것, 핵 군비경쟁은 존재하지 않는다는 것이다. 『두 번째 진실』
에서 미국은 문자 그대로 계층화된 사회가 된다. '탱커들'은 존재하는 방사
능 낙진과 더 이상의 핵전쟁 위협에 대한 피난처인 지하 벙커에 사는 반면
정치가와 미디어 관료들 같은 상류 계급 '얀스-맨'은 이상적인 위층의 교외
생활을 누린다. 위층은 탱커가 TV에서 보듯 황폐하기는커녕 녹음이 우거
지고 쾌적한 곳이지만 폐쇄되어 있다. 전쟁도 위협도 존재하지 않는다. 몇
몇 괴짜들이 '아폴로' 달 착륙은 모두 사기라고 주장하듯이 이 소설에선 냉
전시대와 군비 경쟁은 처음부터 끝까지 대본에 의한 날조――오웰의 진실
부 앞잡이들이 계속해서 고쳐 쓰는 '뉴스거리들'――라고 주장한다. 그렇다
면 이 거대한 기만의 목적은 무엇일까? 얀스-맨 한 명(국가의 모의 실험된 '정
신적 정치 군사 지도자'를 위한 대본작가인 탈보트 얀시)이 독백으로 독자들에게
그 점을 털어 놓고 있다. 그 목적은

여기에 있는 우리(얀스-맨) 각자가 수행원들을 늘리고……우리의 시중을 들
고, 우리를 수행하고, 우리를 위해 채굴하고, 건설하고, 싸우고, 굴종하고……
너희들은 우리를 성에 있는 귀족들로 만들었으며 너희들은 광산의 난쟁이들

인 니벨룽겐이다. 다시 말해서 너희는 우리를 위해 일을 한다. 그러면 우리는 너희들에게 되돌려준다――읽을거리를.[21]

이것이 1964년 세계에 대한 있는 그대로의 진실은 아닐 수 있지만 그 당시에 해방감을 줄 수 있는 환상이었고 지금도 해방감을 주는 환상으로 남아 있다. 볼테르의 신처럼 환상이 존재하지 않는다면 우리는 환상을 만들어낼 필요가 있을 것이다. 그리고 딕이 그 일을 했다. 사실상 그는 음악가처럼 주제와 변주들 되풀이하며 해방감을 주는 환상을 재연했다. 우선『어긋난 시간』에서 그는 외관상 일상적인 도시 근교 특유의 생활이지만 실제론 보이지 않는 핵 분쟁 작전실인 비현실적 1958년을 가정했다. 『높은 성의 사나이』에선 대안적 세계역사를 제시하고 있다. 이 같은 대안적 세계 역사에서 주인공은 또 다른 대안적 세계(우리의 세계나 우리의 세계와 아주 근접한)를 상상하는 공상과학소설 작가다. 그가 꿈꾸는 세계에선 연합국들이 2차 세계대전에서 승리를 거두며 이 같은 대안적 세계(이것은 소설의 결말로 제시되고 있다)는 '현실' 세계다. 마지막으로『두 번째 진실』에서 딕은 삶――우리가 1963년에 살지 않을 수 없는 삶――이 하나의 꿈이라고 선언한다.

그리고 사실상 그가 옳았다. 원자폭탄은 투하되지 못했다. 쿠바 위기 시에도, 케네디가 암살당한 후에도, 베트남 전쟁 내내 원폭폭탄은 투하되지 못했다. 사람들이 당시에, 그리고 오늘에 이르기까지 군비 경쟁을 무시했더라도 삶은 계속되었을 것이고 우리는 단순히 부인하는 척 함으로써 핵무기에 대한 불안을 외면할 수 있었다. 또한 그것이 바로 우리가 했던 것이다. 역사가인 폴 보이어는 1959년(『해안에서』)부터 1963년(『닥터 스트레인지러브』)에 이르러 고조되었던 핵 불안에 이어진 시기를 다음과 같이 묘사하고 있다.

1947년에서 1954년까지 그랬던 것처럼 1963년 이후에 사람들은 [핵무기의 위험] 문제를 문화적으로 표현한 것을 보게 되는 경우가 급격히 줄어 들었다. 레이몬드 챈들러에겐 아주 미안하지만 흔히 당시를 죽음의 시대로 부를 수 있을 것이다. 여론 분석 자료는 이 같은 변화를 반영하고 있다. 1959년에 미국인 중 64%가 핵전쟁을 국가의 가장 긴급한 문제로 꼽았었다. 1964년까지 그 수치는 16%로 떨어졌다. 곧 핵전쟁은 조사목록에서 완전히 사라졌다. 1970년대 초 미국 교육잡지들에서 핵무기 군비 경쟁을 다룬 1970년대 초 연구는 그 문제가 거의 완전히 무시되고 있다고 밝히고 있다. 1973년 학생들의 태도를 조사한 어떤 사회학자는 "원자폭탄은 폐기된 논점이다"라고 결론짓고 있다.[22]

보이어는 시대정신이 이렇게 갑작스럽게 힘을 잃게 된 데 대해 몇 가지 설명을 제시하고 있다. 즉 1963년 핵실험 금지 조약은 대기 중에서 실험을 못하게 함으로써 위험이 감소했다고 착각하게 했고(눈에 보이지 않으면 마음에서도 멀어지는 것 같은), 원자력은 당시 가동된 최초의 원자력 발전소 덕분에 좋은 평판을 얻고 있었다. 또한 무엇보다 "60년 후반 베트남 전쟁은 거의 마지막 남은 한 방울의 반전 에너지까지도 모두 빨아들였다.……강력한 TV영상 자료로써 베트남 전쟁으로 야기된 투쟁과 국내 혼란은 더 추상적인 핵무기 문제가 필적할 수 없을 정도로 직접적이었다."[23]

나는 보이어가 예증한 것들 이외에 다른 두 가지 이유를 제시할 것이다. 우선 린든 존슨과 베리 골드워터의 1964년 대통령 경선은 돌리 데인 베른바흐가 제작한 TV광고 덕분에 핵 위험 문제에 대한 공식적 국민 투표가 되었다는 사실이다. 베른바흐의 TV광고는 골드워터의 대통령 당선으로 있음직한 결과로서 핵 버섯구름을 보여주었다. 나는 당시 디자인 데이터 베이스에서 낮은 직급의 얀스-맨으로 일하고 있었다. 하지만 후에 윌리 호턴의 광고가 부시의 대통령 당선에 결정적이었던 것처럼 광고가 존슨 대통령의 당선에 결정적이었다고 생각하게 된 것은 회사에 대한 충성심에서 비롯된 것은 아니었다. 많은 정치 평론가들은 국가 정치가 미디어에 의해 지배(『두 번째 진실』처럼)되기 시작한 순간으로 이 선거 운동 광고를 언급하고 있다. 사실상 1964년 유권자들은 존슨에게 투표한 것이 아니라 원자폭탄에 '반대'한 것이었다. 60대 40으로 결정적으로 선거에서 이겼을 때 그들은 더 편하게 잠들 수 있었다. 즉 원자폭탄은 패배했던 것이다.

또 다른 이유는 1963년 미국인의 집단 무의식에 대한 강력한 비난처럼 작용한 블랙코메디 스탠리 큐브릭의 〈닥터 스트레인지러브〉(혹은 〈나는 어떻게 걱정을 멈추고 원자폭탄을 사랑하는 법을 배웠는가〉)의 개봉이었다. 피터 조지의 평범한 테크노 스릴러 『적색경보』를 원작으로 피터 조지와 유머 작가 테리 서드런이 대본을 쓴 큐브릭의 영화는 핵무기의 아마겟돈에 대한 전망과 그것과 관련된 모든 것, 즉 소수 과격파 우파 장군들, 징집된 나치 로켓 엔지니어들, 원자폭탄을 섹스 그리고/혹은 접촉스포츠와 동일시하는 고장난 정신회로를 조롱하는 만용을 부렸다. 수십 년이 흐른 후에 보게 되면 영화의 유머는 때로 건방지고,(미친 장군인 잭 D. 리퍼, 소련 총서기인 드미트리 키소프라는 등장인물들의 이름처럼— 잭 리퍼는 영국의 악명 높은 연쇄살인마이며 kiss off는 키스로 없애다, 죽이다는 뜻이 있다-옮긴이) 때로 병리학적 의미에서 히스테리컬(베르너 폰 브라운을 풍자한 피터 셀레스가 나치 식 경례를 하고자 하는 충동을 억제할 수 없을 때처럼)하다. 하지만 영화가 개봉됐을 때 본 사람들에게 그것은 분방하고 배꼽을 잡게 할 정도로 유쾌하면서도 해방감을 느끼게 했다. 그것은 코메디를 통한 카타르시스였다. 한바탕 웃음으로 거의 20년간의 핵 불안으로 축적된 근심은 해소되었으며 그것은 사실상 대다수 사람들에게 영화 부제목의 약속을 지킨 것이었다. 다시 말해서 우리는 걱정을 멈추고 원자폭탄과 함께 살아가는 법(사랑하지는 않을지라도)을 배웠다.

딕은 직접적으로 영향을 받은 사람들 중 한명이었다. 딕이 아니라 에이스 북스 출판사 편집자 도널드 볼하임(딕 소설 16권의 첫 출간을 책임졌던 사람)이 제목을 제안하긴 했지만『닥터 블러드머니 혹은 우리가 피폭된 이후에 살아가는 법』은 분명 스트레인지러브 이후 시대의 작품이다. 주인공인 닥터 브루노 블루스겔트('블러드머니'의 독일어)는 베르너 폰 브라운이 아니라 더 끔찍한(더 영향력이 있었기 때문에) 수소폭탄의 아버지 에드워드 텔러를 모델로 한 것이었다. 줄거리가 전개되면서 엄청난 많은 사건들이 벌어지지만 책의 논조는 목가적이다. 원자폭탄에 피폭된 후 소설에선 기본 언어를 배운 돌연변이 개들과 코로 피리를 부는 진화된 쥐들이 살고 있다. 사실상 딕은 우리세계를 낯선 짐승들과 우화적 돌연변이들로 윤색된 원더랜드로 바꿀 수 있는 일종의 세계적인 신비의 약으로 원자폭탄을 진술함으로써 일 년 후 출간된『두 번째 진실』의 무기력한 지혜를 미리 말하고 있다.

많은 SF작가들은 딕에게 힌트를 얻어 유사하게 우화적으로 장식된 자연을 원자폭탄에 피폭된 후의 활동영역으로 창조해냈다. 즉 1969년 할란 엘리슨의 단편 소설「소년과 그의 개」(1976년 영화화), 예술적으로 진부한 것을 의도적으로 이용한 육식성 돌연변이 바퀴벌레가 등장하는 로저 젤라즈니의『지옥의 질주』(1969, 1977년 영화화), 대참사 이후의 폭주족 판타지 걸작으로 스티브 윌슨의『로스트 트레블러』(1976) 등이 그것이다.『로스트 트레블러』에서 지옥의 천사들 같은 로스앤젤레스 장에선 3차 세계 대전을 이은 최상의 상태를 규정하고 있다. 영화화되진 않았지만 윌슨의 책은 분명 1979년의 〈매드 맥스2 : 로드 워리어〉에 영감을 주었다.

이 책들과 영화들(그리고 그 밖의 더 많은 것들)은 보이어가 죽음이라 불렀던 시대의 이상한 악몽들로 핵무기에 대한 공포에서 비롯된 타락을 표현하고 있다. 사람들은 그것들이 본질적으로 도덕적 진지함과 소설적 진실을 결여한데 대해 비난하거나 핵 공포를 새로운 야만 같은 진부한 표현으로 전환시킴으로써 공포를 진정시킨 방식에 환호할 수 있을 것이다. 우리는 우리의 악몽을 견딜 필요가 있다는 아주 당연한 이유 때문에 대개는 그것들에 환호를 보낸다. 포는 이 점을 알고 있었고 그것이 그가 성공한 비결이었다. 포는 자아의 기저에 있는 본능적 충동인 이드라는 판도라의 상자를 열어 자신이 그곳에서 발견한 장난감을 가지고 놀았다. 추리소설과 공상과학소설 양쪽 분야에서 그의 후계자들은 다른 가르침을 필요로 하지 않는다. 자살충동이라는 아무리 이상한 사랑일지라도 황홀하게 노래하도록 가르쳐질 수 있었다.

그것이 우리가 (아직도) 살아가고 있는 핵무기시대에 대한 불안이 현저히 변화한데 대해 설명하는 한 가지 방법이다. 하지만 그 같은 처리과정에 또한 한 가지 기술적 요소가 존재하고 있다. 원자폭탄 이외의 또 다른 더 강력한 기술이 우리가 고려하고 있는 시기에 우리의 삶과 문화를 지배하게 되었다. 즉 핵공포 시대에 줄곧 우리의 제2의 본성이 되었고 지금 우리를 지배하고 있는 기술인 TV다.

5장 스타트렉, 혹은 라이프스타일로서의 미래

TV와 공상과학소설은 오랫동안 공존해왔지만 서로에게 만족스러운 관계를 유지해온 것은 아니다. 지배적이고 더 부유한 측인 TV는 이런 경우 흔히 그렇듯 만족스럽지 못한 관계를 모르고 있다. 반면 공상과학소설은 느끼고, 잘……이용하고 있다.

　전체적으로 차분한 논조를 유지하고 있는 『공상과학소설 백과사전』의 공동 편집자인 피터 니콜스는 1993년 판에서 '텔레비전'이라는 표제의 논설로 그 상황을 이야기하고 있다.

　특히 미국에서 그렇지만 영국에서도 공식을 강요하는 압력 때문에 40년간 TV용 SF는 최고의 SF소설이나 사실상 가장 훌륭한 SF영화에 버금가는 지적 흥분을 불러일으킨 적이 없었다. TV용 SF는 예상에서 벗어나지 않기 때문에 거의 놀랄 일이 없으며 어떤 감탄을 자아내거나 자극을 주는 경우는 거의 없다. 기껏해야 주제에 대한 이따금씩의 재치 있는 변주나 다소 실감나는 연기에 재미있어할 뿐이다. TV용 SF는 문화적 수치로 대개는 할 수 있거나 할 필요가 있는 이상으로 훨씬 더 조잡하다. 하지만 TV용 SF를 조잡하게 만드는 예측 불허의 세력과 싸울 방법은 없어 보인다. TV산업은 자체의 기성 작가와 프로듀서들을 가진 '폐쇄적인 사업장'——일반적으로 TV산업이 왜 SF작가들에게 야박한지를 입증하는 한 가지 이유——이며 외부에서 영향을 미치기는 어렵다. 외부의 영향을 받게 될 때까지 TV용 SF의 수준은 나아지지 않을 것이다.[1]

많은 SF작가들은 니콜스의 견해에 동의——특히 때로 작가 협회 임금을 받았던(중견작가는 일반적인 1시간짜리 TV쇼 대본으로 표준 길이 소설 한권보다 더 많은 돈을 벌 수 있다) 소수의 사람들——할 것이다. 하지만 니콜스의 근거는 학구적인 것(문화 연구 부문들의 평등화 상대주의를 앞당긴 학구적인 것일지라도)이다. 그가 신랄하게 표현하긴 했지만 그것은 창작자라기보다는 소비자로서의 좌절감에서 비롯된 것이다. 사실 TV용 SF(영화 재상영을 제외한)는 다소 멍청한 사람들에서 아주 바보 같은 사람들에 이르는 시청자들을 대상으로 하고 있다.

TV용 SF의 간략한 역사. 사춘기 직전 아동 시청자를 대상으로 저질 특수 효과를 가미한 생방송 저예산 일일극으로 〈캡틴 비디오〉가 1949년 처음으로 방영되었다. 〈캡틴 비디오〉의 성공으로 〈벅 로저〉(1950~1951), 〈톰 코베트, 우주 사관후보생〉(1950~1955), 〈우주 순찰대〉(1950~1955)와 그 밖에 모방작들이 만들어졌다. 이 프로그램들은 모두 아동용 비디오로 요즘의 독립 프로덕션에선 생각할 수 없을 정도로 기술적으로 초보단계에 있었다. 요즘은 네팔 아이들조차 더 나은 특수효과를 요구하고 있다. 이 시리즈물들은 50년대에 잠깐 좋았다 말았으며 〈트와일라이트 존〉(1959~1964)과 〈외계〉(1963~1965)처럼 어느 정도 성공을 거둔 명작 시리즈물과 더 많은 한두 시즌의 실패작들이 이어졌다. 명작 프로그램들은 대게 판타지적 줄거리나 애매한 SF적 요소들이 가미된 이야기들을 특색으로 하고 있다. 〈트와일라이트 존〉은 끝없이 환생하는 전능한 소년에 대한 이야기인 제롬 빅스비의 「멋진 삶」, 혹은 로봇 할머니에 대한 이야기로 레이 브래드버리의 감상적인 「나는 몸이 전기로 움직인다는 사실을 고백한다」를 각색한 작품이었다. 1960년대 TV의 예산 제약 때문에 로켓우주선보다는 로봇과 초능력이 있는 어린 아이들이 프로그램을 만드는데 더 유용했다.

하지만 이어 〈스타 트렉〉이 나왔다. 처음에 〈스타 트렉〉은 3개 시즌 (1966~1969) 이후에 실패한 초기 SF TV시리즈들의 전철을 밟을 것처럼 보였다. 최초의 79편에 대한 피터 니콜스의 평가는 단호하고 신랄했다.

SF팬들에게 〈스타 트렉〉은 어떤 방식으로든 상상력을 거의 자극하지 못하는 것처럼 보였다. 정형화된 SF에서 거의 벗어나지 못했기 때문이었다.……이 스페이스 오페라의 전체적인 구성엔 어떤 두드러진 상상력도 발휘되지 못했다. 전형적인 에피소드들에서 승무원들은 초월적 존재인 외계인들과 만나곤 하며……상투적인 방식은 거의 변화가 없었다. 많은 성인 시청자들은 시리즈가 개성 없고, 반복적이며 과학적으로 평범하고 그것의 진지한 도덕적 설교가 진부한 것이라고 느끼게 되었다. 모두가 재미있어 하면서 어떤 사람의 기분도 상하지 않게 하려는 노력은 러시아인, 아시아인 그리고 흑인이자 여성인 니켈레 니콜스라는 상징적 인물들을 망라해 등장시키고 있다는 사실에서 분명하게 드러나 있다. 이 같은 자유주의적 국제주의의 결점은 모든 등장인물들이 전통적인 앵글로-색슨 프로테스탄트로 행동하고 있으며 스팍크만이 진짜 독창적으로 창조된 인물이라는 사실이었다.[2]

니콜스의 분노는 분명 〈스타 트렉〉의 피상적인 요소들만이 아니라 시리즈들이 이어져 사실상 타의 추종을 불허하는 성공을 거두었다는 사실에서 비롯되고 있다. 방영중단위기 이후 〈스타 트렉〉은 독립 프로덕션에서 계속해서 제작되어 훨씬 더 많은 팬들을 모으면서 유행하게 되었다. 많은 보급판 소설화와 속편, TV 만화영화 시리즈와 머지않아 고예산 장편영화, 마침내 새로운 배역들로 구성된 〈스타 트렉〉 TV시리즈가 3차례 다시 제작되었다. 새로운 〈스타 트렉〉 책들이 정기적으로 베스트셀러 목록에 이름을 올렸고 (독점판권이 없는 많은 소설들과 달리) 계속 출판되고 있다. 내가 살던 곳에서 가장 가까운 대형 서점 반스 앤 노블은 거의 평생 읽어도 부족할 〈스타 트렉〉 책들에 3.5미터 높이의 서고를 할애하고 있다. 이런 대필 소설들은 제임스 블리쉬(1921~1975)를 시작으로 어려운 시절을 겪던 SF작가들에 대한 일종의 노동착취작업이 되었다. 제임스 블리쉬는 쇠약해진 말년에 11편의 〈스타 트렉〉 TV대본을 소설화하면서 생계를 유지했다. 한때 당당한 독립적인 간이식당 소유주였던 사람들이 본질적으로 똑같은 맥도날드 햄버거를 구우면서 최소 임금을 벌고 있듯이 그것이 프렌차이즈 시대의 공통된 운명이었다. 따라서 벤허가 로마 군대에 대해 느끼듯이 SF 공동체가 〈스타 트렉〉을 경솔하게 믿었다고 해도 전혀 이상할 것이 없었다.

아주 큰 성공 특히 제도가 된 것은 검토해볼 필요가 있다. 개인적 혐오감과 별개로 우리는 왜 〈스타 트렉〉인가라는 의문을 가져야 한다. 니콜스의 불평처럼 이 프로그램이 어떤 '도전'도 하지 않았다면 그것은 시청자들이 니콜스가 의도했던 의미에서 상상력을 자극받고 싶어 하는 사람이 거의 없었기 때문일 수도 있다. 결국 '도전'은 전통적으로 30분짜리 가벼운 오락이 아니라 결투의 예비행위이다. 어떤 예술가도 사업상의 지상 명령은 도전하는 것이 아니라 유혹하는 것이다.

'개성 없는' 그리고 '반복적인', 그러면 어떤가? 무개성과 반복은 편안하게 해주는 것이고 편안하다는 것은 잠잘 때 읽어주는 동화줄거리에 필수적인 장점이다. 결국 〈스타 트렉〉의 주시청자는 9살에서 13살까지다. 요즘아이들은 1940년대와 50년대 어린 아이들보다 읽기훈련은 덜 되어있을지라도 미디어에 대해선 더 잘 알고 있다. 〈스타 트렉〉의 특수 효과와 연기는 분명 〈벅 로저〉같은 초기 TV시리즈물보다 몇 단계 앞서 있다. 개선된 작품의 가치는 나름의 정서적 의미를 갖는다. 산타클로스가 알고 있듯이 어린 아이들은 그것에 얼마나 많은 돈이 지출되었는지 의식하고 있다. 다른 한편으로 어린 아이들은 변함없이 좋아하는 몇 가지 음식을 먹을 수 있을 때 가장 행복해하며 대개 모험을 좋아하는 소비자들은 아니다. 〈스타 트렉〉 성공에서 중요한 한 가지 요소는 그것이 일주일 내내 점심으로 피자를 먹는 것과 같다는 사실이다.

TV는 시각적 매체다. 이는 너무 명백하기 때문에 언급할 필요도 없지만 작가들이 TV프로그램의 내용을 평기할 때 기의 염두에 두지 않고 있는 사항이다. TV시리즈가 어떻게 작용하는지 알고 싶다면 사운드를 끄고 1회분을 시청해보라. 나는 은퇴해 매일 시청하는 일일연속극의 특이한 호소력이 복잡한 줄거리(늘 빼놓지 않고 볼 수는 없는)가 아니라 모든 인물들이 아주 잘 차려입고 세련되게 장식된 집에서 살고 있는 방식이라고 설명해 주었던 고모 아우렐리아에게서 값진 교훈을 배웠다. 고모는 예전에 사람들이 오페라를 보러 가듯──흔히 불합리하고 부적절한 이야기 때문이 아니라 사람들이 입고 있는 것을 보기 위해서──이 일일 연속극을 시청했다.

TV의 강점은 언제나 폭넓은 시청자 층이 다양하게 선택할 수 있는 롤 모델들과 불문율들이었다. 권위적 남성들——뉴스 진행자, 변호사, 농구구단소유자 같은——은 느와르 영화에서 더 상류계급 범죄자들이나 살인 재판의 피고처럼 분명 양복을 빼 입고 있다. 다른 형태의 남성 의상 또한 유행을 선도하는 데 도움이 될 수 있는 분명한 자체 TV장르를 갖고 있다. 1950년대 말과 1960년대 인기 있었던 서부극은 청바지 시대를 예고했다. 육체 노동자의 차림새가 젊은이들의 제복이자 평등주의적인 동시에 삼가는 태도를 취하는 도시 거주자들을 위한 다목적용 사복이 되었다. 1970년대엔 군복과 프로 스포츠 팀의 운동복이 TV화면에 등장하면서 거리에서도 흔히 볼 수 있게 되었다.

하지만 동네 극장들에서 곧 보게 될 21세기 사람들은 어떤 옷을 입을까? 지난 흑백 TV시대의 상징 같은 정장과 학교에 갈 때 입는 청바지는 아니다. 분명 미래는 그보다 훨씬 단정한 어떤 것을 제시하고 있다! 〈스타 트렉〉 이전에 영화, 만화와 TV에서의 SF는 두 가지 가능성을 제시했다. 즉 사람들은 실제 우주 비행사처럼 거추장스러운 우주복을 입고 있거나 〈벅 로저스〉의 등장인물들처럼 모든 역사 시기의 유행 의상들을 혼합한 옷을 입었다. 마치 미래는 바이킹 투구와 놋쇠 브래지어, 화려한 깃과 어깨 망토, 장식 띠가 있고 몸에 짝 달라붙는 르네상스풍 허리가 짧은 남자의 상의——사실상 풍속의상 공급자에게서 쉽게 빌릴 수 있는 것은 무엇이든지——를 망라한 미술과 학생들의 성대한 풍속의상 무도회가 될 것처럼 보였다. 이 두 가지 접근 방식의 문제는 판매가 촉진될 수 없다는 점이다. 둥근 헬멧을 쓰는 우주복에 대한 프랜차이즈화의 가능성은 대중 시장에서 중국 명나라 황제 의상 디자인에 대한 전망만큼이나 한계가 있다.

이 같은 딜레마에 대한 〈스타 트렉〉의 해결책은 파자마였다. 파자마는 깃이나 어깨망토가 없는 약간 헐거운 형태의 슈퍼맨 의상으로 1960년대 말 유행했던 어떤 의상도 연상시킬 수 없는 것이었다. 파자마는 색상은 다양하지만 반면에 누구에게나 어울리는 스타일이며 적당한 핀 달린 배지만으로 서열을 구분할 수 있다. 스포츠 유니폼은 숫자와 이름으로 장식하고, 회색 양복을 입은 사람도 밝은 색 넥타이로 차별화될 수 있지만 〈스타 트렉〉 파자마를 입은 사람들은 모두 목에서 발끝까지 평등하다. 이런 제복이 가르치는 교훈은 순응이 현재보다도 미래에 훨씬 더 시대적 명령이 될 것이라는 사실이다. 또한 12살 때 순응하고자 하는 충동, 따라서 소속되고자 하는 충동은 하나의 열정이 될 수 있다.[3]

그렇다면 이 같은 궁극적인 조화는 어디서 얻게 될까? 소리를 줄이고 프로그램의 배경을 주시하라. 현실에서 그렇게 밝고 완전히 기하학적이며 한결같이 활기 찬 환경을 어디에서 찾아볼 수 있겠는가? 파자마 대신 모두에게 정장을 입히면 우주선 '엔터프라이즈'는 사실상 미래로 위장된 사무실이라는 것이 분명해진다. 결국 대부분의 어린 시청자들에게 더 그럴듯한 목적지가 될 다른 미래가 어디에 있겠는가? 그들은 교실을 떠나 시각적으로도 엔터프라이즈 무대장치와 유사한 '기업(엔터프라이즈)'에 입사하게 될 것이다.

마지막으로 작은 벌집 같은 '엔터프라이즈'가 매주 파자마를 입지 않은 부적응자나 외계인 같은 어떤 새로운 변종들과 대면하게 되는 프로그램의 공식적 줄거리와 관련해 〈스타 트렉〉은 시청자들에게 본질적으로 팀 협력을 통한 성공이라는 한결같은 우화를 제시하고 있다. 이 같은 비유는 이후에 나온 직장 중심의 시트콤인 〈더 메리 타일러 무어 쇼〉와 〈디자인하는 여자들〉에서도 찾아볼 수 있다. 그리고 이런 점에서 〈스타 트렉〉은 공식적으로 성과 인종의 차별이 없는 것으로 나타난 환경——사무실이나 교실——
에서 행동하는 법에 대한 그 어떤 초기 TV시리즈보다도 진전된 논거를 제
시하고 있다. 차별적 언어사용과 행동을 피하는 원칙인 정치적 정당성이나
다문화주의가 논쟁의 대상이 되기 전 〈스타 트렉〉은 앞장서 모범을 보인
선지자였다.

　시대에 앞선 논의들은 미국에서도 공인되었다. 시리즈물의 은밀한 지혜
를 놓쳤을 수도 있는 〈스타 트렉〉 팬들을 위해 모로우 출판사는 '공인받지
않은' 자기 개발서를 출간한다. 리처드 레이번과 하이야구아 코헨의 『과감
하게 이전에 결코 누리지 못했던 삶을 살라』는 책날개 광고 문구에 따르면
'스스로의 영웅적인 기질을 알아보고 그 엄청난 힘을 발휘할 수 있게 한다.'
레이번은 '대기업의 교육과 자질 관리 책임자'인 반면 코헨은 '활동 중인 경
력 상담과 재취업 알선업'을 하고 있었다. 자기들의 경력에 적합했기 때문
에 저자들은 〈스타 트렉〉에 인사 관리 교훈들이 풍부하다는 사실을 알게
된다. 첫 번째 교훈은 자신의 영웅적 성격 유형과 그것에 맞는 직업적 유형
을 아는 것이다. 〈스타 트렉〉에선 4가지 선택 범위가 있다. 월프 같은 '전사
들'(외판원과 경찰 같은 직업에 추천되는), 스파크 같은 '분석가들'(회계사와 소프
트웨어 엔지니어들에게 추천되는) 트로이나 케스 같은 '관계자들'(교사, 간호사,
개인적 관리자들) 혹은 명령과 조직 계통도가 있는 모든 피라미드구조의 최
상위가 예정된 커크나 피카르드 같은 강한 '지도자들'이 그들이다.

　이제 당신이 지도자 유형의 사람이라고 가정해보라. 레이번과 코헨은
당신이 다음과 같이 해야 한다고 제안하고 있다. 우선 가장 훌륭한 〈스타
트렉〉 에피소드들(책에서 인용된)에서 전문가들을 관찰하라. 다음은 "'계속
해서 시선을 응시하되' 전사처럼 노려보거나 관계자처럼 장난치지 말라. 지
도자는 사업 같은 의사소통을 위한 전달 경로를 개설하기 위해 시선을 마

주치는 것을 악수처럼 이용한다." 이어 "'성공을 위한 의상' 즉 지도자들은 세련돼 보인다. 옷자락이 빠져 나오고, 옷이 구겨지거나 옷깃에 때가 낀 사람을 따르고 싶겠는가? 이끌기에 적합해 보여야 한다."[4] 반면 관계자들은 미소 짓고 많이 포옹하는 것처럼 신체접촉으로 애정을 나타내고 '부드럽고 애정 어린 시선 접촉'을 하도록 권고하고 있다. 동시에 "다른 사람의 생각과 감정을 판단하지 않고 받아들인다는 사실을 보여주라. 충고하지 말고 지원만 해주라. 다음과 같이 말할 수도 있을 것이다. '지금은 당신에게 벅찰 수 있어' 혹은 '당신이 그렇게 느꼈다면 어쩔 수 없지.' 혹은 '당신이 하는 일을 어떻게 하면 내가 더 잘 이해할 수 있을까?'"[5]

자신의 〈스타 트렉〉 아바타를 열심히 흉내 내고 있는 사람들에게 약속된 보상은 유토피아와 다름없다.

누구나 당신의 특이한 재능을 인정한다면 그리고 당신이 다른 사람의 재능을 결코 시기하지 않는다면 삶이 얼마나 멋질까 상상해보라. 직원 모두 너나없이 당신이 하는 일을 높이 평가하고 존중하며 이해하는 업무 환경을 상상할 수 있는가? 모든 동료들이 당신을 지원하고 격려하는 곳은? 재능을 극대화시키는 곳, 당신의 상사가 당신을 당신 자신보다 더 신뢰하는 곳, 모두가 그 혹은 그녀 자신의 일을 사랑하기 때문에 권력투쟁이 존재하지 않는 곳은?

그것이 〈스타 트렉〉 우주선에서의 삶이며……

……반면 어떤 하급직원이 승진하여 벼락출세하게 되면 기업 세계에서 어떤 일이 일어날까? 유혈의 참사다! 사람들은 발끈 해 사임하고 악의적으로 험담을 늘어놓으며 신임 사장을 고의로 방해한다.……

〈스타 트렉〉 승무원들은 이런 혼란을 야기할 수 없다. 선교에 질서가 만연하고 사람들이 권력 투쟁을 한다면 그들은 분명 많은 임무를 수행하며 살아남을 수 없을 것이다. 누가 광선총을 쏠지 논쟁하면서 로뮬란 전함에 맞서는 것을 상상할 수 있겠는가?[6]

레이번과 코헨의 설명에서 '엔터프라이즈'는 바로 유토피아다. 그것은 부자와 가난한 자, 남자와 여자, 흑인과 백인 사이에 갈등 없이 군사작전을 원활하게 수행하게 될 미국의 미래 청사진으로서 진지하게 고려돼야 할 이상적인 사회 환경이다. 프로그램 대본작가들은 이 같은 숭고한 목표를 설교하지 않는다. 이상적인 사회 환경은 기정사실로 나타나고 있으며 그들 시대의 현실 상황과 극명하게 대조되는 것이었다. 당시 베트남 전쟁에 대한 반대가 최고조에 달해있었고, 마틴 루터 킹, Jr.가 암살당했으며, 여권 운동가들이 단결해 전 미국여성연맹을 결성하고 1982년 폐지되는 불운한 평등권 수정조항을 압박하기 위해 단결하고 있었다.

SF와 유토피아 문학 사이에는 늘 중첩되는 것이 존재해왔다. 토머스 모어와 토머스 캄파넬라의 유토피아처럼 초기의 유토피아들은 다른 행성이나 먼 미래보다는 지구상에 있는 멀리 떨어진 구석진 곳에 자리하고 있었으며 이 유토피아들은 허구적 서사물이라기보다는 수필에 더 가까운 형식을 취했다. 하지만 모어의 『유토피아』에서 최근의 컴퓨터가 지배하는 미래 도시를 묘사한 사이버펑크 보급판 공상과학소설들에 이르기까지 어떤 분명한 특징들이 이어지고 있다. 이 같은 특징들 중 하나가 멋진 차림새에 대한 유토피아적 강박관념이다. 낙원(ou-topos '어느 곳에도 없는'일지라도 흔히 그리스 어원 eu-topos로 번역되기 때문에)에서 사람들이 격식에 맞게 보이는 것은 중요하다. '엔터프라이즈'에서처럼 소박한 의상은 일반적인 유토피아적 규칙이 되어왔다. 1515년 모어의 『유토피아』에서 그리고 1602년 캄파넬라의 『태양의 나라』에서 엄격한 사치 규제법 위반은 흔히 법으로 가혹하게 처벌받았다. 유토피아적 충동은 플라톤에서 어슐러 르 귄에 이르기까지 우리 모두를 금욕적인 수도사 사보나롤라 시대 복장규정을 강요하고 예절을 교칙으로 정하는데 열광적인 학교 교장이 되게 하고 있다. 처음으로 세계적으로 통용된 미국의 유토피아인 1888년 에드워드 벨라미의 『뒤를 돌아보며』는 2000년을 차별적 언어사용과 행동을 피하는 정치적 정당성을 가진 파라다이스로 예언하고 있다. 이곳에선 "아무리 낮은 하층 계급의 노동자에게도 고압적인 태도를 취할 정도로 거만한 공직자는 존재하지 않는다. 국민에 대한 공직자의 인색하거나 무례한 행위는 어떤 사소한 법률위반보다도 더 신속하게 처벌 된다. 우리의 재판관들은 어떤 유형의 상호관계에서도 정의로울 뿐만 아니라 정중하게 법률을 집행한다."[7]

벨라미의 책은 현대복지국가에 대한 최초의 소설적 표현이다. 현대복지국가에선 "어떤 사람도 더 이상 자신이나 아이들의 미래를 걱정하지 않는다. 국가가 요람에서 무덤까지 모든 시민의 양육, 교육과 편안한 생계유지를 보장하기 때문이다." 당시에 이 같은 생각은 아주 인기가 있었으며 벨라미 체제에 기여하고 싶어 했던 중산층의 열성적인 사람들은 벨라미 클럽을 만들었다. 1960년 보급판 『뒤를 돌아보며』의 서문에서 에리히 프롬은 '스타십 엔터프라이즈'의 초기 버전인 이 책을 찬미하며 벨라미가 납득시키고자 했던 모든 것을 받아들이고 있다. 프롬의 설명처럼 '스타십 엔터프라이즈'에선 "개인적 적대심이 아니라 연대와 사랑의 감정만이 존재한다.…… 그들은 솔직하고 거짓말을 하지 않으며 기만하거나 조작할 필요 없이 양성이 완전히 평등하다. 다시 말해서 그것은 형제애적 사랑과 연대의 종교가 실현된 사회다."[8] 그것은 또한 25살에서 45살 사이의 모든 사람이 풍부한 현대적 이기들을 생산하기 위해 산업 군에 징집되는 하나의 거대한 강제노동수용소이기도 하다. 요컨대 벨라미는 우리가 지금 살고 있을 세계——살고 있는 사람들이 이론이 요구하는 것처럼 행동하기만 한다면——에 대한 이론을 제시했다.

공상과학소설가들은 일반적으로 유토피아가 설교조로 극적이지 않고 벨라미처럼 결국 점잖은 체하는 경향이 있다는 인상 때문에 철저히 유토피아를 집필하려 하지 않는다. 갈등 없는 정치 조직에서 건전한 삶을 이끄는 선한 사람들은 소설의 소재가 되지 못한다. (반면 디스토피아는 SF의 주요한 주제이다. SF작가가 아닌 저자들이 과감하게 미래를 그리고자 할 때 그들의 작품은 대개 디스토피아를 묘사한다. 헉슬리의 『멋진 신세계』, 오웰의 『1984』, 애트우드의 『하녀 이야기』같은 몇몇 작품은 고전이 되었다. 폴 세로의 『오-존』, P. D. 제임스의 『사람의 아이들』과 도리스 레싱의 『아르고노스의 카노푸스 : 기록』 시리즈 같은 다른 작품들은 문학적으로 실패작이었다. 문학적 장점이 무엇이든 톨스토이의 불행한 가족들처럼 각각의 디스토피아는 고유한 방식에서 디스토피아적이며 특정한 재앙으로 나름의 특이한 경로를 정하고 있다. 억지로 획일화하려는 비평만이 그 작품들을 일률적으로 다루고자 할 것이다.)

가장 성공적인 유토피아는 남을 가르치고자 하는 부담감을 의식하지 않고 가볍게 유토피아적 색채를 띠고 있는 〈스타 트렉〉 같은 것들이다. 〈스타 트렉〉이 인기를 누리던 1960년대와 1970년대 초에 의식하지 못하는 유토피아들이 SF내, 특히 뉴웨이브와 런던에 근거를 두고 있던 「뉴 월드」지와 관련이 있던 작가들 사이에서 급격히 증가했다. 카리스마 있는 편집장 마이클 무어콕이 주간한 「뉴 월드」지에서 그들의 초기 대표작들이 발표되었다. 나는 당시(1965~1970) 대부분 영국에서 생활했고 나의 가장 뛰어난 SF의 상당 부분을 「뉴 월드」지에 발표하며 모든 참여자들을 알게 되었고 내가 그들 중 하나라고 생각했다.

문학 운동은 두세 명의 진짜 독창적인 재능을 가진 천재들, 흡수되거나 편승해 나아가는 다른 재능이 있는 몇몇 소수의 작가나 기성작가들, 모방자와 열렬한 팬들의 습작들 그리고 상당량의 사기가 다양한 비율로 혼합되는 경향이 있다. 25년이 지난 지금 뉴 웨이브에 대한 뒤늦은 나의 생각은 최소한 뉴웨이브의 중추가 되었던 사람은 J. G. 발라드와 마이클 무어콕이었다는 사실이다. 발라드는 상주하는 천재인 T. S. 엘리엇의 역할을 했고, 무어콕은 뉴 웨이브의 대의명분을 촉진시킬 수 있는 누군가 클럽에 들어오는 것을 환영할 준비를 하며 첫눈에 최선의 것을 알아내고 발견할 수 있는 천재성을 발휘하는 에즈라 파운드의 역할을 했다. 그들은 서로를 필요로 했으며 뉴 웨이브의 대의명분에 필수적이었다. 무어콕과 뉴 웨이브를 요란하게 선전한 「뉴 월드」가 없었다면 발라드의 작품은 신인 작가들의 관습을 위배하는 소설들을 잘 받아들이는 몇몇 아방가르드 회합 장소에서만 발표되었을 것(그리고 열광적인 독자나 대중적 성공과는 무관하게)이다. 또한 이목을 끌면서 소개할 만한 많은 작품을 써낼 수 있는 발라드의 재능이 없었다면 뉴 웨이브와 「뉴 월드」지는 대중의 관심을 끌지 못하고 고사했을 것이다.

뉴 웨이브가 제시한 것은 우주선 없는 공상과학소설이었다. 발라드 식 미래에서 당시 초기 단계에 있던 우주프로그램은 종말론 이후의 틴턴 수도원(12세기 초 시토회 수도사들이 건립해 학문과 종교의 중심지로 번영을 누리다 종교개혁 때 폐쇄되었다-옮긴이)처럼 중세풍으로 몰락한 모습으로 변모되었다. 뉴 웨이브적 성향을 드러내기 전에 쓴 소설들에서 발라드는 장식미와 존재론적 냉담함으로 주목할 만한, 핵에서 비롯되지 않은 일련의 세계적인 재난들——바람, 물, 불에 의한——을 설계했다. 발라드는 시각적 상상력을 갖고 있었지만 그것은 본질적으로 초현실주의자인 달리, 어른스트, 마그리트와 탕기——1960년대 중반까지 미국인들이 가장 사랑한 화가이자 삽화가 노만 록웰처럼 쉽게 잘 이해된 화가들——에 의해 형성된 것이었다.

초현실주의자들과 발라드의 전략은 진부한 이미지와 아주 강렬한 이미지를 극명하게 대비하는 것이었다. 진부한 것을 신화적인 것으로 격상시키고 문화적으로 우상시 되는 것들을 진부한 표현으로 격하시키는 조합이었다. 나체화들은 가구가 되고 오래된 동판화는 민주적으로 모든 이미지가 평등하게 광고 그리고 클립아트와 혼재된다. 발라드는 자신의 1970년 작품집 『잔혹한 전시회』(이 책은 미국에서 그로브 프레스사가 『사랑과 네이팜탄 : 미국 수출품』이라는 매력적인 제목으로 발간했다)의 표제 소설에 대한 1990년 보충설명에서 자신의 뉴 웨이브 미학을 다음과 같이 요약하고 있다.

'미국 핵무기 실험지 에니웨톡 환초와 시드니 놀이 공원 루나 파크'는 초현실주의자가 좋아하는 수소폭탄 실험 장소인 마샬 군도와 파리 유원지처럼 이상한 짝짓기처럼 보일 수도 있다. 하지만 우리가 1960년대 TV('모든 것'이 가능한 정신병적 상상력에 대한 강력한 자극)에서 끊임없이 보았던 짧은 핵폭발 뉴스 영화는 스탠리 큐브릭이 〈닥터 스트레인지러브〉의 마지막 장면에서 완벽하게 포착했던 미디어 현상이라는 축제의 모습을 띠고 있었다.[9]

이거야! 이 구절을 읽었을 때 떠오른 생각이었다. 이 두 문장으로 발라드는 전후 SF의 전 역사를 대체로 문화와 관련이 있는 것으로 융합하고 있다. 특히 이 같은 견해는 내가 4장에서 원자폭탄은 비현실적인 '미디어 현상'(딕의 『두 번째 진실』에서처럼)이자 그 자체가 고급문화(파리, 초현실주의자들)와 저급문화(놀이 공원)의 융합물인 성적 에너지의 배출구라고 설명했던 것이다. 발라드는 동시대인들 중 한 명에게 드물게 경의를 표하면서(발라드는 경쟁자인 천년 왕국설 신봉자들의 작품을 무시함으로써 자신의 천재성을 보호했다) 〈닥터 스트레인지러브〉의 클라이맥스(이 장면에서 슬림 피켄스는 로데오 경기를 하듯 수소폭탄에 걸터앉는다)를 핵공포를 오락으로 전환시킨 문화적 변화의 고전적 사례로 언급하고 있다. 또한 그는 심지어 자유, 평화, 우애의 시대였던 1960년대 중반에 선호되었던 진부한 표현으로 정신병이라는 더 고결한 지혜에 경의를 보내며 보충 설명을 마치고 있다. 즉 "'잔혹한 전시회'는 애초에 '정신이상자'에게 헌정되었어야 했다. 모든 것이 그들 덕분이다." 이것은 정신병자 수용소 환자들이 그린 그림 전시회 제목에 드러나 있다. 포는 괜찮다고 생각했을 것이다.

내가 처음으로 국외에서 거주했던 1966년 봄 영국에서 발라드를 만났다. 나는 26살로 내 이름으로 겨우 보급판 소설 한 권을 출간했을 뿐이었다. 발라드는 나보다 10살 연장자로 홀아비였고 이미 천재적 재능에서 비롯된 영감으로 충만해있었다. 나의 방문은 런던 남쪽 세퍼턴 기차역으로의 여행에 이어 끔찍하게 발라드가 모는 스포츠카에 동승하는 한결같은 형태로 이루어졌다. 발라드는 초라하고 몹시 어질러져있는 베란다가 있는 목조 단층집에서 두 아이와 함께 살고 있었다. 그는 끊임없이 위스키를 들이키며 자신의 개인적 복음을 말로 전달하곤 했다. 유감스럽게도 나는 당시 들었던 어떤 신탁도 기억하지 못하며 단지 이 사람이 광고했듯이 시대정신을 가진 천재였다고 느꼈을 뿐이다. 나는 내가 보고 있는 다소 지쳐 보이는 발라드와 트라비스나 트라버스 혹은 트레번이라는 이름으로 '응축된 소설'들에서 주역을 맡았던 더 매력적인 저자 사이에서 불균형을 느꼈다. 하지만 나는 그것 때문에 실망하지 않을 정도로 그때까지 유명한 저자들을 많이 만났었다. 그는 재기가 뛰어난 독백자였으며 나는 마치 학회에 참석한 것처럼 존경심을 가지고 청취자로서의 나의 역할을 받아들였다.

당시 발라드가 쓰고 있던 소설과 독백에서 이끌어낸 교훈은 우리가 서구 문명의 마지막 시기에 살고 있으며 서구 문명은 대실패였다는 것이다. 발라드에게 이것은 이론적이거나 선견지명이 있는 진술은 아니었다. 그는 중국 본토에 있는 일본의 전쟁포로수용소에 감금되어 청소년기를 보냈다. 그곳에서 10대인 그의 롤 모델은 수용소 인근에 있는 가미카제 조종사 실습병들이었다. (1984년 자전적 소설『태양의 제국』에서 한 이야기를 1987년 스티븐 스필버그가 영화화했다.) 발라드에게 폭력적 죽음에 대한 전망은 그의 스포츠카에 동승한 사람은 누구나 느낄 수 있는 것처럼 현실적이고 소름끼치는 것이었다. 발라드는 이 점을 예리하고 심지어 가학적으로 깨닫고 있었다. '자동차 애로틱'은 매우 좋아하는 이중적 의미였으며 발라드는 소설『크래쉬』(1973)에 대한 부록으로 런던 미술관에서 파괴된 차 전시회의 전시책임자로 일한 적도 있었다.『공상과학소설 백과사전』에 있는 그에 대한 항목은『크래쉬』를 "아마도 '포르노그라피' SF의 가장 훌륭한 예"로, "노상에서의 위험, 수족 절단과 죽음에 대한 심리적 만족감을 탐구하고 있으며……어떤 출판사 독자는 '이 책의 저자는 정신과 도움을 필요로 하는 수준을 넘어서고 있다'고 썼던" 책으로 묘사하고 있다.

앞에서 나는 자동차가 로켓 우주선의 '비밀스러운 의미'라고 에둘러 말했었다. 자기 소설에서 로켓 우주선을 없애고 이와 더불어 새로운 미개척 영역으로써의 외계라는 개념을 삭제한 발라드는 SF에 활용할 수 있는 새로운 소재 즉 미래의 모습을 한 현재를 발견했다. 그는 고향이 일본의 포로수용소였던 사람의 극단적인 천진난만함으로 자기 주변 세계——도시 근교의 쉐퍼턴——를 자세히 볼 수 있었다. 이윽고 모든 것이 낯설었다. 발라드가 소유하고 가미카제 조종사처럼 몰았던 스포츠카는 어떤 로켓 우주선보다 훨씬 더 낯설고 생생했다. 로켓 우주선은 기껏해야 무수히 많은 다른 이미지와 함께 TV이미지로만 존재했다. 이 이미지들 중에서 어떤 것이 '현실적'이겠는가? 그가 아주 자극적이라는 생각하게 된 자기 뒷마당에 있는 우주선들이 현실적인 것이 아닐까? 전통적인 SF에서 고안해낸 장비들보다는 차라리 이러한 이미지들에서 미래를 구상한다고 해서 안 될 이유가 어디 있겠는가? 발라드는 자신의 개인적 만족에 대한 이 같은 의문들에 답하면서 내적 우주를 창조했다.

공상과학소설 연대기에서 아주 많은 미친 과학자들의 발명품들처럼 그것은 일단 발명가의 연구실에서 벗어나게 되면 예측할 수 없는 결과를 초래하게 된다. 내적 우주는 1960년대 대중에게 쾌락주의의 삼두마차인 섹스, 마약과 록큰롤의 약칭이 되었다.

일정 수준의 더 고급독자인 열렬한 발라드 애호가에게 뉴 웨이브는 공상과학소설의 시대가 오고있음을 의미했다. 뉴 웨이브가 대학을 다녔던 작가들이 구사했던 현재의 아방가르드적 문학 기법을 사용했기 때문이었다. 새로운 유형의 SF독자층과 저자들은 미국의 전설적인 요리사인 줄리아 차일드 못지않은 전설적인 문학계 인물을 열망했다. 나는 전형적으로 이 같은 새로운 유형일 것이다. 1940년 중하층 가정에서 태어나 대학이 성장산업이 되고 있는 시기에 대학을 다닐 수 있었다. 당시 내가 존경하고 모방하라고 배웠던 저자들은 조이스, 카프카, 만, 카뮈 같은 초기 모더니스트들과 더 최근에 등장한 베케트, 주네, 핀터 같은 저자들이었다. 누군가 SF같이 한정된 분야에서 성장하면서 이런 저자들을 알게 된다면 자신의 분야로 되돌아 왔을 때 누구나 자기가 배운 것을 활용하고 싶어 하지 않겠는가? 나, 노먼 스핀래드, 조안나 러스, 할란 엘리슨, 존 슬레덱, 어슐러 르 귄, 진 울프 같은 우리들 중 많은 사람이 바로 그 일을 하려했다. 사실상 뉴 웨이브의 미국인 구성원 모두는 클라크, 딕과 베스터 같은 존경할만한 사람들을 예외로 하면 우리 모두가 자극적이지만 기본적으로 저급하다고 생각한 장르에 어떤 문학적 세련미를 더하고자하는 공통된 사명감을 느끼고 있었다.

하지만 공상과학소설은 거의 문학이 아니었다. 공상과학소설은 당시 그 일부가 국가적 '오락 산업'으로 흡수되고 있던 일종의 대중 오락이었다. 이 오락 산업은 이후로 국제적인 규모가 되었다. 또한 뉴 웨이브가 성공을 거둘 수 있었던 이유는 「뉴 월드」지 편집장이자 뉴 웨이브의 흥행사 마이클 무어콕이 이 같은 본질적인 사실을 이해한 덕분이었다. 뉴 웨이브와 관련이 있던 다른 작가들과 달리 무어콕은 대학을 다닌 적이 없었다. 대신 그는 18살에 「타잔 어드벤처스」지의 편집자가 되어 사실주의적인 발자크의 풍요로움으로 훨씬 더 능숙하게 통속소설들을 출판하기 시작했다. 그는 우선 고유한 의지가 있는 남근을 상징하는 검을 소유하고 그것에 지배되는 주인공인 멜니본의 엘릭을 주인공으로 한 검과 마법 판타지 연작물로 상업 소설가로서 성공을 거두었다. 무어콕이 성숙해지자 엘릭을 제리 코르넬리우스로 변형시켰다——「타잔 어드벤처스」지의 편집자는 「뉴 월드」지 편집장이 되었다.

무어콕은 대중적 독자에게 호소력이 있기를 희망하는 문학 주인공의 가장 중요한 특징은 팬들이 뉴올리언즈의 마르디그라 가장 행렬 무도회에서만이라도 직접 입고 싶어 하게 될 적당한 의상이라는 사실을 알고 있었다. 〈스타 트렉〉 팬들은 자신들의 파자마들을 갖고 있었다. 다음이 제리 코르넬리우스가 1965년 「뉴 월드」지에 처음으로 등장한 방식이다.

제리 코르넬리우스는 장기투숙하고 있는 요츠맨의 객실에서 아침 7시에 잠에서 깨어 작은 흑단색 커프스 단추가 달린 레몬 색 셔츠, 넓은 검은 색 넥타이, 짙은 녹색의 양복 조끼를 차려입고 골반에 걸쳐 입는 바지, 검은색 양말과 검은색 수제 부츠로 구색을 맞추었다. 그는 머리를 감은 후 빛이 날 때까지 조심스럽게 머리를 빗었다.

이어 그는 단추가 두 줄로 달린 검은색 겹자락 짧은 외투들 중 하나를 솔질해 입는다.

검은 송아지 가죽 장갑을 끼고 검은색 안경을 쓰자마자 세계와 맞설 준비를 했다.

그는 침대에서 검정색 가죽 세면 상자처럼 보이는 것을 집어 들었다. 찰칵 소리가 나도록 상자를 열어 자신의 후장총이 장전되었는지 확인한다. 총을 제자리에 놓고 상자를 닫는다.

왼 손에 상자를 든 그는 아래층으로 내려가 인사하는 주인에게 고개를 끄덕이고 광택이 나는 최신식 캐딜락에 올라탄다.[10]

완벽하게 현대적인 생활양식에 대한 안내문은 계속해서 제리가 커피, 알약과 벨의 스카치 같은 화성 바들의 음식으로 지내는 방식을 설명하고 있다. 제리는 60년대 패션 중심지에 어울리는 차림새(사람들은 당시 그가 입어 보인 옷은 어떤 것이든 구입했을 것이다)를 한 프롤레타리아적 제임스 본드로 어떤 관습에 대해서도 도전할 준비가 되어있다. 그는 돈 후안만큼이나 상투적이며 갱스터 랩만큼 새롭다. 그는 자신의 본능적 충동에만 충실한 보통사람이며 아무리 순진한 독자라도 곧 그를 그렇게 이해하게 된다. 코르넬리우스는 영감을 받아 창조된 인물로 상업적으로 그리고 비평적으로 성공을 거뒀다. 첫 번째 제리 코르넬리우스 소설인 『파이널 프로그램』은 1973년 영화화되었고 4번째 소설인 『뮤잭의 조건』은 1977년 가디언 상을 수상했다. 이는 장르 소설로서는 전례 없던 성공이었다.

무어콕은 고생산성으로 주목받는 장르에서도 작품을 가장 많이 써 내는 작가들 중 한명이었다. 4편의 제리 코르넬리우스 소설 외에도 단편 모음집들, 보조적인 인물들을 주인공으로 하는 속편들과 다른 「뉴 월드」지 저자들이 낸 제리 코르넬리우스 선집이 있다. 30년이 지난 현재 이 책들은 대개 절판되었으며 60년대 패션 중심지 카나비 스트리트의 패션은 벼룩시장에서나 찾아 볼 수 있게 되었다. 하지만 제리 코르넬리우스의 현실은 아직도 진행 중이다.

SF는 본질적으로 수명이 짧은 문학이다. 미래에 대한 많은 예언들이 빗나가며 오류는 세월이 지나면서 더 분명해지게 된다. 어떤 꽃도 과거에 예측했던 미래만큼 그렇게 빨리 시들지는 않는다. 그렇다하더라도 무어콕은 시대정신이 자유, 평화, 우애인 시대에 SF에 요구했던 것을 자각하고 있었다는 점에서 선견지명이 있었다. 즉 당시 시대정신이 요구했던 SF는 우주 프로그램과 『2001』 같은 허구적 작품에서 절정을 보여주는 거대 공학 기술적 현상이 아니라 차라리 내적 우주와 미래의 유행에 대한 독자들의 공상──일단 학업을 통해 자기 길을 정하고 직업을 갖게 되면 어떤 젊은이라도 얻고 싶어 하는 생활양식과 사고방식──을 구현하는 것이었다.

무어콕의 『파이널 프로그램』 헌정사는 이 같은 새로운 유형의 SF에 대한 선언서처럼 보인다. 즉 '그 길을 줄곧 역설했던 지미 발라드, 빌 버로스와 비틀즈에게.' 발라드는 물론 동료이고 전략적인 이유 때문에 거명되었지만 당시 성공의 절정기에 있던 비틀즈는 작가 자신의 소중한 꿈을 의미하고 있었다. 발라드는 발표되자마자 모든 SF작가들의 애창곡이 된 노래인 '페이퍼백 라이터'로서 같은 유형의 성공을 열망했을 것이다. 그런데 윌리엄 버로스는? 그가 어째서 이 B로 시작하는 새로운 삼인방에 포함되어 있을까? 버로스는 「뉴 월드」지에 기고하지도, 친한 친구(무어콕이 버로스를 빌

이란 애칭으로 지칭하긴 했지만)도 아니었다. 버로스는 다른 뉴 웨이브 작가들이 문체를 본받고자 했던 저자들 중 한 사람도 아니었다. 그렇다면 왜?

그의 이름은 약물과 동의어였고, 약물——불법이었지만 어디서나 이용할 수 있었던——은 관습을 거스르는 뉴 웨이브 SF가 예견했던 미래의 분명한 특징이었기 때문이다. 앞서 나는 1960년대 시대정신의 주요한 것으로써 섹스, 약물과 로큰롤이라는 트로이카에 대해 이야기했지만 유감스럽게도 가장 중심적인 것은 약물이었다. 섹스는 결국 '어떤 시대'든 시대정신의 일부가 된다. 침례교인, 공화주의자, 조로아스터교도, 지구가 평평하다고 믿는 사람들, 흑인 중심주의자들, 멘사와 미국 자유 인권협회 등 그들 모두가 섹스를 하고 섹스를 하지 않을 때도 섹스에 대해 생각하며 (일단 연방 최고법원이 허가 하자) 소설을 쓸 때 섹스에 대해 쓰고 있다. 섹스는 보편적이다. 그러면 로큰롤은? 노래 가사 말처럼 머물 곳은 여기다. 하지만 로큰롤이 일찍이 사라졌다 해도 언제나 그것을 대체할 어떤 다른 음악——폴카나 살사 혹은 레게음악——이 존재하게 될 것이다. 어쨌든 함께 노래하고 춤을 출 수 있는 활기찬 어떤 것. 음악도 또한 보편적이다.

하지만 약물은? 버로스가 환유어로 비유할 수 있는 어떤 의미에서 약물은 또 다른 문제다. 1960년대 이전의 작가들은 현명하게 포나 랭보 같은 '저주받은 시인들'로 받아들여지지 않기를 바랐기 때문에 자신이 더 무서운 약물을 사용한다는 사실에 대해 정직한 사람은 거의 없었다.(영국 작가 드퀸시와 콕토가 주목할 만한 예외적 인물들이다.) 하지만 60년대에 어떤 유형의 작가들에게 불명예는 출세의 가능성이 되었고 이것만큼은 누구에게도 뒤지지 않는다는 고해주의 경쟁에서 버로스는 단연 두각을 나타냈다. 버로스는 성인이 된 후 대부분의 삶을 헤로인에 절어 있었을 뿐 아니라 O. J. 심슨처럼 아내를 살해하고도 처벌받지 않았다. 그는 다른 많은 게이들이 공식적으로 진실을 밝히기 오래전에 공개적인 동성애자였으며 그가 출간한 에로틱 판타지들은 강박적으로 소아애병적 강간과 살인에 대해 자세히 설명하고 있다. 범법자로서 버로스는 아동 고문, 강간, 살인으로 재판받았던 15세기 영국 귀족 질 드 레와 동급이었다.[11]

버로스가 약물 사용을 대표적으로 지지하긴 했지만 우리 대부분이 통속소설이나 영화에서 대리만족을 느끼는데 만족하는 매춘이나 끔찍한 살인처럼 약물을 실험해보고 싶어 하는 독자는 거의 없을 것이다.[12] 쥐와 아이들을 매혹했던 피리 부는 사나이처럼 진정으로 약물 시대를 매력적으로 만든 사람은 앨더스 헉슬리였다. 1954년 그의 흥분제 체험 실험기록『지각의 문』은 1960년대 반문화의 필독서가 되었다. 헉슬리는 이미『멋진 신세계』(1932)에서 지각없는 도취감과 치명적인 약물 과잉을 초래하는 코카인 같은 소마라는 가공의 약물을 세상에 알렸었다. 헉슬리의 독자들이 비현실적이고 손에 넣기 어려운 소마에 유혹을 받지는 않았지만 환각제 체험에 대한 저자의 설명은 최고 수준의 광고 문안이다. 선을 넘기만 하면 꽃밭인데 누군들 '지각의 문'에 들어가려 하지 않겠는가? 장미, 카네이션과 붓꽃 같은 세 가지 꽃이 다음과 같은 초월적 환영으로 변모되고 있다.

> 더도 덜도 아닌 실제로 존재했던 것——아직 영원한 삶이었던 하나의 덧없음, 일시에 순수한 존재였던 끊임없는 소멸, 어떤 형언하기 어렵지만 자명한 역설 덕분에 모든 존재의 신성한 근원에서 알게 되었던 일단의 자세한 내용들……
> 하느님 나라의 시현, 삿-칫-아난다(Sat-Chit-Ananda : 진아의 세 가지 측면, 실재하는 것은 오직 진아 뿐이며 이 진아는 보이는 대상(객체)과 보는 자(주체)가 분리된 것이 아니라 이 둘을 함께 포함한 순수 의식이다. 진아를 직접적으로 체험하는 상태는 지극한 행복의 상태이기 때문에 이를 지복이라고 한다. 실재-의식-지복은 따로따로 분

리된 속성으로서가 아니라 통합된 전체로서 체험된다 - 옮긴이), 존재 의식의 더 없는 행복——처음으로 나는 이 놀라운 음절들이 나타내는 것을 말이나 어떤 거리를 둔 불완전한 암시로서가 아니라 정확하고 완전하게 이해했다.[13]

1960년대 초 이 구절들을 읽은 나는 감탄사를 토해냈다. 다시 말해서 나는 이 구절들을 통해 이 삿-칫-아난다의 일부를 깨달을 수 있었다. 이어 나는 1966년 봄 지각의 문에 직접 들어갈 수 있는 기회가 주어졌을 때——흥분제가 아니라 LSD라는 이 흥분제에 상응하는 대용물 정제로, 그 같은 생각에 따라 행동할 수 있었다. 헉슬리가 허가했고 이 같은 경험이 정확하고 완전하게 이 놀라운 음절들이 나타내는 것이었는지 확신할 수는 없지만 그것은 분명 비틀즈의 노래 제목처럼 '다이아몬드를 하고 하늘에 떠 있는 루시 Lucy in the Sky with Diamnods'(영국 BBC방송은 제목의 앞 글자가 마약인 LSD를 연상시켰기 때문에 이 곡을 금지시켰다-옮긴이)였다. 스페인에 있는 푸엔지롤라 인근 중세 요새 유적들을 도보여행 중이었기 때문에 이 첫 번째 여행의 높은 곳에서 나는 지중해의 넓은 경치를 바라볼 수 있었다. 나는 지중해 수면 위를 가로지르는 파도 거품의 생생한 아라비아 문자로 형언할 수 없는 세계에 대한 텍스트를 읽었다——결국 해독할 수는 없었지만. 물론 환영이었지만 얼마나 아름다웠던가! 또한 영화 스크린에서처럼 하늘을 배경으로 요새의 얼룩덜룩한 성벽에서 나는 훨씬 더 아름다운 희귀한 문양의 생생한 벽걸이 융단을 볼 수 있었다. 즉 그것은 인도의 세밀화가 이런 예술형태에 특징적인 네온처럼 강렬한 파스텔화로 생명이 불어넣어진 것처럼 활기차게 북적이는 동양의 시장이었다. 나는 도원경을 보았기 때문이 아니라 나의 정신에서 그을음으로 얼룩지고 폐허로 변해버린 성벽의 영화스크린에 이렇게 생생하게 세부적인 전경을 투사할 수 있는 기억과 상상력의 결합에 경탄했다. 그것을 지켜볼 때 내가 본 것이 사실상 어느 날 밤 특히 좋은 꿈에서 보게 될 것이었다는 사실을 알고 있었다. 어쨌든 약물 때문에 지각과 환상을 분리하는 막이 사라져 나는 휴가 때 나의 쾌감의 본질을 목격할 수 있었다.

결국 이것은 고해일까? 스페인은 1966년으로 거슬러 올라가는 공소시효가 있을까? 당시 나는 죄를 지은 가련한 인간──그 때 그곳에서만이 아니라 이후 미국과 영국에서의 역겨운 여행들 때문에──이었다. 마지막 여행은 1971년 영국 서리카운티 전원에서였다. 그곳에선 보리밭이 반 고흐의 후기 그림들 중 하나처럼 위협적이 되었다. 이윽고 나는 지각의 문을 닫아야 할 것이라는 사실을 알고 있었다. 나는 지각의 문들이 결국 의도치 않게 또 다른 상상의 지옥으로 열리게 되리라는 것을 알고 있었기 때문이었다.

나와 동세대의 아주 많은 사람들에게 그것은 일반적인 이야기다. 나는 시대정신을 풍부하게 경험한 사람으로 인정받기 위해서나 뒤늦게 깨닫고 속죄하기 위해 이 이야기를 하는 것은 아니다. 단지 마치 내가 쾌락과 위험들을 함께하며 그곳에 있지 않았던 듯이 SF와 1960년대 약물 문화의 관계를 말하는 것은 적절하지 않다고 생각하기 때문이다.

SF작가들은 록 스타들보다는 사망률이 낮았지만 약물의 위험이 심각해지고 있었다. SF작가들이 록 스타들보다 사망률이 낮았던 이유는 단지 대중소설작가들은 벌이가 적어서 값비싼 약물에 같은 정도로 빠져들 수 없었기 때문이었을 것이다. 예를 들어 마이클 무어콕은 짐 모리슨이 아니었다. 다시 말해서 무어콕의 광란적 무절제는 대개는 지면상에 국한되어 있었다. 발라드가 술을 마시고 차를 몰기는 했지만 약물은? 그가 약물을 했을 것 같진 않다. 미국에서 뉴 웨이브 작가들은 훨씬 더 절제하고 있었다. 할란 엘리슨은 이 점에서 사실상 모르몬 교도였다. 그는 술을 거의 입에 대지 않았으며 다른 처방된 약물도 싫어했다. 약물 남용이라는 주제에 대해 SF의 중요한 권위자인 필립 딕조차 아이러니칼하게 약물 '부족'으로 사망했다. 즉 그는 처방받은 데로 규칙적으로 고혈압 약을 복용하지 않았기 때문에 사망했다.

마리화나는 또 다른 문제였다. 환각제는 어디나 있었다. 나의 에이전트이자 후에 편집자였던 테리 카의 집에서 열린 파티인 공상과학소설 협회 행사에 처음으로 참석했을 당시 환각제와 록그룹 비치 보이스는 분위기를 고조시켰었다. 폴 윌리암스와 필립 딕이 첫 번째 만난 곳에서도 환각제는 있었다.(또한 수년 후 내가 딕과 처음 만났을 때도 환각제는 있었다.) 내가 일찍이 참석했던 모든 SF 대표자 회의에도 환각제는 있었다. 환각제는 가장 무도회 경연을 위해 〈스타 트렉〉 파자마를 차려입지 못하는 사람들을 위한 성인용 도락으로서의 대체재였다. 시어도어 스터전이 자신의 아내와 함께 세 명이 섹스를 하며 나체주의자의 생활양식을 체험해보자고 밤새도록 권유했을 때(내가 거부했던 경우)도 환각제는 있었다. 일찍이 공상과학소설 대표자회의를 개최한 뉴욕, 런던, L.A.와 모든 지방 호텔들에도 환각제는 있었다. 또한 시간은 많았고 재미있는 것도 많았다. 밥 딜런이 노래할 때면 누구나 술이나 마약에 취해있었다.

하지만 상습적인 대마초 중독자들이 날카로움을 잃게 되는 경향이 있다는 사실이 점차 분명해지게 되었다. 필립 딕은 특이하게 예외적인 경우였으며 관례를 만든 많은 사람들이 아직 생존해있기 때문에 그들의 실명을 거론하는 것은 불필요하게 잔인한 짓이 될 것이다. 하지만 궁금하다면 원로 작가 작품의 행간을 읽어보라. 그들의 작품은 예전에는 아주 놀라워보였지만 지금은 눈에 띄게 평범해 보인다. 그 이유가 술 때문이 아니라면 아마도 대마초 때문일 것이다.

SF는 약물에 대한 양면적 관계에서 여타의 동시대 문학과 대중문화를 반영하고 있다. 사이버펑크 독자들을 대상으로 한 소설들은 거의 약물로 휴식을 취하는 것을 찬미하도록 요구받는다. 그들이 흔히 그런 주제를 가장──나노테크놀로지(정신을 혼란스럽게 하는 극히 작은 '기계들')나 가상현실(정신을 혼란스럽게 만드는 소프트웨어) 모험으로──해 표현하고자 할지라도 1960년대부터 SF는 본질적으로 다른 흥분제들을 필요로 하지 않을 만큼 비현실적이라고 자랑해왔다. 하지만 그것은 희망사항이나 홍보활동에 불과할 뿐이다. 약물은 아주 오랫동안 일반적으로 통용되고 폭넓게 사용되었기 때문에 약물이 제공하는 일시적인 초월성은 환각에 젖고자 하는 사람들에게 언제나 흥미를 끌게 될 것이다. 또한 철저히 창작력을 추구하기보다는 파격적이기를 더 좋아하는 인간의 본성적 요소를 부정할 수만은 없을 것이다.

6장 소녀들도 역할을 맡을 수 있을까?
여성화하는 SF

통속 잡지시대의 공상과학소설(1926~1956)은 대체로 남자들의 영역이었다. 하지만 동시대 페미니스트들의 지적처럼 호메로스에서 1963년 자살한 시인 실비아 플라스의 시대에 이르기까지 '모든' 문학은 남성의 영역이었다. 공상과학소설은 당시에 다소 더 지독하게 남성의 영역으로 분리되어 있었을 것이다. 공상과학소설은 기껏해야 만화보다 조금 나은 정도로 아주 저급해 이런 천박한 분야에서 자신들의 영역을 확보하기 위해 투쟁하고자 했던 여성이 거의 없었기 때문이다. 공상과학소설분야에 뛰어든 초기의 여성들——특히 C. L. 무어와 주디스 메릴——은 흔히 아내로서 이 분야에 진출하게 되었다(브라우닝 부인이나 실비아 플라스처럼). 대개 그들은 무어와 메릴처럼 남자 가명으로 책을 출간했다.

공상과학소설 '속'에 등장할 때 여자들은 또한 무시당하고, 터무니없는 말로 모욕당하거나 참고 견뎌야 했다. 전형적으로 여자들은 25세기 벅 로저스의 여자 친구인 윌마 디어링과 화성의 공주 애루라처럼 곤경에 처한

숙녀들이었다. (메릴은 우연하게도 이 만화의 많은 작가들 중 한명이었다.) 처음으로 가정주부=로봇이라는 등식을 가정한 소설(들어가는 말을 보라)인 레스터 델 레이의『헬렌 오로이』가 누렸던 '고전적' 지위는 당시의 SF가 얼마나 지독하게 서투를 수 있는지를 정확히 보여주고 있다.

통속 잡지 시대의 SF 옹호론자들은 흔히 여자를 무시하는 장르적 관행이 SF가 세속적인 문학과 차별화되는 강점이라고 주장하고 있다. 세속적 문학은 주로 구애나 교외 거주자의 간통 같은 사소한 뒷공론을 다루는 반면 SF는 여자가 무능한 바보로 입증된 외계 우주라는 새로운 미개척 영역에서 인간의 운명을 찬미한다는 것이다. 1954년 또 다른 고전적 이야기인 톰 고드윈의『차가운 방정식』은 소녀들이 외계 우주의 소년 클럽에 침입했을 때 일어날 만한 사건들을 묘사하고 있다. 멀리 떨어진 행성에 전염병을 치유하는 데 절대적으로 필요한 혈청을 공급하는 우주비행사는 우주선에 십대 소녀 밀항자가 탑승했다는 사실을 알게 된다. 소녀의 무임승선에 따른 예기치 않은 무게증가는 우주선이 착륙하는데 필요한 연료가 부족해진다는 사실을 의미했다. 따라서 아무리 구슬피 애원하더라도(그녀는 제목과 같은『차가운 방정식』을 이해할 수 없기 때문에) 소녀는 버려져야 했다.

이 이야기를『헬렌 오로이』처럼 느끼기 위해 페미니스트일 필요는 없으며『차가운 방정식』을 읽은 여성 독자들은 기분이 상할 수도 있을 것이다. 하지만 그것이 논쟁의 원인은 아니었다. 여자들은 대체로 남자들의 모험 잡지나 비정한 수사물 못지않게 통속적 SF도 거의 읽고 싶어 하지 않았기 때문이었다. 당시 독자들은 분명 신사와 숙녀로 불리는 두 개의 서로 다른 세계 살고 있었으며 비슷하게 관례화된 각각의 화장실을 들어갈 때처럼 상대의 독서 영역을 침해하고 싶어 하지 않았다.

1959년 당시 세속적 문학 세계는 그 영향이 SF에서 TV 연속극에 이르는 모든 인접 영역으로 향상되는 혁명을 겪게 된다. 연방최고법원은 미국의 우정성이 『채털리 부인의 연인』을 포르노 문학으로 금지할 권한이 없다고 판결했으며 순식간에 말초신경을 자극하는 『패니 힐』에서 『북회귀선』에 이르는 모든 고전 작품들, 그리고 문학계 유명인(필립 로스, 에리카 정)과 그다지 유명하지 않은 문인들의 한계를 더 넓힌 새로운 작품들이 출간되어 전국적으로 판매되었다. 유명하지 않은 문인들 중엔 경험 많은 SF 통속 예술가들이 몇몇 포함되어 있었다. 그들은 경기가 좋았던 1960년대에 기계적으로 합법적인 포르노 출판물들을 저술했었다. 로버트 실버버그와 베리 말츠버그 같은 진짜 스피드광들은 주말마다 책 한 권을 써낼 수 있었다.

장르와 지성의 정도와 관계없이 모든 저자들이 곧 새로운 자유를 요구했다. 에로틱 리얼리즘의 선구자는 저명한 문학계 종사자들의 명예로운 추천사를 받아 연방최고법원에 출두할 수 있었던 작품들이었다. 『채털리 부인의 연인』 사건에서 브라이언 판사의 판결은 선의를 중요시했다.

글로브사 판 『채털리 부인의 연인』은 전임 국회도서관 사서이자 플리처상 수상자이며 저명한 시인으로 문학계 인사인 아키볼드 맥라이쉬가 소설을 평한 서문을 게재할 수 있었다. 또한 D. H. 로렌스와 그의 작품에 대한 손꼽히는 학자인 캘리포니아 대학 영문과 교수 마크 스코러의 해설이 이어졌고……

이 책의 광고나 배본 방식들에서 '호색한의 음흉한 시선'은 전혀 고려되지 않았다. 이익을 염두에 두고 음란하고 외설적인 것에 영합하려 한 어떤 흔적도 없다.[1]

이 같이 연관성을 기준으로 한 무죄의 기법은 표준적인 운용절차가 되었다. 로버트 로웰은 버로스의 『네이키드 런치』의 표지에서 더할 나위 없는 예를 보여주고 있다. "아주 설득력 있고 진지한 책이다.……왜 이 책을 부도덕하다고 생각하는지 모르겠다." 10년 후 버로스 자신이 발라드의 단편집 『잔혹한 전시회』의 제목을 바꾼 미국판 『사랑과 네이팜탄 : 미국 수출품』의 가치를 증언하고 있다. 즉 "심오하고 불안하게 하는 책. 남녀 구분 없는 성욕의 근원을 외과의처럼 정밀하게 탐구하고 있다. 자동차 충돌은 성적으로 포르노그라피 사진보다 더 자극적일 수 있으며……이 책은 아무리 노골적인 사진이 게재된 포르노도 건드리지 않은 성적 심연을 자극하고 있다." 이게 바로 황제의 찬사다.

출판업자가 선택한 작품 홍보방식을 발라드가 책임질 수는 없다. 하지만 누구도 음란하고 외설적인 사람들의 흥미를 끌어 돈을 벌고 싶어 하지 않는다는 브라이언 판사의 가정은 다소 솔직하지 못하다고 느껴지기 시작했다. 분명한 사실은 플로베르에서 미키 스필레인에 이르는 많은 작가들이 음란하고 외설적인 사람들의 흥미를 끌고 적어도 다음과 같이 어쩔 수 없는 두 가지 이유 때문에 작가적 재능을 발휘해왔다는 사실이다. 우선 그들 자신이 음란하고 외설적인 사람들로 자신들의 에로틱한 환상을 유사한 기질을 가진 사람들과 공유함으로써 어떤 만족감을 느꼈기 때문이다. 두 번째로 그들은 그렇게 함으로써 계속해서 엄청난 돈을 벌고 있었기 때문이다.

오래지 않아 성적으로 아주 솔직한 발라드와 다른 뉴 웨이브 작가들이 세상 물정 모르는 머리 좋은 10대와 멍청한 기질에 따른 독서 취향을 가진 더 나이든 독자들 같은 더 넓은 독자층의 욕구에 부응했다. 존 프레데릭 레인지 주니어가 존 노먼이라는 가명으로 1966년 『고르의 호수인간 Tarnsman of Gor』을 시작으로 1988년까지 『고르의 암살자』, 『포로』, 『노예 소녀』,

『투사 노예』, 『야만인』, 『상인』, 『무희』와 『배교자』 따위로 행성 모험 소설 시리즈를 계속해서 펴내기 시작했다. 제목들이 넌지시 알리고 표지가 더 분명히 하고 있듯이 레인지는 노예 성도착자였다. 연이은 책들에서 그는 한결같은 자기도취적 환상들을 자세히 이야기하고 있다, 그가 이야기하는 방식은 다음과 같다.

"고르에서" 내 뒤에서 그 소녀가 속삭였다. "남자와 여자가 같지 않다는 걸 알았죠…… 그리고 남자 아니 고르의 남자나 고르식 남자는 주인님들이죠."

"맞아"

"그리고 나 같은 여자들은 그분들의 노예죠." 그녀가 말했다.

"그렇지" 내가 말했다. "핥고 키스해 줘."……

"제가 고르 소녀인 것처럼 명령하는 군요." 그녀가 말했다.

"그게 네 모습인 걸." 내가 말했다.

"맞아요, 주인님" 그녀가 말했다.

[행복한 노예가 주인을 즐겁게 해 줄 수 있는 특권을 누린 후 그들의 대화는 계속된다.]

"저를 고르의 노예 소녀처럼 대하시는 군요." 그녀가 말했다.

"그게 네 모습인 걸." 내가 말했다.

"맞아요, 주인님" 그녀가 웃었다. "그래요……저도 마찬가지예요. 저라고 다를 게 없답니다. 매어 있는 또 다른 소녀, 주인님께 복종하고 즐겁게 해드려야 하는 또 다른 소녀일 뿐이죠."

"괜찮았어?" 내가 물었다.

"물론이죠, 주인님." 그녀가 말했다. "주인님 같은 남자의 품이라면 어떤 여자라도 마찬가지일 겁니다.……이제야 제가 즐겁게 해드리기를 바라고 제가 하는 것을 보려는 남자들이 있는 세계, 저를 원하고 저를 갖고 싶어 하는 주인님들이 있는 세계에 왔군요."

"가야 되겠는 걸." 내가 그녀에게 말했다.

비웃기 전에 같은 감정이 더 미묘한 차이가 있는 문체──예를 들어『O의 이야기』의 작가 같은──로 표현되었다면 같은 식의 반응을 보였을지 생각해보라. 고르 책들은 대중 독자에게 초점을 맞추고 있으며『O의 이야기』는 고급 독자들을 대상으로 하고 있다. 레인지가 받았을 문학적 관심이 조롱이나 비난에 국한된 반면『O의 이야기』저자는 프랑스 문학계의 우상이 되었다. 상류 계급이 변태적 섹스할 때 그것은 미국의 사진작가 메이플소프의 사진들처럼 사치품으로 판매가 촉진된다. 하층 계급이 같은 방식으로 변태적 섹스를 하게 되면 검열자들은 문명이 해체되는 것으로 걱정하기 시작한다.

대중 잡지가 호황을 누릴 때 공상과학소설은 더 어린 독자들과 세상 물정 모랐던 순진한 시절로 되돌아가고자 하고, 또 되돌아갈 수 있는 사람들을 위한 활동영역이었다. 새삼스럽게 작가적 충동을 솔직하게 표현할 수 있게 되리라는 사실을 깨닫기 전 SF작가들은 성적인 솔직함을 비난하는 경향이 있었다. 예를 들어 로버트 하인라인은 SF가 주류 문학보다 뛰어난 한 가지 이유는 SF가 저급한 욕망과 음란한 상상력에 영합하지 않았기 때문이라고 주장했었다. 하지만『채털리부인의 연인』에 대한 판결이 내려진지 1년도 안 돼 하인라인은『낯선 땅의 이방인』을 집필하고 있었다. 이 책은 외설적인 부분을 다소 삭제한 1961년 판에서조차 브라이언 판사의 말처럼 '호색가의 음흉한 시선'이 아주 적당한 의도로 노출과 자유로운 사랑을 찬미하고 있다.

『낯선 땅의 이방인』에서 하인라인의 주인공은 평범한 미국인 소년 발렌타인 마이클 스미스다. 화성인이 자식으로 키운 그는 슈퍼맨 같은 초능력을 갖고 있다. 스미스는 존재하지 않기를 기원하는 것으로 적들을 죽일 수 있다. 소녀들은 그가 사랑스럽다는 사실을 알고 있고 당대의 클라크 켄트/슈퍼맨과 달리 스미스는 소녀들을 거부할 수 없었다. 이는 아주 오래전부터 신입생 기숙사에서 일어나고 있는 것과 같은 상황에서 어떻게 해야 하는지에 대한 열띤 토론으로 이어진다. 당시까지 SF가 거의 언급하지 않았던 것을 언뜻 내비치기까지 하고 있다. 아주 노골적인 장면은 출판업자의 주장으로 하인라인의 초고에서 삭제되었지만 1991년 에이스/푸트남 '오리지널 무삭제판'에서 복원되었다. 그 장면은 마이크(우리의 주인공)와 그의 배우자들 중 한명인 질이 애매한 말로 공동생활체 겸 사랑의 보금자리의 이점을 잠재적 신입생인 벤에게 설명한 후에 일어난다.[3)]

"벤, 스스로를 위해 사용할 때까지는 그것을 믿을 수 없겠지만 마이크가 네게 힘——도덕적 지원만이 아니라 육체적 힘을 의미하고 있다——을 빌려줄 수 있을 거야. 나도 약간은 할 수 있어. 마이크는 실제로 그것을 할 수 있지."

"질은 그것을 아주 많이 할 수 있어." 마이크는 그녀를 애무했다. "리틀 브라더는 누구에게나 힘이 되는 사람이지. 어젯밤 그녀는 분명 그랬어." 그는 질을 내려다보며 미소짓곤 노래한다.

질 같은 사람은 찾을 수 없을 거야.
아니, 10억 명 중 한 명도 없을 걸.
언제나처럼 모든 매춘부들 중에서
가장 자발적인 매춘부는 우리의 질리언!

"그렇지, 리틀 브라더?"

"흥" 질은 분명 즐거워하며 그의 손을 잡아 자신의 몸에 당기며 대답했다. "새벽은 바로 나와 같고 너는 그것을 알고 있지——그리고 전적으로 의도한 데로."

이 모든 다정함이 의미하는 것은 결국 1961년 판에서 삭제되었던 문장에서 드러난다. 벤이 자신의 멘토인 주벨에게 다음과 같이 설명하고 있듯이

"주벨" 캑스턴은 흥분해서 말했다. "도대체 이 부분을 너에게 말하고 싶지는 않았어……그것이 내가 그 모든 것에 대해 어떻게 느꼈는지 설명하는 데 필수적이 아니었다면……. 오늘 아침까지 나는 모든 것이 순조롭다고 생각하며 스스로를 속이고 있었어——어떤 면에선 아주 지독하긴 하지만 멋있다고. 마이크는 나에게도 매력적이었어——그의 참신한 개성은 아주 강렬하다. 건방지고 아주 대단한 민완의 조정가지만 아주 흥미를 돋우는 사람이야. 이윽고 그——혹은 그들 둘 다——는 나를 다소 당황스럽게 했고 결국 나는 자리에서 일어날 기회를 잡았지."

"그 때 나는 뒤를 흘낏 돌아봤어——내가 본 것을 믿을 수 없었다. 몇 초 동안 눈을 돌릴 수 없었고……마이크는 그 사이에 한 오라기 남기지 않고 옷을 모두 벗어버렸고……이어 나를 도와주었지, 그들은 당시 방 안에 있던 나와 서너 명의 다른 사람들과 함께 그것에 덤벼들고 있었지. 마치 동물원의 원숭이들처럼 뻔뻔스럽게!"

"주벨, 나는 너무 놀라서 거의 아침 식사도 못했어.[4]

여기서 벤은 마이클의 원숭이 같은 짓을 비난하지 않을 수 없는 독자들의 대변자 역할을 하고 있다. 이 점에서 그리고 성을 다룰 때 정중한 완곡어법을 사용한다는 점에서 하인라인은 여전히 상대적으로 교양의 보루다. 하지만 그의 취지는 본질적으로 고르 책들에서의 레인지의 의도와 다르지 않다. 질은 노래에서 모든 매춘부들 중에서 가장 자발적인 매춘부로 기억되는데 '분명히 즐거워하고' 있다. 『낯선 땅의 이방인』은 또한 덜 노골적인 포르노와 SF를 결합시킨 하인라인 후기 소설들과 함께 긴 장들 전체를 섹스이론에 할애하고 있는 레인지의 작품들과 유사하다. 그것은 남자는 모두 강간범이고 모든 성교는 계획된 범죄라는 급진적 페미니스트 안드레아 드워킨의 확신에 대응하는 남성우월주의였다. 레인지/하인라인의 공식에선 남자의 쾌락에 봉사하고 남자의 의지에 복종하는 것이 여성의 유전적 운명이다. 남성우위이론을 설명하는 그들 소설들의 지루하게 긴 자유 토론은 두가지 목적을 위해서였다. 즉 첫째로 단어를 늘리고 두 번째로는 직업적 성 노동자가 고객들에게 그들의 힘과 자신들의 쾌락에 대해 확신하게 하는 것과 아주 유사한 방식으로 내키지 않아 할 수 있는 독자들에게 이런 판타지들을 즐기는 것은 건강한 것이라고 안심시키기 위한 것이다. 하인라인이 남자의 자존심을 세워줄 필요성을 이해하고 있다는 사실은 그의 1982년 소설 『프라이데이』에서 분명하게 하고 있다. 『프라이데이』에서 미국 정부를 위해 일하는 직업적 킬러인 주인공 프라이데이는 즐기는 척 함으로써 윤간에서 살아남은 방법을 설명하고 있다.

반항하고, 강간당하고 이어 점차 열정에 빠지며——물론 연기로——나는 그들 모두를 흥분시켰다. 당신은 단지 스스로도 주체할 수 없을 뿐이다. 남자는 누구나 그런 통상적인 과정을 믿고 싶어 하며 남자들이란 그런 놈들이다.[5]

프라이데이의 연극에 배신감을 느꼈을 독자들에 대한 위안으로 소설의 결말에서 프라이데이는 자신을 강간했던 남자와 사랑에 빠진다.

제임스 본드 같은 역할이 여자 주인공에게 맡겨졌다는 사실 이외엔 다소 평범한 미래의 스릴러인 『프라이데이』는 페미니즘에 대한 하인라인의 장난기 어린 반응으로 생각할 수도 있을 것이다. 1982년까지 페미니즘은 가장 고립되어 있던 SF독자들의 의식에도 영향을 미쳤다. 책의 헌정사에서 하인라인은 앤 맥카프리, 본다 맥킨타이어, 어슐러 르 귄과 28명의 다른 여성들(이름만을 밝힌)에게 경의를 표하고 있다──화기애애하면서 모리스 슈발리에의 노래 '꼬마 아가씨를 준 하늘에 감사해'처럼 하인라인 세대 SF작가들의 사고방식을 상기시키는 의사표시. 그들은 모두 SF작가이거나 그들의 배우자들이었다.

1982년까지 공상과학소설 분야는 20년 전보다 엄청나게 확장되고 다양화되어 있었다. 아서 클라크와 프레데릭 폴처럼 오랜 경험으로 존경받는 몇몇 작가들은 풍요로운 쇠퇴의 시기에 브래드버리, 하인라인, 아시모프, 허버트를 괴롭혔던 것과 같이 아주 뻔하지 않게 문학적 반복 강박 같은 책들을 여전히 펴내고 있었다. 하지만 대부분의 사람들에게 SF분야는 독립적인 세력권들이 느슨하게 결합된 동맹이 되었다. 이 세력권들에서 가장 중요한 것들 중 하나가 여자들의 영역(이 세력권의 미래 총독들 중 한명인 쉐리 테퍼의 어법을 인용하자면)이었다.

여자 영역의 선구자들──70년대 여성 작가들 특히 조안나 러스──은 행성들을 가정하는 경향이 있다. 이 행성들에선 가라데 유단자인 여자 주인공들이 갖가지 유형의 남성 우월주의자들과 싸우고 이어 자극적으로 섹스에 몰두한다. 여주인공들은 계속해서 수세기 전 기사도적 로맨스 시대 이후로 모든 연령대 소년들이 누려왔던 악한을 소재로 한 공상에 잠기며 계속해서 새로운 모험을 할 수 있다. 이것이 하인라인이 창조한 프라이데이가 섹스하는 방식이며 위에서 언급한 하인라인이 헌정사를 바친 세 사람의 약간 변형된 SF 공식이기도 하다. 페미니즘은 고루한 사람들조차 기회균등한 백일몽을 정의라고 이해할 수 있는 70년대까지는 충분히 진척되어 있었다. 남자들이 베어울프와 롤랑 그리고 캡틴 비디오를 가질 수 있다면 소녀들이라고 자신들의 전사들을 상상하지 못할 이유——특히 SF독자 규모를 두 배로 늘릴 수 있다면——가 어디 있겠는가. 정의와 최종결산결과가 막을 수 없는 시장의 힘을 만들어내기 위해 결합했다. 또한 최근엔 〈스타 트렉〉 우주선을 여성이 지휘——점차 군 부대에서처럼——하기에 이른다.

세 명의 작가들——앤 맥카프리, 본다 맥킨타이어와 어슐러 르 귄——이 SF에 여성독자들을 가장 성공적으로 끌어들였다. 그들은 페미니스트 문제들을 경계하긴 하지만 특히 여자들의 상상력에 부합하는 현실 도피 판타지를 열망하는 독자들의 욕구에 부응해 SF 전통을 재편성한 솜씨 덕분에 성공할 수 있었다. 세 사람 중 가장 성공적이면서 정치적으로 입장이 가장 불분명한 앤 맥카프리는 자신이 창조한 무엇이든 할 수 있는 여자 주인공들 중 한 명과 닮은 모습이었다. 그녀는 건장한 체격과 엄청난 활력을 가진 전직 오페라 가수이자 욕심 많은 여자 기수였으며 펴낸 책들 덕분에 아일랜드에 웅장한 저택을 가질 수 있게 된 지칠 줄 모르는 소설가였다. 그녀의 가장 인기 있고 광범위한 시리즈는 잃어버린 지구 식민지 페른과 관련되어 있다. 이곳에서 젊은 여자들은 시간 여행, 텔레파시, 불을 내뿜는 용들로 여기저기 여행할 수 있다. 페른은 예전엔 말을 탄 소녀들에 대한 세속적인 소설들에 만족했을 더 어린 여성독자들이 선호하는 판타지적 행선지가 되고 있다. 맥카프리의 소설들은 책을 읽는 소녀들에게 소년들의 요구를 충족시키는 SF와 동일한 대리 만족을 제공하지만 이 같은 기회균등엔 유리천장이 있다. 낸시 드루의 책들에서처럼 성별에 따른 기본적 전통과 의례(소녀에겐 분홍색, 소년에겐 푸른색)가 유지되고 있다. 맥카프리의 여성들은 통례에서 벗어나지 않고 있는 것이다.

나는 1960년대 말 밀포드 SF작가 회의 워크숍에 참석했었다. 당시 앤은 아직 발표되지 않은 소설에 대해 동료 작가들의 조언을 구했다. 그것은 모성이란 더 고귀한 요청에 부응하기 위해 초능력자로서의 야심을 버리는 젊은 여성의 결정에 초점을 맞추고 있었다. 회의에 참석했던 몇몇 작가들은 여자들이 직업을 버리고 아내와 어머니 같은 전통적인 역할로 되돌아가는 것을 얄팍하게 위장된 호소력으로 치부하며 비웃었다. 그런데 그것이 맥카프리가 이야기하고 싶은 것이어서 안 될 이유가 어디 있겠는가? 소설의 문제점은 여성이 전통적인 역할로 되돌아가야한다는 취지가 아니라 어떤 상상력이나 감정적 매력이 있는 이야기로 전달되지 못했다는 사실이었다. 참석한 작가들 중 한 명은 앤의 여주인공이 새롭고 더 고귀한 초능력이 있다는 사실을 알게 되는 단순한 방법으로 일석이조의 효과를 거둘 수 있다고 시사했다. 즉 여주인공이 초능력으로 임신 순간에 DNA를 조작해 태어날 아이의 초능력을 향상시킬 수 있다는 것이다. 고쳐 쓴 이야기는 그 직후에 「연대기」 표지에 대서특필되었다.

본다 맥킨타이어가 주 독자층으로 삼은 사람들은 앤 맥카프리의 독자층보다 더 나이든 사람들이었지만 그래도 주로 여성영역 내에 한정되어 있었다. 맥킨타이어의 세계관은 냉담하고 지각력이 없으며 닫힌 마음을 가지고 있는 '그들'(부권 사회)과 정답고, 앞서가고, 전체론적이며 희생당하고 있는 '우리'(누구이겠는가?)로 나누고 있다. 공공연하게 인정되고 있는 고통은 자부심의 상징이다. 연이은 소설에서 맥킨타이어의 등장인물들은 그들이 '우리'들 중 하나임을 입증하기 위해 울고자 하는 억눌린 욕구를 받아들이도록 요청받는다. 네뷸러 상을 수상한 소설 「안개, 풀잎 그리고 모래에 대해」의 예는 다음과 같다.

> "당신들 중 누가 울 수 있죠?" 그녀가 말했다. "당신들 중 누가 나와 나의 절망을 위해, 혹은 그들과 그들의 죄를 위해, 또는 하찮은 사람들과 그들의 고통을 위해 울 수 있죠?" 그녀는 뺨에 눈물이 흐르는 것을 느꼈다.
>
> 그들은 그녀를 이해하지 못했다. 그들은 그녀의 울부짖음이 불쾌했다.[6]

나는 뛰어난 작품을 보며 눈물을 흘릴 수도 있다고 생각하고 싶지만 오웰의 사상경찰이 감수성 훈련을 받듯이 이렇게 눈물을 강요하는 것은 천박할 뿐만 아니라 위협적이다.

솔직히 맥킨타이어가 SF작가 지망생 교육 프로그램을 운영하지 않고 있을 때 그녀는 그녀의 선배인 어슐러 르 귄에 비유되는 절제되고 조절된 산문을 구사할 수 있었다. 맥킨타이어의 트로피 선반에 진열된 상들은 물론 받아 마땅한 것들이다. 존 클러트는 전형적인 관대한 비평으로 맥킨타이어와 다른 여성 영역의 저자들을 위한 상황을 설명하고 있다.

> 이제 SF작가들은 유능한 여자 주인공을 자유롭게 활용할 수 있다. 올해(1978년) 샤르나스, 맥킨타이어, 러스, 팁트리와 야브로 모두 여자 주인공을 내세우고 있다. 본다 맥킨타이어의 『드림스네이크』(위에서 언급한 단편소설에서 발전된 소설)가 가장 흥미로울 것이다. 즉 치유의 능력을 부여받은 여자 주인공들은 미묘한 입장에 있다──치유하는 여성들을 거리 매춘부로 감상적으로 그리는 것이 훨씬 더 쉽다(특히 남자들에게). 하지만 치유자의 초상은 설득력이

있으며 문학적으로 SF장르에 전체적으로 치유 효과를 주고 있다. 부분적으로 『드림스네이크』같은 책들 덕분에 SF저자들은 더 이상 주제넘게 완성된 사회를 단순히 사회가 치르는 전쟁들과 사회가 진출하는 미개척 영역의 측면에서 적당히 묘사하려 할 수 없게 되었다.[7]

맥킨타이어는 초기 소설로 수상한 상들(「안개, 풀잎 그리고 모래에 대해」로 네뷸러상, 『드림스테이크』로 네뷸러 상과 휴고상) 덕분에 성공적인 소설 형식의 저자로 자리매김할 수 있었다.[8] 맥킨타이어는 영화 〈스타 트렉〉 세 편의 소설화와 같은 독점판권이 있는 책 두 권의 저자로 선정되었다. 맥킨타이어가 어떤 미학적 혹은 이데올로기적 양심의 가책도 받지 않고 그렇게 할 수 있었다는 사실은 1980년대에 변화하는 SF의 문화적 지위를 반영하고 있다. 당시 장르적 가능성은 일찍이 TV에서 방영되었던 SF의 가장 저급한 공통분모보다는 약간 더 고급스러운 어떤 것에 모아졌으며 다른 TV시리즈들과 함께 〈스타 트렉〉은 차별적 언어와 행동을 피하는 정치적 정당성 같은 온건한 표현 형식으로 대본이 조정되었다.

SF분야에서 가장 성공적이고 가장 중요한 페미니스트는 분명 어슐러 르 귄이었다. 어슐러 르 귄의 책들은 처음에 맥카프리와 맥킨타이어(〈스타 트렉〉이 유행하고 있을 때)의 책들처럼 많이 팔리지는 않았다. 하지만 그녀의 책들 중 『어둠의 왼손』(1969)과 『빼앗긴 자들』(1974)은 고전이 되었다. 르 귄은 다섯 차례 휴고 상과 네 차례 네뷸러 상을 수상했으며 SF장르에 관심을 보인 대학 사회에서 타의 추종을 불허하는 관심을 받았다. 르 귄은 당시 활동하던 작가들 중 가장 존경할만한 SF작가로 대우받았다.

존경받기 위해선 대가를 치러야 한다. 사람들은 재미나 흥분, 혹은 엉뚱한 생각 때문에 르 귄의 책을 읽지는 않는다. 게다가 독자들이 흔히 SF의 존재 이유로 설명되는 경이감 때문에 그녀의 소설을 읽는 것도 아니다. 르 귄의 가장 유명한 소설 『어둠의 왼손』은 인간에 가까운 남녀 양성자들이 거주하는 겨울 행성에 대한 인류학자의 현지 보고서와 원주민 에스트라벤과 화자인 남자 인간 겐리 에이가 함께 빙하를 가로지르는 여정에 대한 일지로 구성되어 있다. 폭력, 궁정의 음모와 속박 받지 않는 섹스의 세계에서 에스트라벤과 겐리 에이는 순결한 관계를 유지하며 간디의 수동적 저항을 실천한다. 패배와 불명예에 맞서 에스트라벤은 기관총이 난사되는 가운데 스키를 타고 내려가는 형태로 영웅적인 죽음을 선택한다. 그들이 가장 친밀한 순간 겐리 에이는 에스트라벤에게 텔레파시로 의사소통을 가르치지만 이 같은 친밀함을 공유한 순간은 줄거리에 더 이상 영향을 미치지 않는다. 오히려 그것은 책의 페미니스트적인 선의의 방향을 제시하고 있다. 1960년대와 1970년대에 남자들은 싸우고 로켓 우주선을 발사했으며, 여자들은 정신 감응력으로 정신적인 치료——우주선 '엔터프라이즈'에 승선했든 혹은 맥카프리, 맥킨타이어나 르 귄의 소설을 읽고 있든——를 했다. 르 귄은 특히 가장 빈약한 대리적 흥분을 제공했다. 르 귄은 가르치고 교화시키고자 하는 것이 목표인 교육자이며 당시 30년간 지속된 작가 생활을 지배한 교훈의 주안점은 하나의 문제로 요약되고 있다. 즉 페미니즘이다.

르 귄의 페미니즘은 남자의 성에 대한 병적 혐오감이 안드레아 드워킨보다는 덜 노골적이지만 그래도 절대적이다. 1985년의 유토피아적 소설 『항상 집으로 돌아오다』에 따르면 르 귄은 다름아닌 우리가 알고 있는 서구 문명의 폐기와 자비롭고 전체적이며 샤머니즘적인 모권 사회를 요구하고 있다. 어떤 논쟁자에게도 이데올로기적 확신을 드러낼 다른 세계들을 가정할 수 있는 공상과학소설은 예기치 않은 행운이었다. 레인지는 자신의 고르를 갖고 있었고 방향 전환은 당연한 귀결이다. 1972년 휴고 상과 네뷸러 상을 수상한 소설『세상을 가리키는 말은 숲』에서 르 귄은 자신의 애트쉬를 갖고 있다. 그것은 고르에서 기초 훈련을 받은 야만적인 지구인들이 강탈한 낙원 같은 행성이다. 르 귄은 개간되지 않은 행성 애트쉬를 파괴하려 하는 악의를 가진 가부장적 주인공 캡틴 데이비슨을 다음과 같이 묘사하고 있다.

> 단지 삼림이 개간된 지역들 중 한 지역의 상공으로 자동식 파종기를 가지고 가 빌어먹을 활과 화살로 무장한 그곳 많은 애트쉬인들[피지배자/원주민/외계인들]을 급습해 고체 알코올 깡통을 떨어뜨리고 그들이 이리저리 뛰어다니며 불타는 장면을 지켜본다. 그러면 더할 나위 없을 것이다. 그런 생각은 여자와의 섹스를 생각할 때처럼 또는 애트쉬 사람인 샘이 그를 공격해 뺨을 번갈아가며 네 차례 때렸을 때를 상기할 때마다 늘 그렇듯 그의 배를 약간 부글거리게 했으며……
>
> 사실 남자가 유일하게 실제로 완전히 남자인 때는 여자와 섹스를 하거나 다른 남자를 죽였을 때다.[9]

『세상을 가리키는 말은 숲』을 집필할 때 르 귄이 격렬하게 비판한 대상은 남자가 아니라 미국의 베트남 주둔이었다. 그녀의 '애트쉬 사람들'은 네이팜탄에 마을을 포격당한 베트남 농민들이었고 캡틴 데이비슨은 사람들을 죽인 미국을 구체화한 것이었다. 하지만 책이 인쇄되고 있는 동안 전쟁은 끝났고 캡틴 데이비슨은 더 일반적인 의미를 갖게 되었다. 그는 더 이상 특정한 역사적 잘못을 상징하는 것이 아니라 카인 같은 명확한 성적 특징으로 남성적 본질에 고유한 어떤 것의 상징이다.

르 귄의 페미니즘은 전체적으로는 세계 개혁을, 그리고 부분적으로는 공상과학소설의 개혁을 위해 시종일관 정치경제적 의제를 담고 있다. 1973년 워싱턴 주 벨링햄에서 열린 SF 대표자 회의에서 르 귄은 이 주제에 대한 몇 가지 선언들 중 첫 번째 선언을 한다. 그녀는 이 선언에서 다음과 같이 말하고 있다.

여성 운동 덕분에 우리 대다수는 SF가 여성을 전적으로 무시하거나 극악무도한 자들에게 즉흥적으로 강간을 당하고 앙앙 우는 백치 미인들로 묘사하고……기껏해야 충실한 사랑스러운 아내나 뛰어난 주인공의 애인으로 묘사하고 있다는 사실을 깨닫게 되었습니다. SF에는 남성 엘리트주의가 만연하고 있습니다. 하지만 그것이 단순히 남성 엘리트주의에 불과할까요? SF에서 '여성의 종속'은 단지 권위주의적이고 권력을 숭배하며 강렬하게 가부장적 것의 총체적 증상에 불과한 게 아닐까요?

……대부분의 SF가 묘사하고 있는 유일한 사회적 변화는 권력을 잡은 엘리트가 무지한 대중을 지배하는 권위주의에 대한 것입니다.……사회주의는 결코 대안으로 고려되지 않고 있으며 민주주의는 완전히 잊어지고 있습니다. 군사적 덕목이 윤리적인 것으로 받아들여지고 있습니다. 부는 당연한 목표이자 개인적 덕목으로 치부되고 있습니다. 경쟁적 자유 시장 자본주의가 전 은하의 경제적 운명입니다. 일반적으로 미국의 SF는 부유하고, 야심적이며 공격적인 남성을 정점으로 이어 큰 간격을 두고 밑바닥에 가난하고 교육받지 못한 익명의 대중과 전적으로 여성이 자리하고 있는 우월한자와 열등한자 같은 영속적인 계급제를 취하고 있습니다. 전체적인 묘사는 말하자면 이상하게도 '비-미국적'입니다. 그것은 때로 정점에 있는 우두머리 수컷을 하급자들이 정중하게 돌보는 완벽한 개코 원숭이의 가부장사회입니다.[10]

르 귄은 아주 노골적인 논조로 매도하고 있다. 분명 르 귄에게 캡틴 데이비드슨(특히, 하인라인과 그를 모방하는 무리들)을 연상시키게 하는 주인공들을 내세우는 SF작가들이 있긴 하지만 대중적으로 가장 성공한 대다수 작가들은 자신을 데이비드슨의 잔혹한 군사 통치에 포함시키는 것에 당혹감을 금치 못할 것이다. 일찍이 에드워드 벨라미가 건설되기를 열망한 복지국가의 세부 사항을 쓴 이후로 SF는 좌파 성향의 작가들에게 매력적인 장르가 되어왔다. SF만이 부와 권력에 과도한 관심을 보인 것은 아니다. 르 귄의 주된 롤 모델인 버지니아 울프 역시 같은 약점 때문에 비난을 받게 된다. 르 귄의 원칙을 엄격히 적용하게 되면 동화와 신화들조차 비난을 받게 된다. 즉 신데렐라는 돈을 목적으로 남자와 결혼한 여자이며 호메로스는 우두머리 수컷 개코 원숭이 같은 계관 시인이라는 것이다.

이데올로기는 어리석은 생각을 증식시키고 2세대나 3세대 후에는 유해한 반항적 태도를 증식시킨다. 르 귄의 가장 완성도 높은 소설『빼앗긴 자들』(1974)이 발표되고 20년 동안 르 귄의 작품은 점차 정치적으로 경직되지만 여성학에서 르 귄의 명성은 그에 반비례해 높아졌다. 블랙스 버그에 있는 버지니아 폴리테크닉 대학 멜린 S. 바는 르 귄의 연계된 이야기 모음집『항로 : 클랏츠샌드 연대기』(1991)를 경축하는 에세이를 발표했다. 이 에세이에 대해선 분명 바의 우상조차 당황스러워하며 민망해 했다. 바의 에세이 제목은 "페미니스트 공상과학소설의 새로운 방향으로서의 '클랏츠샌드 항로 연대기'(원문대로) 혹은 어슐러 르 귄을 버지니아 울프와 연계시키는 것을 누가 두려워하랴?"다.[11]

바의 에세이는 오웰의 오리소리(오리가 꽥꽥거리다라는 뜻으로 상대에게 사용할 땐 비난, 자신에게 사용할 땐 칭찬이 된다는『1984』에서 나오는 신어-옮긴이)

처럼 불가사의 했다. 그녀는 단조롭고 수식 없이 규칙적이었으며 한결같이 판에 박힌 말투를 생각 없이 되풀이 하고 있다. 바가 선호하는 것은 제목에 나타나 있다. 즉 '새로운 방향'과 '페미니스트 공상과학소설' 혹은 변주로서 '페미니즘의 우화적 소설화'와 '페미니니즘의 사상적 실험'같은 것이다. 이런 상투적인 문구가 겨우 8쪽에서 다음의 예들에서처럼 33번 되풀이 되고 있다. 즉 "'항로'는 폄하되고 있는 페미니스트 공상과학소설과 고상한 주류 문학 간의 명백한 차별을 종식시키는 길을 가르쳐주는 페미니스트 공상과학소설의 새로운 방향을 탐구하고 있다." 또한 "로즈마리를 통해 르 권은 페미니스트 공상과학소설에 새로운 방향이 필요하다는 사실——그것에 잘못된 명칭이 부여되었다——을 지적하고 있다." 그리고 "페미니스트 공상과학소설을 위한 새로운 방향은 사서 로즈마리와 앤탈이 대변하고 있는 집단 간의 공통된 입장으로서 페미니스트적 우화 소설화를 향한 움직임을 필요로 한다." 또한 "페미니스트 공상과학소설에 가장 바람직한 새로운 방향은 이 같은 문학이 가부장적 구조에 대한 변화를 분명히 하고 있는 페미니스트적 사고의 실험을 사회적으로 과소평가하지 못하게 하는 방식으로 계속해 나아가는 것이다." 그런데 종잡을 수 없는 이 모든 말은 어떤 결론에 이르는 것일까? 다음과 같은 것이다. 즉 "주류 문학에서 명망 있는 사람들의 권세가 쇠퇴하지는 않을지라도 페미니스트 공상과학소설은 반격할 수 있다. 페미니스트 비평가들은 판타지를 경시해선 안 된다. 그들은 르 권이 우리 시대의 버지니아 울프라는 나의 견해에 동의해야 할 것이다."

어떤 저자도 자신에게 열광하는 숭배자의 열정에 대해서까지 책임질 수는 없다. 그렇지만 버지니아 울프와 함께 평등한 발언 기회와 명예에 대한 르 권의 중장은 메를린 S. 바가 지어낸 것은 아니다. 그것들은 『항로』의 줄거리에 함축되어 있었다. 책의 줄거리는 분명 자신을 반영한 인물인 버지니아 헤른이 울프의 문학적 명예 상속권에 대한 저자의 의식을 구체화하고 있다. 울프의 문학적 명예 상속권은 르 귄이 SF라는 작은 세계에서 울프의 사절이라는 역할을 떠맡은 1976년 에세이 「공상과학소설과 브라운 부인」에서 기원할 것이다.

르 귄과 그녀를 대신해 바가 표현한 슬픔의 감정은 더 많은 세력권을 주장하는 페미니즘을 특징짓고 있다. 동등한 고려에 대한 페미니스트의 요구는 그들이 임명과 종신재직권을 결정하는 학계에서만이 아니라 출판 전략에서도 중요한 역할을 하고 있다. 출판 분야에서 르 귄은 『공상과학소설 노톤 북』을 편집하게 되는 전략적 성공을 거두었다. 노톤의 문학 선집들은 필수 대학교재라는 수익성 있는 시장을 지배하고 있으며 당시까지 SF에 초점을 맞춘 노톤 선집은 없었다. 조지 슬러서는 분별력 있는 통렬한 에세이 평론 「정치적으로 옳은 공상과학소설에 대한 책 ; 르 귄의 노톤 선집」에서 이 선집의 의미를 명쾌하게 설명하고 있다.

강의 교재로 유용한 노톤 선집은 악명 높은 기준 작성자다. 또한 『노톤 북』은 적당한 가격에 많은 단편소설들이 수록돼 앞으로도 계속해서 출판되어 이 분야에서 점차 늘어나는 많은 대학 강의들에서 사용되게 될 것이다. 아주 경제적이기 때문에 이 책은 사실상 정전이 되고 있다. 오늘날 아카데믹한 분위기에서 '적당한' 이론적 편견으로 책을 편집하게 되면 시장 점유율을 높일 수 있다.……[하지만 SF는] 소위 학계의 정치적 적절성에 대한 윤리적 요구는 말할 것도 없고 윕부로부터의 어떤 이데올로기적인 기준 제정에도 완강하게 반항해왔다는 사실을 입증해왔으며……별 볼 일없는 잡지의 저자들과 SF와 거의 관련이 없거나 전혀 관련이 없는 사람들의 단편소설들로 인정받은 SF 텍스트들(여기서 하고 있듯이)을 희석시키기에 충분하지 않다. 분명 SF텍스트들은 도

덕적 의지에 악용되는 경향이 있으며……그 결과가 전체주의적 정치 선전의 걸작이다.[12]

나는 르 귄이 근본적으로 자신과 이데올로기적 차이가 있는 많은 저자들을 배제했다는 사실을 논외로 한다면 노톤 선집이 전체주의적 정치선전의 걸작이라거나 전체주의적 정치선전 공세라고까지는 생각하지 않는다. 물론 작품선정이 편집자의 특권이긴 하지만 르 귄이 지나치게 무리하게 열정적으로 편집자의 특권을 행사해 획일화한 것이 좋아 보이지는 않는다. SF 장르를 간략하게 대표하는 선집을 편집하면서 르 귄은 두 가지 독창적인 방법으로 지면을 할애하고 있다. 두 가지 방법은 선집의 부제「북미 공상과학소설, 1960~1990」에서 밝히고 있다. 첫 번째 지리적 경계로 지역 내에 있는 마가렛 애트우드와 몇몇 다른 캐나다 저자들의 작품들을 게재하고 더 중요한 모든 영국 저자들의 작품을 제외할 수 있었다. 1960년대에서 1990대까지는 영국 SF가 인정받았던 시기였다. 따라서 아서 클라크, J. G. 발라드, 마이클 무어콕, 브라이언 앨디스, 존 브루너, 안젤라 카터, 조세핀 섹스턴, 크리스토퍼 프리스트, 이안 왓슨이나 심지어 이 시기 영국과 미국 SF의 상호교류가 출판 현상으로 지속적으로 발효하고 있었는데도 노먼 스핀래드, 존 슬레덱이나 나 같은 뉴 웨이브 동조자의 작품들은 실리지 않았다.

1960년 이전에 쓰여진 SF작품들을 제외했기 때문에 르 귄의 이데올로기적 적대자들과 직업적 경쟁자 같은 훨씬 더 많은 저자들의 작품을 배제했다. 『노톤 북』은 분명 아시모프, 브래드버리, 하인라인, C. M. 콘블러스, 알프레드 베스터, 워터 M. 밀러, Jr와 커트 보네거트(이들 중 누구의 작품도 게재되지 않았다)을 제외했으며 쇠퇴 혹은 거의 소멸되던 그들의 상상력을 입증했던 소설들로 1950년대 대성공을 거두었던 다른 유명 저자들의 작품을 제한했다. 데이먼 나이트, 시어도어 스터전, 제임스 블리쉬, 프레데릭 폴이 재출간한 단편소설들에만 근거해 판단하는 새로운 독자들은 「어스타운딩」과 「갤럭시」시대의 거물들을 아시모프, 브래드버리 그리고 배제된 다른 저자들과 함께 잊어질 것으로 생각하게 될 것이다.

부당한 기준에 따른 작품 선별로 르 귄을 손쉽게 여성과 다른 전형적인 희생자들처럼 SF가 전통적으로 무시해왔던 것을 바로 잡는 소수자 우대운동 선집을 출간할 수 있었다. 다음은 르 귄의 편집 원칙을 일부 발췌한 것이다.

나는 공상과학소설이 지금처럼 백인의 전유물이 아니기를 희망하고 있다. 나는 왜 SF가 아직도 백인들만의 전유물로 남아 있는지 알고 싶다. 이 책에 게재된 흑인과 인디언 작가의 작품이 반갑고 자랑스럽지만 더 많은 작품이 없고 아시아계나 라틴계의 작품이 한편도 없다는 사실은 유감스럽다.……[13]

나는 공상과학소설이 지금처럼 남자들의 전유물이 아니기를 바라고 있지만 큰 차이는 아니더라도 공상과학소설이 과거처럼 남성들의 전유물만은 아니다. 설득력 있고 재기가 뛰어난 여성작가의 작품들을 게재하게 되어 기쁘게 생각하며 그들 중 아주 많은 작가들이 젊다는 사실에 확신을 갖게 된다. 우리는 실제로 처음부터 견고하게 남성적인 분야에서 여성들의 역할을 강화하고 있다.[14]

SF가 '지금처럼 남성의 전유물이 되지 않도록'하기 위해 그리고 여성작가의 작품을 우선적으로 게재할 뿐만 아니라(67편의 작품 중 여성작가들의 작품이 26편이다) 더 나이든 명성 있는 남성작가의 작품은 상대적으로 더 짧고 빈약한 단편소설을 선택한 반면 여성작가들의 작품은 더 길고 탄탄한 구성을 가진 단편소설들을 게재함으로써 편집자는 여성들의 존재를 부각시키고 있다. 결과적으로 로버트 쉐클리, 루이스 쉬너, 데이먼 나이트, 조 홀드먼, 베리 말츠버그, 로저 젤라즈니, 프레데릭 폴, 할란 엘리슨, 로버트 실버버그와 진 울프의 10개 작품은 수제트 헤이던 엘긴과 제임스 팁트리, Jr.(앨리스 쉘던의 필명)의 작품 2편에 할당된 것과 같은 쪽 수(45쪽)가 할애되었다.

초 단편에서 최상의 필력을 발휘하는 작가는 거의 없지만(르 귄이 두 쪽에서 일곱 쪽짜리 길이의 명이 짧은 많은 소품들을 쓰면서 분명 알고 있듯이) 르 귄은 자신이 축소시키기로 한 남성작가들조차 최고의 작품을 찾으려 노력하지 않았다. 오히려 르 귄은 앞서 언급했던 1973년 벨링햄 연설에서 밝히고 서언에서 큰 차이 없이 되풀이 하고 있는 자신의 정치적 견해를 가장 분명하게 반영하고 있는 작품들을 선택하고 있다. 즉 전쟁은 잘못이고 남자들은 전쟁에 대해 비난받아 마땅하며 자본주의는 무자비하고 남자들이 자본주의에 대해 비난받아 마땅하다는 것이다.

르 귄이 『노톤 북』에 게재한 베리 말츠버그의 작품에서 주인공은 마치 편집자를 대변하는 듯이 말하고 있다. 줄거리가 배경으로만 쓰이고 있는 연설의 핵심은 다음과 같다. "우리는 우주계획을 중단해야 합니다.……우주계획이 우리 도시들을 파괴하고 있고 혜택 받지 못한 사람들을 저버리고 있으며 사람들에게 우주정복이 자신들의 문제를 해결해줄 것으로 잘못 생각하게 하고 있기 때문입니다. 또한 우주계획이 신비스럽고 경이적이며 복잡한 인간 영혼을 전혀 고려하지 않는 전문가와 정치인들의 손에 맡겨져 있기 때문입니다. 우리는 달로 가기 전에 지구에서의 우리 문제들을 해결하는 것이 더 바람직합니다."[15] 이런 졸렬한 설교를 접한 사람들은 누구도 말츠버그의 이런 짧은 작품들에서도 신랄하고 재미있을 수 있다는 사실은 상상조차 할 수 없을 것이다. 하지만 이러한 작품들은 르 귄이 추구하고 있는 차별적 편견이 없는 특징을 담고자 하지 않았다.

나는 『노톤 북』이 출간되기 전 르 귄의 편집방향에 대해 의혹을 품고 있었다. 르 귄이 내가 기억되지 않았으면 하는 초 단편 게재를 요청했기 때문이었다. 나는 난색을 표하며 대신에 내가 발표했던 100편 이상의 작품들 중에서 몇몇 작품을 제안했다. 르 귄과 공동 편집했던 브라이언 애트베리는 「거의 반목에 이른 아파트 The Apartment Next to The War」 이외의 다른 작품은 자신들의 편집 방침에 맞지 않는다고 주장했다. 어쩔 수 없이 이렇게 대답했다. "내가 별 볼 일없는 작가이긴 하지만 그 작품은 안 됩니다. 차라리 내 고모의 레몬 푸딩 요리법으로 대신하겠습니다."[16]

『노톤 북』과 일반적인 페미니스트 공상과학소설의 지배적인 가정들 중 하나는 남성성은 공격성, 물리적 폭력과 동일시 된다는 것이다. 바와 르 귄의 사고방식에 따라 이는 대개 남성성에 대한 불신으로 사용되고 있다. 하지만 페미니스트들 중에서도 고르식 남자의 난폭함을 비난하면서도 오히려 전사의 역할을 하는 여성에 대한 공상을 즐거워하는 사람들이 있다. 조안나 러스는 자신의 단편 소설들에서 여성용병 앨릭스에 대해 이 같은 흔적을 뚜렷이 나타내고 있다. 그녀의 1968년 소설 「천국에서의 소풍」에서도 등장한 앨릭스는 필요하다면 누구든 기꺼이 죽여 버리는 강인하고 영리한 여장부다. 많은 저자들이 러스를 모방했다.

1975년 러스는 『여성 남자』를 발표했다. 이 소설은 르 귄과 궁극적으로 철학을 달리하고 있지만 전례 없는 최고의 페미니스트 공상과학소설로 받아들여지고 있다. 정치적으로 르 귄이 사실상 남자를 무장해제 시키고 싶어 한 반면 러스는 여성에게 권력을 주고 싶어 한다. 『여성 남자』는 러스의 1972년 네뷸러 상을 수상한 단편소설 「그것이 변모할 때」에서 비롯되었다.

이 소설은 30세대에 걸쳐 여성들만 거주하던 파일어웨이라는 식민 행성에 남자 우주비행사가 다시 등장하는 것을 묘사하고 있다. 파일어웨이 주민인 화자가 처음으로 남자를 목격한 순간이 〈미지와의 조우〉 모선의 착륙과 동일한 '첫 번째 조우'로서 분명 페미니스트 SF의 순간이다.

> 그들은 우리보다 더 크고 건장했다. 두 명은 나보다 더 컸으며 나는 맨발로 180 센티나 될 정도로 키가 크다. 그들은 분명 우리와 같은 인종이지만 달랐으며 말로 표현할 수 없을 정도로 달랐다. 눈으로 보고도 이 외계인 신체의 굴곡을 도대체 이해할 수 없었고 아직까지 이해하지 못하고 있다. 러시아어를 하는 자——그들의 목소리라니!——가 과거의 풍습이라고 생각되는 '악수'를 하고 싶어 했지만 당시 직접 다가가 그들과 접촉할 수는 없었다. 기껏해야 그들은 인간의 얼굴을 한 원숭이처럼 보였다.

하인라인이 『프라이데이』에 게재한 알파벳순 여성 29명에 대한 헌정과 감사의 글에서 젠느, 조안과 주디 린에게 경의를 표했지만 조안나라는 이름을 빠뜨린 것은 놀랄 일이 아니었다. 이제 그가 이름을 누락한 것이 사실상 찬사가 되었다.

대체로 르 귄처럼 모성이란 틀에 맞추어 인간의 본성을 개조하기보다는 '남자의 세계'에서 대처할 수 있는 여성을 가정하는 러스의 전략은 현실세계에서만이 아니라 공상과학소설 같은 가상현실에서도 성공을 거두고 있는 것처럼 보인다. 현실세계에서 여성은 군복무 심지어 전투원으로 복무하고 있으며 가상현실인 공상과학소설에서 가장 인기 있는 새로운 여성 저자들——C. J. 체리와 로이스 맥마스터 부졸드——은 러스의 예를 따라 고르의 저자를 과거의 겁쟁이처럼 보이게 하는 매우 열성적인 현실정치 스페이스 오페라를 쓴다. 그들의 태도는 페미니즘? 좋아, 우리는 전쟁에서 승리했어. 자 이제 다음 투쟁을 계속하자고 라고 말하는 것처럼 보인다.

물론 문화와 정치 양영역에서 성은 주요한 갈등으로 남아 있다. 두 가지 성이 존재하는 한 그들은 계속해서 논쟁하게 될 것이다. 하지만 성은 한 개인의 정신 속에서도 갈등하고 있다. 인간은 분명 여자라면 어땠을까 혹은 남자라면 어땠을까를 늘 궁금해 한다. 또한 SF는 이러한 의문을 본격적인 사고의 실험으로 이해할 수 있게 해주기 때문에 이 문제에 사로잡혀 있는 사람들에게는 현실적인 천국이다.

러스는 앨릭스를 갖고 있고 하인라인은 28살 흑인 비서 유니스의 몸(그리고 정신)으로 들어감으로써 죽음을 교묘하게 피하는 94살의 억만장자 존 세바스티안 바흐 스미스를 갖고 있다.[17] 『어둠의 왼손』에서 르 귄은 자웅동체인 인종을 고안해내었다. 그들은 테베의 장님 예언자 티레시아스와 하인라인의 조안/유니스처럼 양성의 특별한 지혜를 공유하고 있다. 또한 존 발리(「바비 살인사건」, 1980)와 사무엘 R. 딜레이니(「트리톤」, 1976)는 성형수술처럼 모든 임의적인 성전환이 의학적으로 평범한 일이 된 미래 문화를 가정하고 있다. 모든 실험이 실험으로 생각되지 않는다. 공상과학소설은 분명 다른 어떤 문학 장르보다도 더 높은 성전환 수술 비율을 보이고 있다. 이 분야에서 중요한 4명의 작가들이 하인라인이 꿈만 꾸었던 것을 해왔다. 성전환의 가장 대표적인 예는 행크가 진 스타인으로 성 전환한 것이었다. 1968년 행크 스타인은 포르노그라피 SF소설 『마녀의 계절』을 발표했다. 소설에서 강간범은 행위의 근원(포르노그라피에서 흔히 그렇듯)이 되는 처벌인 여자로 생물학적으로 성 전환됨으로써 자신의 죄에 대한 처벌을 받는다. 저자가 이 행동계획을 자신의 삶에서 실연하기로 선택한 것은 스타인이 부분적으로 남자다움을 이브의 딸들이 다행스럽게 면제받은 일종의 원죄라는 급진적인 페미니즘에 내몰렸을 수도 있다는 사실을 시사할 것이다.

자신을 남자로서 무력하게 만든 또 다른 SF 성전환자인 제시카 아만다 살몬손은 고대사를 전사인 여왕들이 통치하는 일종의 페미니즘적 유토피아로 상상하는 수정주의 역사서술의 대표자가 되었다. 페미니스트 '영웅 판타지' 선집 『아마존!』 서문에서 살몬손은 다음과 같이 선언하고 있다.

학술적 논거에 따라 우리는 많은 초기 민족들의 법률과 사회 체계는 어머니 중심, 처가 거주, 모계주의였으며 이 같은 사회에서 여성의 지위와 권력은 오늘날 보다 더 컸다는 사실만을 입증할 수 있을 뿐이다.……현대의 인류학과 유효한 고고학적 증거들은 고도로 발달한 세계적인 모계 문명 시대를 추정하게 한다.

……우리는 단지 이전에 여성이 지배했다는 보편적인 신화를 낳은 공통된 경험의 개연성을 추론할 수 있을 뿐이다——또한 판타지 소설에서 특히 이 같은 추론은 십중팔구 어떤 과학적 가설만큼이나 진실에 근접한 것일 뿐 아니라 상상력이 풍부하고 흥미로운 것일 수 있다.……우리는 적어도 때로 아주 우스꽝스럽게 계속해서 여자는 결코 강할 수 없다고 추론하는 모든 비방자들을 간단하게 처리할 수 있다. 용맹한 여전사인 아마존은 신석기 시대부터 시카고, 벨파스트와 북경의 거리에 이르기까지 싸우며 살고 있다.[18]

아주 감정적으로 들릴 수도 있지만 이런 주장은 폰 다니켄(어떤 상당한 크기의 고대 인공유물도 외계 방문자들의 작품이라고 주장하는)이나 잃어버린 뮤 대륙과 아틀란티스 대륙을 믿는 사람들 혹은 피라미드가 흑인 아프리카인들의 초과학과 초능력(지금은 잃어버린)으로 건설되었다고 주장하는 흑인중심주의자들의 역사 고쳐 쓰기만큼이나 진지하게 받아들일 것이 거의 없거나 소원성취를 학문으로 보이려 애쓴 것이라고 완곡하게 말하고 싶다. 지적인 행상꾼들은 SF의 비유들을 사용했으며 그들은 이 모든 경우에 허구는 사실로 재포장되면 더 성공적으로 상품화될 수 있다는 사실을 알고 있었다.

그렇다고 영웅주의적 몽상에서 비롯된 심리적 이점을 부정하는 것은 아니다. 남자들이 베어울프와 롤랑, 캡틴 비디오를 가질 수 있다면 여자들(그리고 성 전환자들)이라고 자신의 전사에 대한 공상을 즐기지 못할 이유가 어디 있겠는가? 사실상 여자들은 그렇게 하고 있으며 서점의 보급판 책 선반은 스페이스 오페라들로 채워져 있다. 이 소설들에선 헨델의 오페라처럼 소프라노 가수들이 전투에서 군대를 지휘할 수 있다. 따라서 최근의 〈스타 트렉〉 우주선은 여자가 지휘하고 있다──군부대에서 여성 지휘관이 점차 증가하고 있듯이.

SF로 페미니스트의 유입은 나름의 분명한 아이콘을 만들어내고 있다. 그것은 여기에서 논의되는 공상과학소설을 나타내는 우주선, 로봇과 공룡 같은 얼마되지 않는 이미지 목록에 첨부되고 있다. 새로운 아이콘은 삭발한 여자다. 〈스타 트렉〉의 첫 번째 영화에서 1979년 처음으로 삭발한 여성 일리아가 등장했다. 영화가 따분하다고 생각한 비평가들조차 페르시스 캄바타의 '매혹적'인 연기에 대해선 호평했다. 사람들은 분명 비평가들이 그녀의 패션 이미지에 매혹되었다고 생각했다. 페르시스 캄바타의 연기는 주로 아찔할 정도로 진지하게 카메라를 직시하는 것이었기 때문이다. 분명 캄바타의 새로운 모습은 당시 가장 영향력 있는 SF잡지 아트 디렉터에게 강한 인상을 주었다. 1983년 「옴니」 신년호부터 캄바타의 헤어스타일이 별이 총총한 하늘과 안구처럼 거의 정기적으로 표지를 장식하기 시작했기 때문이다. 1983년과 1992년 사이에 이 잡지 표지 중 19컷이 이 주제에 대한 변주를 활용했다. 투명 합성수지 머리, 금속 머리의 삭발한 여성들, 삭발한 두개골이 CD나 옥수수 머리모양의 캡슐들로 변형되는 여성들이었다. 삭발한 여성의 머리 가죽은 다양한 기하학적 형태들을 풀어놓을 수 있도록 찢겨 열려지거나 유화 그림의 구체들로 장식되었다.

행성처럼 삭발한 모습은 에어브러시로 표현하는 것이 더 쉬웠을 것이다. 아무리 유행에 따른다 해도 현실적으로 머리칼이 없을 수 없기 때문에 삭발한 머리는 또한 '시대를 초월'하고 있다. 삭발한 이미지는 포가 예언한 것처럼 두뇌뿐인 미래의 '진화한' 인류를 암시하고 있다. 삭발한 머리는 또한 프리츠 랑의 1926년 작 〈메트로폴리스〉에서 처음으로 여성을 특징지었던 이미지인 로봇을 암시하고 있다. 이 영화에서 여주인공의 사악한 도플갱어는 처음으로 완전히 금속으로 된 여성으로서 등장한다.

그 모든 것을 할 수 있게 한다. 즉 삭발한 아이콘의 현실적 의미와 매력은 다른 곳에도 존재하고 있다. 남자에게 삭발한 머리는 노골적인 공격성을 의미한다. 〈택시 드라이버〉에서 로버트 드 니로는 광포해지기 전 가운데 머리칼 한 줄을 남기고 나머지를 삭발함으로써 자신의 의도를 알린다. 〈내츄럴 본 킬러〉에서 우디 헤럴슨이 연기한 디토, 사실상 디토는 모든 해병대 사병이다. 실제 폭력의 진행은 전통적으로 삭발로 예시되고 있다. 머리카락은 거의 모든 문화에서 여성적인 것을 의미한다. 머리카락은 취약하며(포의 「머리카락을 훔친 자」를 생각해보라) 또한 허영심의 증거이다. 삭발은 또한 상징적 처벌로 가해지든(나치와 교제했던 프랑스 여인들은 삭발 당했다) 금욕적 규율로 나타나든 어떤 더 높은 이상을 위한 완전한 희생의 증거이다. 씨터델 사관학교에 입학하기 위해 노력한 섀넌 포크너의 마지막 법적 투쟁은 헤어스타일 문제에 대한 것이었다.

SF 아이콘으로써 삭발한 여인은 기존 의미들을 탈피해 배역을 맡고 있다. 하지만 그 중심적 의미는 축소되었다기보다는 강화되었다. 순결 서약에도 불구하고 삭발한 페르시스 캄바타는 영화 〈스타 트렉〉의 결말에서 초월적 오르가즘을 즐긴다. 〈에일리언〉(1979), 〈에일리언2〉(1986), 〈에일리언3〉(1992)의 주인공 시고니 위버는 말 그대로 바로 삭발한 여신이 되었다. 앞선 두 편의 영화에서 일찍이 영화에서 등장했던 것들 중에서 가장 끔직한 악몽처럼 남근을 상징하는 에일리언과 대결했던 시고니 위버는 통상적인 몇 가지 여성성의 규정을 유지하고 있다. 사실상 사랑하는 고양이 때문에 거의 목숨을 잃을 뻔 하기까지 한다. 세 번째 영화에서 시고니 위버는 최후의 희생을 요구받는다. 즉 삭발을 감행한 것이다. 그녀는 조안나 러스의 예언처럼 여성 남자인 새로운 여성이 되었다.

그렇지만 아무리 과감한 헤어스타일도 남녀 간의 전쟁을 멈추게 하거나 더욱이 적대감을 종식시키지는 못할 것이다. 남녀라는 이분법은 영구적이고 뿌리 깊으며 벗어날 수 없는 조건이다. 많은 SF독자(그리고 저자)들은 분명 일상적인 근거에 따라 여성과 남성의 경계선을 넘어서고 있다. 또한 사람들은 누구나 나름의 독특한 방식으로 위험과 불편에 대처한다. 어떤 사람들은 단순하게 외계인들을 무시한다. 즉 누구도(영어 수업시간 이외에) 르 귄의 작품(혹은 그 문제에 대한 하인라인의 작품)을 억지로 읽게 할 수는 없다. 또다른 사람들——급진적 페미니스트와 완고한 남성 우월주의자들——은 무기를 가지고 명예를 얻고자 적지로 들어간다. 읽기에 인내를 요하는 작품들이 대부분이지만 읽는 것이 중요한 것은 아니다. 그들이 선호하는 저자들은 정신적 지도자로 승격되고 그들의 소설은 다른 모든 독서를 불필요하게 만드는 복음이 된다.

또한 함께 농담하며 재미있게 어울리는 것으로 자신들의 차이를 해결할 수 있는 사람들——SF에서 조차 다수인——이 있다. 이런 독자들이 아주 감탄하는 저자들은 가장 뛰어난 소설들에서 반대되는 성을 아주 훌륭하게 흉내낼 수 있기 때문에 이름이나 사진이 아니라면 어떤 독자도 자신이 읽고 있는 글의 저자가 여자인지 남자인지 알 수 없을 것이다.

7장 별에게 기원할 때
종교로서의 SF

1964년 여름 나는 데이먼 나이트와 그의 아내 케이트 빌헬름이 펜실바이아 주 밀포드에 있는 쓰러져가는 빅토리아 풍 저택 앵커리지에서 주최한 밀포드 공상과학소설 작가회의에 초청받았다. 1956년에 시작한 이래 매년 8일 동안 계속되는 작가와 그들 배우자들의 모임은 어떤 사람이 또 다른 통속 예술가에 불과한 것이 아니라 저명 작가라는 신호로 SF공동체 내에서 가장 인기 있는 자격 증명서로 받아들여지게 되었다. 당시 정기적인 밀포드 회의 참석자에는 나이트부부, 제임스 블리쉬와 그의 아내, 버지니아 키드, 할란 엘리슨, 카롤과 에드 엠쉬화일, 조안나 러스, 케이트 라우머, 명문집 편집자 주디스 메릴, 다른 편집자들과 에이전트들, 그리고 리처드 맥켄나(『샌드 페블즈』의 명성 덕분에)가 망라되어 있었다. 나는 24살로 SF잡지에 적지 않은 소설들을 발표했었다. 밀포드에 초청받은 것은 신데렐라가 될 수 있는 기회였다.

하지만 무도회 전에 거쳐야 할 시련이 있었다. 나는 한때 기숙사였던 레드 폭스 여관에서 밤을 보내야 했다. 이 여관은 과거에 센트릭 파운데이션 본부로 도시에서 몇 마일 떨어진 곳에 있었다. 센트릭 파운데이션은 설립자(그리고 유일한 구성원들)가 월트와 레이 리치몬드 같은 SF저작 팀으로 인간 잠재력을 극대화하기 위해 바쳐진 조직이었다. 그들의 협업 방식은 특이하게도 공상과학소설적이었다. 어둡고 강압적인 면이 있는 친구로 말이 적은 월트는 조용히 미소를 지으며 텔레파시로 레이에게 정보를 전달하고 레이는 그것을 타자기에서 '그들의' 산문으로 번역했다. 레이는 다양한 소규모 신문사에서 일했고 사이언톨로지 초기 형태인 디아네틱스를 통해 늦은 나이에 SF분야와 월트에게 오게 되었다. 그들은 현금이 많이 모이기 시작하고 성직자 계급제도가 굳어지자 사이언톨로지를 떠났다. 아니 정확히 말해서 파문당했다.

단체에서 쫓겨나긴 했지만 그들은 계속해서 잠재적인 신입회원을 '검사'했다. SF작가 L. 론 허바드가 1950년 고안해낸 검사는 스스로 하는 저급한 형태의 정신분석이다. 검사 분석가는 '기억 심상'을 뿌리 뽑는다——억압된 정신적 외상은 흔히 정신 상태에 영향을 받는 질병들에 암호화되어 있다. 허바드의 디아네틱스 복사본을 들고 e-메터라는 작은 블랙박스와 적당한 방식으로 누구나 의사 행세를 할 수 있었다.

월트는 이 방식을 완전히 이해하고 있었다. 우리가 레드 폭스에 도착하자마자 그는 같이 숙박하고 있던 존 드 클레에 대한 검사에 착수했다. 존은 무릎통증을 호소했고 월트는 몇 차례 촉진과 텔레파시를 이용한 질문으로 존이 어린 시절 아버지와 문제가 있었다는 사실을 알게 된다. 존은 어린 시절 아버지와 문제가 있었다는 사실을 인정했고 월트는 이어 세월이 아들의 아픈 무릎에 암호화시킨 아버지의 죄를 밝히기 시작했다. 전 과정을 지켜보고 검사를 권유받았지만 나는 레이씨가 악의적인 유령이 출몰하는 것으로 알려졌다고 통지한 침실로 일찌감치 들어갔다. 다음날 아침 유령 때문에 방해받진 않았지만 리치몬드 부부의 모습에 오싹해진 나는 밀포드에서 남은 기간을 다른 호텔로 옮겨서 지냈다.

작가회의에서 동료작가들이 리치몬드 부부의 협업 원고를 검토했을 때 그들은 또 다른 드라마의 주인공이 되었다. 그들의 소설은 과거에 잃어버린 아틀란티스엔 외계인 초인들의 문명이 존재했다는 폰 다니켄의 억측에 대한 변주였다. 외계인 초인들이 인류를 동등하게 교육시키기 위해 토착 원시 인류를 자신들의 자손들과 인공 수정시켰다는 것이다. 아틀란티스인들이 태양 작용에서 비롯된 '전자 사태' 때문에 자멸한 후 그 과정은 규모가 축소된 태양 작용(피라미드들)으로 재개되었으며 일반적이고 입증할 수 있는 의미에서의 역사가 시작되었다. 세계사에 대한 리치몬드 부부의 기록은 의심이 많은 사람들이라면 주의를 기울이게 될 어떤 일관되지 못한 특징들이 있었다. 워크샵에 참석했던 많은 사람들이 보잘 것 없는 작품으로 받아들인 반면 또 다른 사람들은 아틀란티스 전체를 무턱대고 받아들일 수는 없지만 리치몬드 부부에게 표현법에 대해 조언해야 한다고 생각했다. 두 가지 형태의 비평은 몹시 괘씸하게 받아들여졌고 리치몬드부부가 떠나기 전 레이는 그들의 소설은 잘 팔리는 공상과학소설의 형태를 띠고 있지만 본질적으로 우리 행성 초기 역사에 대한 사실적 묘사이며 따라서 '단순한 직업적 의심가들——무익하고 평판이 좋지 않은 족속들'(포의 표현에 따르면)——의 그럴듯한 비평은 무시되어야 한다고 거만하게 설명했다.

리치몬드 부부는 SF분야에서 만났던 최초의 아주 별난 기인들로 내가 알고 있는 가장 순수한 유형의 사람들이었다. 괴짜로 가장 유명한 사람들——L. 론 허바드나 A. E. 반 보그트——을 만나본 적은 없지만 시어도어 스터전, 필립 딕과 〈엘 토포〉의 영화감독 알레한드로 조도로프스키를 만나는 축복을 누릴 수는 있었다. 그들 모두는 정신적 영향력의 싸움이라는 예술에서 전문가들이자 단호하게 무조건 항복만을 요구한 사람들이었다. 월트와 레이를 포함해 이 저자들의 공통점은 자신의 천재성——문학적 의미에서만이 아니라 어떤 더 고귀한 지혜에 대한 직접적인 정신적 연결로서——에 대한 뿌리 깊은 확신이었다. 많은 SF작가들이 진정한 소규모 신자들을 거느리고 있었다. 가장 두드러진 인물이 L. 론 허바드이긴 하지만 로버트 하인라인, 시어도어 스터전, 필립 딕, J. G. 발라드와 프랭크 허버트 역시 신도들이 있었다. 천재성은 거의 SF작가의 직업병이나 특전——아니면 단지 하나의 의무일 수도 있을 것이다——처럼 보였다.

천재성에 대한 신화는 로켓 우주선과 외계 괴물들 못지않게 공상과학소설이 선호하는 주제들 중 하나이자 신데렐라 이야기에 대한 SF 자체의 독특한 해석이다. 12살 때 읽었던 최초의 SF들 중에는 자신감이 결여되어 있다고 생각되는 아이라면 읽을 필요가 있는 책으로 윌리엄 텐이 편집한 선집 『기적의 아이들』이 있었다. 사춘기 이전 아이들의 비밀스러운 지혜(그리고/혹은 초능력)에 대한 이 책의 많은 우화들 중에서 미래 영어 전공자들을 위해 '톰 스위프트'를 새롭게 한 스터전의 단편 「아기는 세 살」이 있다. 문학적으로 조숙한 성공을 거둔 후 이야기의 주인공인 젊은 천재는 보완적인 초능력을 가진 다른 아이들과 조화를 이루어 『인간을 넘어서』(책 제목)게 된다.

센트릭 파운데이션, 비밀스러운 아틀란티스의 지혜, 텔레파시의 집필능력으로 월트와 레이는 L. 론 허바드, 이그나티우스 도넬리, 스터전, 여러 유형의 다른 SF작가들의 원고에 그려진 이상향에서 살고 있었을 것이다. 하지만 겉보기와 다르게 그들이 감응성정신병에 걸린 것은 아니었다. 월트와

레비의 관계는 공상과학소설 팬덤 같은 특이한 사회 제도의 축소판이었다. SF팬덤은 1920년대 최초의 대중 잡지와 함께 미국에서 생겨났으며 미국 전역의 연례(혹은 더 빈번한) 회의 모임과 등사판으로 인쇄된 팬 대상 잡지를 통해 계속해서 접촉하는 수만 명의 헌신적인 팬들이 형성된 1960년대까지 꾸준히 성장했다.

나는 헌신적인 SF독자이긴 했지만 1960년대 초 직접 SF소설을 펴내기 시작할 때까지 팬덤의 세계에 익숙해지지는 않았다. 당시 나는 수년간 읽어 왔던 작품들의 저자들을 만나고 편집자들과 정보를 교환하고 내 책을 선전하기 위해 연례 총회에 참석하기 시작했다. SF총회는 기성 작가들에게 더 큰 자신감을 가질 수 있는 휴가인 반면 작가 지망생들에게는 아마추어에서 전업 작가로의 다리를 놓아주는 역할을 하고 있다(팬 대상 잡지와 함께). 적어도 1960년대부터 SF분야의 대다수 작가, 편집자와 에이전트들은 팬덤을 통해 철저하게 등급이 매겨지게 된다.

하지만 팬덤은 주변적인 견습 기간 시스템에 불과하다. 팬덤은 삶의 방식이다.(Fandom is a way of life.) 사실상 이 신성한 진리의 머리글자에 불과한 팬덤의 신조어인 피아월 fiawol이 존재한다. 삶의 방식으로써 팬덤은 체계적이지 못한 종교──말하자면 십일조, 화려한 교회나 공식적 성직자 계급제도 없이, 교조적 정통성이나 윤리 규범 대신에 자기실현을 강조하는 뉴에이지 변형적 종교이긴 하지만 그래도 그 복음이 총회와 팬 대상 잡지에서 설교되는 종교──의 많은 이점들을 제공하고 있다.

팬덤의 첫 번째 교의는 SF가 진실이자 유일한 문학이라는 것이다. 현실 세계를 반영하고 있다고 공언하는 '세속적'인 소설은 이단이다. SF는 공상이며 팬들이 그것을 통해 천년왕국──팬들이 물려받게 될──에 대해 개인적 견해를 갖는 청사진이다. SF 초창기에 일반적으로 이 같은 복음은 신자들에게 불문율이었다. 하지만 알렉세이와 코리 팬신의 비평 작업을 통해 이 복음은 공식적인 교리가 되었다. 팬들의 선언서인 그들의『차원 속의 공상과학소설』(1976)은 '모방 소설——SF가 아닌 모든 소설——이 '문학의 소극적 세력'이며 심지어 '적극적인 자유를 거부하는 SF는 모방 소설만큼 아주 실망스러운 것이다'라고 선언했다. SF의 임무는 다름 아닌 '우리 내부에 있는 임박한 미래의 자아'에 대한 통찰력을 제시하는 것이다. 미래에 인간은 도덕적 혼란을 초월해 신으로 존재하게 될 것이다. 공상과학소설 이외에 구원은 존재하지 않는다——문학적 의미에서만이 아니라 전 인류의 운명과 관련해.

공상과학소설 팬의 두 번째 신앙적 교의는 팬들은 신비스러운 내재적 차이로 할례를 받지 않는 것 이상으로 고상한 별개의 종이라는 사실이다. 젊은 사람들(대부분의 팬들처럼)에게 SF팬은 별종이라는 교의는 자연스럽게 받아들여졌을 것이다. 자존심이 조금이라도 있는 10대라면 이미 누구나 SF팬이 별종이라는 사실을 알고 있다. 어쨌든 고등학교 시절 지질이 취급을 받는 학생들에겐 미식축구팀이 아니라 체스 클럽 회원이긴 하지만 마지막으로 웃게 되는 것은 자신들이라는 확신에 찬 위안이 있을 수 있다——그들은 MIT나 유사한 엘리트 대학 장학금에 자신들의 두뇌를 활용하는 만큼 사실상 공부만 잘 하는 좀생이로 취급받던 많은 학생들이 마지막에 웃게 된다.

하지만 월트 리치몬드(내가 생각하기에) 같은 사람들도 있을 것이다. 그들은 능력이 있기 때문에 포부가 웃음거리가 되지는 않지만 체스 게임은 일류가 아니며 아무리 노력해도 성적이 C와 B에 머문다. 이런 경우에 숭고한 자기 이미지와 계속되는 세속적 현실 간의 불일치를 어떻게 조화시킬까?

통상적인 해답은 갖가지 형태의 종교이다. 세속적 성공에서 기대치보다 적은 것에 만족하고 타고난 탁월함이 결국 인정받게 될 천국에 재산을 모으는 것이다. 그 사이에 당신은 당신의 세속적 비운과 축복받은 운명을 공유한 다른 선택된 사람들과의 교제를 즐길 수 있을 것이다.

이상적인 형태(어떤 카르투시오 수도회 수도사의 말처럼)일 경우에 이 같은 철학은 신앙심 깊은 생활을 조장하지만 현실적으로 그것은 흔히 자신의 소규모 신도집단 이외의 사람들에 대한 앙심 깊은 분노와 천년왕국설을 믿는 설욕이라는 몽상에 이르게 된다. 그 때 적그리스도의 무리들은 하늘에 있는 자기편에 의해 불태워지게 될 것이다. 최근에 매우 위험한 유형의 천년왕국신봉자로서 사이비 종교적 SF는 일본의 신흥종교 옴진리교가 저지른 불법행위에서 절정에 이르고 있다. 당시 옴진리교 신도들은 1995년 3월 20일 도쿄 지하철에서 신경가스 사린을 살포했다.

옴진리교의 최고 진리는 술에 취한 구루 쇼코 아사하라의 교시였다. 그는 자수성가한 사람이었다. 쇼코 아사하라는 일본과 이어 세계의 다른 지역을 접수할 계획으로 요가 수업과 허브 치료법을 유포하는 상점 앞 활동을 수백만 달러짜리 신흥종교에 활용했다. 옴진리교의 계획은 좌절되었지만 불과 몇 년 후에 그럭저럭 비밀스러운 화기와 생화학무기 제조 공장들을 건설할 수 있었다. 그들이 사린을 살포하기 전 핵 무기를 확보하고자 하는 장기적 목표뿐만 아니라 더 앞선 보툴리누스균과 탄저균 실험이 실패했었다. 옴진리교는 새로운 신도들을 일본 명문 대학들에서 집중적으로 충원했기 때문에 옴진리교의 야심은 거의 실현될 뻔했었다. 옴진리교는 기술적 노하우, 자금원, 세계 혹은 적어도 옴진리교가 할 수 있는 만큼 많은 지역의 종말을 야기하고자 하는 진지한 열망을 갖고 있었다.

옴진리교는 왜 그 세계의 종말을 가져오고자 했을까? 옴진리교의 일반 신도들이 미치고 화가 나 있는 카리스마적 구루의 영향력 하에 있었다고 말하는 것은 논점을 교묘히 회피하고 있다. 조직의 상층 구성원들은 당장에 세상의 종말을 완수하기 위한 아사하라의 비전과 열정에 완전히 공감하고 있었다. 수뇌부 전체가 투옥되었던 첫 번째 공격 이후에도 광신자들은 도쿄 지하철에서 더 많은 대량학살을 계속해서 시도했다. 대량학살은 더 이상 목적을 위한 수단이 아니라 그 자체가 목표였다.

옴진리교 추종자들은 고질라 세대의 아이들이었다. 그들은 〈우주전함 야마토〉 같은 만화영화를 보면서 성장했다. 〈우주전함 야마토〉에선 절반은 인간인 사이보그가 도시 전체를 장엄하게 황폐화시킨다. 그들은 〈블레이드러너〉식 배경으로 강간과 살인 같은 자극적인 이야기들을 특색으로 하는 책 분량의 '성인 만화'로 옮겨간다. 옴진리교가 『당신의 초자연적인 힘을 개발하는 비밀』과 『나 자신을 그리스도로 선언하는 것』과 같은 아사하라의 책들을 광고한 것은 '성인만화들'과 일본의 「트와일라이트 존」(결가부좌한 채 '공중부양'하는 구루 자신의 사진을 포함해 뉴 에이지 기적들에 특화된 잡지)이었다. 더 초기의 보다 절제된 제목의 책들에 대한 광고는 다음과 같이 게재되었다. '초자연적인 힘에 이르지 못하는 정신 훈련은 무가치한 짓이다! 존경할만한 스승이 아주 불가사의한 능력의 비밀을 가르쳐 줄 것이다. 미래를 보라, 사람들의 마음을 읽으라, 당신의 소원들을 실현하라, X-레이 같은 선견지명, 공중부양, 4차원으로의 여행, 신의 목소리 그 이상에 귀를 기울이라 그대의 삶을 바꾸어 주리라!'

일단 옴진리교가 새로운 신도들을 확보하게 되면 그들에게 사회적 고립, 굶주림, 불면과 약물 같은 신흥종교의 모든 세뇌 기법을 적용한다. '수도사들'와 '수녀들'은 자신들의 모든 세속적인 물품들을 옴진리교에 양도함으로써 자신들의 헌신을 입증한다. 그들의 뇌파를 구루의 뇌파와 일치시키기 위해 그들에겐 PSI 혹은 완벽한 구원 입문이라 불리는 '전극 모자'가 씌워진다. 이 장치는 정기적으로 그들의 머리가죽에 6볼트 충격이 전달되는 전기 동력이 있는 고깔모자이다. 절정기 때의 옴진리교는 일본 전역에서 부산하게 기관총을 조립하고, 신경가스를 제조하고, 옴진리교 휘장이 찍힌 과자를 굽고, 제례용 의복을 바느질하는 PSI 헬멧을 쓴 수천 명의 노동자들을 직원으로 둔 작은 공장들을 갖고 있었다. 4차원에 온 것을 환영한다.

옴진리교 신학 체계는 힌두교, 티벳 불교 그리고 자신들이 파격적으로 변형한 기독교 천년 왕국설이 잡다하게 뒤섞여 있는 형태였다. 옴진리교의 천년 왕국설에 따르면 심판의 날 이후에는 옴진리교와 아사하라가 대권을 장악하게 된다. 옴진리교 자체가 대량학살을 주도해 심판의 날을 앞당겨야 한다는 사실은 상층부만 알고 있었지만 유대인을 계획적으로 말살한 나치 독일에서처럼 일반 신도들도 당연히 지도자들이 최후의 심판을 준비하고 있다고 어렴풋이 알고 있었다. 아사하라의 글들은 『나의 투쟁』처럼 종말론적 위협으로 가득했다.

공상과학소설이 아마겟돈과 세상의 종말에 대해 저작권을 갖고 있는 것은 아니다. 에스겔과 세례 요한 시대 이후로 아마겟돈과 세상의 종말에 대한 견해는 늘 꽃을 피우고 있었다. 사실상 옴진리교의 모든 축적된 기적들——UFO(아사하라는 1990년 강의에서 다음과 같이 설명하고 있다. "요즘 UFO가 자주 지구에 출몰하고 있다. 우리가 UFO로부터 도움을 얻을 수 있을지 여부가 아마겟돈의 주된 요소들 중 하나가 될 것이다")에서 ESP에 이르기까지——은 대중문화의 일부로 더 이상 특별히 SF로 생각하지 않아도 될 것이다. 하지만 옴진리교는 아이작 아시모프의 작품과 같이 특히 SF와 관련이 있다. 아이작 아시모프의 『파운데이션』 시리즈는 옴진리교 신화의 결정적인 요소를 제공하고 있다. 옴진리교 버전으로 아사하라는 '역사심리학' 법칙을 발견한 천재인 아시모프의 해리 셀던 역할을 하고 있다. '역사심리학' 법칙은 "별들 간의 전쟁은 끝없이 계속될 것이다. 별들 간의 교역은 쇠하게 될 것이며 인구는 줄고 세계는 은하계의 주요부분과 접촉이 끊기게 될 것이다"라고 절대적으로 확실하게 예언하고 있다. 이 같은 위협에 대한 해답은 예정된 암흑시대에 문명의 불꽃에 대한 수호자들로서 작용할 보완적 천재들의 비밀 결사이다.

데이비드 카플란과 앤드류 마샬은 권위 있는 신흥종교 역사서에서 다음과 같이 말하고 있다. "옴진리교와 옴진리교 구루가 추구하는 것에 대한 [아시모프의 『파운데이션』의] 유사성은 주목할 만하다."[1] "인터뷰에서 무라이[옴진리교 권력 중추부 측근 그룹 중 한 명]는 옴진리교는 신흥종교인 옴진리교의 장기 계획에 대한 청사진으로 『파운데이션』 시리즈를 사용하고 있다고 실제적으로 말하고 있다. 어떤 신문 기자는 그가 '공상과학소설을 너무 많이 읽은 대학 졸업자'의 인상을 주었다고 기억하고 있다. 하지만 그것은 옴진리교에게는 아주 현실적인 것이었다. 수염을 기른 맹목적인 구루인 일본의 쇼코 아사하라는 해리 셀던이 되었고 옴진리교 최고 진리는 파운데이션이었다."

하인라인이 집단 학살을 감행한 연쇄 살인마 찰스 맨슨 같은 많은 숭배자들 중 한 명이 저지른 짓에 책임을 질 수 없는 것처럼 쇼코 아사하라의 과대망상증 때문에 아시모프를 비난할 수는 없다. 아주 포괄적인 독자층을 대상으로 할 경우에 권력 악용에 대한 생생한 묘사는 독자들 중 일부에게 같은 범죄를 시도하고자 하는 공상을 불러일으킬 수도 있을 것이다. 연쇄 살인을 소재로 한 소설들은 분명 잠재적인 연쇄 살인범들이 선호하는 독서 목록이긴 하지만 공상과 범죄 간의 관계는 옴진리교가 아시모프의 작품을 받아들인 것에서 보듯이 아주 직접적일 필요는 없다. 아시모프는 같은 세대 SF작가들 중 그 누구보다도 일관되게 자유주의 대의명분을 유지하면서 뉴 에이지의 사기에 맞서 상식을 옹호했었다.

공상과학소설은 본질적으로 천년 왕국을 신봉하고 있다. 20세기에 줄 곧 공상과학소설은 2001년과 그 이후에 주목했었다. 공상과학소설은 전 지구적 파국에 탐닉하고 있다. 나의 첫 번째 소설 『집단 학살』(1965)은 인 류 멸종을 연대순으로 기록하고 있으며 J. G. 발라드는 초기 4권의 소설에 서 세계를 서로 다른 방식의 종말로 이끌고 있다. 물론 우리들에 앞서 웰스 가 있었고 존 윈덤이 『트리피드의 날』로 유명했다. 대개 신은 SF의 재난에 직접적으로 영향을 미치지는 않지만 묵시적 정의 같은 겉으로 드러나지 않 은 불온한 움직임은 흔히 반기술적 경향 같은 일련의 행위들에 영향을 미 친다. 결국 인류는 첨단 기술이라는 자기가 판 함정에 빠져 있다. 커트 보네 거트의 걸작 『고양이 요람』(1963)에서 파멸의 원인은 실패한 인간의 발명 품으로 이것은 모든 물을 되돌릴 수 없게 얼게 하는 화학 약품이다. 제임스 팁트리, Jr.(앨리스 셸던으로 알려진)의 기억할만한 소설 「에인 박사의 마지막 비행」에서 면역학자는 인류를 멸종시키게 되는 변형된 백혈병 바이러스를 살포하며 제트기를 타고 세계를 일주한다. 그의 목적은 사랑하는 여인을 구 하는 것이었다. 그리고 그가 사랑한 여인은 바로 뉴 에이지의 여신, 어머니 인 지구 자체 바로 가이아였다. 지구는 오로지 이 같은 극도의 희생으로만 다시 건강해질 수 있다. 사람들은 팁트리의 소설이나 르 귄의 과학기술을 반대하는 소설 『언제나 집으로 돌아오기』(1985)를 쉽게 떠올릴 수 있다. 이 들 소설들에선 또 다른 신흥종교가 옴진리교의 행로를 따르도록 고무하고, 아사하라의 영광이 아니라 더 중요한 생태계 측면에서의 덕목인 환경적 선 을 위해 집단 학살을 저지른다. 소위 '열성적인 환경론자들'(산업혁명을 철회하고 전세계적으로 석기 시대의 인구 수준으로 회귀할 것을 주장하는 급진적 좌파들)은 이미 에이즈 같은 전염병에서 이런 이점을 발견했다.

다행스럽게도 대다수 종교에서 신의 징벌에 대한 갈구가 지배적인 요소는 아니다. 죽음과 치명적인 질병에 대한 공포가 일반적으로 훨씬 더 큰 부분을 차지하고 있다. 이에 대한 종교의 전통적인 답변은 사후 세계에 대한 약속이다. 견딜 수 없는 현실은 사후 세계에서 초월하게 될 것이다. 이것이 또한 알렉세이 팬신 같은 사람들의 답변이었다. 알렉세이 팬신이 보기에 SF는 포의「최면적 계시」와「발데마르에게 생긴 일」로 거슬러 올라가게 할 수 있는 하나의 종교로 작용해야 했다.

포는 신흥 종교 창시라는 힘든 일에 착수하기엔 자기의 문학적 명성에 너무 골몰해 있었다. 하지만 그가 죽고 오래지 않아 두 명의 비범한 여인들이 신흥 종교를 창시하는 과업에 착수했다. 그 중 한 명은 이미 2장에서 언급했던 테오소피칼 소사이어티의 설립자인 마담 블라바츠키로 그녀가 세운 테오소피칼 소사이어티는 아직까지 뉴 에이지 클럽회관의 가장 유서 깊은 단체로 유지되고 있다. 또 다른 한 사람은 크리스천 사이언스를 설립한 메리 베이커 에디다.

에디 부인은 크리스천 사이언스를 설립했다기보다는 찾아냈다고 말하는 편이 더 정확할 것이다. 크리스천 사이언스는 신앙 치유자로 전환한 뉴 잉글랜드 최면술사 피네어스 파크 허스트 퀸비의 창안물이었기 때문이다. 확고한 설득력을 가진 상상병 환자인 에디 부인은 애초에 퀸비의 환자였고 이어 그의 제자였다가 결국 그의 약탈자이자 표절자가 되었다. 에디 부인은 퀸비의 급진적인 영지주의 저작에서 자신의 걸작『과학과 건강』을 표절했다. 퀸비(그리고 에디 부인)에 따르면 병은 틀린 생각에 불과하다. 질병, 악, 죽음과 심지어 가난은 마음에만 존재할 뿐이며 사람들이 이 같은 생각들을 마음에서 제거하기만 하면 모든 것의 이로운 부분이 분명해지게 될 것이다. 그것은 건강하고 부유한 사람은 누구나 자유로워질 수 있는 복음일 것이다. 왜냐하면 그것은 크리스천 사이언스의 신조에 대해 설교하는 것 이외에 사람들이 덜 운이 좋은 사람들에 대한 어떤 책임에서도 벗어날 수 있게 해주었기 때문이다.

에디 부인은 곧 설교 사업을 시작했으며 자신이 부족했던 치유 업무는 하급자들에게 맡겼다. 하지만 에디 부인은 활동적인 독점 판매업자였다. 그녀는 여호와의 질투와 월트 디즈니의 판촉술을 활용하며 자기 제국이 확대되는 것을 감독했다. 한때 에디 부인은 자신의 성공을 가로채기 시작한 하급자를 제거하기 위해 암살자를 고용하려 했다. 멀리 떨어진 곳에서 행해진 하급자의 '악의적인 최면술'때문에 에디 부인은 그의 삶에 대해 모욕적인 비방과 위협을 가했고 결국 실제로 살해시도를 하게 된다. 이 일로 그녀의 남편과 또 다른 추종자들이 대배심에 기소되었다.

에디 부인과 크리스천 사이언스 설립을 둘러싼 추문들은 그녀가 1910년 90세의 나이로 삶을 마감할 때까지 계속되었다. 미국의 가장 저명한 작가들 중 한명인 윌리엄 카터가 처음으로 낸 책이 그녀의 전기였다.[2] 에디 부인의 추종자들은 책의 출판을 막기 위해 할 수 있는 일은 다했으며 노력이 수포로 돌아가자 될 수 있는 한 모든 책을 사들이고 도서관들에서는 영구 대출했다. 더 나아가 "크리스천 사이언스 출신의 어떤 친구가 저작권을 구입했고 책이 인쇄되었던 도판은 파괴되었으며 원본 원고도 획득했다." 이 책을 20세기 내내 찾아볼 수 없었던 것도 그다지 놀랄 일은 아니었다.

대부분의 뉴 에이지 예언가들과 폭리 취득자들은 그들의 어떤 체계적 신학도 『과학과 건강』에서 설명된 도식에서 이끌어내고 있다. 즉 정신 세계만이 현실적이며 죽을 수밖에 없는 우리의 육체를 포함한 물질적 세계는 환영이라는 것이다. 물질적 환영을 꿰뚫어 볼 수 있는 사람들은 건강, 불멸의 삶과 세속적인 부를 누릴 수 있다. 우리 시대에 크리스천 사이언스를 계승한 종교들 중 가장 성공적인 것은 삼류 작가 L. 론 허바드의 창작물인 사이언톨로지다. SF작가로서 허바드는 SF분야에 대수롭지 않은 영향을 미쳤다. 따라서 사이언톨로지와 그것의 엄청난 성공을 둘러싸고 벌어진 논쟁이 아니었다면 그의 소설이 지금 읽히거나 기억될지 의문이다. 대개 더 규모가 작아진 1940년대의 대중 잡지에 가명으로 실린 초기 허바드 SF의 장점에 대한 『공상과학소설 백과사전』의 평가는 작가의 꿈이 이루어진 내용은 아니었다.

그의 가장 널리 알려진 초기 SF소설 『최후의 등화관제』(1940)는 많은 전쟁들로 황폐해진 세계를 으스스하게 그려내고 있다. 젊은 육군 장교가 영국의 독재자가 되어 퇴폐적인 미국이 다가서지 못하도록 영국을 조직한다. 이 책이 텍스트가 분명하게 부정하고 있는 파시즘으로 아주 근접하게 방향을 바꾸고 있다는 사실을 부인할 수는 없다. 하지만 SF는 분명 허바드의 강점은 아니며 SF장르인 그의 작품 대부분은 편향적이거나 부자연스럽고 혹은 양자 모두로 읽혀진다.……일반적으로 그의 초기 작품은 미친 듯이 빠르게 전개되지만 흔히 그의 독자층을 괴롭혔으며 슈퍼맨인 주인공들에 대한 조심스러운 활용은 초월적 능력에 대한 독자들의 상상력을 감질나게 했다.

SF공동체——캠벨[『어스타운딩 사이언스 픽션』지 편집장]과 A. E. 반 보그트에서 순진한 10대 팬에 이르는——가 초월적인 것의 매력에 취약하다는 것이 다른 경우라면 당황스러웠을 디아네틱스와 이어 사이언톨로지의 성공을 설명하는 데 도움이 될 것이다.[3]

앨지스 버드리를 제외하면 허바드의 SF에 호의적인 비평가는 거의 없었다. 하지만 버드리는 사실상 사이언톨로지에서 미래 프로그램 작가들의 관리자로 고용된 된 후 평론을 했기 때문에 그의 찬사를 액면 그대로 받아들일 수는 없다.

허바드는 작가로서 천재 수준에는 미치지 못했지만 영리하고 두뇌가 명석하며 능력 있는 사기꾼이었다. SF작가로 최고는 될 수 없다고 예견한 허바드는 일찍이 진로를 바꾸어 1949년 디아네틱스의 '과학'을 꾸며내기 시작했다. 겸손하게 재능을 감추는 사람은 아니었던 허바드는 또한 이 시기에 샘 모스코비츠가 주최한 공상과학소설 팬 그룹에게 다음과 같이 자랑했다. "단어 당 1페니를 받고 글을 쓰는 것은 웃기는 짓이다. 누군가 실제로 백만 달러를 벌고 싶다면 가장 좋은 방법은 자신의 종교를 창시하는 것이다."

1950년 캠벨의「어스타운딩 사이언스 픽션」5월 호를 도약대로 이용한 허바드는 편집장인 캠벨의 진심어린 추천을 받으며 자신의 새로운 종교에 착수했다. "나는 모든 독자들에게 아주 단호하고 분명하게 이 논문은 짓궂은 장난, 농담이나 뭐 그런 것들이 '아니'라 전적으로 새로운 과학적 명제에 대한 단도직입적인 분명한 진술이라는 사실을 분명히 하고 싶다."[4]「어스타운딩 사이언스 픽션」에서 논문으로 게재된 것과 동시에 출간된 『디아네틱스』추천사에서 캠벨은 감정적으로 훨씬 더 고조되고 있다. "디아네틱스의 창조는 불의 발견에 비견할 만한 인류의 이정표로 바퀴와 활의 발명을 능가하는 것이다.……모든 정신병과 정신 이상의 숨겨진 원인이 발견되었으며 그것들에 대한 확고한 치유 기술이 개발되었다."[5] (캠벨은 이 경우에 경험에서 나온 이야기를 하고 있다. 허바드의 목회는 수년 동안 그를 괴롭혔던 정맥두염을 상당히 호전시켰다.)

책이 출간되었다. 캠벨의 과대광고에 흥분하고 미시건주 성 요셉 병원 일반 개업의인 진짜 의사 요셉 윈터의 보증에 고무된 수천 명의 SF팬들이 책을 구입해 친구들을 '검사'하기 시작했고 이어 친구들이 같은 검사를 했다. 이 과정은 본질적으로 내가 월트 리치몬드와 존 드 클레 간에 있었던 일을 목격했던 것과 같은 것이었다. 아주 지겨운 허바드 전기 저자 러셀 밀러는 개정되기 전인 1950년 판에서 그 방식을 다음과 같이 묘사하고 있다.

> 검사는 어두운 방에서 정화되기 전 [정신 분석을 받는 사람]을 허바드가 '디아네틱 환상'으로 묘사한 상황으로 유도함으로써 시작했다. '디아네틱 환상'은 감긴 눈꺼풀이 씰룩임으로써 분명하게 인지될 수 있다. 그것은 최면상태가 아니라 시간 경로를 따라 과거로 여행하도록 도와주는 이완된 상태라고 그는 조심스럽게 지적했다. 일단 환상이 유도되면 검사자는 정신 분석을 받는 사람을 삶의 다양한 시기의 과거로 되돌려보내 출생이나 태아 쪽으로 이동시킨다. 허바드는 대부분의 정화되기 전 정신분석을 받은 사람들이 사실상 '정자의 질주감'을 경험하게 될 것이라고 조언했다. 그 동안 그들은 정자[원문 그대로]로서 난자[원문 그대로]를 만나기 위해 도관을 헤엄쳐 올라가게 될 것이다. 일단 가장 초기의 기억 심상이 지워지게 되면 이후의 기억 심상들은 더 쉽게 지워지게 될 것이다.
>
> 일반적 검사는 두 시간 정도 지속되며 허바드는 정화되기 전 효과를 보려면 적어도 20시간의 검사가 필요하다고 추정했다.[6]

디아네틱스는 정통 프로이트 학설과 실습을 서툴게 모방한 것으로 그럴 듯하게 들어맞지만 그것은 당연히 정통 프로이트식 치유는 아니었다. 오히려 디아네틱스는 애초에 싼 가격에 의사의 처방 없이 구입할 수 있는 지루한 정신분석적 해석이었다. 오이디푸스 콤플렉스 대신 디아네틱스는 아버지 그리고 차라리 어머니에게 책임을 돌리는 더 단순한 방법을 제공했다.

> 예를 들어 남편이 "그래서 어쩔껀데! 말 좀 들어. 말 좀 들으라구.(Take that!
> Take it, I tell you. You've got to take it)"라고 소리치면서 임신한 아내를 때린다
> 면 아이가 후에 이 말을 문자 그대로 해석해 도둑이 될 수도 있으며······
> 태어나기 전 최악의 몇몇 기억 심상들은 아버지 이름을 따라 아이의 이름
> 을 지음으로써 야기되었다. 임신한 어머니가 허바드의 임신한 많은 여성들이
> 흔히 하듯이 불륜을 저지르고 있다면 그녀는 연인과 성관계를 하면서 남편을
> 욕하기 쉽다. 태아는 분명 '듣고 있을 것'이며 태아가 남편의 이름을 따랐다면
> 그는 후에 어머니가 아버지에 대해 했던 아주 지독한 말들이 사실상 '자기'에
> 대한 것이었다고 추정하게 될 것이다.[7]

이미 많은 사례들에서 제시되어 있는 이런 저런 많은 암시로 풋내기 검사자들과 정화되기 이전의 사람들(신입 회원을 지칭하는 이 신흥종교의 명칭)은 무슨 이야기를 해야 할지 알고 있다. 존 드 클레는 무릎에 통증이 있었다고? 그것은 그의 아버지 잘못이었다. 이런 치료법의 혜택을 누리기 위해 사이언톨로지 교도일 필요는 없었다. 디아네틱스는 분노에 찬 딸들이 자신들이 악마 같은 성적 학대의 희생자라는 사실을 알게 되거나 UFO에 납치되었던 사람들이 자신들의 '잃어버린 시간'들에 대해 진실을 밝힐 수도 있는 '최면 회귀' 요법과 본질적으로 다르지 않기 때문이다. '디아네틱스'는 그럴듯하거나 입증할 수 없는 슬픔을 간직한 거대한 판도라의 상자를 여는 것을 의미한다.

검사는 정신분석의 저렴한 대안으로 오랫동안 지속되지는 못했다. 책이 출간된 직후 허바드 디아네틱스 연구 재단은 검사자들을 위한 교육 과정을 개설했다. 수강료 500달러는 후에 입회자가 지불해야 하는 액수에 비해 상대적으로 저렴했다. 널리 알려지면서 「사이언티픽 아메리칸」과 주요 신문사들이 정체를 폭로하자 논쟁이 불거졌지만 덕분에 새로운 개종자들도 늘어났다. 허바드가 애초에 생각했던 과정을 가속화시키는데 반작용도 도움이 되었다. 즉 과학인 디아네틱스가 종교인 사이언톨로지로 변화했다. 종교로의 변화는 많은 이점이 있었다. 적어도 미국에선 종교에 세금이 부과되지 않으며 더더구나 종교는 비판이나 적대적인 논평을 받지 않을 수 있었다.

1952년에 시작된 종교화는 디아네틱스 학설에 관한 자금 모금과 관련이 있었다. 디아네틱스 학설은 전통적 SF의 비유들이 훨씬 더 기괴하고 단순화된 프로이트주의를 퍼뜨리는 진화 과정이었다. 그것은 우리 '모두'가 우주인의 후손이라고 밝히고 있다. 사실상 윤회 덕분에 우리는 '테탄'으로서 많은 삶들을 살고 있다. 즉

시간이 시작되기 이전에 존재한 테탄들은 수조 년에 걸쳐 수백만의 육체를 얻었다 버린다. 그들은 재미로 우주를 만들지만 그 과정에서 너무 즐거움에 빠지게 되어 자신들은 자신들이 깃들어 있는 육체에 불과하다고 믿게 된다. 사이언톨로지의 목적은 다시 한 번 '작용하는 테탄 operating thetan' 혹은 'OT'의 수준으로 테탄의 원래 능력을 복원하는 것이다. 허바드는 그것은 지구상에서는 아직 알려지지 않은 고양된 상태라고 말했다. "증거에 따르면 구세주 붓다나 예수 그리스도도 OT는 아니다. 그들은 정화보다 높은 그림자에 불과하다."[8]

1952년에서 1982년까지 30년 동안 허바드는 통속적 작품 집필을 중단하고 자신의 종교를 체계화하는 진지한 작업에 집중했다. 사이언톨로지는 허바드가 교파의 특징이라 부른 것 같은 '정화되지 않은 육체 raw meat'에 대한 다양한 단계의 검사와 연수회를 상품화함으로써 금고를 채웠다. 옴진리교에서처럼 더 속기 쉬운 신입 교도들은 몇 주 간의 지혜 때문에 자신들의 노후 대비 저축이 사라진 것을 알게 되었다. 또한 크리스천 사이언스와 옴진리교에서처럼 사이언톨로지 교파는 재정 상담, 건강관리 클럽과 약물 치료 프로그램──사이언톨로지의 기원을 숨긴 활동무대──처럼 활동 영역을 다양화했다. 1991년 5월 6일 「타임」지는 신용 사기와 중범죄 같은 사이언톨로지의 긴 전과 기록 폭로 기사를 커버스토리로 삼았다. 사이언톨로지는 그 창시자처럼 주로 탐욕에 자극받았던 것처럼 보이며 심판의 날을 앞당기거나 신경가스를 비축하고자 하는 야심은 없었다──조직의 규모가 성장한 것(「타임」의 추산에 따르면 활동 중인 회원 5만 명, 교파의 추산에 따르면 8백만 명)을 고려할 때 다행스러운 생각.

사이언톨로지 조직의 역사가 스캔들 목록으로 점철되어 있다는 사실을 부정할 수는 없다(사이언톨로지 신도들을 제외하면). 하지만 성공복음과 기복신앙을 전파하다 성추문과 공금유용혐의로 몰락한 짐과 테미 베이커 같은 가장 악명 높은 종교적 사기꾼을 제외한 누구에게나 전통적으로 허용되었던 법률상의 면책 조항들이 사이언톨로지에도 적용되었다. 사실상 사이언톨로지의 나쁜 평판 중 상당부분은 종교적 광신자들에게 흔한 행태에서 비롯되고 있다. 추종자들에게 가족을 버리고 자신을 따르라고 한 사람은 그리스도였으며 짐과 테미만이 과부의 적으나마 정성어린 성금 뿐 아니라 집문서도 노렸던 것은 아니다. 이는 먼 옛날부터 종교적 전통이었으며 따라서 전미 기독교 협의회와 가톨릭교회가 많은 법정 공방에서 사이언톨로지를 지지하는 법정 조언자로 참가한 것은 당연한 일이었다.

1983년 오랫동안 SF를 떠나 있던 L. 론 허바드는 공전의 히트를 기록한 소설『배틀필드 어스』를 출간했다. 소설의 보도 자료에도 '사이언톨로지'라는 단어는 사용되지 않았고 책 자체는 독자들을 공공연하게 사이언톨로지 신앙으로 개종시키고자 하지 않았다. 사람들은 분명 허바드가 돈보다는 예술적 목적을 위해 이 책——그리고 1985년부터 1987년까지 이어진 10권짜리『미션 어스』십계——을 썼다고 생각했다. 신흥종교인 사이언톨로지교는 책의 판매를 촉진하기 위해 노력했고 전하는 바에 따르면 베스트셀러에 올리기 위해 대량 구매——특히『미션 어스』책들 대부분이 유작으로 출간되었기 때문에 허바드가 의지할 수 있는 것을 갖지 못한 다른 작가들은 부러워할 수 있을 뿐인 판촉 노력——하도록 신도들을 동원했다고 전해진다. 이 책들의 엄청난 분량과 책들을 집필한 당시 저자가 고령이었다는 점(『배틀필드』가 출간되었을 때 그는 72세였으며 당시 하워드 휴즈같이 은둔해 있었기 때문에 허바드가 아직 살아있기조차 한지 여부에 대한 억측이 있었을 정도였다) 때문에 의심 많은 몇몇 사람들은 이 후기 SF가 저자가 말년에 쓴 다작이라기보다는 작업실 작품으로 추정했다. 전도된 천재성이라도 천재성은 복제할 수 없다고 믿는 나는 그 책들이 허바드의 작품이라고 확신한다. 분명 에이스 벤튜라 같은 허황된 것과 '적절한 말'에 대한 타고난 재능이 담겨 있는『배틀필드 어스』의 서문은 다른 사람은 쓸 수 없는 글이다. 그는 이 책이 "실제적으로 모든 유형의 이야기들——형사, 스파이, 모험, 서부극, 사랑, 공중전으로 지칭하는 것"을 담고 있다고 호언장담함으로써 책의 과장된 야심을 선언하고 있다. 또한 "나 자신이 로켓과 액체 가스에서 몇몇 선구적인 연구를 했기 때문에 다소의 과학적 배경을 갖고 있었다. 하지만 나는 유

효한 어떤 것을 찾아냈는지 여부를 알기 위해 당시 과거 인간 지식의 파생
물들을 연구했었다." 또한……어쨌든 허바드는 셰익스피어와 마찬가지로
누군가는 끊임없이 인용할 것이다.

사기꾼으로서 허바드의 주된 매력은 그가 겸손하게 '다소의 과학적 배
경'을 갖고 있다고 인정한 위의 글에서 어렴풋이 감지할 수 있을 것이다. 그
는 또한 '극동에서 최초로 귀환한 미국 사상자로서 국무 장관 전용 비행기
로 1942년 늦은 봄 귀국한' 전쟁 영웅이었다. 21살에 최초의 푸에르토리코
광물학 조사 안내자였고 14살 때 극동을 방랑했었다. "나는 한 때 극동에
서 동방의 원시언어인 필리핀 군도 이고로트 족 언어를 하룻밤 사이에 배
웠던 일을 기억하고 있다." 요컨대 누구나 할 수 있는 어떤 것이든 '그'는 더
잘할 수 있었다. 그런데 사이언톨로지 교단이 허바드 전기 연구원을 고소한
1984년 사건에서 캘리포니아 판사의 더 간단명료한 말에 따르면 허바드는
'병적인 거짓말쟁이'였다.

일반인들은 결코 이런 사람을 믿지 않겠지만 허바드 때문에 즐거워할
수도 있을 것이다. 올리에 노스의 친구들이 식은 죽 먹듯 자연스럽게 거짓
말을 하는 올리에 노스를 호의적으로 받아들인 것처럼. 많은 작가들(예를 들
어 시인인 제임스 딕키)은 자신의 삶과 관련해 진실에 개의치 않는 뛰어난 공
상가들이다. 또한 그들은 거짓말하는 것이 창조성과 본질적 상관관계가 있
다고 생각하는 사람들에 의해 기이한 거짓말에 빠져든다. 종교의 창시자들
에게 같은 자유가 허용되어야 하는지 여부는 신자들이 각자 개인적 판단에
따라 결정해야 한다. 역설적으로 진정한 신자들은 환영받지 못한 진실들에
대해 현실적인 면역 반응을 보인다. 에디 부인의 추종자들과 모르몬교도들
처럼 사이언톨로지 신도들은 허바드의 사후 명성을 맹렬하게 지켜왔다. 아
마도 어떤 신흥종교의 가장 위대한 힘은 기만당했던 사람들이 자기들이 속

아 바보가 되었다고 인정하고자 하지 않는다는 점일 것이다. 자신들의 사기와 다른 부정행위를 폭로한 사람들에 맞서 법정 공방을 벌일 수 있는 자금이 남아있는 한 그들은 스스로 속았다고 인정하지 않으려 할 것이다. 그리고 현실적으로 막다른 궁지에 몰렸을 때 가이아나 인민사원 사건과 웨이코 다윗 신도들에게 일어난 것처럼 집단 자살이 최선의 선택처럼 보일 것이다.

친구들에게 도움을 약간 더 받고 지적으로 약간만 덜 정직했다면 필립 K. 딕은 1980년대의 L. 론 허바드였을 것이다. 필립 K. 딕이 결국 구루처럼 정신적 스승 노릇을 거부한 것은 그에게 아주 명예로운 일이었지만 거의 구루가 될 뻔했었다.

그에게 그리스도가 사탄에게서 받은 광야의 유혹이 시작된 것은 1974년 2월과 3월이었다. 당시 그는 각성제 남용에서 회복되어 다섯 번째 아내인 20살의 테사 버스비와 결혼했다. 테사 버스비는 필립 K. 딕이 아내에게 유일하게 요구했던 끊임없는 관심을 보여주었다. 그는 오랜 공백 기간을 지난 후 다시 글을 쓰고 있었다. 미래는 밝았으며 이어 환영들이 다시 찾아오기 시작했고 환영들은 훨씬 더 밝아져 있었다.

우선 사랑니를 뽑은 후 처방받은 진통제를 전달하기 위해 자기 집 문 앞에 나타난 신비로운 검은 머리칼의 소녀가 있었다. 그는 초기 기독교인들이 사용했던 상징인 물고기 이미지를 한 그녀의 목걸이에 매혹되었다. 딕은 직후에 스스로에게 사도 서간으로 쓰기 시작한 천 쪽짜리 『주해서』에서 이전 삶들을 회고하기 시작한다.

2-74에서 내가 금빛 물고기 전조를 보았을 때 '액츠 Acts'의 세계를 기억하고 있었다——나는 그것이 '나의' 실제적 시간과 장소라고 기억하고 있었다. 따라서 나는 다시 태어난 시몬——그리고 2-74나 3-74가 아니라 바로 나의 삶에서——이다. 나는 그 사실을 직시해야 한다. 즉 나는 시몬이지만 기억을 잃었다. 하지만 이어 2-74에서 회상(영원한 진실들을 생각해내는 경험에 대한 관념적인 용어)을 경험한다. 나 시몬은 불멸이며 시몬은 파우스트 전설의 근거이다.[9]

그는 또한 로마인들에게 고통 받았던 1세기 기독교인인 토머스이며 그 본질이 신성한 밝은 불 Firebright이다. 그는 칸딘스키, 클레와 피카소의 화풍으로 그려진 수십만 장의 현대 그림들을 소장한 모든 박물관을 꿈꾸기 시작했다. "일찍이 보았던 것 중 가장 아름답고 흥미진진하고 감동적인 장면들 중 하나를 즐기며 8시간 이상을 보냈다. 나는 그것이 기적이었다는 사실을 의식하고 있었으며 ……나는 이 시각 예술 작품들의 작가는 아니었다. 숫자만이 그것을 증명했다."[10]

딕은 꿈의 내용이 정신 밖의 기원에 대한 증거라고 되풀이해 주장하곤 했으며 그는 자신과 의사소통을 하는 존재를 발리스Valis (Vast Active Living Intelligence System 거대하고 능동적이며 살아 있는 정보계——악성 병적 다변증을 가진 이성——의 머리글자어)라 불렀다.

나는 거의 매일 밤 꿈속에서 인쇄되어 출력된 형태로 정보를 받고 있었다. 즉 단어들과 문장들, 편지들과 이름들 그리고 숫자들——때로는 쪽들 전체, 때로는 원고용지와 홀로그래픽 문서의 형태로, 때로는 이상하게 어린 아이 시리얼 박스의 형태로…… 결국엔 내가 '미래에 대한 예언들이 포함됨' 꿈에서 들었던 것을 읽을 수 있도록 제시된 교정쇄와 지난 두 주 동안 되풀이 해 쪽마다 인쇄된 행들이 있는 두툼한 책의 형태로.[11]

딕이 더 없는 행복이자 재앙이 되는(그렇기 때문에 그의 SF같은) 지속적으로 밀려드는 신의 방문들을 받아들이며 감격하고 있었지만 자신이 발리스의 계시를 공표하게 될 경우 대중의 반응을 예측할 수 있을 만큼은 현실 감각을 잃지 않고 있었다. 즉 "약에 취해 신을 보았다니, 허풍을 떠는 군."

그는 거의 예상한 모습 그대로였다. 나는 1974년 9월 처음이자 마지막으로 필 딕을 찾아가 만났다. 당시 그는 여전히 계시에 사로잡혀 있었다. 당시 계시들에는 일반적으로 근대 신학과 사소한 기적들을 읽으면서 마주치게 되는 상당히 많은 그리스어를 포함하고 있었다. 즉 발리스는 그의 어린 아들의 탈장을 진단했다. 정오에서 자정에 이르는 12시간 동안 딕은 독백을 했고 때로 아내인 테사에게 자신의 당황스러운 허풍에 대해 확실히 증명해주도록 요청했다. 수틴과의 인터뷰에서 기록된 것처럼 이 일에 대한 나의 기억은 그의 딕 자서전에 인용되어 있다.

우리는 꿈들이 외부 원천에서 비롯된 것인지 여부에 대해 이야기했다. 그는 그렇지 않다면 자신이 어떻게 고대 그리스어를 들을 수 있었는지 알고 싶어 했다. 나는 꿈에서 이용된 정신적인 부분이 우리가 듣고 있는 것이 실제로 그리스어라는 사실을 알고 있는 것 같지는 않다고 완곡하게 말했다. 그는 나의 주장을 좋아하지 않았다.

나는 매혹되어 있었다. 그는 내가 자신이 진정한 통찰력인 종교적 경험을 했다는 사실을 인정하게 하려 결심하고 있었다. 그것은 마치 수 시간동안의 팔씨름 같았고 우리 중 누구도 상대를 이기지는 못했다.

나는 어느 정도 의심를 품고 있었으며 그의 경험 중 가공적인 측면을 확인했다. 동시에 나는 그것이 오만한 사기라고 생각했다. 딕은 신앙에 대한 직업적 엔터테이너였다——그리고 사기꾼과 다를 것이 없었다. 그는 자신이 상상하는 것은 무엇이든 체계화하고 싶어 했다. 그리고 사람들이 믿도록 하는데서 기쁨을 느꼈다——그는 당신에게 믿게 하는 것을 좋아했다. 그것은 위대한 소설들에 도움이 되었지만 지나치면 관계 망상이 될 수 있다. 상상한 모든 것을 믿음이나 유예된 불신으로 옮기려는 충동은 다소 비약이다. 하지만 소설가로서 딕의 주요 장점은 그것들을 꿰어 맞추는 재능이었을 것이다.[12]

『안드로이드는 전기양을 꿈꾸는가?』영화 판권을 확보하는데 관심을 보인 제작자 햄프턴 프랜처도 딕의 집을 방문했었다. 그는 삶의 극적인 전환점을 맞았던 당시 필에 대해 약간 더 신랄한 표현을 하고 있다.

그는 당당하고 과대 망상적이며 계속해서 심정을 토로했다——'나의 친구'는 집으로 찾아와 저녁식사 따위를 준비하게 했다. 그는 어떤 상황에서도 해답을 갖고 있는 듯이 보였다. 서로 대화할 수 있는 여지는 없었으며 같은 공간에 또 다른 자아를 위한 여지는 없었다. 그는 똑똑한 친구였다. 그의 눈은 반짝였으며 친절한 사람이었다.

나는 그가 어린애 같으며 거짓말을 하고 있다고 생각했다. 그는 나에게 자신이 믿고 있는지 아닌지 알 수 없는 것들을 이야기했다. 이 말들 중 일부는 그가 그것들을 믿고 '있었다'면 임상의학적으로는 아닐지라도 약간 피해 망상이라고 생각했다. FBI가 자신을 쫓고 있다고 생각했다. 또한 그는 연기하듯이 다소 극적으로 '과장된' 몸짓과 표정들로 표현하고자 했다.[13]

덕이 신의 계시를 매일 체험하지 않았다면 모든 것을 꾸며냈던 것일까? 나는 어느 정도 꾸며냈다고 생각하고 있다. 그는 자신의 설득력에 자부심을 갖고 있었고 독자의 기대와 어휘에 적합하게 매번 새롭게 발리스 체험에 대해 설명했을 것이다. 우리가 나누었던 오랜 담소에 대한 많은 세부적인 내용들이 상당히 다른 형태로 서로 다른 기록들에 나타나고 있다. 하지만 거짓말을 하는 즐거움 이상으로 분명 엄청나게 행복한 혼란에 빠져 있었다. 덕의 전기 저자인 로렌스 수틴은 측두엽 간질이라는 대부분의 증상을 설명할 수 있는 단순한 의학적 진단을 내리고 있다.[14] 그는 「아날 오브 뉴롤로지」 1982년 호에서 다음과 같이 인용하고 있다. "측두엽에서 일어난 간질성 발작으로 활성화된 이런 '정신적' 혹은 '경험적' 현상은 복잡한……시청각적 환영으로 일어날 수 있으며…… 병에 걸린 환자들은 환영을 놀라울 정도로 생생하게 받아이게 된다."[15] 전형적인 전염성 해면 양뇌증 증상에 대한 다음과 같은 설명이 훨씬 더 적절하다.

'하이퍼그라피아'는 광범위한 기록과 일기를 씀으로써 나타나는 강박적 현상이다.……의심은 피해망상증으로 확대될 수도 있으며 무력감은 수동적인 의존으로 이어질 수도 있다.……종교적 믿음은 강렬할 뿐만 아니라 신학이나 우주론적인 이론을 정교하게 만드는 것과 결합될 수도 있다. 환자들은 자신들이 특별한 신의 인도를 받고 있다고 믿을 수도 있다.[16]

덕이 1974년 2월 이후로 계속한 2백만 단어 이상의 정신적 일기『주해서』의 상당 부분은 분명 하이퍼그라피아로 특징지어질 것이다. 1978년 9월에 쓴 문장은 다음과 같다.

구세주가 일시적으로 나를 깨닫게 했고, 따라서 나는 일시적으로 예외적인 영적 인식을 통해 나의 진정한 본질과 임무를 기억해냈다. 하지만 나는 우리 가운데 평범한 사람들로 숨어 활동하고 있는 충실하고 은밀하며 시간을 뛰어넘은 초기 기독교인들 때문에 침묵해야 했다. 나는 잠시 동안 그들 중 하나인 싯타르타(붓다나 깨달은 자)가 되었지만 '나는 결코 내가 싯다르타가 되었다고 단언하거나 주장해선 안 되었다. 순수의 경지(dibbu cakha)가 허용된 진정한 붓다들은 늘 침묵한다.[17]

이 경우에 차이는 하이퍼그라피아가 이미 안정된 명성과 비상한 재능이 있는 작가가 받았던 고통이었다는 사실이다. 진정한 붓다들은 신비한 자신의 정체에 대해 침묵을 지켜야 할 수도 있지만 전통적으로 그들은 우화로 말할 수는 있었다. 따라서 딕이 『주해서』를 쓰고 있는 동안 줄곧 같은 소재로, 제정신인지 알 수 없는 상태에서 회상된 광기의 기록으로 다른 어떤 작품들과도 다른 SF인 『발리스』를 포함해 자신의 마지막 4권의 소설도 써냈다. 두 명의 주인공은 필립 K. 딕(그의 소설들에서의 많은 자화상 중 가장 잘 그려진 인물들 중 하나)과 홀스러버 팻(그리스어와 독일어로 번역된 같은 이름)이다. 『발리스』에서 가장 교묘하고 혼란스러운 것은 딕과 팻 사이의 경계가 없어지고 흔들리는 방식이다. 딕이 이 모든 신비주의적 계시가 그 자신의 소설적인 이미지들이라고 이해하고 있는 직업작가를 나타내고 있는 반면 팻은 궤도를 선회하는 위성에서 자신에게 분홍빛 레이저 광선 메시지를 발송하는 거대하고 능동적이며 살아있는 정보계로부터 한동안 메시지를 받고 약간 더 오랫동안 믿는 사람의 역할을 맡고 있다. 딕의 특별한 모든 망상——바그너, 이크나톤, UFO들, 로마제국(여전히 건재한 히틀러처럼), 리처드 닉슨——이 혼란스럽게 융식 정식분석학적 잡탕으로 혼합되고 있다.

『발리스』는 2-74 경험들과 타협하게 되는 딕의 두 번째 시도를 묘사하고 있다. 1976년 작으로 사후에 겨우 출간된『라디오 프리 앨브무스』는 가공적인 도플갱어와 딕의 상호작용 같은 기본적 가정을 사용하고 있지만 어쨌든 구체화되지는 못했다. 딕은 분명 그 같은 사실을 알고 있었지만 반탐 출판사 편집자가 수정을 요구하자 2년 동안 원고를 방치하다 이어 2주 만에 갑자기 확 타올라 완전히 새로운 소설을 써냄으로써 훌륭하게 완성했다. 이견이 있기는 했지만 정도에 벗어났다거나 어렵다(그보다 더 나쁜)고 생각하지 않는 사람들은 깊은 인상을 받았다.『공상과학소설 백과사전』은 이 책을 '근거가 희박하긴 하지만 아주 용감한 자기 분석으로 딕 말년의 가장 훌륭한 책'으로 평가했으며 이는 책이 받은 가장 보잘 것 없는 찬사였다. 딕의 전기를 쓴 수틴은『팔머 엘드리치의 세 개의 성흔』과 함께『라디오 프리 앨브무스』를 그의 가장 뛰어난 작품으로 분류하고 있다. 즉 "미국에서의 정신적 삶에 대한 성무일과서, 미국에서 신으로 가는 길은 흩어져 있는 시시한 대중적인 작품 줄거리들에 담겨있다. 신성함의 기준으로는 건전해보이지 않고, 긴 밤의 꿈처럼 제정신 같지는 않지만 이해할 수 없을지라도 그것은 따분한 도그마의 사슬을 끊어 우리가 자유롭게 돌아다닐 수 있게 해 준다."[18]

하지만 일부 독자들에겐 그것조차 너무 미온적인 반응이었다. 딕 만큼 신을 열망한 그의 숭배자들의 반응은『발리스』와 출판된『주해서』의 그 같은 부분들에서 뉴 에이지 종교 주변에 있는 자신들이 체험했던 정신적으로 진기한 경험의 증거를 발견했다. 흔히 자신들이 믿는 것을 정확히 말할 수 없었지만 그들은 믿었다. 딕의 계시들이 흔히 자기 부정적이었기 때문이다.「그노시스」의 편집자 제이 키니는 잡지 창간호에서 특집으로 실린 딕에 대한 기사에서 다음과 같이 쓰고 있다.

딕은 자신의 정신을 넘어선 의미를 가진 '어떤 일'이 자신에게 일어나고 있다고 굳게 확신하고 있었다. 공상과학소설 작가라는 직업으로 대안 현실이라는 엉뚱한 상상력을 받아들이고 존경하는 서구 사회의 몇몇 틈새시장들 중 하나에서 자리 잡을 수 있었던 것은 딕에게 행운[원문 그대로]이었다.

신화들이 의미도 있고 유용하기 위해 사실상 진실일 필요는 없다. 성배의 전설은 실제로 성배가 있었는지에 대한 역사적 의문과는 별개로 상징적 가치가 있다.[19]

그것이 타협적('어떤 일'이 일어나고 있지만 '실제로'는 아닐 수도 있는)인 것처럼 보인다면 2-27과 딕의 『주해서』보다 훨씬 먼 고대의 계시들을 받아들이는 전통에서 타협적이다. 수세기동안 기독교 해석자들은 같은 문제와 씨름해왔으며 한결같이 모호한 답변을 생각해 냈다. 예를 들어 조셉 캠벨은 그리스도의 변용에 대한 마태복음의 설명(마태복음 17장 1~9절)을 다음과 같이 주해하고 있다.

개인의 운명은 이 환영의 동기와 주제가 아니다. 한 사람이 아니라 세 사람이 계시를 보았기 때문이다. 그것은 단순히 심리학적 관점에선 만족스럽게 설명될 수 없다. 물론 그것은 간단히 처리될 수도 있을 것이다. 우리는 이런 장면이 실제로 일어났었는지 여부를 의심할 수도 있다. 하지만 의심은 어떤 도움도 되지 않는다. 우리는 현재 사실이 아니라 상징주의 문제에 관심을 갖고 있기 때문이다. 우리는 특히 립 반 윙클, 카마르-알-자만이나 예수 그리스도가 실제로 살았는지 여부에 개의치 않는다. 우리의 관심은 그들의 '이야기'이며 그들의 이야기는 세계적으로 너무 광범위하게 퍼져있기 때문에 보편적 주제에 대한 각 지역의 신탁전달자가 역사적인 실존인물인지 여부는 부차적인 문제일 뿐이다. 역사적 요소에 대한 강조는 혼란을 불러일으킬 수 있으며 서술된 신탁을 모호하게 할 뿐이다.[20]

우리가 관심을 가져하는 것이 예수의 실존 여부보다는 '이야기'라면 필립 딕에게도 같은 기준이 적용되어야 하지 않을까?

물론 비틀즈는 예수 못지않은 유명인이 되었음을 자랑했다──그들의 이야기가 '전 세계에 아주 광범위하게 유포'되었던 시기에. 시대를 초월하는 것은 세월을 견뎌냈을 때 확인되며 이 기준에서 볼 때 딕은 합격점을 받고 있다. 1982년 그가 죽은 이후로 그의 거의 모든 작품이 재출간되고 있다. 그의 소설을 원작으로 만들어진 영화들은 상당수가 흥행에 성공했으며 다른 작품들도 제작 중에 있다. 두 편의 전기가 출간되었으며 비평적 관심이 계속되고 있다. 필의 가장 열성적인 팬인 폴 윌리암스는 필립 K. 딕 협회를 설립했으며 수년간 협회보는 높아지는 그의 사후 명성을 상세히 기록하고 있다.

딕의 명성은 시의적절한 죽음 덕분에 이득을 본 시인이자 소설가 실비아 플라스나 영화배우 제임스 딘 같은 사람들의 명성일 수도 있다. 제이 키네이는 논문 「그노시스」에서 "궁극적으로 광기와 신비주의의 차이는 영향을 받은 개인이 받아들인 삶의 방향이다. 미치광이에게 경험은 더욱더 분열에 이르게 한다. 신비주의자에게 경험은 통합과 치유에 이르게 한다"[21]고 선언하고 있다. 같은 기준에 따르면 딕의 성공률은 약 50%다. 2-27의 영향으로 딕은 다섯 번째 아내 그리고 아이들과 헤어졌으며 다시 가벼운 연애에 빠지는 일상으로 되돌아갔다. 아주 다른 방식들 때문에 그는 붓다보다는 늘 베르디 오페라의 주인공 팔스타프와 더 많이 닮아 있었다. 다른 한편으로 딕의 글은 분명 '통합과 치유'에 대해 말하고 있다. 딕이 죽은 해에 출간된 마지막 소설 『티모시 아처의 환생』은 장르 소설 이외에 그가 유일하게 거둔 예술적 성공이었다. 자기 삶의 모습들을 감독파 주교이자 유명한 저자인 친구 제임스 파이크의 것과 혼합하고 있는 『티모시 아처의 환생』은 딕이 진지한 주류 작가가 되고자 노력했다면 할 수 있었을 것이라는 사실을 보여주고 있다. 그는 훌륭하게 주류작가가 될 수 있었을 것이다.

또한 딕은 계속해서 훨씬 더 좋은 소설을 출간했을 수도 있을 것이다. 하지만 나는 그 점에 대해 회의적이다. 일단 딕이 『주해서』의 자료들을 활용(『티모시 아처의 환생』에서 묵묵하게 계속되고 있는 과정)했다면 공백기가 있었을 것이다──이전에 늘 그랬듯, 명상에 의지해 신속하고 강력한 집중력으로 작품을 완성시키는, 특히 딕 같이 시대를 앞서간 작가들의 작품에서 거의 늘 그렇듯. 오랜 기간의 명성이란 관점에서 그는 지력이 가장 고조되어 전설로 남을 수 있는 적절한 순간에 세상을 떠났다.

또한 필립 딕은 유혹에 굴복하기 전 퇴장했다. 『주해서』의 불명료한 계시를 공식적인 교리와 교회로 활용하고자 하는 유혹은 늘 존재했지만 『발리스』가 출간된 후에는 분명 유혹이 훨씬 더 커지고 있었다. 사이언톨로지의 성공에서 보듯 분명한 선례가 존재하며 그의 계시를 받아들이는 사람들이 분명 있었을 것이다. 매력적인 계시들의 직조자로서 딕은 일주일에 8일 일하는 허바드보다 더 빠르게 작업할 수 있었다. 신도들에 대해 말하자면 20년의 '약물 문화'로 훈련된 기존 독자들이 있었으며 그들은 사실상 바로 붓다인 사람의 입에서 무슨 말이 나올지 들을 필요가 있을 뿐이었다.

딕에겐 명예롭게도 그의 독자들은 신도들이 되지는 않았다. 한 가지 이유는 단지 그가 탐욕스럽지 않았기 때문이었다. 쇼코 아사하라와 L. 론 허바드의 사례들로 판단할 때 탐욕은 필요조건들 중 하나인 것처럼 보인다.

또 다른 이유는 딕이 결코 다른 사람의 말에 귀를 기울이지 않았기 때문이었다. 사람들은 다른 어떤 사람의 이야기를 경청하는 딕을 상상할 수 없으며 그 자신의 이야기가 늘 훨씬 더 흥미로웠다.

샌디에이고의 멋진 교외에서 1997년 성 금요일이 되기 며칠 전, 신흥종교인 천국의 문 지도자 마샬 헐프 애플화이트와 38명의 추종자들은 공상과학소설을 자신들의 종교로 신격화한 것을 나타내는 방식으로 집단 자살을 감행했다. 애플화이트가 동성애를 치료받기 위해 들어간 진료소에서 간호사이자 점성가인 보니 루 네틀을 만난 1972년 종교를 설립한 이후로 이 신흥종교는 이미 간단히 언급했던 많은 논지들을 실증하고 있다. 이 신흥종교의 자체 인터넷 웹 사이트에 게시된 종교의 기원에 대한 설명은 다음과 같다.

> 1970년대 초 하늘나라 주민인(혹은 어떤 사람은 우주에서 온 두 명의 외계인이라고 부를 수도 있을 것이다) 두 사람이 휴스턴에서 평범한 인간으로 육체를 부여받았다. 공인 간호사가 행복한 결혼생활을 하며 4명의 아이를 낳고 지역 병원 탁아소에서 일하면서 평범한 점성술을 즐기고 있었다. 수년간 남자 친구와 살았던 음악 교수는 문화와 학문에 열중하며 만족스럽게……그들은 자신들이 성경과 관련된 어떤 임무를 수행하기 위해 우주에서 파견되었다는 사실을 깨달았다.

약 20명의 뉴 에이지 추종자들을 얻은 1975년까지 그들은 그럭저럭 전국적인 미디어의 관심을 받았다. 고향별로 데려다줄 우주선과 만나기로 한 동부 콜로라도로 애플화이트와 네틀을 따라가기 위해 그들의 추종자들은 오리건주 소도시 워트포트의 막다른 길에 모여 있었다. 외계인 애플화이트와 네틀인 보와 핍은 잠시 유명세를 만끽했다. 그들의 유명세는 1976년 2월 29일 「뉴욕 타임스 매거진」 표지에 실렸을 때 절정에 달했다. 하지만 UFO가 약속을 지키지 못하자 세상의 관심은 변덕스럽게 다른 곳으로 집중되었다.

더글라스 커런의 책『착륙 예정기사에서 ; 외계에 대한 사람들의 생각』 (1985)은 유령도시 모텔에서 열린 고리타분한 간담회에서 이상한 옷을 입고 자신들의 스크랩북을 되풀이해 읽고 있는 과거 UFO 유명인들의 실망스러운 사진들과 의심스러운 이야기들을 잔뜩 싣고 있다. 이것이 보와 핍(지금은 도와 티로 알려진)이 한편으로 추종자를 얻고 다른 한편으로 추종자들을 잃으며 어떤 성과도 얻지 못하면서 이끈 20년 동안의 삶이다. 그들이 판매했던 신앙('신도가 가진 모든 것'이라는 통상적인 가격에)은 존 맥과 휘틀리 스트리버에 따른 복음과는 달랐다. 애플화이트의 추종자들은 외계인에게 납치된 것이 아니라 그들 자신이 외계인이었기 때문이었다. 그들의 백조 같은 정신적 본질은 이후로 줄곧 지구를 떠도는 인간 육체라는 추한 오리새끼 같은 '용기'에 담겨져 사물을 이해하려 노력하고 있었다.

SF 팬덤처럼 그들은 별종들이었다. 다시 말해서 그들은 일반적으로 기껏해야 컴퓨터광에 불과한 사람으로 치부되는 진가를 인정받지 못하는 천재들이었다. 그들이 집단 자살을 하기 직전 찍은 영상물에선 SF팬들의 참을 수 없어 킥킥 거리며 웃는 소리를 들을 수 있다. 그것은 동료 SF팬들만이 이해할 수 있는 어떤 지혜를 암시하는 잘난체하는 낄낄거림이었다. 접시가 들어올려지고 나서야 신도들은 이 신나는 농담을 이해할 수 있었다.

천국의 문 신도들이 전통적인 기독교 천년 왕국설 신봉자들과 다른 점은 그들이 어떤 해답을 부정하지 않고 받아들였다는 사실이었다. 애플화이트는 미디어의 주목을 받지 못한 채 광야에서 25년을 더 지낼 생각은 없었다. 어쨌든 그는 25년을 더 기다리지는 않았다. 그는 죽음에 직면해 있었고 간호사 네틀은 이미 사망했다. 그렇게 오랫동안 모선이라고 믿고 있었던 것은 무엇이었을까?

결국 이전의 맨슨, 짐 존스와 아사하라처럼 애플화이트와 그의 우주선 승무원 모두는 맥베스 부인의 말을 가슴에 새기고 문제가 되는 것에 용기를 발휘했다. 애플화이트를 포함한 그들 중 여섯 명은 이미 최근 몇 세기동안 버려진 오랜 고대의 종교적 관습에 따라 스스로 거세함으로써 과감한 행동에 대한 자신들의 능력을 과시했었다. 어쨌든 신약성경에 이 관행에 대한 훌륭한 근거가 있다. 신약성경에서 독신이 더 바람직한지 여부를 질문받은 그리스도는 다음과 같이 답변한다. (마태복음 19:12) "하늘나라를 위해 스스로 거세한 사람들이 있다. 독신을 받아들일 수 있다면 독신을 받아들이도록 하라." 3세기 초 초기 교회에서 가장 높은 평가를 받던 신학자들 중 한 명인 오리게네스는 이 같은 권고를 충실히 따랐으며 천국을 위해 거세했다. 이런 관점에서 천국의 문은 물질에 불과한 것은 천한 것이라는 그노시스 전통의 일부일 뿐이다.

대체로 사회는 천국의 문이 선택한 행로와 맨슨, 아사하라와 다른 사람들이 따른 진로의 중대한 차이에 대해 감사해야 한다. 천국의 문 종파 구성원들이 철학적 차이를 입증하고 있는 죽음은 자기 자신들의 죽음이었다. 그들이 집단 자살을 통해 보여준 질서정연함과 그들의 비디오테이프가 입증하듯이 그들 중 누구도 강요당한 것처럼 보이지 않는다. 짐 존스가 이끌었던 가이아나 인민사원 기독교 신도들처럼 쿨 에이드를 마시거나 웨이코의 화염 속에서 사라진 다윗파 사람들도 마찬가지다. 초기 기독교인들이 찬송가를 부르며 콜로세움의 인간 도살장으로 행진했던 것처럼 그들의 행동엔 화려한 포기와 같은 일종의 명예조차 존재한다.

「뉴욕 타임스」의 오랜 SF 서평가인 제럴드 요나스는 1970년 천국의 문 현상을 무시무시하게 예시하고 있는 「셰이커 교도의 부활」이라는 단편 소설을 썼다. 요나스는 후일 록큰롤의 영감을 받아 집과 직장을 떠나 네 가지를 부정하는 금욕주의자들의 신흥종교를 상상하고 있다. 즉 "증오에 대한 부정, 전쟁에 대한 부정, 금전에 대한 부정, 죽음에 대한 부정." 어떤 개종자는 "현실적 반항이 어떨지 상상해보라"고 설명하고 있다. "단지 나에게 달라는 아바의 '김미, 김미, 김미……'의 또 다른 합창이 아니라 네 가지 부정 모두는 하나의 큰 부정으로 모여진다." 그는 계속해서 다음과 같이 말하고 있다.

우리의 힘은 이 세상에서 비롯된 것이 아니다. 당신들은 모든 비디오테이프, 오토바이 그리고 춤 모두──탈피해야할 불순한 껍질들──에 대해 개의치 않을 수 있다. 현실적으로 이해하고 싶다면 둥글게 둘러서서 머리를 숙이고 기도하며 숨을 죽이고 하나하나를 기계적으로 기록하고 있는 우리──바로 당신의 고귀한 작은 유전자 합성기들인──를 상상하기만 하면 된다. 그것이 당신의 세계를 종식시키는 아름다운 방법이라 생각지 않는가? 총성이나 애원이 아니라 오랫동안 숨죽인 한 번의 아멘으로?[22]

흔히 제약이 있는 실제 삶의 버전보다는 소설적 형태로 비전통적인 행동을 존중하는 것이 더 쉽다. 현실적인 삶에서 보와 핍은 분명 몇 가지 점에서 의식적인 사기꾼이었지만 그들이 추종자들을 사기 친 것만으로는 완전히 이해되지 않는다. 지도자의 위치에서 무거운 짐들 중 하나(신봉자라는 축복과 동시에)는 노동의 분배 같은 것이다. 하지만 단지 불합리성 때문에 그들의 신앙은 다음과 같은 불편한 사실을 구체화하고 있다. 진정한 종교적 신앙은 대개 상식적인 면에서 벗어나 정신이상처럼 보이는 행동을 고무하는 하나의 스캔들이라는 것이다. 애플화이트의 의도처럼 천국의 문 이야기는 1997년 성금요일에 신문의 머리기사를 장식했다. 목사들이 부활절에 부활에 대해 설교할 때 그 주제를 피하기는 어렵다. 그들의 메시지는 '할렐루야!' 대신 '당연히 부정하라'일 필요가 있었다.

천국의 문의 명백한 불합리성에 대해 말하자면 아우구스티누스 못지않은 종교 권위자인 테틀리아누스는 바로 불합리하기 '때문에' 기독교를 믿는다고 선언했다. 또한 조셉 캠벨과 가장 자유주의적인 프로테스탄트 신학자들은 기독교에서 신화에 불과한 것처럼 보이는 것을 묵인하는 데 지적으로 어려움 느끼지 않는다. 마찬가지로 신격화된 사람을 잃은 두 명의 추종자들은 부활절 저녁에 시사프로그램인 〈60분〉에 출연해 천국의 문이라는 그릇된 신앙의 어리석음을 묵인하는데 지적으로 어려움을 느끼지 않았다. 자칭 자살자의 관점에서 문자상의 진실보다 더 타당한 것은 비용 대 편익비 분석이다. 39명의 신자들은 사실상 헤일밥 혜성의 그늘 속에서 지구로 접근하는 외계인들이 데리고 간 것이 아니라고 가정하자. 그들이 얻기 위해 지불한 것——햄릿이 열렬히 소망한 죽음이라 불렀던 것 이상——은 무엇일까?

바로 그들이 추구했던 것일 것이다. 적어도 자살자들 중 한 명인 게일 메더는 고등학교 졸업앨범에 자신의 야망이 '부유하고 유명해지는 것'이라고 기록했던 것으로 전해진다. 그녀는 부자가 되지는 못했지만 유명해졌다——그녀와 다른 38명 모두. 명성은 그들 중 누구도 홀로는 이룰 수 없고 아주 부유한 사람들도 대개 도달할 수 없으며 그것이 없다면 부자라도 초라해 보일 수 있는 목표다. 명성 혹은 오명은 아주 불필요한 거짓말의 동기이자 우리들 중 일부에겐 목숨을 바칠만한 가치가 있는 것이다.

영화 판권은 이미 팔렸으며 아마도 한 편 이상의 영화가 만들어지게 될 것이다. 그것은 팀 버튼의 〈에드 우드〉식으로 대단한 코미디나 서스펜스 스릴러 혹은 진짜 비극이 될 수도 있다.

하지만 이 영화가 SF로 만들어지지는 않을 것이다. SF버전은 이미 스필버그가 〈미지와의 조우〉로 탁월하게 영화화했기 때문이다. 이 영화는 천국의 문이 좋아했던 영화들 중 한편이자 자기들의 삶에 대한 이야기였다. 정신을 고양시키는 이 영화의 끝부분에서 리처드 드레이퍼스는 외계인들(천국의 문 웹 사이트에서 바로 외계인처럼 보이는)과의 약속을 지키기 위해, 아마도 악마의 탑 주위의 오염된 지역으로 들어감으로써 영화의 마지막에서 확실한 죽음을 무시하고 있다. 같은 약속을 한 애플화이트와 일행은 같은 운명에 용감히 맞서 같은 보상을 보답 받는다.

그들은 영원히 기억되고 있다.

8장 화성의 보수주의자들
군사전략으로서의 SF

공상과학소설은 민주주의 정치의 미래에 대해 거의 깊이 생각해보려 하지 않는다. 뉴스 매체들이 많은 관심을 보이는 현실들이 많은 가상 미래들에서는 사라지고 있다. 가상 미래에서 사람들은 〈스타 트렉〉에서처럼 평온하고 눈에 보이지 않게 지배되고 있다. 그렇지 않으면 그들의 세계는 르네상스 축제처럼 중세 시대로 되돌아간다. 세계에선 단순한 계급제도가 진 울프의 『새로운 태양의 서』 4부작이나 프랭크 허버트의 『듄』처럼 가극조 작풍을 조장한다. 독자들은 선거 정치에 대해선 신문의 기명 논평이나 정치 소설을 쓴 알렌 드루리, 뉴 저널리즘의 창시자이자 소설가인 톰 울프나 어떤 익명의 다른 소설가들에 의지한다.

하지만 그렇다고 SF 저자들이나 독자들이 정치에 무관심하다는 말은 아니다. 그들은 당대에 문제가 되는 대부분의 쟁점에 대해 필립 K. 딕이 「프리-필슨」(1974)을 발표했을 때처럼 심지어 일부 독자들을 논쟁에 빠져들게 하는 나름의 견해를 갖고 있다. 필립 K. 딕의 소설에선 어머니의 낙태권은 임신기간을 지나 '프리 펄슨'이 12살이 될 때까지 확대된다. "이 소설로 나는 조안나 러스에게 노골적인 혐오감을 불러일으켰다. 나는 그녀에게서 그때까지 받았던 것들 중 가장 불쾌한 편지를 받았다. 편지에서 그녀는 자신이 통상적으로 이런 견해를 피력하는 사람들을 흔히 두들겨 패야한다고 역설하곤 했다고 말했다"[1]고 딕은 쓰고 있다. 많은 SF작가들이 동요들에게 더 높은 기준의 자유주의적 통설을 요구하기 때문에 대개 대학 캠퍼스처럼 이 같은 교내 논쟁들은 드러난 견해에 어울리지 않는 것처럼 보인다.

물론 정치적으로 모든 SF작가들이 자유주의자는 아니다. 1940년대와 50년대 초 분명 인정받은 SF작가들 중 자유주의자들이 지배적이었던 때가 있었다. 아이작 아시모프, 데이먼 나이트, 레스터 델 레이, 주디스 메릴, 도날드 보하임과 제임스 블리쉬(이들 대다수는 한때 영향력 있는 편집자들이기도 했었다)를 위시한 동부 연안의 자유로운 작가 단체인 미래주의자들은 더할 나위 없이 밝은 장미빛 청사진을 펼쳐보였었다.

어느 날 미국에서 가장 위대한 SF작가로 주목받게 된 X의 사례를 살펴보자. 1938년 X는 캘리포니아 주 59번째 지역구 의원에 민주당 후보로 출마했다. 그는 민주당내 후보경쟁은 없었지만 총선에 민주당 후보로 출마하지는 못했다. 현직 공화당 후보 찰스 라이언이 민주당 예비 선거에서 2개 정당 이상의 예선에 입후보할 수 있었고 양쪽의 표를 얻어 다시 국회의원으로 당선되었다——이 때문에 X의 짧은 정치 경력은 끝이 났다.

라이언은 아마도 행동주의 소설가 업톤 싱클레어가 창당한 제3의 준 사회주의 정당 EPIC와 자신보다 30살 많은 상대방의 긴밀한 협력 덕분에 승리를 거두었을 것이다. 싱클레어가 1934년 민주당원으로 주지사에 출마했을 때 양당의 보수주의자들은 너무 놀라 그를 저지하기 위해 전력을 기울였다. 루스벨트 대통령은 승인을 보류했다. 영화 스튜디오는 캘리포니아 주를 떠나겠다고 위협했다. 또한 후에 대법원 수석 판사가 된 워런 경은 다음과 같이 선언했다. "이것은 더 이상 캘리포니아 주 공화당 대 민주당의 선거운동이 아니다. 그것은 급진주의와 사회주의에 대한 미국인과 캘리포니아 주민들의 성전이다." X는 「업톤 싱클레어 EPIC 뉴스」의 편집장이었다. 이 신문은 최대 2백만 부가 발행되는 정치 신문으로 여섯 명 중 한 명은 싱클레어가 전국적인 운동이 되기 시작할 때인 1935년 EPIC 정관을 기록하도록 선택한 사람이었다. 분명 이 젊은이는 단순한 지지자가 아니었으며 언젠가 이에 대해 자신의 활동 이력과 다르게 삭제된 부분을 언급했을 때 주장했던 '온건한 민주당원'도 확실히 아니었다. 아니 그는 1930년대 급진적 좌파였던 실제 인물이었으며 그의 이름은 로버트 하인라인이었다.[2]

대불황기에서 맥카시 시대가 시작되기까지 정치적으로 180도 전향한 사람이 하인라인만은 아니었다. 하지만 이 시기 하인라인의 급진주의는 점령군으로 인식된 연방정부와 다투는 변경 개척자의 정치운동이라는 소박한 유형에서 비롯되었다. EPIC의 경제 이론들은 마르크스 이데올로기보다는 1890년대의 농촌 인민주의에서 시작되었다. 다른 한편으로 그의 후기 보수적 설교는 '자신'의 특권들 중 어느 것도 침해받지 않기를 원했던 쾌락주의자의 자유지상주의와 혼합되었다. 하인라인이 아주 오래 살았다면 그는 당연히 1992년과 1996년 공화당과 민주당이 아닌 제3의 대통령 후보로 출마한 페로를 열렬히 지지했을 것이다. 실천적 정치운동에 대한 다소 온건한 그의 책 『정부를 되찾자!』는 그의 가장 충실한 제자 제리 푸넬이 "모든 페로 지지자들은 가을 선거전에 앞서 이 책을 읽어보기를 희망한다"고 선언하며 광고하기까지 했지만 하인라인의 사후인 1992년에야 출간되었다.

그렇다 해도 냉전 시대에 하인라인의 SF에 대한 주된 취지는 군산 복합체를 계속해서 성장시키고자 하는 것이었다. 그는 1928년 미 해군 사관학교를 졸업하고 1934년 결핵이라는 건강상의 이유로 전역하지 않았다면 평생 해군 장교로 복무했을 것이다. 정치인으로서 실패한 후 그는 1939년 SF를 출간하고 곧 존 캠벨의 「어스타운딩」에서 가장 인기 있는 작가가 되기 시작했다. 2차 세계대전이 발발하자 하인라인은 오랫동안 SF 집필을 중단하고 해군으로 돌아가 비행기와 높은 고도의 기압복에 사용할 플라스틱을 디자인하고 시험하는 민간 엔지니어로 일했다.

같은 세대 대부분의 사람들처럼 하인라인은 전쟁을 겪으면서 분명 성숙한 삶을 체험하게 된다. 그는 전쟁의 죽음과 같은 공포에 용감히 맞섰기 때문에 냉전에도 당황하지 않았다. 하인라인은 1956년 핵 실험에 대한 규제를 거리낌 없이 반대했다. 1961년 세계 SF 대표회의에서 그는 방공호와 무제한 총기 소유를 지지했다. 그는 베트남 전쟁에서 매파였으며 레이건의 전략방위구상 문제로 아서 클라크와 결별했다. 이 같은 입장과 더 극단적인 다른 입장들은 그가 같은 시기에 쓴 SF에서 쉽게 추측할 수 있을 것이다. 그는 어떤 매파보다도 더 강경한 입장을 유지했다.

하인라인의 SF소설들 중에서 군 생활의 혹독함과 적에 대한 무자비한 절멸을 찬미한 『스타십 트루퍼스』(1959)는 그의 강경한 입장을 가장 분명하게 입증하고 있다. 이 경우에 적은 거미처럼 생긴 외계인 벌레들이다. 2차 세계대전에서처럼 선택은 단순하다. "우리들이 살아남고 벌레들을 쓸어내거나 그들이 살아남고 우리가 절멸되는 것——두 집단은 강인하고 간교하며 같은 지역을 탐내고 있기 때문——이다."[3]

SF작가들은 어떤 제약도 받지 않고 적을 설정할 수 있다. 할리우드의 한결같은 기본적 줄거리를 답습하고 있는 〈인디펜던스 데이〉의 외계인들처럼 하인라인의 벌레들은 굉장히 혐오스럽다. 나치 자식들도 결국 인간이다. 벌레의 자식들은 벌레나 번데기일 뿐이다. 〈스타십 트루퍼스〉 클라이막스 장면은 보병들이 벌레의 둥지를 공격해 수백만 마리의 흉악하게 생긴 거대한 거미들을 불태우는 것이다. 이 같은 장면은 돌비 사운드의 테크니컬러 영화로 볼 수 있었다. 할리우드의 특수효과는 문자를 넘어서고 있으며 영화는 우리 정원에 있는 벌레처럼 두려울 정도로 설득력 있게 외계인을 묘사할 수 있다. 하지만 의미가 바뀌지는 않는다. 그들이 외계인이든 진딧물이든 그들은 절멸되어야 한다.

외계인은 정확히 다음 장의 주제다. 여기서는 우리 인간의 적들이 절멸되어 마땅한 소름 끼치는 괴물들일 수 있다고 가정하자. 적들을 절멸시킬 수 있는 최선의 방법은 무엇일까? 어떤 무기들로? 아주 치명적이어서 단순히 존재하는 것만으로도 적이 공격을 단념하게 될 무기들이 있을까?

이 의문들은 1871년 「블랙우드 매거진」에 게재된 소설——조지 톰킨스 체스니 경의 『도킹만 전투』——로 시작해 오늘날 톰 클랜시 같은 테크노 스릴러 작품에 이르기까지 계속되고 있는 오랜 소설적 전통을 갖고 있다. 프랑스-프러시아 전쟁에서 프랑스에 대한 독일인들의 불가항력적 승리에 섬뜩한 영감을 받은 체스니는 그럴듯하고 끔찍한 무서운 세부묘사로 영국의 유사한 패주——영국이 프러시아의 위협에 맞서기 위해 방어 시설을 개선하지 않는다면——를 정밀하게 표현하고 있다. 체스니는 영국 육군 공병대 장교인 직업군인이었다. 그는 "증기선이 출현하면서 전투지휘를 혁명적으로 변화시킨 후 국가 방어 시설 문제에 대해 소책자를 펴냈던 많은 육군과 해군 장교들의 전통을 따랐다. 하지만 체스니는 소설 형태로 자신의 주장을 제시함으로써 이 같은 전통과 결별했다.……병사들은 늘 상황에 따른 적의 대응을 가정하여 작전을 세웠다. 군사적 평가 관행에 현실적인 이야기 방식을 추가했으며 그 산물이 가상의 전투에 대한 본격적인 소설이다."[4]

이후 40년에 걸쳐『도킹만 전투』의 모방작들이 쏟아져 나왔다. 이런 책들은 저자들과 출판업자들의 인세만이 아니라 납세자들에게 국가의 생존이 분명 늘어나는 지출에 좌우된다고 설득하는 것을 목표로 했다. 이런 새로운 장르에 착수하는 해군, 육군 장성과 정치인들의 수가 많았다는 점에서 분명 이들 소설은 공공 정책의 도구가 되었다.

1906년까지 문맹율의 급격한 저하, 군비의 증가, 영국 고립의 종식, 새로운 대중 일간지들 같은 모든 다양한 영향들이『1910년 침입』의 에피소드에서 동시에 생겨났다. 노스 클리프 경의 동의와 적극적인 격려로 육군 원수 로버츠 경은 1910년 독일의 영국 침공에 대한 이야기를「데일리 메일」연재물로 준비하면서 인기 있는 저널리스트 윌리엄 르 퀴외와 긴밀히 협력해 작업했다. 로버츠 경은 이를 영국이 현대전을 위해 더 잘 준비되어야 한다는 자신의 신념을 확신시키기 위한 기회로 삼았다.[5]

새로운 장르의 선구자들 중에서 애초에 주목할 만한 미국인은 없었다. 미국은 미개척지를 정복하는 데 여념이 없었고 태평양과 대서양이 유용한 방위 체계로 작용하고 있었다. 헨리 그레턴 도넬리(1890)는『고통 받는 국가』에서 동부 해안 지대 도시들 대부분을 파괴하는 영국의 침입에 대해 이야기하고 있다. 하지만 일 년 앞서 미국 최초 미래전쟁에 대한 이야기──이 경우에 남부에 맞선 북부가 아닌 가난한 자들에 맞선 부자들의 내전──를 쓴 사람은 또 다른 도넬리라는 사람이었다. 그 책은『카이사르의 기둥 : 20세기 이야기』였으며 저자는 하인라인처럼 중서부 출신의 실패한 또 다른 인민주의 정치인이자 도넬리라는 이름을 갖고 있었다.

이그네이셔스 도넬리는 사이비 과학에서 비롯된 중요하고 영속적인 두 권의 고전『아틀란티스』와『라그나로크』의 저자로서 이미 언급했었다.『카이사르의 기둥』역시 당시 베스트셀러였지만 현재는 출판되지 않고 있다. 임박한 파멸에 대한 예언들이 이미 실현되면서 호소력을 잃었기 때문이다. 당시 도넬리가 아주 많은 방식에서 하인라인과 그 후계자들의 작품을 예시했다는 점이 오히려 놀라운 일이었다. 하인라인과 그 후계자들 중 그 누구도『카이사르의 기둥』을 읽었을 가능성은 거의 없었기 때문에 그 유사성은 분명 리처드 호프스타터가 '미국 정치에서 편집광적 표현법'이라 부른 공통된 기원에서 비롯되었다. 그것은 복잡한 이해관계의 움직임에서 불길한 음모를 보고 검은 헬리콥터들이 윙윙거리는 밤하늘을 상상하는 전통이다. 이 같은 전통의 골자는 때로 연방정부의 군사력과 제국 서쪽으로의 전진을 찬미하고 또 때로는 연방정부가 자신들의 수입에 세금을 부과하거나 자신들의 개별적 무기고를 규제하는 권력에 대해 분개하는 상극된 감정이다.

『카이사르의 기둥』은 부패한 소수의 독재자가 지배하며 야수성을 띠게 된 노동 계급이 일하는 디스토피아적 미국을 묘사하고 있다. 도넬리는 노동자 계급의 가엾은 운명에 영감을 받아 다음과 같이 강렬하고 화려한 문장을 남기고 있다.

이른 아침에서 밤늦게까지 일하고, 일하고 또 일한다. 이어 발 디딜 틈도 없는 집으로 돌아가 쓰러지듯 형편없는 잠자리에 들어 더러운 환경에서 벌레들과 싸우며 불편하게 몇 시간을 자고나서 다시 일어나 일하러 간다. 이어 계속해서 즐거움 없이 절망적으로 다람쥐 쳇바퀴 도는 식의 생활이 끊임없이 반복된다. 결국 불결한 하층민에 불과한 그들은 몇 년이 지나 병에 걸려 가엾게 고통스러워하다 죽은 후에는 큰 화로로 들어가며 그들의 생명이 사회를 좀먹고 있다는 듯 시신은 화염에 삼켜진다.[7]

지배 계급에 대한 혐오감과 착취당하는 노동자들에 대한 동정심에서 도넬리의 소설은 우연이라 할 수 없을 정도로 분명하고 확실하게 잭 런던의『강철 군화』(1907)와 유사하다. 하지만 그것은 이야기 방식에서 그 뒤에 나온 소설들과 차이——유대인들이 월가와 국제적 볼셰비즘을 지배하고 있다고 생각하는 역설적 반유대주의로 아주 두드러진——가 있다. 우리는 도넬리의 악당 카바노 왕자가 '법률 문서에 자기 이름을 서명할 때 야곱 이삭으로 서명하며' 더 나아가 '세계의 귀족 계급은 이제 거의 전적으로 유대계'라는 사실을 알고 있다. 그런데 유대계가 혁명적인 철도노동조합(Brotherhood of Destruction)을 지휘하고 있으며 '조직의 최고 입안자'는 러시아계 유대인이다. 그는 "자신이 저지른 몇 가지 범죄 때문에 러시아 내 유대인 공동 거주 지역에서 쫓겨난 사람으로 아주 유능하고 강인하며 교활한 사람이다." 혁명이 필연적인 공포의 지배로 이어지며 시민 25만과 함께 뉴욕 시를 파괴하자 이 유대계 로베스피에르는 유대로 도주한다. "그는 유대에서 예루살렘의 왕이 되어 자신의 엄청난 부로 솔로몬의 영광을 재건하고 폐허가 된 세계 속에서 예전 유대 민족의 화려함을 부흥시키고자 한다."

『카이사르의 기둥』에서 가장 주목할 만한 SF적 특징은 스페인 게르니카에서 런던, 그리고 드레스덴과 베트남으로 이어지는 20세기 공중전을 특징짓는 공포들에 대한 전망이었다.

과두 정부는 알루미늄이라는 가볍지만 튼튼한 금속으로 씌워진 [조종할 수 있는 비행선들] 수천대로 구성된 막강한 군사력을 갖고 있다. 그것들은 일반적으로 '데몬스'로 알려져 있다. 이것들은 적군 위를 날며 적군 한가운데로 탄약이 섞인 아주 치명적인 폭약이 적재된 큰 폭탄을 떨어뜨린다. 이어 폭탄들 중 하나가 지면에 떨어진 곳은 휴화산의 분화구처럼 보인다. 한편 쓰러진 시신들이 열을 지어 주위에 사방으로 퍼져 있다. 하지만 이게 다가 아니다. 몇 년 전 프랑스 화학자가 발견한 엷게 퍼지는 끔찍한 유독성 조제품은 지상에 떨어지게 되면 공기보다 더 무겁고 게다가 확산되기 때문에 끊임없이 대지의 사방으로 퍼져 그것을 들이 마시는 사람을 갑작스럽게 죽게 한다.……[과두 정부]는 억압당하는 사람들의 봉기를 막기 위해 주로 이것에 의존하고 있다.[8]

정부가 자국민에 대해 대량 살상 무기를 사용하는 장면에서 도넬리는 잭 런던에서 조지 오웰에 이르는 이후의 많은 디스토피아 작가들을 예시하고 있다. 대개 디스토피아 작가들은 적들 만큼이나 자신들의 지배자를 두려워하는 좌파 자유주의 성향을 갖고 있었다. 양차 세계대전과 대량학살 이후에 터키, 구소련, 중국, 캄보디아와 제3세계 전역에서 어떤 정부도 자국의 시민 계급 전체을 실제로 절멸시킬 수도 있다는 악몽 같은 가능성이 우파와 좌파의 공통된 특징이 되었다. 냉전 전략가들은 상호 확증 파괴의 핵 논리에 따라 군사 계획을 세웠고 원자폭탄이 투하되는 지점에 있는 시민들의 관점에선 자신들을 절멸시키는 것이 '누구의' 폭탄이냐는 거의 문제가 되지 않았다. 그들은 자기들 정부 정책의 인질이었다. '빨갱이보다는 차라리 죽음을'같은 허세를 즐겨 사용하는 '애국자'들조차 다모클레스의 칼 같은 핵의 그늘에서 살아가는 공포를 경험했다. 이 칼을 휘두르는 사람을 자신과 동일시 할 정도로 그들은 모든 국제 위기에서 핵무기 사용을 요구한 매파였다.

하인라인은 1941년 단편소설 「불만족스러운 해결책」에서 제안한 것처럼 핵 우위에 기반한 미국의 지배만이 세계 평화를 보장할 수 있다고 확신한 매파였다. 그는 『스타십 트루퍼스』에서 벌레의 침입으로 황폐화되긴 했지만 그래도 굴복하지 않는 지구를 슬쩍 보여주었다. 이를 모방한 것처럼 보이는 〈인디펜던스 데이〉의 시나리오에서 미국 대통령은 이전 모든 영화에서 등장한 대통령들에게 금기시되었던 "녀석들을 핵으로 공격합시다!"라는 말을 내뱉고 있다.

하인라인은 『사랑하기에 충분한 시간』과 『야수의 숫자』 같은 소설들에서 미학적 유아론에 빠져있었다. 이 책들에서 하인라인의 페르소나는 컴퓨터 바이러스처럼 스스로 증식해 마침내 우주조차 그의 상상력이 꾸며낸 것에 불과하게 되며 SF 최초 냉전 전사로서의 그의 역할은 제리 푸넬에게 맡겨졌다.

하인라인처럼 푸넬은 급진적 좌파, 사실상 공산당 당원으로 지적인 이력을 시작했다. 그는 찰스 플랫과의 1981년 인터뷰에서 이 같은 일탈적인 행동에 대해 설명했다.

> 그것[의 당원 자격]은 오래 전이었다. 한국전쟁에서 벗어난 후 돌아와 대학에 다니고 있을 때 나는 우리에게 계속해서 마르크스주의가 서구 전통을 잇고 있다고 말하는 사람들에게 감화되었다. 나는 또한 좌파 이외에 다른 어떤 사람을 동경한다면 대학에서 거의 받아들여지지 않을 것이며 조롱을 받게 되리라는 웃기는 철학 이론의 희생자였다. 나는 아주 비참한 전쟁을 겪었고 공산주의자들은 누구도 하지 않으려하는 것처럼 보이는 어떤 것을 하겠다고 약속했다. [그는 체념한듯 몸짓을 하며] 잘못된 이상주의였다.[9]

푸넬은 이어 자신의 이상주의를 엉뚱하게 항공우주산업으로 돌렸다. 항공우주산업에서

나는 노스 아메리칸에서 내 또래로선 아주 고위직에 있었다. 노스 아메리칸은 당시 아폴로를 제작한 회사였다. 나는 우주 과학자였다. 나의 자리는 회사 내에서 내가 기여할 수 있다고 생각하는 일을 찾아 연구를 진척시키는 것이었다. 내가 맡았던 마지막 전문적인 연구과제는 아폴로 21호를 위한 실험적 디자인 연구였다. 하지만 사실상 어떤 아폴로 21호도 예정되지 않은 것이 분명했다. 그리고 동시에 경영진은 "우리는 고참 과학자들을 감원해야 한다"고 말했다.[10]

감원 당한 푸넬은 1971년 자신의 첫 번째 SF 단편소설 「명예로운 평화」를 발표하면서 프리랜서 작가로 첫발을 내디뎠다. 그는 로스앤젤레스 시 연구 소장으로 일하며 시장의 연설문을 섰다. 푸넬은 외계로 식민지 이주자들을 보내 궤도에 있는 큰 꿀벌통 같은 곳에 살게 하자고 주장하는 단체인 L5 협회의 간사가 되었다. 그는 레이건의 전략방위구상(SDI)의 초기 지지 단체인 국가 우주 정책에 대한 시민 자문 위원회의 공동설립자였다. 푸넬은 PC(공산당이 아니라 퍼스널 컴퓨터) 잡지들의 정기 칼럼니스트——그리고 자칭 용병을 위한 잡지 「솔저 오브 포춘」의 기고 편집자——이다.

SF에서 푸넬의 첫 번째 성공은 후에 주인공 존 크리스천 폴켄버그가 르네상스 용병들의 우주함대를 지휘하는 『코도미니움』 시리즈에서 시작되었다. 폴켄버그와 그의 군대는 흥미진진하게 그려졌다——도덕성이 없고(그들 자신들끼리는 제외한) 유능한 전문가들. 소설 길이의 첫 번째 모험담 『용병』(1977)에서 폴켄버그는 지역 복지 지원을 받는 하층민 모두를 운동장에

집결시켜 그들을 폭사시킴으로써 행성 전체가 평화를 누리게 한다. 사람들은 저자가 자신의 고향 행성에 유사한 정화를 시작하는 데 반대하지 않을 것이라고 느꼈다.

푸넬의 첫 번째 폴켄버그 이야기와 그 후속작들을 출간한 SF편집자 벤 보바는 푸넬처럼 글을 쓰고 SF 편집을 시작하기 전에 항공우주산업 직원이었다. 푸넬이 자칭 용병인 반면 보바는 자칭 우주비행사다. 보바는 누구에게도 뒤지지 않는 열정과 지성으로 우주계획 옹호자로 활동해왔다. 그의 논픽션『하이 로드』(1981)는 민간 우주계획이 최우선 국가 과제라고 주장하고 있지만 그는 NASA와 군이 매우 친밀하다는 사실도 인정했다. 푸넬은 다음과 같이 권고하고 있다. "국가 간의 투쟁이 계속되는 한 우주에 늘 군이 존재하게 될 것이라는 사실을 명심하라. 하지만 우리가 풍부한 에너지와 원자재를 우주에서 세계 국민들에게 가져 옴으로써 전세계적인 긴장을 완화시킬 수 있다면 우리는 아마겟돈에 이를 수 있는 군 증강을 피할 수 있을 것이다."[11] 이 같은 주장은 레이건의 SDI에 대한 보바의 지지인『확증된 생존 : 긴 안목에서 별 방어 전쟁의 평가』(1984)에 대한 근거일 것이다.

독일인 우주 광신자 베르너 폰 브라운이 나치의 V-1과 V-2로켓을 개발하기 위해 스카우트된 시점부터 우주 개발과 초강력 무기 개발은 본질적으로 서로 근접하고 있다. 80년대 초까지 군비 경쟁은 상호확증파괴에 기초해 과도하게 위태로운 교착상태가 불가피할 정도로 외관상 치명적인 결과에 이르렀다. 이 점에서 공상과학소설은 상호확증생존이라는 새로운 공식의 복원에 나선다. 그것이 사실상 제리 푸넬과 또 다른 SF작가로 뒤표지에 레이건 대통령의 추천사를 내건 딘 잉이 쓴 소책자의 제목이었다. 레이건의 편지는 기껏해야 '감사합니다. 그리고 신의 축복이 있기를'에 불과했지만 암묵적으로 이 편지는 저자들의 권고를 뒷받침하고 있다.

우리는 우선 의미 있는 군사력을 제공하는, 다시 말해 1990년까지 어떤 공격자도 1차 공격의 성공을 확신하지 못하도록 4가지 후보 시스템을 제시하는 것이 시급하다고 믿고 있다.

- 운동 에너지 격추를 사용하는 다수의 위성
- 지상 배치용 레이저와 우주의 반사경
- 우주 배치용 레이저
- 3세대 시스템으로 총괄적으로 알려진 핵폭발 추진 광선 기술들
- 지상 배치용 핵심 방위 시스템

우리는 또한 장기적으로 유망한 입자 빔 무기를 포함해 다른 많은 후보 시스템들에 대한 훨씬 가속화된 연구를 촉구한다.[12)

푸넬과 잉의 책은 하인라인과 푸넬의 신조을 가진 SF에 특화한 비주류 출판업자 바엔 북스가 초판을 보급판으로 출간했기 때문에 그들은 매체 권위자로 대우 받지는 못했다. 사실상 『상호확증생존』의 원문은 푸넬, 잉 그리고 데이비드 드레이크(『햄머스 슬래머』[1979]와 이 책의 많은 속편들)와 『별 여행자 협회』의 저자이자 1945년 뉴트 깅리치 소설의 공동저자인 윌리엄 R. 포르스첸과 같은 다른 바엔사 저자들의 당대 스페이스 오페라들에게 기술적 배경을 제공하기 위해 계획된 일련의 명세서처럼 읽혔다.[13)

SDI는 글이나 대통령의 열렬한 옹호가 아니라 1983년 시작해 매주 텔레비전 뉴스 프로그램 영화 필름을 디자인한 컴퓨터 애니메이터들이 성공적으로 완수해 SDI가 미국 유권자들에게 과대 선전될 정도였다. 최초 컴퓨

터 에니메이션 장편 영화인 디즈니의 〈트론〉이 바로 전해에 개봉되었다. 고화질 컴퓨터 그래픽은 당시 미키 마우스 같은 의미에서 '만화적'이라기보다는 새로운 '가상' 현실로 받아들여졌다. 고화질 컴퓨터 그래픽은 사이버스페이스 미래의 광채를 띠었고 유권자에게 새로운 상품을 판매하기 위한 SDI 광고성 단발뉴스로 활용되었다. SDI는 적의 대륙간 탄도 미사일을 는가하고 다소 분명하게 새로운 수준의 국방성과 항공우주산업에 대한 지출을 정당화하려는 것이었다. 아주 멋지게 만화 영화화된 SDI체제는 공상과학소설이나 아케이드 게임 같은 형태로만 존재했다.

레이건이 노인성 치매가 진행 중이었기 때문에 우리는 SDI가 어느 정도로 진지한 제안이었는지 혹은 탁월한 속임수였는지는 알 수 없다. 진지한 제안으로써 SDI는 성공을 거둔 적이 없었다. SDI 개발과 관련이 없는 과학자들이 그것을 조롱할 정도였다. 첫 번째 실험은 조작된 것으로 입증되었지만 조작된 결과조차 가망이 없는 것으로 밝혀졌다. 하지만 날조된 SDI는 냉전을 종식시키는데 중요한 역할을 했다. 컴퓨터 그래픽이 설득한 것은 유권자들만이 아니었다. 소련 정부도 레이건의 말을 액면 그대로 받아들였고 SDI가 공포의 균형을 유지하기 위한 또 한 차례의 지출을 시작하게 할 것이라고 확신하게 되었다. 레이건의 두 번째 임기 동안 러시아인들은 점차 폴란드와 중부 유럽의 나머지 국가들에 대한 지배력이 약화되었다. 한계에 도달해 명예로운 포기 의사 표시로 속도를 줄여 천천히 달리는 지친 마라토너처럼 소련은 군비 경쟁에서 퇴장했다.

레이건의 대단한 허풍은 레이건 행정부의 영구불변의 업적중 하나일 수도 있지만 진정한 승리는 아니었다. 게리 윌스는 다음과 같이 말하고 있다. "레이건이 소련이 붕괴될 정도로 방위비에 너무 많은 예산을 지출하게 함으로써 소련을 무너뜨렸다고 주장한다. 그럴 수도 있다. 하지만 그 과정에서 재정 적자가 거의 3배로 증가하고 무역적자가 4배 이상 증가할 정도로 레이건은 미국이 군에 너무 많은 지출을 하게 했다.……냉전이 종식되었을 때조차 미국에서 경축하는 듯이 보이는 사람은 거의 없었다. 두 개의 세계 제국을 쇠퇴로 이끌 정도로 낭비하는 것은 많은 대통령들에게 허용되지 않는다."[14]

레이건 행정부에서 누가 윌스가 제시한 규모로 국민적 자기희생 프로그램을 의식적으로 착수하고자했는지는 분명치 않다. 대통령에서 푸넬처럼 현장에 고용된 사람에 이르기까지 SDI 제안자들은 더 소박한 어떤 것을 목표로 했을 것이다. 즉 제안자들의 목표는 SDI에 대한 지출로 보장된 어떤 것, 다시 말해서 군산복합체에 종사하는 동료들이 계속해서 혹은 더 나아진 호경기를 누리는 것이다.

1986년 1월 28일 '챌린저호' 참사 이후 SDI는 레이건의 중심 의제에서 사라졌다. 하이테크 해결책은 갑자기 하이 리스크로 위험도 커 보였다. 왕복 우주선의 우주 비행사 6명과 선생님 크리스타 맥얼리프가 결함이 있는 O형 고리 때문에 죽을 수 있다면 도시와 대륙의 운명을 궤도를 선회하는 루브 골드버그 메커니즘(미국 만화가 주브 골드버그가 사소하고 일상적인 행동과 동작에 정교한 과학 장치와 연계시켜 만들어내는 것을 풍자한 바보장치에서 유래한 단어-옮긴이)에 의존하는 것은 어리석은 짓일 것이다. 〈2001년 스페이스 오디세이〉의 인공지능 할에게 전지구의 핵 운명을 맡겨도 되는 것일까?

우주 비행사 대장 존 W. 영, Jr.를 포함한 95명의 우주 비행사 단체는 안전성에 대한 NASA의 배려에 심각한 의문을 제기했다. 그들의 의문은 일상적으로 간단히 처리되었다. 「뉴욕 타임스」는 1986년 4월 3일 다음과 같이 보도하고 있다. "어떤 퇴역 우주 비행사는 안전에 대한 우려를 표명하자 상급자들이 그 우주비행사에 대해 비행을 두려워하는 사람으로 공개적으로 모욕한 사례를 언급했다.……또 다른 고참 우주 비행사는……안전에 대한 우려를 표명함으로써 징벌을 각오해야 한다고 느꼈다고 말했다. 그는 우주 비행사 부서가 아니라 더 고위직인 NASA 임원들이 승무원을 선발했다고 말했다." 4월 말 기획예산처의 조사에 근거해 보도한 「타임스」는 NASA의 낭비지출과 안전 불감증에 대한 시리즈물을 연재했다. NASA의 재정곤란이 지속되면서 더 이상의 왕복우주비행은 지연되었고 저명한 과학자들이 우주로 사람을 실어 보내는 임무의 이론적 근거에 의문을 제기했다.

NASA가 설립되고 처음으로 수세적 위치에 있는 이 중대한 시점에 「뉴욕 타임스」는 NASA의 부패하고 피로 얼룩진 기치를 들어 올리며 '미국 국민에게 보내는 편지'를 전면에 게재해 다음과 같이 역설했다. 즉 사망한 7명에게 가장 어울리는 기념비는 다음과 같다.

왕복우주비행선의 복원과 개선 그리고 구체적인 발사 계획의 재개다.

7명을 위해

우주 탐험에 대한 그들의 헌신과 그들을 추모하는 가장 깊은 존경심으로 아래에 서명한 우리들은 대통령과 국회에 7명의 용감한 남녀들을 기리며 새로운 왕복우주선을 제작하도록 촉구하는데 동참해주기를 요청합니다.

그들의 꿈이 계속되는 한

7명은 꿈속에서 계속해서 살아있습니다.[15]

편지엔 88명의 '서명자'가 동참했으며 작은 활자 면에 기재된 그 외 200명 정도의 사람들이 36,000달러의 광고비용을 충당하기 위해 각각 350달러를 기부했다. 서명자들 중 저명인사로는 아이작 아시모프, 로버트 하인라인과 몇몇 소수의 다른 유명한 SF와 판타지 작가들이 있었지만 목록에 포함된 SF분야 사람들——저자, 편집자, 에이전트——의 범위는 클럽의 다른 구성원들만이 분명하게 알고 있었을 것이다. 내가 계산하기론 하인라인/푸넬 사단 전원이 참여한 88명의 서명자들 중 적어도 54명은 SF분야 사람들이었다.

NASA는 비공식적인 PR에이전시인 SF와 함께 수년 동안 재정적 지출에 대한 일반 국민의 지원을 얻기 위해 유인 우주 비행에 의지했다. 우주 비행사 단체는 우주계획을 인간화했다. 이는 잔인하지는 않지만 다소 거만하게 인간적 관심사들에 무관심하고 기껏해야 비인간적인 과학의 전형적인 노력이었다. 우주계획의 가장 큰 성과라고 해야 NASA의 모든 탐사용 로켓이 생명이 없다는 것이 증명된 태양계에 대한 우리의 지적 호기심을 충족시켜준데 불과하다. NASA의 지지자들은 수백만 년 전 화성에 있던 박테리아의 화석 증거라고 전해지는 최근의 발견에 환호했다. 화성에 생명체라니! '결정적인' 화석을 가지고 돌아오기 위해 원정에 오를만도 하다.

H. G. 웰스의 『우주 전쟁』에서 침략한 화성인들은 면역 항체가 없는 지구 박테리아 때문에 괴멸된다. 이제 우리가 약간의 증거를 갖게 된 유일한 화성 생명체는 아마 지금은 소멸했을 세균들이다. 박테리아 확석에서 비롯된 어떤 '경이감'은 아주 애매하다. 분명 더 클로즈업된 지구에 이웃한 행성들과 소행성들 사진에서 얻게 되는 것은 더욱더 애매한 통찰력일 것이다. 하지만 더 먼 곳으로의 탐험이 진짜 외계의 다른 존재의 형태로 신학적 노다지를 산출할 것이라고 추정할 이유는 거의 없다.

우주계획은 요컨대 강매라는 것을 입증해왔다. 한때 아폴로 착륙에 감격했던 사람들조차 NASA에 더 많은 돈을 퍼붓는데 대해 망설이고 있다. 반면 NASA가 자연계의 생존투쟁에서처럼 정부 재원을 대상으로 한 멜더스적 투쟁에서 적대적 종에 불과하다고 생각하는 사람들이 있다. 나의 지역 신문 투고자는 편집자에게 보낸 편지에 다음과 같이 쓰고 있다. "NASA 이외에 얼마나 많은 사람들이 나처럼 느끼고 있을까? 생명체를 찾기 위한 최근의 화성과 금성 탐사 결정을 지적하는 것이다. 이 일에 얼마나 많은 자금이 투입되게 될까? 그 사이에 바로 이곳 지구에 있는 사람들은 집 없이 굶주리고 있다. 노인들은 겨우 근근이 살아가고 있다. 왜 그 돈으로 이곳 지구에서 더 잘 활용하지 않는가?"[16]

많은 사람들이 우주계획에 대해 느끼는 더 노골적인 적대감의 표현은 질 스콧-헤론의 노래 '백인은 달에'서나 펜실바니아 대학에서 가르치고 있는 흑인 대학교수의 다음과 같은 설명에서 들을 수 있다. 그녀는 조지아에 있는 친척을 방문하는 동안 '챌린저호' 폭발 TV방송을 어떻게 지켜보았는지 말하고 있다.

나는 대다수 미국인들처럼 어떤 우주선 승무원——매력적인 젊은 백인 여교사인 크리스타 맥얼리프, 그녀는 전국 교사들 경쟁에서 우주를 여행할 수 있는 기회를 얻었다——의 운명에 대해 특히 관심이 있었다. 나는 그녀의 죽음이 슬프다고 말했다. 나의 말에 모두 무관심——사실상 이 사건에 대한 어떤 언급에도 친척들은 약간의 정보 이외엔 전혀 무관심했다——했다. 독신의 흑인 승무원 로널드 맥나이르가 화면에 등장하자 그들은 이내 몸을 앞으로 기울이고 활기를 띠며 강렬한 관심을 보였다. 그들의 태도는 이 사람만이 우리 사람이라고 환기시키고 이 사람만이 우리의 관심사이며 슬퍼할 가치가 있다고 나를 꾸짖고 있었다.

'챌린저호'의 폭발을 지켜보고 있을 때 도전이라고 명명된 우주선의 오만함에 우리 중 몇 사람은 "하느님은 우롱당하지 않으실 거야"라고 중얼거리면서 론 맥나이르에 대해서만 애도하고 슬퍼하며 경의를 표했다. 그가 탑승하지 않았다면 아마도 그날 기쁨에 넘치는 화음이 울려 퍼졌을 것이다. 그리고 '타이타닉'('큰 배가 침몰되었을 때 슬펐네'에 이어지는 '할렐루야!'라는 외침으로 흑인들이 빛이 나거사 끝이 날 때 사용하는)같은 감상적인 유행가가 울려 퍼졌을 것이다.[17]

노골적인 인종주의가 아무리 개탄스러울지라도(혹은 약화시키고자 해도) 이러한 진술이 정직하다는 사실은 인정해야 한다. 불행하게도 이는 우주계획이 낙태처럼 얼마나 당파적 이슈가 되었는지를 정확히 반영하고 있다. 우파는 찬성하고 좌파는 반대한다. 그리고 클린턴 행정부에서 균형은 반대쪽으로 기운다. 1995년 5월 NASA는 '새로운 긴축시대'에 예산 절감으로 인력을 많이 감축하게 될 것이라고 발표했다. 10년 앞서 「타임스」에 보낸 편지 서명자들이 예감한 것처럼 공무원 조직과 계약직의 20%에서 30%는 사라지게 되었다. 「타임스」는 "예산 삭감 이후 NASA는 미국이 '아폴로' 계획을 시작하기 전인 1961년의 규모가 되게 될 것이다"라고 보도했다.[18]

대결이 예정되었던 소련의 위협이 소멸한 덕분에 SDI는 이미 과거에 존재했던 키메라의 유령이 되었다. 핵 위협을 할 적이 없다면 SDI라는 거대하고 증명되지 않은 설비는 팔리는 상품이 아니었다. 따라서 NASA가 다시 한 번 항공우주산업의 마지막 남은 최선의 희망이었다. 이 시점에 생각지 않은 자칭 구세주가 등장했다.

뉴트 깅리치는 오랫동안 NASA의 가장 믿을 만한 후원자들 중 한 명이었다. 그는 한때 스페이스 오페라 특공대 같은 푸넬/바엔 북스 부서에서 작가들을 유령작가이자 공동저자로 고용하기도 했다. 깅리치의 첫 번째 의미 있는 SF 공동저자는 엄청난 다작을 쏟아내며 『햄머 슬래머』와 미래 별들 간의 전쟁에 고용된 용병들을 소재로 한 많은 후속작들의 저자인 데이빗 드레이크였다. 푸넬이 서문을 쓴 그들의 책『기회의 창 : 미래의 청사진』이 1984년에 바엔 북스에서 출간되었지만 거의 주목받지 못했다. 제리 푸넬은 깅리치(그리고 드레이크와 제3의 공동저자 마리안느 깅리치)의 작품에 대해 다음과 같이 경의를 표했다. "이 나라를 위대하게 만든 원칙들에 대한 어떤 사소한 타협도 없다는 점에서 거의 유일하게 주목할 만한 책. 깅리치는 우리 모두 부자가 될 수 있다는 사실을 입증할 뿐 아니라 우리에게 어떻게 해야 하는지를 보여주는 실천적 프로그램 같은 세부적 청사진을 제시하고 있다."[19]

우주 모험은 우리가 희망해야 할 주요 구성요소라는 것이 드러났다. 사람들은 특히 다음과 같은 구절에서 깅리치 SF 커넥션(드레이크/푸넬/바엔)의 영향을 느끼지 않을 수 없었다. "펜실바니아 출신 밥 워커 의원[현재 과학, 우주와 기술 위원회 의장]은 현재 휠체어에 의지하는 사람들에게 무중력상태에서 일어날 수 있는 이점을 조사해왔다. 미국의 장애인들에게 한 연설에서 그는 무중력 상태에서 양쪽 하반신 마비인 사람이 다른 사람들처럼 쉽게 뜬다는 사실을 지적했다. 휠체어에 의지하는 사람들은 휠체어에서 벗어나 자유롭게 유영할 수도 있다는 말을 듣자 열광적인 어조로 질문하기 시작했다고 전하고 있다. 몇몇 사람은 첫 번째 개척자가 되기를 자원했다."

'일어나 떠다니라!'와 같은 말은 SF 전문가들에겐 익숙한 것으로 언외의 뜻이 있는 영리한 복음주의. 초기 미국 서부로의 팽창처럼 외계는 일상생활의 모욕적 대우들——전망 없는 귀찮은 직업들과 낮은 지위——이 개선되는 새로운 변경으로 상상되고 있다. 우주는 텍사스 같았으며 단지 더 클 뿐이었다. 깅리치(혹은 그의 SF 유령작가)는 다음과 같이 선언했다. 21세기에 제3세대 우주 왕복우주선이 "우주의 항공기가 될 것입니다. 그 때부터 사람들은 태양계의 힐튼 호텔과 마리오트 호텔을 찾게 될 것이며 인류는 지구에서 영원히 자유롭게 벗어나게 될 것입니다."

이 말을 한 것은 1984년이었으며 당시 깅리치를 주목하는 사람은 없었다. 그 후로 깅리치는 전설이 되었다(전설은 이미 상당히 퇴색되었지만). 부분적으로 그가 미국 중간 선거에서 보수주의적 공약인 '미국을 위한 계약'을 주도해 공화당이 40년 만에 처음으로 의회의 다수를 차지한 덕분이었지만 기록적인 출판 계약에 자신의 정치적 유명세를 이용했기 때문이기도 했다. 그의 1995년 선언『미국 개조를 위해』에 하퍼콜린스는 450만 달러의 선인세를 지불했지만 민주당 의원들이 당연히 분노하며 이의를 제기하자 계약을 철회하지 않을 수 없었다.

『미국 개조를 위해』에서 깅리치는 계속해서 우주계획을 선전하며 옛 친구를 지지했다.

> 항공우주산업 공학자이자 공상과학소설 저자인 제리 푸넬은 궤도로 가는 것은 로스앤젤레스에서 호주 시드니로 여행하는 것과 거의 같은 양의 에너지가 소비된다는 사실에 주목하고 있다.……
>
> 나는 올해 태어난 아이들이 어른이 될 땐 우주여행이 일상적인 생활이 될 것이며 2020년까지는 우주 신혼여행이 유행하게 될 것이라고 믿고 있다. 무중력 상태와 그 결과를 상상해보면 그 매력의 일부를 이해할 수 있을 것이다.[20]

하지만 그렇다고 깅리치가 부동의 NASA 지지자라는 의미는 아니다. 첫 번째 단편 소설집『달을 판 남자』(1950)의 제목처럼 우주는 사기업이 노천 채굴을 할 수 있어야 한다는 것이 하인라인의 신조였다. 정부는 이러한 중대한 임무를 떠맡아서는 안 되며 깅리치는 정확히 하인라인의 정통적 신념의 관점에서 그 이유를 다음과 같이 설명하고 있다.

우주 탐사에서 모험정신이 사라지고 있는 중요한 이유들 중 하나는 관료들이 우리의 과학 탐사들 중 너무 많은 것을 지배하고 있기 때문이다. 영화 〈필사의 도전〉과 〈스타워즈〉 간의 차이를 살펴보면 내 말의 의미를 알게 될 것이다. 관료 제도는 위험을 극소화하고 질서 있는 체계적 절차를 만들어내기 위해 고안되었다. 보기에 따라서 관료들은 천성적으로 따분하고 지루한 사람들이다. 그들은 또한 느려터지고, 성가시며 비용이 많이 드는 경향이 있다.……

나는 최근에 우주 항공 산업의 책임자에게 왕복우주선과 우주정거장을 입안하는 사업에서 정부가 손을 뗀다면 어떻게 되겠냐고 물어보았다. 그녀는 비용이 40%까지 떨어질 것이며 시간은 반으로 줄어들 것이라고 대답했다.[21]

일반적으로 '챌린저호' 폭발에서 죽은 7명이 이런 주장이 설득력 있다고 생각하겠느냐는 의문이다.

하긴 SF에 충실한 지지자들에게 중요한 것은 밝게 채색된 아주 설득력 있는 환상을 갖는 것이다. 미래는 우리가 좋아하는 SF 영화들 속으로 들어가 즐거운 모험을 할 수 있는 테마 공원이다. 그리고 그것은 은유가 아니다.

우리 세대는 아직도 희망과 낙관주의로 상상력을 압도할 수 있는 우리 시대의 쥘 베른이나 H. G. 웰스를 찾고 있다. 하지만 우리에겐 마이클 크라이튼 같은 작가들이 있다. 마이클 클라이튼의 작품은 인간들이 끝없이 자연을 망치고 있다는 전형적으로 소란을 피우는 환경보호주의, 괴팍한 과학자들이 악당인 프랑켄슈타인 이야기에 불과하다.

왜 실제 쥬라기 공원을 건설하고자 열망하지 않는가?(알다시피 이 일이 전혀 불가능한 것도 아닐 것이다.) 이 일은 인류 역사의 가장 눈부신 위업들 중 하나가 되지 않을까?[22]

깅리치는 SDI와 우주계획을 성공적으로 진행시키기 위한 최선의 수단으로서 SF장르에 직접 도전장을 내기에 이른다. 한동안 깅리치는 SF장르의 경험 많은 대가인 제리 푸넬과 함께 바엔 북스에서 출간할 미래 전쟁 소설을 공동 저작하는 데 참여했다. 이 책의 시험적인 제목은 『당파』로 『도킹전투』처럼 유효성이 입증된 방식으로 그 전제는 적(이 경우에 일본과 그 앞잡이들)이 SDI식 초강력 무기를 사용해 미국을 은밀하게 공격하는 것이다. 최종적으로 12만 단어로 이루어진 책이 되었지만 출판업자인 짐 바엔에 따르면 책은 아직 미완성이며 '줄거리 상의 몇 가지 결함 때문에 과감한 수정을 필요로 했다.' 황화의 복귀라는 책의 줄거리를 고려하면 깅리치가 하원의장으로 있는 동안엔 출판되지 못했을 것이다.

깅리치가 자신이 출간한 SF소설에서 적을 선택할 땐 더 행운이 따랐다. 소설 『1945』는 바엔 부서출신의 또 다른 SF작가 윌리엄 R. 포르스첸이 공동저작하고 바엔 북스가 출간했다. 『1945』는 히틀러가 진주만 사건 이후에 미국에 대해 선전포고를 하지 않는 대안 과거를 가정하고 있으며 따라서 미국은 태평양 전쟁에서 초기에 승리를 거두고 히틀러는 유럽 전역을 정복한다. 『1945』에서 두 개의 세계적 강대국은 원자폭탄 개발과 배치를 위해 시간 경쟁을 하고 있다. 소설은 일반적인 적들이 히틀러와 제3제국처럼 이의를 제기할 수 없을 정도로 사악할 때 더 즐겁긴 하지만 『당파』와 같은 메시지로 우주 항공 산업에 지출할 무제한적 비밀 예산에 대한 길고 자극적인 주장으로 끝을 맺고 있다. 그렇다 해도 이 책은 또 다른 미완성 소설이다. 왜냐하면 『1945』의 판매가 두드러지게 저조했고 마지막 쪽에 '계속 이 어집니다'로 약속된 속편은 기약이 없었다. 1권이 크게 실패한 후에 삼부작 으로 2권과 3권을 쓰는 것만큼 재미없는 작업은 없을 것이다.

『1945』의 실패를 SF에서 푸넬/바엔 연합이나 국정에서 깅리치가 쇠약 해지고 있는 증표로 받아들여서는 안 된다. 그것은 마케팅상의 계산착오일 뿐이었다. 자기 비하를 하기엔 일렀던 1994년 깅리치는 '주로 아놀드 슈왈 제네거 부류를 염두에 두고' 진행 중인 소설에 대해 이야기했다. 나는 당연 히 카리스마 있게 영화에 등장하는 슈왈제네거의 존재감을 연상하며 대상 독자가 '멍청이들'이라는 것을 의미하는 것으로 받아들였다. 저자가 자기 이름을 빌려준 책에 아주 냉소적이라면 독자들도 당연히 같은 견해를 갖게 될 것이다.

때로 베스트셀러 목록에서 SF물이 서너 편을 차지할 만큼 커진 SF독자 층에게 『1945』은 다른 한계들을 드러내고 있었다. 그것은 회고적으로 들렸 던 것이다. 결국 선악이 분명한 과거에 액션이 일어나고, 『높은 성의 사나 이』와 SF 및 주류 장르 양쪽의 몇몇 다른 '대안 역사들'에서처럼 나치가 승 리해 2차 세계대전이 재연되고 있다. 가족의 가치를 옹호하는 깅리치의 정 치적 페르소나를 존중해 초고의 더 생생한 요소들이 삭제되었기 때문에 책 의 논조는 당연히 회고적이었다. '아놀드 슈왈제네거 부류'가 즐길 수 있게 남겨진 것은 무기뿐이었고 그 무기들 역시 '창녀가 불러일으키는 것과 같 은 음흉하고 억지스러운 매력'에도 불구하고 회고적이다.

보수주의자들 사이에서조차 시간은 흘러 푸넬과 포르스첸의 전사 판타 지들은 본능적으로 더 폭력적이고 성적으로 더 노골적이며 정치적으로 더 당황스러운 작품 때문에 밀려나게 된다. 더 젊은 작가들 중 깅리치의 공동 저자인 윌리엄 포르스첸(1950년 출생)이 정통적 관점의 변화를 반대하는 창단 멤버지만 그 마저도 연방정부의 규제에 반대하는 편집광적 관점에서 글을 썼다. 그의 1994년『별 여행자 협회』의 표지는 별과 가설 활주로로 채워진 NASA의 직원 모집 포스터처럼 디자인되었다. 하인라인의『달은 무자비한 밤의 여왕』에서 복제된 줄거리는 화성의 건장한 우주 식민지 이주자들이 U.N.의 억압적 군대와 대결하는 것과 같은 새로운 혁명전쟁의 시작과 관련이 있다. 전체적인 어조는 온건하지만 이야기의 도덕성은 분명 2차 세계대전 이후라기보다는 베트남 전쟁 이후이다. 즉 정부는 당신들의 적이라는 것이다. 군의 쿠데타가 없다면 세금도 없다. 검은 헬리콥터를 경계하라.

이것이 바엔/푸넬 연합이 함께 한 오랜 세월의 정통적인 관점이었으며 이제 극우파들 특히 민병대 운동을 하는 사람들의 공통점이다. 이런 독자들에게 부응하기 위해 군사적 SF라는 새로운 하위 장르가 발전해 미래의 람보들이 만들어질 수 있는 가혹한 시련으로 핵전쟁과 그 이후의 무정부적 영향을 찬미한다. 이 책들은 변함없이 열린 결말 시리즈로 출판되고 있다. 즉 제리 아레른의 생존자 시리즈(1981년에서 1992년 사이에 24권이 제브라에서 출간), D. B. 드룸의 여행자 시리즈[23](1984년에서 1987년 사이에 13권이 델에서 출간), 윌리엄 존스턴의 회백색 시리즈(1983년에서 1991년 사이에 13권이 제브라에서 출간) 그리고 과장하지 않고 그 외에도 무수히 많은 시리즈들이 열린 결말로 출판되었다. 이 모든 시리즈물의 공통점은 대학살을 배경으로 하는 것 이외에 저질적인 폭력과 헌신적인 독선이다. 비평가인 존 클러트는 존스톤의 회백색 시리즈를 다음과 같이 특징짓고 있다. "1권의 전제는 대단히 노골적이다. 즉 총기 규제의 강요에 충격을 받은 미국의 애국적 시민 단체가 불사조처럼 다시 더 나은 세계가 될 것이라 기대하며 핵 대량학살을 초래한다. 남은 연속물은 그들이 얼마나 옳았었는지 증명하려 한다."[24] (오클라호마 시티 폭파범 티모시 맥베이와 완전히 일치하지 않을 수도 있지만 맥베이와 그의 특정 SF 관련성은 어느 정도 유사하다.)

이런 시리즈의 기성 독자들(그리고 유감스럽게도 많이 있다)에겐 분명 깅리치/포르스첸과 심지어 푸넬의 문학적 노력조차 수돗물은 아니라 해도 묽은 차처럼 보인다. 하지만 또다시 이 생존자 판타지들은 장르의 위대한 거장 로버트 하인라인의 작품에서 분명한 선례가 있다. 하인라인은 오래 전인 1964년『팬햄의 자유보장권』에서 핵전쟁의 사회 심리학적 이점에 대한 자신의 이론을 설명하고 있다. 이 책에서 그것은 결단의 시간이고 우리의 주인공 휴 팬햄은 방사성 낙진 지하 대피소를 건설할 만큼 선견지명이 있다. 휴와 그의 가족은 핵이 폭발한 후 적응하고 있기 때문에 휴는 장기적인 관점에서 자기들 상황의 이점을 철학적으로 설명하고 있다.

"바바라[그는 사랑하는 아내와 조연역할을 하는 사람에게 말한다], 나는 당신만큼 벌어진 일에 대해 슬퍼하지는 않아. 그것이 우리에겐 바람직할 수도 있어. 우리 여섯 사람이 아니라. 우리나라에."

그녀는 놀란 표정을 지었다. "어째서죠?"

"그래―대피소에서 웅크리고 있으면서 얼마나 오래 버틸 수 있을지 의심스러울 땐 장기적 관점을 갖기가 어렵지. 하지만―바바라, 나는 수년 동안 우리나라가 걱정스러웠어. 우리가 노예들을 양육하고 있는 것처럼 보여―그리고 나는 자유를 믿지. 이 전쟁은 흐름을 바꾸어 놓을지도 몰라. 이것은 역사상 똑똑하고 능력 있는 사람들보다 어리석은 사람들을 죽이는 최초의 전쟁일 수도 있어―여기에 어떤 차이가 있지."

"왜 그렇게 생각하죠, 휴?"

"음, 전쟁은 늘 최상의 젊은이들에게 가장 가혹했지. 이번엔 군에 복무하는 친구들이 시민들만큼 안전하거나 그보다 더 안전해. 그리고 시민들 중에서 머리를 써 준비를 한 사람들은 훨씬 나은 미래를 맞게 될 거야. 다 그런 건 아니겠지만 평균적으로 전쟁은 종을 개량하게 될 거야. 전쟁이 끝났을 때 사정은 어려워지겠지. 그렇게 되면 종은 훨씬 더 개선될 거야. 지난 수년 동안 가장 분명한 생존법은 아무짝에도 쓸모없는 사람이 되는 것이었고 무가치한 많은 아이들이 자라고 있어. 그 모든 게 바뀌게 될 거야."

그녀는 생각에 잠겨 고개를 끄덕였다. "탁월한 유전학이네요. 그런데 잔인해 보이는군요."[25]

군사적 특징을 띤 모든 SF가 전사강령의 진화론적 우월성과 불가피성에 대한 주장으로 하인라인의 방식을 따르는 것은 아니다. 고든 딕슨, 폴 앤더슨과 케이스 로머는 모두 본질적으로 SF 장르 내에서 첨단 기술 스릴러물인 스페이스 오페라를 펴내면서도 신중한 방식으로 전쟁을 다룬 소설을 써 왔다. 그들의 가장 좋은 작품은 고어 비달, 세실리아 홀랜드 그리고 게리 제닝스 같은 소설가들의 서사적 규모와 일급 대중 역사 소설의 윤리적 무게감을 갖고 있다. 의미심장하게도 이들 세 명의 저자들은 직접 SF소설(홀랜드의 『떠다니는 세계』[1976]는 비범한 장점을 갖고 있는 서사적 분량의 스페이스 오페라다)을 쓰고 있는 반면 딕슨과 앤더슨은 많은 양의 역사 소설을 쓰고 있다.[26]

20세기 내내 전쟁은 소설가들이 열망하는 가장 중요한 주제였다. 부분적으로 이는 탁월한 고전 서사 문학과 톨스토이의 『전쟁과 평화』에 대한 높은 평가 때문이다. 많은 사람들(나를 포함한)이 톨스토이의 『전쟁과 평화』를 지금까지 쓰여 진 것들 중 가장 위대한 소설이라고 믿고 있다. 부분적으로 우리 시대에 앞서 문학적 명성을 성취한 사람들이 소설에 자신의 전쟁 경험(레마르크, 헤밍웨이, 메일러, 존스, 우크)을 반영하고 있기 때문이다. 또한 어떤 문학적 고려도 차치하고 전쟁은 일상생활과 20세기에 살았던 많은 사람들의 상상력에 계속해서 아주 불길하게 존재해왔기 때문이다.

SF는 전쟁을 겪고 살면서 그것에 대해 썼던 저자들의 가장 훌륭한 사실적 묘사 수준에 이르는 전쟁 소설을 거의 내놓지 못했다. 스페이스 오페라의 전통은 대중 소설의 신파조 상투성과 아무리 호의적으로 말해도 '철이 없다'는 정신 구조에서 비롯되고 있다. 스페이스 오페라 작가들 중 증조부 격인 E. E.('Doc') 스미스는 하인라인, 푸넬 그리고 다른 사람들의 작품에서 여전히 들을 수 있는 주전론적 논조를 띠고 있다. 『발레론의 종달새』(1935)에서 그의 주인공은 현명하게 다음과 같이 열변을 토하고 있다.

"클로린이 그 행성——어느정도 우리 같은 사람들——의 문명을 파괴하고 있다는 데 제 셔츠를 걸겠습니다. 어떻게 생각하십니까? 여러분. 우리가 이 문제에 대해 우리의 입장을 밝혀야 하겠습니까? 아니면 밝히지 말아야 하겠습니까?"

"제 정신이 아닌 세계죠……저는 어떤 식으로든 우리의 입장을 밝혀야 한다고 믿고 있습니다.……" 도로시, 마가렛과 크레인이 나왔다.

"여러분이 지지해 주리라 알고 있었습니다. '가장 뛰어난 호모 사피엔스'인 인류가 우주의 해충들과 맞서 싸웁시다!"[27]

이런 정도의 묘사를 톨스토이의 글에 비유하는 것은 부질없는 짓이지만 E. E. 스미스가 어쨌든 바로 이런 고귀한 감정을 표현했기 때문에 톨스토이 같은 '세속적'인 작가들보다 뛰어나다는 것이 하인라인의 숭배자들인 알렉세이와 코리 팬신 같은 SF 순수주의자들의 신념이다.

어쨌든 SF장르는 20세기의 다른 어떤 작품에 못지않게 생생하고 공감을 불러일으키며 환호할만한 전쟁 소설들을 창작해왔다——이 책들 중엔 조지 오웰의 『1984』, 커트 보네거트의 『제5 도살장』, 워터 밀러의 『리보위츠를 위한 찬송』 그리고 조 홀드먼의 『영원한 전쟁』이 있다. 앞선 세 권의 책은 이미 숭배자들이 이 책들이 SF로 생각하기엔 너무 훌륭하다고 이의를 제기할 정도의 명성을 얻고 있다.

나는 때가 되면 『영원한 전쟁』도 같은 평가를 받게 될 것이라고 전망하고 있다. 홀드먼은 1967년부터 1969년까지 베트남에서 전투 공병으로 복무했고 그곳에서 명예로선 가장 별 볼 일 없는 훈장으로 전투 중 부상 입은 병사에게 주어지는 퍼플 하트 훈장을 받았다. 『영원한 전쟁』은 당시 벤 보바(특히 그의 자랑할 만한 시기)가 편집장으로 있던 「아날로그 사이언스 픽션」에서 1972년과 1974년 사이에 단편 소설 분량으로 발표되었고 이어 단행본으로 휴고 상과 네뷸러 상을 모두 수상했다. 이 책은 퓰리처상을 받을 만했다. 『캐치 22』가 2차 세계대전과 관련된 것처럼 『영원한 전쟁』은 베트남 전쟁과 관련된 분명하고 쓸쓸한 희극적 풍자이기 때문이다. 이 책은 또한 하인라인 사단이 전달한 용기와 영광 같은 모든 허튼소리에 대한 반박이기도 하다. 『캐치 22』를 논할 때처럼 혹은 그 문제에 대해 『전쟁과 평화』를 논할 때처럼 『영원한 전쟁』은 개요나 의역을 허용하지 않는다. 『영원한 전쟁』의 기본 가정은 미래 별들 간의 전사들은 '블랙홀 여행'——그들에겐 하룻밤의 유람여행이지만 객관적으로 수십 년이나 더 오랜 시간에 걸쳐 있는——으로 자신들의 작전 현장으로 나아가게 된다. 명령 체계에서 그들의 소외와 아마도 그들이 복무하는 대의명분은 거의 절대적이며 베트남에서 전투병 경험은 소설이 심각해질 때 예상대로 훨씬 더 효과적이다.

모든 걸작의 문제는 작품의 본질 때문에 그런 작품이 다시 나올 수 없다는 사실이다. 푸넬, 드레이크 그 밖의 다른 사람들의 다양한 생존자 시리즈물과 용병 모험담들과 달리『영원한 전쟁』은 한 번은 말해야 했던 것을 말했고 언제까지나 기억에 남는다.『영원한 전쟁』은 보급판 서적 선반에 끼워진 한 권의 책에 불과하다. 하지만 람보의 전설을 믿는다면 순수한 마음을 가진 믿음직한 전사 한 명은 기갑대대도 무찌를 수 있다.

9장 제3세계와 다른 외계인 국가들

로켓 우주선이 공상과학소설의 기본적 아이콘이라면 장르의 주된 장면은 외계인과의 첫 번째 접촉이다. 외계인의 존재는 우리는 홀로가 아니라는 살아있는 증거이다. 신을 강요해 외계인에게 침묵을 깨게 할 수는 없지만 적어도 외계인이 사절을 보낼 수는 있다. 또한 기록이 어떤 예시라면 외계인은 UFO가 휘틀리 스트리버를 거칠게 다루기 아주 오래전부터 사절들을 보내고 있었다.

스웨덴의 신비주의자이자 광물학자인 엠마누엘 스웨덴보그는 미지와의 조우에 대한 첫 번째 목격담들 중 하나를 썼다. 1758년 자신의 전문서적 『다른 세계들에 대해 De telluribus』에서 스웨덴보그는 자신이 수성, 금성, 화성, 목성 그리고 토성의 주민들과 어떻게 사귀게 됐는지 설명했다.

다른 지구들이 존재하는지 여부와 그들이 어떤 종류인지 그리고 그들 주민들의 본성과 특성이 어떤지 알고 싶었고 때문에 나는 다른 지구들에서 온 영혼,

천사들과 하루에 몇 사람, 일주일에 몇 사람, 수개월에 걸쳐 몇몇 사람과 토론하고 대화를 나눌 수 있도록 하느님의 허락을 받았다.[1]

수성엔 정통 기독교를 신봉하는 성격 좋은 소박한 농부들이 거주하고 있었다. 금성에는 더 선한 기독교인들이 있었지만 더 거친 외계인 인종——"우리 지구 남자들이 겨우 그들의 배꼽 정도에 이를 정도로 키가 큰 거인들. 또한……그들은 멍청하고 천국이나 영생과 관련해 어떤 질문도 하지 않았으며 오로지 세속적인 관심사와 가축 돌보는 데만 전념했다"——이었다.

최면상태에서 여행을 하는 철학자는 자신이 만난 화성인들에 대해 자세히 설명하고 있다. 수염은 없지만 '얼굴의 아랫부분은 검은 색'인 반면 '얼굴의 윗부분은 살결이 아주 희지 않은 지구인들의 얼굴처럼 노란빛을 띠고 있다.' 화성인들은 과일과 콩 같은 것을 먹으며 채식을 하고 옷은 나무껍질을 엮어 고무풀로 붙여 만들었다. 목성인들은 비슷한 옷을 입고 원뿔형 천막의 나뭇잎 침대에서 쉰다. 목성인들처럼 행성의 고리를 경배하는 소수의 우상 숭배자를 제외하면 토성인들은 대개 하느님을 두려워하는 기독교도 외계인들이다.

『다른 세계들에 대해』에 대한 최근의 어떤 논평자의 말처럼 우주 비행을 상상하기 100년 전에 썼던 스웨덴보그는 외계인을 "우주를 비행하기 위해 전동장치로 연결하고 헬멧을 쓴 여행자로 시각화하지는 못했다. [그렇지만 오히려]…… 자신이 익숙한 사람들을 모델로 먼 우주의 주민을 묘사하고 있다."[2] 이 경우에 '먼 우주'는 첫 번째 탐험가들의 보고서와 거짓 이야기들로 스웨덴보그에게 알려진 신세계다. 금성의 거인들은 상상력이 풍부한 마젤란의 기록자 안토니오 피가페타가 묘사한 남아메리카 파타고니아인들을 모델로 하고 있다. 안토니오 피가페타는 '항구 연안에서 춤추고 노래하면서 머리에 모래를 뿌리는 키가 큰 벌거벗은 사람'을 목격했으며 '그는 키가 커서 우리는 겨우 그의 허리에 닿을 뿐이었다.' 이후 보고서는 파타고니아인들이 노골적으로 말해 야만적인 어리석은 목동들로 밝혀졌다고 주장했다. 화성인, 목성인과 토성인의 특징——수염이 없다는 점, 황갈색 얼굴색, 소박한 식사와 주거지들——으로 기술한 것은 북미 인디언들의 특징으로 전해진 것(혹은 귀속되는 것)들에서 비슷하게 나오고 있다.

이것들이 SF의 다용도 은유, 기호적 비유, 외계인에 대한 아주 보잘 것 없는 시작이었지만 단순하기 때문에 중요하지 않은 것은 아니다. 가장 가까이 있는 유사한 것을 참조하지 않고 알려지지 않은 것을 어떻게 상상할 수 있겠는가? 행성들이 지구와 같은 세계라면 그 주민들도 우리와 같은 사람들이 아닐까? 자신의 모습으로 어떤 존재를 본뜨고 싶어 하는 신의 행위가 창조로 설명되는 한 어떤 우주인의 창조적 행위들은 당연히 인류의 다양한 인종들이 하는 기본적 패턴과 다르지 않을 것이다. 이런 가정은 19세기 말까지 계속해서 유지되었지만 마침내 인간의 기원에 대한 다윈의 새로운 설명으로 신보다는 자연 도태가 다른 행성들에 있는 생명에 결정적 영향을 미친다면 자연 도태는 전 우주에 적용되는 것처럼 보였다. 그곳에 지적인 생명체가 존재할 수도 있지만 그것은 인간——혹은 H. G. 웰스의『우주 전쟁』에 나오는 외계인들——처럼 먹이 사슬의 가장 상위에 있는 포식동물일 것이다. 포가 더 완전하게 진화된 인류에 대해 예언한 것처럼 웰스의 외계인들은 '머리들——오로지 머리들'이며 웰스의 프롤레타리아적 멀록과 이후 SF에서의 많은 다른 외계인들처럼 "그들은 인간을 잡아먹는다——혹은 더 정확히 말해서 그들은 다른 피조물들의 신선하고 살아있는 피를 빼내어 자신들의 정맥에 '주입'한다." 웰스의 화자는 다음과 같이 설명하고 있다.

"이런 노골적인 생각은 분명 끔찍하게 역겹지만 동시에 우리의 육식 습관이 지적인 토끼에게 얼마나 역겹게 보이게 될지를 상기해야 할 것이다."

이 문장의 풍자와 '문화적 상대주의'가 가장 단순한 대중 소설에서 조차 외계인을 다루는 많은 SF의 공통된 특징일 것이다. 왜냐하면 우리가 E. E. 스미스의 발레론의 종달새처럼 외침──무엇보다 인류!──으로 전투를 시작할 수도 있다면 외계인들이라고 안 될 이유가 어디 있겠는가? 웰스는 외계인들을 아직 제3세계로 불리는 '야만인들'에 대한 유럽제국주의자들의 주장처럼 기술적으로 우위에 있는 세력에 비유함으로써 이 같은 윤리적 주제에 대해 해석하고 있다. 웰스의 화성인들이 식민지화한 지구에서 모든 사람을 잡아먹지는 않을 것이며 적어도 한 번에 모두 잡아먹지는 않을 것이다. 인류는 길들여지며 웰스의 생존주의를 가장 잘 이해하는 인물인 '포병'은 다음과 같이 상상하고 있다.

> "이 화성인들은 분명 그들 중 일부를 애완동물로 만들어 훈련시켜 재주를 부리게 하고──알 수 없는 일이다──성장해 죽여야 할 애완동물 소년에 대해 감성적이 될 수도 있을 것이다. 그리고 아마도 일부는 우리를 사냥하도록 훈련시킬 것이다."
>
> "그렇지 않아" 내가 소리쳤다. "그럴 리 없다고! 어떤 사람도……"
>
> "그런 거짓말을 계속해봐야 뭐 하겠어?" 포병이 말했다. "그것을 즐기는 사람들도 있지."[4]

최후(지금까지)의 퇴폐주의적 SF 용병집단을 그리고 있는 최근의 스페이스 오페라를 연상하지 않을 수 없다. 윌리엄 바턴의 『하늘이 무너질 때』(1995)는 포병의 암시를 전제로 징집된 인간 부대가 외계인 도마뱀 종족을 위해 더러운 전쟁을 하는 상황을 묘사하고 있다. 진행 속도는 푸넬, 드레이크 그리고 그 외 다른 사람들의 용병 판타지들과 동일하다. 깃발만 변했을 뿐이다. 비슷한 전제가 『플레바스를 생각하라』(1987)로 시작한 이안 M. 뱅크스의 매우 완성도 있는 소설 연작을 특징짓고 있다. 이 두 시리즈에서 줄거리는 사실상 인간 지배권을 비판하려하지만 E. E. 스미스의 정신보다는 A. E. 하우스먼의 시 「용병 군대에 대한 비명」의 정신에 근거한 것이다. 바턴은 책머리에 그의 시를 인용하고 있으며 우리의 주제를 아주 잘 요약하고 있기 때문에 이번에는 내가 인용하지 않을 수 없다.

지상의 토대가 사라지는 시간인
하늘이 무너지는 날에
이들은 용병인 자신들의 천직을 따라
임금을 받고는 죽는다.

그들의 어깨는 하늘을 떠받친다.
그들은 일어나 있고 지상의 토대는 유지된다.
신이 버릴 때 그들은 지키고
대가를 받고 모든 것을 구한다.[5]

물론 하우스먼은 제국주의 군대가 정복한 영토에 이질적이라는 점 이외에 용병들의 고용주를 외계인이라고 상상하지는 못했다. 하지만 교훈은 한결같았다──웰스에게서, 뱅크스에게서, 바턴에게서.

로봇(서문에서 논의된)처럼 외계인의 이미지는 정복된 인종이나 정복자들의 이미지 이외에 심리적으로 이에 끌리거나 반발하는 다른 많은 특성을 갖고 있다. 침략한 외계인들과 그들의 점령군대 이외에 더 우호적이지만 훨씬 문제가 많은 방식으로 내재하는 이방인들도 존재한다. 이들은 최근 국가 정치와 SF 양쪽에서 가장 중요한 위치에 있지만 법적으로는 덜 중요한 유형이다. 아마도 그들이 '이방인 alien'이란 같은 이름을 갖고 있기 때문에 전통적 SF의 외계인들은 최근 합법 혹은 불법적으로 국경을 넘어 미국으로 들어온 사람들처럼 전통적인 노동인구에 흡수되고 있다. 〈세터데이 나이트 라이브〉에 정기적으로 출현하는 고깔머리를 한 레뮬라크는 가장 기억할 만한 황금시간대의 외계인들이며 이민자들을 조롱하는 코미디의 유서 깊은 전통에 따른 사랑스럽고 우둔한 얼간이들이다. 이 코미디는 추수감사절 만찬 후에 청교도 선조들의 성대 묘사로 청중들을 웃기는 최초의 아메리카 원주민들로 거슬러 올라갈 수 있을 것이다.

체계적으로 이 같은 비유를 따른 영화와 TV시리즈는 〈이방인 국가〉(1988년 영화, 1989년에서 1990년까지 연속된 시리즈)다. 이 영상물들에서 25만의 인간 같은 외계인들은 난파선의 피난민으로 로스앤젤레스에 도착한다. 그들은 고향 행성에서 노예로 태어나 훈련받았기 때문에 시리즈가 시작되었을 때 이미 노동력에 흡수되었다. 〈스타 트렉〉이나 〈바빌론 파이브〉에 등장하는 외계인들처럼 새로 온 사람들(혹은 편협한 자들이 그들을 부르는 것처럼 '갈보')은 약간의 표면적인 차이 이외엔 프로그램의 다른 백인 배우들과 유사하다. 예산제약 때문일 수도 있지만 그것은 쇼의 자유주의적 메시지를 강조하고 있다. 즉 외계인들은 우리와 아주 흡사한 사람들이며 미국의 풍요를 정당하게 공유할 자격이 있다는 것이다. 물론 몇 가지 다문화적 차이들이 존재한다. 새로 온 사람들은 어떤 특이한 음식을 편식(부패한 우유와 내장고기)하며 번쩍거리는 가구들을 좋아하는 경향이 있다. 하지만 그들은 많은 사람들이 가톨릭교도가 될 정도로 새로운 고향에 적응해왔다. 이런 저런 실마리에 근거해 새로 온 사람들이 누구인지 이해하는 것은 어렵지 않다. 즉 그들은 멕시코계인 치카노들이다.

멕시코계인 치카노들은 한 세대 전 아메리카 원주민들로 스웨덴보그가 묘사했던 외계인들의 직계 후손들이다. 외계인과 제3세계 귀화 외국인을 동일시하는 것은 톨레스의 최근 정치 풍자만화가 현미경을 들여다보면서 또 다른 사람에게 "화성에 생명체가! 이게 무엇을 의미하는지 이해하겠어?"라고 외치는 어떤 과학자를 보여주고 있는 것처럼 진부한 일이 되고 있다. 이에 대한 답변은 튀어나온 작은 눈의 화성인들이 화성에 있는 고무창 운동화 공장에 들어가고 있는 아래 그림에 나와 있다. 화성인이 다른 화성인에게 이렇게 묻는다. "그럼……연 3센트면 임금이 괜찮은 거야 아닌 거야?" 구석에 앉은 또 다른 화성인이 "그 사람들 베네치아인들은 2센트에 그 일을 할 거라고 경고하고 있어."[6]

그렇다고 SF에 나오는 모든 외계인들이 할로윈 의상을 입은 지구의 이방인들이라는 말은 아니다. 로봇처럼 이방인은 여러 가지 의도에 맞게 각색될 수 있는 분장이다. 이상하게 '다른 존재'로 인식되는 어떤 사람이든 외계인 분장을 하고 등장할 수 있다. 1958년 사 사 가보가 출연한 불멸의 실패작 〈외계에서 온 여왕〉에서 금성 여행자들은 여행자들이 지구의 방식으로 전환시킨 남자를 증오하는 아름다운 여인들인 외계 인종을 발견한다. 50년대와 60년대 많은 B급 영화들은 수영복과 전신 스타킹을 입은 비슷한 외계인들이 등장한다. 하인라인의 『꼭두각시의 비밀』에서처럼 외계인은 공산주의자일 수도 있다. 혹은 외계인들은 아서 C. 클라크의 『유년기의 끝』의 닥터 스파크나 루시퍼리안 오버로드처럼 이성과 과학을 구체화한 것일 수도 있다. 그들은 『유년기의 끝』에서 클라크의 초월적 오버마인드나 대성공을 거둔 스티븐 스필버그의 종교적 우화 〈미지와의 조우〉 그리고 〈E.T.〉에서의 외계인들처럼 신이나 천사로 방문하러 올수도 있다. 아마도 그들이 될 수 없는 유일한 것은 '우리'(풍자의 의도이외에, 즉 소비문화를 제대로 이해하지 못하고 있다는 점에서 고깔머리는 우리이자 그 외에 더 많은 사람들이다)다.

고전적 정신분석학 이론에서처럼 정반대는 원형과 일치한다. 지킬박사와 하이드를 동등시하는 것과 같은 음울한 논리에 따르면 판타지라는 뒤틀린 거울에서 외계인들은 우리다. 대중문화 시장에서 초자연적 공포 영화의 괴물들과 외계 우주에서 온 괴물들 간에는 거의 차이가 없다. 즉 드라큘라, 킹콩, 해양괴물들, 〈쥬라기 공원〉의 공룡들과 〈에이리언〉의 외계인들은 모두 이빨과 야생적 본성이 아니라 가장 끔직한 괴물인 부정적 자기 심상화 Black Mirror된 존재 Being와 유사하다는 점에서 두려움을 불러일으킨다.

그가 위장될 수도 있는 모든 방식들 때문에 부정적 자기 심상화 속 '존재'는 제한된 감정 폭을 가지고 있다. 인생에서 그의 두 가지 목표는 강간과 살인 혹은 그것의 어떤 결합——따라서 금성 침략자의 문어 다리에 위협받는 정숙한 처녀 같은 아주 많은 유서 깊은 SF잡지들의 상징——이다. 나는 부정적 자기 심상화된 존재를 숙고한 끝에 '그'라고 말했다. 부정적 자기 심상화된 존재는 전통적으로 주로 10대인 남성독자 팬들을 위한 남성 작가가 만들어낸 남자의 모습이기 때문이다. 이 분야에 과감하게 뛰어든 여인들은 거의 남아 있지 않다. 이 같은 경험은 젖가슴을 드러낸 여종업원이 서빙 하는 바들 중 가장 불결한 곳으로 들어가는 것과 아주 흡사하다. 하지만 쇼를 보고 그것에 대해 곰곰이 생각해 결국 외계인 이야기를 쓰기 위해 남은 여성들은 외계인=남성이라는 오래된 진부한 표현을 아주 다른 어떤 것으로 개량하도록 영감을 받는다.

어슐러 르 귄이 처음으로 큰 성공을 거둔『어둠의 왼손』은 방문한 인간 남성에게 기회 균등의 교훈을 가르치는 남녀 생식기를 모두 가진 외계인들을 묘사하고 있다. 르 귄의 다른 대부분의 외계인들처럼 게테니아인들의 난점은 외계 우주에 이상적인 덕목을 가진 고귀한 야만인들이 거주한다는 스웨덴보그 전통에서 비롯된 순전히 교훈적인 의도로 그들이 갑자기 생겨난 것처럼 보인다는 사실이다. 사실상 『늘 집으로 돌아오다』(1985)에서 르 귄은 콜롬버스가 아메리카 대륙을 발견하기 이전 이상적인 원주민 문화로 되돌아가고 있는 산업화 이후의 캘리포니아를 창조하고 있다. 이것은 물론 모계중심사회다. 르 귄이 이런 사회가 어떻게 발생했는지 설명하려 애쓰지 않은 것은 스웨덴보그가 목성과 토성 주민들이 어떻게 기독교인들이 되었느냐를 물으려하지 않았던 것과 같다. 두 가지 경우에 상황이 당연한 것으로 전제한다는 사실로 충분하다.

외계인-인간보다 더 대조적으로 짝을 이루고 있는 남자/여자는 제임스 팁트리, Jr.의 「남자가 알지 못하는 여인들」(1973)에서 찾아볼 수 있다. 팁트리는 SF 분야에 종사한 초기 10년 동안(1967~1977) 남자의 가명으로 책을 출판했기 때문에 자신이 자주 썼던 이분법을 구체화했다. 때문에 몇몇 SF 대가들(특히 로버트 실버버그)은 '팁트리'가 분명 남성 작가라고 단정적으로 선언——「남자가 알지 못하는 여인들」 같은 소설의 흔적에도 불구하고——했다. 이 이야기에서 두 명의 중산 계급 미국 여성인 어머니와 딸이 두 가지 목적을 갖고 유카탄에서 휴가를 보낸다. 딸은 마야인의 후예로 전세기 기장인 에스테반의 아이를 임신하는 것이고 두 여인은 스스로 외계인종으로 느끼고 있는 인간 사회에서 자신들을 데려가 줄 수 있는 외계인들과 만나는 것이 목적이었다. 어머니는 '여자들이 하고 있는 것'을 다음과 같이 설명하고 있다.

"살아남는 것이죠. 우리는 틀에 박힌 당신들 세계의 좁은 틈에서 하나 둘씩 살고 있어요."

"게릴라 활동처럼 들리는군요."[화자가 말한다.]

"게릴라는 희망이라도 품을 수 있지요." 갑자기 그녀는 즐거운 미소로 화제를 바꾼다. "우리를 잡히면 죽은 체하는 주머니쥐로 생각하세요. 던. 곳곳에 살아 있는 주머니쥐가 있다는 걸 알고 계세요? 뉴욕시에도요."

"……남자와 여자는 다른 인종이 아닙니다. 루스. 여자는 남자가 하는 일은 다 하고 있어요."

"그럴까요?" 시선이 마주쳤지만 그녀는 빗속에서 우리 사이에 있는 유령들을 보고 있는 것처럼 보였다. 미군이 주민을 대량 학살했던 베트남 남부의 작은 마을 "미 라이"를 지칭하는 것과 같은 어떤 말을 중얼거리고는 시선을 돌렸다. "끝없는 모든 전쟁들은……" 그녀의 목소리는 속삭이는 듯 했다. "비현실적인 것들을 하기 위한 거대한 모든 권위주의적인 조직들. 인간은 서로 싸우기 위해 살고 있어요. 우리는 그 전쟁터의 일부일 뿐이죠. 당신이 세상 전체를 바꾸지 못한다면 그 사실은 변하지 않을 거예요. 때로 꿈을 꾸죠.—떠나버리는 꿈을—"[7]

결국 루스와 그녀의 딸은 외계인에게서 지구남자들로'부터' 구원 받는다. 외계인들은 실물 크기의 남근이 변형된 벌레 눈을 한 괴물들은 아니지만 아주 유사하다. "그들은 키가 크고 흰 색이었다.……제방에 가장 가까이에 있던 것이 루스를 향해 길고 흰 팔을 뻗고 있었다. 그녀는 황급히 몸을 움직여 멀리 달아났다. 팔들은 그녀 뒤로 뻗어 있다. 그것은 뻗고 또 뻗었다. 그것은 2야드를 내뻗어 공중에 머물러 있다. 그 끝에서 작고 검은 것이 흔들리고 있다." 죽느니만 못한 걸까? 아니 루스와 그녀의 딸에게 죽음보다 더 끔찍한 운명은 '남자들'이 존재한다는 사실이다. 외계인은 자유로 가는 승차권이었다.

반전은 공정한 대처법이다. 남자에게 재미있는 것은 여자에게도 재미있다. 당신이 받은 데로 다른 사람에게 하라. 이런 것이 모든 대중 소설의 숙명 같은 법칙들이다. 외계인 침략자들과 관련된 이론적인 틀에 대한 나의 가장 초기 기억들 중 하나는 오래된 만화책 줄거리다. 탐욕스러운 낚시꾼이 막대 사탕을 발견해 포장지를 벗기고 이윽고 막대 사탕이 미끼라는 사실을 알게 된다. 릴이 감겨 비행접시로 끌어당겨질 때 그는 물고기인 셈이다. 팁트리의 이야기는 반전 방식이 더 복잡하지만 소설의 궁극적 성향은 만화책의 도덕성과 다를 바 없다. "인간이 물고기를 대하듯 외계인이 인간을 대하며 그들은 취미삼아 우리를 죽인다." 팁트리는 다음과 같이 결론짓는다. "우리의 주머니쥐 두 마리는 행방불명되었다."

나는 분명 팁트리가 외계인과 어머니의 밀회장소, 마야인 에스테반과 딸의 하룻밤 정사의 무대이자 유사점으로 유카탄반도를 선택했다고 생각하고 있다. 또한 유토피아에 대한 르 귄의 원형은 북아메리카 인디언 부족으로 거슬러 올라가야 하며 심지어 〈에이리언 네이션〉의 새로운 사람들은 분명 멕시코 이민자들과 아주 유사하다. 그 이유는 분명하다. 즉 유럽 국가들이 다양한 토착 문화와 '최초로 접촉'해 질병과 전쟁으로 원주민들을 죽이고 이어 남은 생존자들을 노예로 삼아 가두었듯이 이질적인 문화 사이에 가장 잘 기록되어 있는 충돌이 아메리카 대륙에서 일어났었다. 북 아메리카 원주민들의 비극적 운명은 수 세기에 걸쳐 이루어졌으며 그 동안의 대량학살 기록을 적당한 건국 전설들로 호도하기에는 훨씬 더 어려워지게 되었다. 그들의 비극적인 운명은 쿠퍼에서 포크너로 이어지는 미국인 작가들을 계속해서 괴롭혔을 것이다. 이 고통스러운 역사는 레슬리 리틀러의 『미국 소설에서의 사랑과 죽음』(1960)에 상세히 기록되어 있다. SF가 의미 있는 전형적인 미국 전통의 전달자라는 사실 이외에 여기서 피들러의 주장을 부연 설명하지는 않을 것이다.

더 초기 세대 SF 작가들은 자기 소설이 역사적 사건들과 유사하다는 점을 의식하지 못한 채 외계인 침략과 최초의 접촉 같은 주제들을 다루었을 것이다. 하지만 이 같은 무지는 이제 〈외계로부터의 9호 계획〉의 감독 에드우드 같은 저능아 수준의 작품에서만 찾아볼 수 있다. 이 작품에서 침략한 외계인들은 할로윈에 어울리는 복장을 한 평범한 사람들일 뿐이다. 여전히 좋은 놈과 나쁜 놈, 우리와 그들이라는 안이한 대립구조가 존재하지만 관례는 깨지고 있다. 〈인디펜던스 데이〉 개봉으로 불거진 미국 문화에 대한 즉각적 분석에서 비평가인 제임스 바우만은 현실적으로 불가능한 인종 사이의 우정과 사랑을 파헤쳤던 비평가 피들러의 주제를 최근 SF 유행에 다음과 같이 결부시키고 있다.

우리 시대 미국인의 상상력은 지상의 경계를 넘어 우주로 향하고 있다. 이 때문에 15세기의 그것과 19세기 영국 역사가 로손이 '그 원형을 아라와크족과 카리브 사람들에 대한 콜럼버스의 관점으로 원주민들을 선한 야만인과 나쁜 야만인으로 구분'했던 것처럼 타자에 대한 개념을 나타내는 새로운 식인종들이나 고귀한 야만인들이 등장하게 될 것으로 예상되고 있다.

바로 지금 미국인들이 가장 관심을 갖고 있는 대상은 나쁜 야만인들이다.……〈미지와의 조우〉 그리고 〈E.T.〉 같은 좋은 야만인에 대한 찬가는 이제 잊어지고 있다. 그것은 마치 할리우드가 지난 수십 년간 레드 인디언을 사살하기보다는 사랑하고 동정하라고 가르쳐 온 것을 백지화하고 〈역마차〉와 〈북

서항로〉처럼 인디언을 학살해야 할 적으로 묘사한 서부영화들을 다시 제작하는 것과 같다.[8]

콜럼버스 이전의 북 아메리카 문화가 좋은지 나쁜지는 학술적인 문제만은 아니었다. 하지만 미국의 도덕적 자기 이미지는 분명 유럽 백인들의 아메리카 대륙 거주가 강탈과 대량학살 행위였느냐 여부에 상당부분 좌우된다. 학술적인 문제이긴 하지만 수정주의 역사가들이 도서관에 사장된 많은 자료들을 발굴해내고 그들의 상대인 보수주의자들은 그들을 신성한 애국심을 모독하는 자로 비난하고 있는 만큼 그것은 최근 활발한 논쟁의 대상이 되고 있다. 수정주의자들이 옳다면 미국인들은 국가로서 고백성사를 한적이 없기 때문에 속죄하지 못하고 있으며 한 뼘의 대지조차 오랜 저주에서 풀려나지 못하고 있다. 물론 수 세기에 걸쳐 역사는 세계 거의 대부분의 지역을 약탈 같은 범죄로 물들이고 있으며 따라서 미국만이 죄에 물들어 있는 것은 아니다.

하지만 미국은 늘 유일무이하게 신의 공인을 받은 새롭게 선택된 국민이길 원해왔다. 그것이 논쟁이 격화되는 이유다. 자유주의자들이 옳다면 인디언들은 아직도 다양한 방법으로 사취 당한 땅에 도덕적 권리를 가지고 있으며 아메리카 대륙 전체에 대해 권리가 있다. 하지만 1840년대 미국의 영토 확장주의를 정당화하는 주장인 마니페스트 데스티니에 따라 아메리카 대륙이 백인의 것이라면 외계우주도 모두 백인들의 소유가 된다. 두 가지 권리——소급해서 아메리카 대륙에 대한, 장래에 발효되는 것으로서 은하계에 대한——가 도덕적 자격이라는 하나의 의미에서 비롯되고 있다.

SF 작가 중에선 올슨 스콧 카드가 가장 인상적이고 빈번하게 이 같은 주제를 파고들었다. 카드는 상대적으로 SF분야에 뒤늦게 뛰어들었지만 그의 첫 번째 소설『엔더의 게임』(1985)이후로 카드는 대중성 못지않게 양적으로도 주목할 만큼 많은 작품을 출간하며 무수히 많은 상을 수상했다. 카드는 하인라인의 진정한 후계자——그의 소설들이 거장의 매너리즘과 이데올로기를 재연했기(푸넬 & Co.의 작품이 한 것처럼) 때문이 아니라 그의 싸움닭 같은 화술, 풍부한 창작력 그리고 작품에 담고 있는 도덕적 확신 때문에——로 받아들여질 수도 있을 것이다. 카드가 또한 작품에 담고 있는 것은 자신의 성장배경이 된 믿음으로 그 교리와 역사가 그의 많은 작품에 은유적인 언외의 뜻을 담고 있는 모르몬교이다.

모르몬교도들은 미국의 역사를 특이한 관점에서 보고 있다. 서부로 강제 이주당한 모르몬교도들은 마니페스트 데스트니를 구현한 공동사회였다. 하지만 활동 범위가 자신들과 중첩되는 인디언 부족들에 대해 그들은 적대적이기보다는 조심스럽게 경의를 표했다.『모르몬의 서』에 따르면 북 아메리카 원주민들은 자취를 감춘 이스라엘 부족 니파이인의 후손들이었기 때문이다. 그들은 기원전 200년 경 기적적으로 바다를 건너 북 아메리카로 갔으며 후에 부활한 그리스도가 그들을 방문한 것으로 전해진다. 초기 모르몬교도들은 인디언들/니파이인들을 적극적으로 모르몬교로 개종시키려 했으며(아주 최근까지 흑인들을 자기들의 교회신도로 받아들이기를 거부한 반면) 그들의 선교사들은 아직도 중부와 남부 아메리카에서 활동하고 있다. 카드는 베트남 전쟁 중에 브라질에서 2년간 선교생활을 하면서 보냈다. 그것은 SF분야에서 일하고자 하는 사람에겐 '타자 Otherness' 속으로의 더할 나위 없는 도제 생활이었다.

카드가 처음으로 출간한 같은 제목의 공상과학소설(1977)에 기초한『엔더의 게임』은 신뢰할 수 있는 많은 SF적 요소들을 줄거리에 혼합하고 있다. 이야기는 아주 진지한 논조로 제시되지 않는다면 흡사 하인라인처럼 생각지도 않았던 결론에 이를 수도 있을 듯 보였다. 주인공 엔더 위건은 SF장르에서 아주 사랑받은 인물로 아직 소년이면서 민족을 구원하도록 예정된 어린 수호신이었다. 그뿐 아니라 그의 형제 두 명도 그에 못지않게 비범하다. 그들은 어릴 때 시대의 지적인 지도자들이 된다. 이것은 시어도어 스터전의 『인간을 넘어서』를 한 수 앞서고 있지만 카드는 엔더의 특별한 재능을 아케이드 게임에 대한 천재성으로 대치함으로써 자신이 목표로 한 똑똑한 청소년 독자층에 더 호소력을 얻고 있다. 엔더의 탁월한 핀볼 능력을 발견한 군은 그를 젊은 아케이드 게임 천재들로 구성된 특수부대 신병으로 징집한다. 단지 컴퓨터 모의 훈련을 하는 적을 공격하고 있다고 생각한 엔더는 하인라인 식 벌레 같은 적들의 거대 문명을 파괴함으로써 인류를 구원한다. 하인라인은 그것들을 벌레들 Bugs이라고 불렀으며 카드는 그것들에 대해 이중적으로 불쾌감을 불러일으키기 위해 능글맞게 남색자들인 버거 Buggers이라고 불렀다.

게다가 카드는 소설의 말미에서 기억할 만한 '사건의 반전'을 보여주고 있다. 즉 버거들은 실제로는 나쁘지 않았다. 그들은 자신들이 공격한 인간들이 자기들처럼 일종의 지적인 생명체라는 사실을 깨닫지 못했을 뿐이다. 어린 아이인 엔더는 부당한 대량학살을 알지 못한 도구였으며 따라서 속편 『사자의 대변인』(1986)에서 성장한 엔더는 죄를 고백하고 홀로 저지른 대량학살(이런 사건이 카드의 작품에서만 일어나는 것은 아니다)에서 자신이 구해낸 하나 살아남은 버거 여왕이 거주할 수 있는 집을 찾아 은하계를 여행한다. 그는 다시 한 번 악당처럼 보이는 외계종족인 푸지타니아 행성의 페퀴니노인들을 발견한다. 결국 그들도 버거들처럼 오해받고 있다는 사실이 입증된다. 또 다른 속편인 『제노사이드』(1991)는 모든 분규를 완전히 해결하지는 못하지만 제목은 카드의 도덕적 그리고 우화적 관심사를 나타내고 있다. 즉 부당한 대량학살을 초래한 전쟁범죄를 저지른 국가의 시민으로서 어떻게 도덕적인 삶을 살고자 할 수 있는가? 하는 문제였다.

최근 아직도 계속되고 있는 소설 시리즈 『앨빈 메이커 이야기』에서 카드는 더 교묘하게 미국──그리고 모르몬교──의 역사를 전설의 소재로 변화시키는 무용담으로 같은 의문을 제기하고 있다.[9] 시리즈는 혁명이 실패한 대안적인 연방주의 시대 미국을 가정하고 있으며 마케도니아처럼 더 작은 국가들과 동맹들이 뒤섞여 존재하고 있다. 그것은 또한 '마법이 실제로 구사되는' 세계 같은 진부한 판타지적인 표현들을 활용하고 있다. 주인공은 다시 한 번 초자연적 재능을 타고난 소년이다. 앨빈 메이커(앨빈 스미스의 별명)는 세계를 구원하게 될 운명이다. 반복되는 줄거리를 어떤 관점에서 보면 앨빈은 모르몬교 창시자인 조셉 스미스의 대역이며 또 다른 방식으로 보게 되면 조셉 스미스는 앨빈처럼 견습 대장장이인 바그너의 지그프리트이다.

네 권으로 출판된 이 소설은 민속 마법이라는 초자연적인 과장으로 앨빈의 세계는 조셉이 믿는데 곤혹스럽지 않을 세계처럼 보일지라도 앨빈과 조셉 스미스 이력의 유사점은 겨우 발전되기 시작하고 있을 뿐이다. 바그너의 유사점들은 더 현저하다. 카드나 내가 읽은 그의 비평 어느 것도 특히 더 늦게 출간된 두 권의 책에서 때로 매 장면을 대비해 소설의 줄거리가 어떻게 바그너의《니벨룽겐의 반지》서사에서 유래하는지 주목하지 않고 있다. 운명을 짜는 노른('신들의 황혼'에서처럼 상당히 많은 설명을 전달하는)처럼 진실을 말하는 숲의 새가 등장한다. 또한 여주인공은 주인공의 어린 시절을 멀리서 감독하며 그의 배우자로 예정된 여성인 브룬힐드를 꼭 닮아 있다.

그것은 교묘하게 바그너의 도덕적 등식에 대한 흥미로운 반전으로 이루어지고 있다. 따라서 앨빈은 지그프리트처럼 외계 종족 수양아버지──하지만 풍자희극배우 같은 교활한 니벨룽족이 아니라 차라리 고귀한 레드 인디언으로 시리즈 두 번째 책의 '레드 프로펫'인 쇼니족 지도자 텐스카타와——에게 양육된다. 암시적 의미로 인디언을 그린 쿠퍼 소설의 20대 주인공 디어슬레이어처럼 앨빈은 레드 인디언들의 신비한 지혜와 고귀한 힘을 얻는다. 카드는 다음과 같이 쓰고 있다.

> 그는 레드 맨처럼 달릴 수 있다. 바로 레드 맨처럼, 그것이 그가 움직이는 방식이었다. 또한 이내 그는 백인 옷에 화가 났다. 그는 멈추어 옷을 벗어 짊어지고 있던 꾸러미에 쑤셔 넣고는 몸에 덤불 잎들을 느끼며 어치처럼 벌거벗고 달렸다. 곧 달리는 리듬에 시동이 걸리자 그는 자기 몸에 개의치 않고 살아 있는 숲의 일부처럼 더 빠르고 더 맹렬하게 먹지도 마시지도 않고 앞으로 나아갔다. 깊은 숲을 가로질러 휴식할 필요도 없이 하루에 100마일을 답파하며 영원히 달릴 수 있는 레드 맨처럼.[10]

앨빈 메이커 시리즈는 때로 소원을 성취하는 방식으로 미국의 역사를 멋대로 개조한다. 그의 레드 맨들은 자신들의 (대안) 미래에 대해 적절히 예언하는 방식으로 백인들에 맞서 자신들의 것을 지킨다. 앨빈의 중재로 앨빈의 고향 비고르 처치 사람들에게 내려진 저주가 풀린다. 비고르 처치 남자들은 티피카누에서 벌어졌던 인디언 대학살에 책임이 있었다. 그때부터 그들은 자신들이 만난 어떤 낯선 사람에게도 죄를 고백하고 싶어 했으며 또한 바로 완전한 고백성사만이 죄지은 손의 출혈을 멈추게 할 것이다. 마술사인 텐스카타와만이 저주를 없앨 수 있었다. 비고르 처치의 현대판 성자들이 파 웨스트에 거주할 수 있도록 그는 그 저주를 없애고자 할까? 앨빈은 다음과 같이 애원한다.

"어떻게 답해야 할지 모르겠다." 텐스카타와가 말했다. "최근 몇달 동안 내내 그 답을 생각하고 있다. 꿈 속에서 풀밭 경사지에서 죽은 많은 사람들이 걷는 모습이 보인다. 그들의 피가 연이어 풀밭으로 흘러내리고 티피카누 시내가 붉은색으로 변하는 것이 보인다. 아이들과 아기들의 얼굴을 보고 있으며…… 꿈속에서 보는 사람들 하나하나에게 백인 살인자들을 용서하겠느냐? 그들의 분노를 이해하고 있으며 내가 그들의 손에서 피를 씻어내도 되겠느냐? 고 묻지……"

"그들 중 한 명이라도 나는 그들을 용서하지 못하며 저주를 풀지 말라고 말한다면 나는 저주를 풀 수 없을 것이며……"

"또한 아버지와 어머니, 형과 누이, 삼촌과 아주머니, 아이들과 친구를 잃은 살아 있는 사람에게 물었다…… 이들 살아 있는 사람들 중 한 명이라도 나는 아직 그들을 용서할 수 없습니다, 텐스카타와, 라고 말한다면 나는 저주를 풀 수 없을 것이다."

이윽고 그는 마침내 입을 닫았다. 이번엔 침묵이 계속해서 오랫동안 이어졌다.……앨빈처럼 그도 눈물을 흘리고 나서 눈물이 마르도록 아주 오래 기다렸다가 다시 눈물을 흘렸다.……이윽고 그는 입을 열어 다시 말했다. "내가 저주를 풀었다." 그가 말했다.[11]

4권이 끝나갈 때 노예제 폐지 투쟁은 계속되고 있었지만 카드는 아마도 앨빈의 현대판 심리학적 족쇄는 물론 대체로 국가를 위한 구원적 결말을 의도했을 것이다. 앨빈의 운명은 비극적 결말에 대한 장르상의 거부감을 무시하려는 저자의 의도에 대한 시험이 될 것이다. 그가 채택한 두 가지 본보기(조셉 스미스와 지그프리트)로 앨빈에겐 비극이 예정되어 있는 것처럼 보였기 때문이다. 하지만 그는 조셉 스미스와 심지어 지그프리트도 없었던 마법의 힘을 갖고 있었다. 따라서 그는 미국 역사의 모든 기본적인 문제들을 해결하고 게다가 연인, 부와 모든 것을 얻게 될 것이다. 주목할 만한 것은 이야기꾼으로서 카드의 재능 때문에 교양 있는 독자들조차 그의 소설에 매혹될 정도였다는 사실이다. 카드는 X세대의 에드거 라이스 버로스였다.[12]

공상과학소설이 미국의 역사를 특징짓고 있는 다른 '이방인'의 존재를 직접적으로나 우화적으로 다루는 경우는 드물다. 악마 같은 흑인 부족이 포의『아서 고든 핌의 모험』말미에 등장하고 그의 더 짧은 이야기들에서는 다른 방법으로 흑인의 특징을 기분 나쁘게 풍자하고 있다. 19세기 대중 소설은 철저히 흑인을 악당 똘마니들로 설정하고 있다. 가장 치욕적인 이런 저작들 중 대표적 사례는『톰 아저씨의 오두막』이전에 미국의 베스트셀러 소설이었던 1844년 조지 리파드의『퀘이커 시티』다. 대중 잡지의 초기 SF에서 묘사된 미래들에서 흑인이 등장하는 경우는 거의 없었다. 호색적인 외계인들에 대한 SF의 성향이 인종 간 강간(예를 들어 그리피스의 〈국가의 탄생〉) 같은 유사한 판타지에서 유래할 수도 있는 경우 정도만이 예외였다. 이 같은 상황은 50년대와 60년대에 들어서도 지속되었다. 세상의 다른 모든 것에 대한 SF의 표현법 항목들이 있는『공상과학소설 백과사전』엔 인종에 대한 단 하나의 표제어도 포함되어 있지 않다. 인종이란 표제어가 없는 것은 다음과 같은 견해로 '정치학'이란 표제어에서 부분적으로 설명되고 있다. "[인종적 주제]를 직접 다루는 것은 많은 장르 잡지 편집자들에게 너무 민감한 문제처럼 보인다. 편집자들은 주제가 더 추상적으로 처리되는 비유로 외계인을 사용하는 작가들을 더 선호한다.……일반적으로……현실세계의 문제들은 훨씬 더 귀찮아지기 때문에 SF장르는 그 논쟁을 무시하거나 경건한 체하며 결과적으로 논쟁의 실종을 당연하게 받아들이는 경향이 있다."[13]

이는 사실이 아니다. 한편으로 상을 수상했던 흑인 SF작가 옥타비아 버틀러는 미래와 대안 과거에서 인종(그리고 성) 대결을 거의 자신의 독점적 주제로 삼았다. 카드처럼 그녀는 광활한 무대를 배경으로 작품을 쓰고 있다. 첫 번째 시리즈 소설인 『도안을 만드는 사람들』은 5권에 이르렀고 『완전 변이 세대』 3부작이 그 뒤를 잇는다. 두 종의 연작은 인종 개량을 위해 시도되는 인간에 대한 인종 간 혹은 이종 간 품종 개량과 관련이 있다. 첫 번째 경우는 초능력을 가진 돌연변이를 창조하는 것이고 두 번째 경우는 인간의 공격성을 제거하는 것이다. 흥미롭게도 옥타비아 버틀러는 양면적 가치관으로 작품을 쓰고 있다. 버틀러는 텔레파시, 체외유리 경험과 유사한 기교들에 대해 뉴 에이지적 열의를 보였지만 그녀의 우생학적 프로그램들은 악의적인 초자연적 존재나 스트리버 식 외계인 실험자들이 진행했다. 옥타비아 버틀러의 흑인 여자 주인공들은 오로지 인종 개량을 위해 강간, 근친상간과 옛 남부의 노예제도를 견뎌야 했다. 카드 혹은 고딕 판타지작가 앤 라이스처럼 전혀 유머가 섞이지 않은 강한 신념으로 버틀러는 믿기는 어렵지만 매력적인 줄거리를 창작할 수 있었다. 일반적으로 드러나듯이 보이는 도덕성——혼혈은 아주 불쾌할지라도 좋은 것이다——은 어슐러 르 귄의 독자들보다는 존 노먼의 독자들에게 더 호소력이 있을 것 같지만 그것이 작가의 특권이다. 인종적 관심사에 집중하기로 한 흑인작가로 SF장르에서 유일하게 두각을 나타낸 버틀러는 차별적 편견 때문에 이의를 제기받은 경우는 거의 없었다.

로버트 하인라인에 대해선 같은 견해가 적용될 수 없다. 1964년 『팬햄의 자유보장권』은 많은 비난을 받았던 하인라인에게 가장 많은 비난이 가해진 작품이다. 1994년 바엔사는 재출간 하면서 심지어 앞표지에 '공상과학소설 중 가장 논쟁적인 소설'이라고 광고하고 있다. 8장에서 핵전쟁의 진화론적 잠재력에 대한 휴 팬햄의 열의를 인용했지만 논란이 불거진 것은 그 같은 견해——북반구의 모든 문명이 핵으로 파괴된 후 2천년을 발전해 온 초 흑인 국가에 대한 생생한 묘사——때문은 아니었다. 애초에 그것은 적어도 흑인의 관점에선 다소 유토피아적으로 보였을 것이다. 왜냐하면 세계는 거꾸로 뒤바뀌었고 흑인들이 관리를 하는 반면 남은 백인들은 그들의 노예였기 때문이다. 단기간 교배되고 자주성 없게 훈련되는(남자는 종마로서 짧은 기간이 지난 후 거세되고 노예라는 증거로 엄지손가락이 절단된다) 이런 세상은 궁극적으로 백인의 디스토피아다. 존 노먼의 고르 소설들에 따르면 백인 여성들은 모두 흑인 주인들의 성 노예인 '매춘부들'이다. 이들의 지배자는 붙임성 있고 잘 교육받은 눈데이 리전의 로드 프로텍터로 팬햄 가족과 그들 친구들의 소유자인 퐁스이다. 팬햄 가족과 그들의 친구들은 소설을 시작하면서 핵폭발로 이 같은 백인 지상주의자의 악몽 속에서 살아가게 된다.

하인라인 이데올로기의 대변자이자 주인공인 휴 팬햄은 백인 노예들 중 거세와 엄지손가락 절단을 피하고 살아남아 퐁스에게 카드 게임의 비법을 전하며 로드 프로텍터의 가장 귀한 재산이 된다. 많은 장들에서 하인라인은 극악한 흑인들에게 당연히 받아야 할 것을 돌려주고 있는 듯이 보인다. 미국에서 흑인들이 감내했던 것에 대해 백인 노예제도로 되갚는 것은 수학적으로 정확하게 산정되고 있다. 퐁스처럼 휴는 역사를 승자가 쓴 이야기라는 실용적 관점에서 받아들이고 있다. 그는 다음과 같이 반성하고 있다.

인종적 차이의 문제——혹은 '인종적 평등'이라는 어리석은 견해——는 결코 과학적으로 검토되고 있지 않으며 양측에 너무 많은 감정이 쌓여 있다. 정직한 자료를 '원하는' 사람은 아무도 없다.

휴는 해군에 있을 때 보았던 프랑스에서 교육받은 위엄 있고 우아하며 부유한 농장 소유주들이 흑인인 반면 그들의 하인들과 농장 노동자들——'분명' 더 나은 것을 할 수 없는, 낄낄거리고 얼버무리며 게으른 멍청이들——대부분이 백인이었던 페르남부코 지역을 떠올렸다. 그는 더 이상 자기가 보았던 것을 이야기하지 않았다. 현실적으로 아무도 믿지 않았고 거의 언제나 분노로 반응——미국 흑인들이 스스로 나아질 수 있도록 돕기 위해' 얼마나 노심초사하는지에 대해 자랑하는 백인들조차——했기 때문이었다. 휴는 품종을 개량하고자 하는 사람들은 거의 모두 자신들 만큼 '대체로' 고매해질 때까지 깜둥이의 운명이 개선되기를 원하기는 하지만 형세가 역전될 수도 있다는 생각은 감정적으로 거부하고 있다고 생각하게 되었다.[14]

점차 드러나는 충격적인 진실은 퐁스와 그의 부하들 모두가 식인종들로, 정기적으로 잘 준비된 노예들의 살코기로 식사를 한다는 것이었다. 퐁스는 어린 백인 소녀의 살코기를 더 좋아하긴 하지만 자기 혈통들의 살코기는 결코 먹지 않았다. 하인라인은 이것을 문화적 상대주의 관점에서 변명하는 척한다. 휴는 아내에게 다음과 같이 설명하고 있다. "먹는 것 때문에 퐁스에게 지나치게 반감을 갖지는 말아요. 그는 솔직히 말해 그것이 잘못이라는 사실을 모르고 있다오——그리고 분명 황소가 인식할 수 있다면 그들도 우리에 대해 같은 식으로 느끼고 있을 것이다." 모르고 있는 퐁스보다 더 나쁜 사람은 팬햄의 하인 조다. 그는 방사능 낙진 지하 대피소로 들어가는 것이 허락되어 가족들 모두와 함께 이 인육을 먹는 미래까지 살아남을 수 있었다. 조는 백인 살코기를 먹지 않을 뿐 팬햄의 아내와 그의 거세된 아들에 대한 정욕을 채우려 한다. 팬햄이 조의 의도에 화를 내자 조는 다음과 같이 대답한다. "입장이 바뀌었고 그게 다지——그리고 좋은 때이기도 하고. 과거에는 내가 하인이었지만 지금은 존경받는 사업가야." 자유주의란 게 그렇다. 일단 입장이 바뀌면 흑인들은 식인종이 되어 〈국가의 탄생〉에서 나오는 강간과 살인의 의식을 재연한다.

『팬햄의 자유보장권』은 시민권 운동이 절정에 달했던 60년대 중반에 출간되어 분명 이러한 사건들에 대한 반응으로 받아들여졌다. 이전 책들에서 하인라인은 인종 문제에 대해 거리낌 없이 관대했다. 주 독자층이 청소년인 SF소설들 중 하나의 주인공인 우주비행사는 아예 흑인이다. 『팬햄의 자유보장권』에서도 주인공은 '깜둥이들'에 대한 경멸적인 말을 한 아들을 꾸짖는다. 그렇지만 팬햄은 이 소설에서 분명하게 편을 선택하고 있다. 그는 D. W. 그리피스를 지지하고 마틴 루터 킹을 버린다. 본능적 충동의 힘과 가장 효과적인 차별적 편견에 굴복함으로써 방출된 에너지 때문에 이 책이 하인라인의 가장 흥미로운 작품들 중 하나일 정도였다. 그는 윌리엄 버로스나 제니스 조플린처럼 수치스럽게 고약한 것을 즐겼고 부정하고 싶지만 금기가 교묘하게 깨어지는 것을 목격하는 즐거움은 전염성이 있었다.

하인라인이 새로운 성적인 솔직함을 이용한 최초의 보수파 SF작가들 중 한 명이었듯 그는 노골적 인종주의라는 판도라의 상자를 연 선구자였다. 『팬햄의 자유보장권』의 예가 아니었다면 출판업자들은 8장에서 언급한 다양한 생존주의자 시리즈를 출판함으로써 장르의 한계를 넓히려 하지는 않았을 것이다. 루넬과 니벤은 1977년 재난 소설『루시퍼의 망치』에 나오는 구절들에 대해 재고했을 것이다. 『루시퍼의 망치』에서 미국의 흑인들은 하인라인이 생각한 2천 년 후가 아니라 유성과 지구의 충돌이 일어나고 두 달 정도 지난 후 식인주의로 되돌아간다.

유성과의 충돌이나 흑인 식인종은 현실적으로 당면한 걱정거리는 아니다. 더 정확히 말해 유성과의 충돌이나 흑인 식인종은 하느님의 심판으로 혼란에 빠진 적들을 상상하는 천년왕국 신봉자들이 바라는 것이었다. 그들은 공중에 들어 올려 져 하늘의 특별관람석에서 사악한 자들이 사멸하는 것을 즐겁게 지켜보게 될 것이다. 또한 누군가 이런 읽을 거리를 음란하거나 포르노그라피적인 것으로 이의를 제기한다면 작가들은 그것은 단지 현실도피주의 공상과학소설의 재미에 불과하다고 주장하고자 할 것이다.

그럴까? 『루시퍼의 망치』가 출간된 지 1년 후인 1978년에 L.A. 지역 흑인들이 갑자기 다시 잔인해지는 것을 묘사한 소설에서 이런 공상과학소설적 재미의 극단적인 예들 중 하나는 다음과 같다.

> 밤은 소리 없는 공포로 채워져 있었고 이 거대한 대도시(로스앤젤레스) 전역에 무수히 많은 가로등 기둥, 전봇대와 나무들에 소름 끼치는 물체들이 매달려 있었다.
>
> 불이 켜진 지역들에선 어디서나 그들을 볼 수 있었다. 교차로에 있는 거리표지판조차 이용되었다. 실제로 오늘 저녁 본부로 가는 길에 있는 거리의 모퉁이마다 시체가 매달려 있었고 사거리 교차로에는 네 구의 시체가 매달려 있었다. 여기서 불과 일 마일 정도 떨어진 고가도로에 매달려 있는 약 30구 정도의 시체엔 각각 '나는 나의 인종을 배신했다'라고 인쇄된 제명이 적힌 동일한 플래가드가 목에 걸려 있었다. 시체들 중 2, 3구엔 교수형에 처해지기 전 대학예복이 입혀졌고 시체들 전체가 분명 인근 UCLA대학의 교직원들이었다.

어떤 작가의 작품이라 생각하는가? L.A.지역과 저자의 학계에 대한 적의는 제리 푸넬을 연상시키지만 그는 아니다. 그렇다, 이 글은 1995년 오클라호마 시 연방 건물을 폭파한 혐의로 유죄 판결을 받은 티모시 맥베이가 존경한 것으로 전해질 때까지 조심스러운 악평만을 받았던 윌리엄 피어스의 소설『터너 일기』에서 발췌한 것이다. 공상과학소설을 흉내 낸 또 다른 삶의 사례——『터너 일기』에서 이런 폭파들을 권하며 그림으로 묘사하고 있기 때문에——다. 수년 동안 맥베이는 총기 박람회들을 순회하면서 권당 5달러에 복사본을 판매하며(당시 서점에선 구할 수 없었다) 책의 순회설교자로 활동했다.

피어스의 줄거리는 테러리스트의 폭력적 행동이 점차 단계적으로 확대되는 시리즈로 전형적인 액션 어드벤처 소설의 노선을 따르고 있다. 차이는 피어스의 주인공 얼 터너가 사실상 첨단 기술을 갖춘 로빈슨 크루소의 논조로 자신의 범죄 경력을 상술하는 테러리스트 우두머리라는 사실이다. 도입부의 짧은 장면(10쪽)은 흑인 음료 가게 점원과 두 명의 유대계 식품잡화점 주인 살해를 묘사하고 있다. 7쪽을 더 넘기면 신 나치주의자의 죽음은 쿡 카운티 보안관이 권총으로 자신의 머리를 날려버렸을 때 앙갚음 된다. '분별 있는 보주주의자'가 TV에서 이런 행동을 비난하자 그의 차가 폭파되었다. 피해는 꾸준히 늘어난다. 폭탄이 건물들을 무너뜨리고 미국 국회의사당은 박격포 공격을 받는다. 터너의 단체를 자칭한 조직이 핵탄두를 확보하자 도시들 전체가 황폐화——심지어 끝부분에서 아시아 대륙 전체가——된다. 그것은 바로 지구 전역에서 인종적 순수성을 성취하기 위한 것이었다.

소설가로서 피어스의 목적은 미친 폭파범을 위한 일종의 입문서인 무기류와 병참술을 역설하는 그럴듯한 시나리오를 창작하는 것이었다. 통상적인 소설적 의미에서 사람들은 이야기에 거의 공감하지 못한다. 액션 영웅으로서 자신의 선의를 입증하기 위해 얼에겐 카트린느라는 여자 친구가 있다. 하지만 피어스는 성격, 대화나 단순한 대인 관계의 갈등에 시간을 낭비하지 않는다. 그는 적들, 심지어 푸넬의 작품에서 찾아볼 수 있는 평면적으로 변화하는 사실적 묘사에도 무관심하다. 피어스의 악당들은 한 페이지 이상 살아남는 법이 거의 없다.

악당들은 많다. 기본적으로 조직의 공식적 구성원이 아닌 모든 사람은 백인들의 적이며 따라서 죽어 마땅하다. 위의 인용에서 묘사된 교수형 날에 교수형 당한 사람들 중에는 정치가, TV뉴스 해설자, 신문기자, 편집자, 판사, 선생님, 교직원, '시 지도자', 관료들과 체제의 인종적 프로그램을 수행하는 다른 모든 사람들──요컨대 완전한 중상류층, 전문직 종사자와 모든 단계의 공직자들──이 포함되어 있다. 피어스는 왜 수천 수백만 명이 죽어 마땅한지를 설명하기 위한 단호한 도덕적 명령에 몇 구절을 할애하고 있다. 그가 제시한 이유는 모든 진정한 신봉자들에게 친숙해지게 될 것, 즉 미래가 그것을 요구한다는 것이다. 하인라인 사단의 저자들은 대체적으로 의견이 일치하고 있으며 파멸시키기로 예정한 사람들만 다를 뿐이다.

처음으로「네이션」지가 의뢰한『터너 일기』에 대한 나의 기고문이 폐기되었을 당시 이 책은 많은 비난을 받고 있었다. 책의 더 선정적인 구절들이 뉴스 기사에서 언급되었지만 일반적인 서점에서는 책을 구입할 수 없었다. 오클라호마 시티 폭파와 이 책에 대한 관심(1995년 7월 5일「뉴욕 타임스」에서 많이 인용된 1면 기사) 때문에 나는 출판업계의 누군가가 이런 공짜 광고 유혹을 뿌리치지 못하고 이전에 자비 출판되었던 책을 보급판으로 낼 것이라고 예측했었다. 나의 예측은 적중했다.

어쨌든 나는 '언론, 출판, 집회, 청원의 자유를 제한하는 법률을 제정할 수 없다'는 미국 수정헌법 1조의 절대적 옹호론자지만 정치적 이유에서라기보다는 미학적 이유 때문이다. 사실상 피어스는 자기 책을 개종자에게만 권할 수 있을 정도로 무능한 예술가였다. 티모시 맥베이는 범죄를 저지르는 데 굳이 피어스 소설에 자극받을 필요는 없었을 것이다. 그는 이미 범죄로 나아가고 있었다. 아직 개종하지 않은 독자들 같은 다른 이들은 피어스의 글에서 분명 다른 사람을 '상상'할 수 없는, 하물며 묘사하기는 더욱더 불가능한 비합리적인 증오의 흔적을 보고 싶어 했을 뿐이다. 그와 대조적으로 하인라인, 푸넬 그리고 뉴트 깅리치조차 자신들이 강력히 비난하는 인물들의 의식을 이해하기 위해 노력해야 한다는 사실을 알고 있었다. 더 나은 예술가로서 하인라인은 더 성공적이고 그의 퐁스는 계획적인 악당으로서 자신의 약점을 극복하고 있다. 재능 있는 이야기꾼은 기억할만한 악당을 창조하는 경향이 있으며 행동이 사악할 때조차 그들의 모습은 생생하고 진실되다.

그렇다고 SF에 등장하는 모든 외계인들이 다른 인종적 배경을 가진 악당이나 분장한 반대 성으로 해독되어야 하는 것은 아니다. 영화에 등장하는 외계인들은 일반적으로 인구학적 그리고 예산상의 이유로 그들의 특징이 다양하게 나타나는 경향이 있다. 인구학적으로 우리와 그들의 단순한 이야기는 가장 낮은 공통분모에 호소한다. 예산상으로 분장한 사람들은 이용할 수 있는 어떤 대안보다도 비용이 훨씬 적게 든다. 또한 분장한 사람들(초록색 피부, 사마귀, 괴상한 귀, 추가된 눈, 털이나 발톱)은 적어도 다문화적이고 대개는 불길한 인상을 남긴다.

책에 등장하는 외계인들은 흔히 또 다른 문제다. 외계인에 대한 가장 훌륭한 SF의 상당수는 외계인에 대해 풍부하게 묘사한 작가의 상상력을 특수효과가 따라갈 수 없기 때문에 영화로 만들어지지 못했다. 어떤 작가나 영화감독도 프랭크 허버트의 『듄』을 영화화하는 문제에 곤란을 느꼈다. 데이비드 린치의 서투른 시도로 1984년 영화가 개봉되었을 때 수백만 달러를 낭비하기 전에 한계를 인정한 사람들의 현명함에 찬사를 보내야 했다.

    문제는 단순히 거대한 '갯지렁이'의 진부함과 설득력 없는 지구 밖 배경만은 아니었다. 줄거리에 논리의 일관성이 없었다. 시나리오 작가들은 소설가들이 사물을 설명하고 문제를 제기해 그것들을 풀어나가고 '생각'할 수 있는 시간 여유 같은 사치를 누릴 수 없다. 이 같은 곤혹스러움이 SF의 강점(연역적 신비에 대한 것 같은 또 다른 장르가 영화화되기 까다로운 것처럼)일 수 있으며 그것은 기초 과학(아마도 대부분의 성인들보다 똑똑한 12살짜리 아이들을 위한 조건)에 대한 어떤 배경지식만 있다면 성인들처럼 더 어린 독자들에게도 다가갈 수 있는 강점이다. 내가 1953년 「어스타운딩」 연재물로 게재된 할 클레멘트의 『중력의 임무』를 처음 읽었을 때 내가 읽어본 다른 행성의 외계 생명체에 대한 가장 훌륭한 설명이라고 생각했다. 43년이 지난 지금 나의 견해는 바뀌지 않았다. 나의 반응은 어린 나이에 처음으로 외계 생명체에 대한 설명을 접했기 때문일 수도 있을 것이다. 내가 어린 시절 기억의 향기를 천체의 음악으로 오해한 최초의 SF비평가는 아닐 것이다. 하지만 지금 '최고'임을 주장하는 경쟁자들이 있긴 해도 『중력의 임무』은 분명 다른 행성의 외계 생명체에 대한 설명이 어떻게 판단되어야 하는가에 대한 기준을 정하고 있다.

    『중력의 임무』를 특징짓고 있는 것은 과학 작용에 대한 저자의 열정이다. 할 클레멘트(그의 본명은 해리 스터브스다)는 천문학, 화학과 교육학 학위를 가진 고등학교 과학교사다. 그의 SF를 놓고 볼 때 할 클레멘트는 과학교사들 중 원탁의 기사에 나오는 마법사 멀린임이 분명하다. 그는 뉴턴의 운동 법칙과 주기율표를 모험담에 맞는 소재로 변환시킬 수 있기 때문이다. 〈스타 트렉〉 같은 스페이스 오페라들은 과학에 경의를 표하지만 대사는 거의 의미가 없다. 대사는 〈외계에서 온 여왕〉에서 금성 여행자들이 헬멧을 쓰지 않고 우주선을 나설 수 있는 이유를 "중력이 지구와 아주 비슷하기 때문에 숨을 쉴 수 있는 게 분명하다"라고 설명할 때처럼 과학 교실처럼 느껴질 필요가 있을 뿐이다. 글로 된 SF는 그렇게 멍청한 경우는 거의 없으며 문화적 차이가 있는 상대편을 쉽게 이해하는 것을 문제 삼지 않을 만큼 밀도가 높다. 이런 경우에 '밀도가 높다'는 것이 반드시 경멸적인 것은 아니다. '밀도가 높다'는 SF의 특별한 재미로 설명될 수 있다.

『중력의 임무』가 연재물로 게재된 후 「어스타운딩」에 실린 「빙글빙글 도는 세계」라는 기고문에서 클레멘트는 61 시그니계에서 알려진 별 주위 궤도를 그리며 돌고 있는 행성 머스클린의 특징들에서 자신이 외계인 묘사를 어떻게 전개했는지 설명하고 있다. 해왕성과 지름이 같고 목성의 16배 무게인 머스클린의 지표 중력은 지구의 3백배다. 하지만 빠른 자전과 그에 따라 발생된 원심력 때문에 머스클린은 구라기보다는 부친 달걀 모양이 되었으며 따라서 중력은 적도에서 지구 중력의 3배 그리고 극지에선 665배에 이를 정도로 다양할 수 있다.

클레멘트는 계속해서 이러한 특성들이 머스클린 행성의 기후 체계를 어떻게 결정하게 될지를 설명하고 이어 암모니아가 가장 뜨거웠던 시기에 용해되었을 행성에서 생명체를 위한 화학적 주성분이 어떻게 존재하게 되었는지에 대해 추론하고 있다. 그는 물의 가장 좋은 대체물로 메탄을 선택했지만 메탄조차 나름의 문제가 있었다. 가능한 머스클린의 대기 압력에서 메탄은 비등한다. 따라서

합리적으로 일 년의 6분의 1은 태양이 바다를 끓게 할 것으로 예상할 수 있는 위치에 머스클린이 있게 될 것이다. 어떻게 할까?

물론, 지구의 편균 온도는 물의 용해점 이상이지만 우리 행성의 상당 지역은 지속적으로 결빙되어 있다. 61C에 같은 효과를 이용하지 못할 이유가 없

으며 행성의 자전축이 적도면과 궤도면이 일치하지 않도록 수정될 수 있다는 것은 관찰된 사실이다. 나는 줄거리 상 그 세계가 태양에 가장 가까워졌을 때 북반구가 한여름이 되는 방향으로 자전축을 28도로 기울이기로 결정했다. 이는 북반구 대부분이 연중 4분의 3은 태양이 전혀 비치지 않게 되어 결과적으로 남반구가 바다 대신 상당히 두껍게 얼어붙은 메탄으로 뒤덮이도록 전개해야 했다는 것을 의미한다. 이 세계가 태양에 가까워질 때 살기에 알맞은 남반구는 행성 크기 덕분에 치명적인 태양열로부터 보호받는다. 별의 에너지는 북극 '얼음'층을 끓어오르게 하면서 소진된다. 엄청난 폭풍이 적도를 가로질러 맹위를 떨치며 메탄의 비등점 이상의 극히 낮은 온도에서 공기와 메탄 증기를 실어 나른다. 또한 겨울에 남부 지역들이 따뜻해지게 되는 동안 이 지역들은 표면에 있는 액체 메탄 때문에 생물들이 견딜 수 없게 된다.[15]

이 같은 구절에 대해 눈빛이 흐려지고 집중력이 산만해지는 반응을 보인다면 SF의 '과학'적 구성요소가 시각에 한정되어 있는 스타쉽 '엔터프라이즈'에 열중하는 것이 최선일 것이다. 하지만 고집스럽게 그 의미를 이해하고자 한다면 소설 전체를 즐길 수 있을 것이다. 소설의 주인공인 발레난은 머스클린의 상태를 극복할 수 있게 적응된 15인치 장갑판을 댄 지네 같은 외계인이다. 메탄 바다의 대항해자 발레난은 머스클린의 지표에 충돌한 테란 실험 로켓의 기록을 회수하도록 파견된다. 머스클린의 엄청난 중력 때문에 인간 프로그래머들은 그 일을 직접 할 수 없기 때문이다.

결국 의문은 〈오즈의 마법사〉와 더 고등한 대수 수업 사이의 절충이다. 그것은 재미있고 교육적이며 '천진난만'하다. 분명 푸코철학에 심취한 사람은 어떤 불쾌한 정치적 유사성을 밝힐 것이다. 머스클린인들은 제국주의 덫에 걸려 죽어가는 소외된 중국인과 인도인 이주 노동자들로 보여 질 수도 있을 것이다. 혹은 소설 전체를 통해 여자가 등장하지 않은 것은 페미니스트들을 화나게 할 수도 있을 것이다. 하지만 이 같은 이의 제기는 아주 분명하게 소설의 교훈, 즉 인간이든 외계인이든 누구든지 빈틈없이 호기심을 갖고 불굴의 의지로 협력하면 자신의 목표를 이룰 수 있을 것이라는 사실을 도외시한 아주 판에 박힌 이데올로기적 결정을 요구하게 될 것이다.

때로 산은 산이고 물은 물일뿐이다. 때로 외계인은 외계인일 뿐이다. 또한 때로 전 세계는 이상하게 뒤죽박죽인 감미로운 진창이다.

10장 환상적 미래 : 20세기 이후의 SF

공상과학소설은 산업 아니 차라리 영화와 출판이라는 두 가지 거대 산업의 주요 구성요소이다. 각각의 경우에 SF가 대변하는 파이 조각은 특히 영화에서 불과 25년 전보다 엄청나게 커졌다. 1971년 SF, 공포와 판타지가 겹치는 영역은 미국 박스 오피스 수입의 5% 정도에 불과했다. 1982년 이 수치는 50%에 가까워지고 있으며 1990년에 30% 정도로 낮아졌다. 최고의 수익을 낸 10편의 영화 중 절반 이상이 〈E.T.〉(미국내에서만 4억달러), 〈쥬라기공원〉(3억5천만 달러 이상), 〈스타워즈〉, 〈인디애나존스〉 시리즈와 〈아바타〉 등을 망라하는 SF다. 할리우드의 제작비 상위를 차지하는 영화는 1억 달러에 근접하거나 넘어서고 있으며(현재는 2억 달러를 넘어 3억 달러[〈캐리비언의 해적〉시리즈, 〈해리포터〉 시리즈, 〈아바타〉 등]에 근접하고 있다 - 옮긴이) 대개 〈터미네이터2〉와 〈워터월드〉 같은 SF영화들(각각의 영화는 당시까지 만들어진 영화들 중 가장 많은 제작비가 투자된 영화였다)에 투자되고 있다. 영화는 투자를 상회하는 이익을 얻을 수 있었다. 7천만 달러 예산의 〈인디펜던스 데이〉는 미국 내 수입만 3억 달러에 가까웠다.

할리우드 영화의 세계적인 잠재 수익을 계산에 넣게 되면 수치는 훨씬 더 강한 인상을 주게 된다. 국내에서 완전히 실패한 영화들이 해외에서 큰 수익을 낼 수도 있다. 하지만 해외에서 흥행에 성공하기 위해선 영화들이 영어를 할 수 없고 폭 넓게 다양한 문화적 가치와 지적인 감정을 가진 관객에게 호소력이 있어야 한다. 이는 대사는 최소한으로 줄이고 액션(자동차 추격전, 격투, 폭발)은 최대한 늘려야 한다는 것을 의미한다. 최적의 비율은 어떤 논평자가 지적한 것처럼 광고를 끼워 넣는 TV프로그램과 같은 리듬으로 2분간의 대사에 10분간의 액션이다. 이를 단순한 경험의 법칙으로 옮기게 되면 말을 하지 않는 것이다.

이는 사실상 현실 세계를 배경으로 하는 영화보다는 SF나 공포 영화에 더 쉬운 규칙이다. SF영화들은 대사가 거의 없는 〈고질라〉와 〈킹콩〉으로 거슬러 올라가는 오랜 전통을 가지고 있다. 할리우드가 '와, 저 공룡 좀 봐!' 이상의 다른 어떤 대사도 필요하지 않은 진짜처럼 보이는 공룡으로 스크린을 채울 수도 있다. 최근 아주 빨라진 컴퓨터 애니메이션과 다른 특수효과의 발전은 눈이 휘둥그레해질 정도여서 지식인이 파키스탄 농부들과 함께 영화에 빠져들 수 있다. 공통점 없는 그들의 불신은 너나할 것 없이 고해상도의 환영과 롤러 코스트 같은 스피드 때문에 정지된다.

위에서 언급한 논평자가 지식인으로 자처하는 관객에게 〈인디펜던스 데이〉가 성공한 이유를 설명하려 한 견해는 다음과 같다.

성숙한 어른들(밥 돌과 윌리엄 버넷 같은 정치인들, 이들은 둘 다 영화를 좋아한다)이 왜 만화로 스스로 바보가 되는 것일까? 그들은 할리우드의 함정에 빠진 것처럼 보인다. 수년 동안 미국 영화는 고급스러운 오락——무언가 '말'하기 위해 발전되었지만 본질적으로 상투적인 대중적 공식에 따른 볼거리——이 되고자 열망하며 대중적 볼거리를 제공했다. 많은 미국 영화들은 선정적이고자 미친 듯이 애쓰는 고급스러운 오락이다.……〈인디펜던스 데이〉……그리고 다른 모든 여름 흥행작들은 최악의 방식으로 아무 것도 말하고 싶어 하지 않는다. 그들의 뛰어난 영화적 능력에도 불구하고 이 영화들은 최악이다. 그리고 그것이 도덕적 레이더 아래에서 비행하며 머물고 싶어 하는 곳이다.[1]

과거와 현재 영화의 차이에 대한 정확한 서술이 놀랍기는 하지만 최신 유행에 밝은 관객에 대한 영화제작자(과거와 현재의)의 관계를 타당하게 기술했다고 생각하지는 않는다. 예를 들어 영국 SF 잡지인 「인터존」의 정식 영화 평론가인 닉 로위는 다음과 같이 시작하며 〈인디펜던스 데이〉에 대해 격찬하고 있다. "〈인디펜던스 데이〉가 무모할 정도로 유행에 뒤떨어진 많은 것들 중 가장 과감한 것은 관련 상품을 위한 어떤 현실적 기준을 제시하려 하지 않았다는 것이다. 조립식 장난감과 게임 콘솔을 바꿀 수는 있겠지만 어디서나 볼 수 있는 캐릭터 인형 한 벌 같은(그리고 이어 비디오 출시 뒤에 재탕하는, 훌륭한 증거로는 〈토이 스토리〉 자료를 보라) 독점판권은 말할 것도 없고 실제로 점심 도시락 통에 붙일 수 있는 것이 아무 것도 없다."[2] 로위의 나머지 논평은 내막에 밝은 사람의 지식과 지혜로 난해하다. 비평지 「엔터테인먼트 위클리」는 이 영화의 관객들이 영화산업의 엔진과 엔지니어들——제작자, 에이전트들과 협상 해결사——에 대해 비슷한 호기심을 가진 것으로 추정하고 있다.

분명 〈인디펜던스 데이〉에 대해 밥 돌——더 정확히 말해서 루이스 메난드가 자신의 반응을 연상하게 하듯이——처럼 스스로 상상력을 거의 발휘하지 않는 미국인 영화 팬들이 여전히 존재하고 있다. 왜냐하면 밥 돌은 힐러리 클린턴의 도플갱어가 죽는 장면으로 시작한 영화가 재미있는 현실적 이유들을 거의 밝힐 수 없었기 때문이다. 정치인들은 자신이 생각하는 것을 말할 자유가 없다. 사실상 많은 사람들이 자기가 생각하는 것을 말할 자유가 없다. 그것이 영화와 소설이 존재하는 이유다.

이는 출판업과 같은 산업으로서의 SF에 대해 다른 측면을 떠올리게 한다. 최근까지 인쇄된 단어는 주로 출판업계의 경영진에게만 '상품'으로 인식되고 있었다. 저자들은 출판 조직을 자신들과 자기 독자들 사이에 피할 수 없는 성가신 고리로 생각하는 경향이 있다. 에이전트와 편집자들은 저자들에게 이 같은 무해한 망상에 빠지도록 조장했다. 팬덤과 적극적인 관계를 갖는 SF작가들은 특히 출판사를 이익 때문에 작가들의 노동력을 착취하는 고용주라기보다는 자신들의 메시지를 대중에게 전달하는 수단으로 보는 경향이 있다.

SF는 지난 50년 간 출판 현상으로 확대되었지만 영화화는 아주 다른 방식으로 확대되었다. 영화는 규모가 더 크고 비용을 더 많이 들여 젊은이 시장에 견고한 지배력을 유지하면서도 성인 관객을 끌어들이고 있다. SF출판에서 상품은 마케팅 담당자에게 분명해지기 때문에 다양한 새로운 마케팅 틈새시장을 채울 수 있도록 다양화하고 있다. 최초의 중요한 마케팅 하위 장르는 검과 마법의 장르다. 이 장르는 에이스북이 출간한 톨킨의 『반지의 제왕』삼부작 해적판이 성공을 거둔 데 자극받아 60년대 중반 주류 SF에서 분리되었다. 톨킨의 모방작들은 SF보다 대량 생산과 판로가 더 용이했다. 검과 마법 장르의 독자들이 원하는 것은 참신함보다는 한결같은 회전목마를 한 번 더 타는 것이었기 때문이다. 마케터들은 우리가 동일한 것을 원하기를 바라고 있다.

80년대 말까지 다양화 과정은 상대적으로 독자층이 거의 겹치지 않는 적어도 12개의 SF '서적 틈새시장'이 생겨나게 했다. 각각의 틈새시장은 모두 나름의 동일한 것을 제시하고 있다. 초보적인 수준에서 만화책 독자들과 소설화된 〈스타 트렉〉 독자들을 위한 틈새시장이 있다. 오즈의 마법사 같은 책들과 로맨스 소설에 상응하는 SF인 13세 미만 어린이 독자들을 대상으로 한 열린 결말을 가진 시리즈를 펴내는 피어스 앤소니와 앤 맥카프리 같은 저자들이 있다. 그레그 벤포드, 데이빗 브린과 그레그 베어 같은 할 클레멘트의 계승자가 펴내는 '자연과학' 모험물들이 있다. 또한 이들과 달리 (하지만 같은 '하드 SF' 기치를 고수할 것을 맹세한) 푸넬, 드레이크와 그 이외 사람들의 군사적 스페이스 오페라가 있다. 이들은 거지같이 사는 백인 독자들을 위한 생존주의 폭력에 대한 고유의 차하위 장르를 갖고 있다. 이어 컴퓨터가 지배하는 미래 도시를 묘사한 공상과학소설로 최소한 두 가지 형태로 드러난 사이버 펑크가 있다. 개념적 비중을 중시하는 상류 계급 버전과 극도의 신체훼손이나 유혈묘사로 극단적인 불쾌감을 주는 변종인 스플래터 펑크가 있다. 이런 책들의 저자들은 어슐러 르 귄, 킴 스탠리 로빈슨, 진 울프와 명백히 문학적 경향이 있는 다른 SF저자들과 함께 알파벳순으로 같은 SF 서가에 진열된다. 사실상 주류 작가들처럼 많은 작가들 속에서 다양화 과정은 작가들마다 고유한 유형을 가진 무정부상태다.

작가들은 개성과 독창성을 미덕으로 생각하는 경향이 있지만 출판업자들에게 그들은 저주나 다름없다. 출판업자들은 유통망을 통해 꾸준한 비율로 움직일 수 있는 상품을 정기적으로 생산할 수 있는 믿을 만한 작가들을 가장 높이 평가한다. 패스트푸드 식당처럼 신뢰할 수 있는 흐름은 높은 수익을 발생시킨다. 대중 매체의 지원을 받은 책은 대박을 칠 가능성이 높으며 따라서 성공적인 TV시리즈와 동시 발매하는 책은 최상의 상품이다. 〈스타 트렉〉 독점판권은 거의 모든 관계자들——어느 정도 그들을 위한 작품을 쓴 사람들에게조차——에게 금광이 되고 있다. 그들의 파이조각(어느 정도 있다면)은 자기 책을 쓰게 되는 것보다는 분명 더 작다. 표준적인 양장본의 인세가 10% 그리고 보급판의 인세가 6%나 8%인데 비해 그들은 2%를 받는다. 하지만 거액의 2%가 소액의 10%보다 낫다. 좋은 에이전트를 가진 경험 많은 프로작가는 4주나 5주면(혹은 더 빨리) 써낼 수 있는 독점판권을 가진 소설로 1만 달러에서 2만 달러를 선금으로 요구할 수 있다. 매년 일정 기간 노동 두 번이면 현금이 들어오고 이런 식으로 '하청 받지 않은' 작품에 필요한 시간을 여유 있게 확보할 수 있게 된다.

　SF장르의 현재와 아마도 미래라는 관점에서 이것이 의미하는 것은 더 한결같고 더 단조로워진다는 것이다. 이는 나만의 견해가 아니라 이 분야에서 일하고 있는 편집자, 에이전트와 저자들의 일반적인 생각이다. 이런 견해는 대개 불평이나 오기처럼 들리기 때문에 명성과 수입이 안정된 사람들조차 거의 입 밖에 내는 일이 없다. 하지만 나는 최근 출판계의 진실을 대변해 충격을 주었던 알 살안토니오에게서 편지 한 통을 받았다. 살안토니오는 1974년 미시건 주립 대학의 클라리온 사이언스 픽션 워크샵에서 나의 학생이었다. 이 프로그램은 수년간 SF분야 직업인들을 배출한 것으로 주목할 만한 실적을 올리고 있었다. 살안토니오는 클라리온을 떠나 더블데이 SF편집자가 되었다. 더블데이는 당시 가장 많은 SF를 출판하고 있었다. 그는 작가로서 본궤도에 올라섰을 때 더블데이를 떠났다. 그 후로 그는 25권 이상을 출간했다. 그는 자신이 무엇을 말하고 있는지 알고 있다고 보아도 무방하다. 그리고 다음이 그가 말한 내용이다.

내가 편집 일을 그만 둔 1982년까지 상황은 극적으로 변화하기 시작했다. 이전 7년간 나는 나의 각별한 회사가 아주 크고 놀랍도록 거대한 온정주의적(좋은 의미에서) 문어발 조직에서 변화하기 시작하는 것을 지켜보았다. 연 800종 정도 출판된 책들 중에는 삐뚤어지고 자의식 과잉이며 본질적으로 반문학적이지만 (우리가 하려 하는) 어떤 장점이 반드시 있었다. 조직변화의 최종적 결과는 사실상 어느 정도 판매량이 유지되는 책들이 사라졌다는 사실이었다. 어느 정도 팔리는 책들은 겨우 유지되고 있다——혹은 유지되고는 있는 걸까? 이제 많이 팔리는 책은 과거에 어느 정도 팔리던 책보다 안 팔리게 되었다. 어느 정도 판매량이 유지되던 책들은 훈련장이었다. 더 많은 소설들이 있었다. 즉 3주 동안 매대에 남아있는 책들, '품절'된 책들, 대략 몇 달 후에 '폐기되는' 책들, 중도에 지원이 끊긴 시리즈 책들.

이 같은 철학(출판되어 사라지는)의 부산물은 모든 SF에서 가장 훌륭한 책들 중 일부가 이제는 유통되지 않는다는 실로 놀라운 결과와 함께 기존에 출간되었던 책을 거의 포기하는 대충 '소설의 죽음'이 되고 있다. 이것이 현재와 다음 세대 SF독자들에게 예언하고 있는 것은 무엇일까? 단도직입적으로 말해서 이것은 성냥을 사용하지 않고 책을 불태워버리는 짓이다. 누가 비난 받아야 할까? 물론 모두 비난받아야 한다. 하지만 편집자라는 직업은 1982년보다 지금이 힘겹고 훨씬 더 어렵다.[3]

시장 논리에 순응해 책을 쓰지 않는 저자들은 믿을 만한 편집자(그리고 편집자들도 시키는 대로 하는 더 젊은 편집자들로 대체되고 있기 때문에 믿을 만한 편집자는 훨씬 더 적어졌다)와 특별한 관계를 맺지 못하고 있다면 책을 출간할 수 없다. 그리고 이는 기성 작가들만이 쓰고 싶은 것을 쓸 수 있다는 것을 의미한다. 사실 기성 작가조차 자기가 쓰고 싶은 것을 쓸 수 있기를 기대할 수 없게 되었다. 최근 조숙함과 다작(그의 명성에 어울리는 많은 책 목록들)으로 주목받았던 영국 작가 존 브루너가 죽은 후 그의 재산은 천 파운드에 훨씬 못 미치는 것으로 평가되고 있다. 내가 브루너를 알고 있던 60년대와 70년대에 그는 햄스테드에 화려한 연립 주택 두 채와 그 후 멀리 떨어진 준교외 주택 지역에 아름다운 시골집을 갖고 있었다. 그는 그곳에서 일에 중독된 성공적인 삶을 살았다. 하지만 그는 3부작이나 속편조차 쓰지 않았으며 자신이 쓰고 싶은 SF가 아닌 작품을 읽는 독자는 없었다. 동시에 그는 더 나이 들어갔고 나이를 먹는다는 것은 독자층이 대개 나이를 먹지 않는 분야에서는 불리한 조건이다. '영원히 젊은' 영구적인 사고방식을 가진 레이 브레드버리, 피어스 앤소니, 마이클 무어콕, 로저 젤라즈니 같은 저자들은 이런 점에서 강점이 있다. 많은 저자들이 청춘을 구가하면서 저작활동을 계속하고 있다.

더 많은 작가들이 저작활동을 지속하지 못하며 그들에 대해선 필연적으로 덜 알려져 있다. 브루너, 아브람 데이빗슨, 시어도어 스터전, 알프레드 베스터, R. A. 래퍼티, A. J. 버드리, 로버트 쉐클리가 그들이다. 자기 시대에 죽은 위대한 시인들에 대한 프랑수아 빌롱의 점호처럼 저작을 중단한 저자들의 목록은 서글픈 집합 신호다. 일반적으로 인정하듯이 인간의 실패 모두를 시장의 탓으로 돌릴 수는 없다. 작가들은 스터전처럼 소진되거나 래퍼티처럼 용두사미로 끝나거나 베스터처럼 죽음에 이를 정도로 술을 마셨다. 명예퇴직할 때까지 그럭저럭 상업적 성공을 이어간 클라크, 아시모프와 허버트 같은 사람들까지 순전히 타성 덕에 그렇게 하고 있었다. 그들은 자신들의 초기 성공작들을 출판업계에서 독자 생존할 수 있는 상품으로 재활용할 수 있을 만큼 위신이 높았다. 하지만 거의 유작과 같은 이런 책들의 성공은 책들이 판매되기는 하지만 SF가 시대정신을 다루기를 기대하는 독자들 사이에선 거의 중요하게 받아들여지지 않고 있다.

SF가 시대정신을 다루기를 기대하는 독자들에게 지난 15년 간 SF분야에서 유일하게 중요한 진화론적 사건이 있었다. 즉 사이버펑크의 출현이었다. 이 합성어의 첫 번째 단어는 SF가 인공두뇌학이 일상생활에 미치게 될 실제적 영향을 예견하지 못함으로써 크게 실패한 영역을 나타내고 있다. SF는 로봇의 이미지에 사로잡혀 있었다. 일찍이 카펙의 『R.U.R.』 이후로 로봇은 기계가 생각할 수 있고 따라서 인간의 특권이라 생각되는 것을 빼앗을 수 있는 가능성을 가진 극적 효과의 전형이었다. 로봇에 대한 SF 이야기는 늘 그들이 인간과 어느 정도 닮았는지를 강조했다. 로봇이 단순한 기기로 작동할 것이라 신뢰할 수 있을까? 혹 클라크의 『2001』의 할처럼 반란을 일으키지는 않을까? 인간과 유사한 로봇의 어떤 점이 정체성이 되고 그들에게 스스로 규제하고 절제할 수 있는 도덕적 존재라는 자격을 주는 것일까? 이 같은 의문들은 아이작 아시모프, 필 딕, 존 슬레덱처럼 다양한 작가들에게 훌륭한 극적인 효과를 낳게 했지만 SF작가들에게 컴퓨터 기술이 현실적으로 새로운 세계를 만들어 가는 방식을 도외시하게 했다.

1982년 퓰리처상을 수상한 『새로운 기계의 영혼』에서 트레이시 키더는 발상에서 이글같은 새로운 컴퓨터의 대량 생산으로의 발전을 묘사하고 있다. 그 도정을 따라가며 그는 새로운 기술이 이미 우리의 삶과 사회 풍경을 어떻게 뒤바꾸고 우주선과 정크 메일, X선 단층 사진, 원격으로 조정되는 무기의 제조와 같은 첨단 기술의 경이로운 현상과 기상학 플라즈마 물리학과 수학의 진보들을 가능하게 하는지에 대해 사색적으로 서술하고 있다. 재정과 산업 영역에 대해 그는 다음과 같이 쓰고 있다.

컴퓨터가 복합기업과 다국적 기업을 성장시킨 것은 아니지만 분명 지원하고 있다. 컴퓨터는 권력 집중화를 위한 훌륭한 도구들 만들어 냈다.……컴퓨터는 편리하게 탐욕을 늘리는 장치. 급료지불명부를 계산하는 것처럼 무미건조한 임무를 수행하는 컴퓨터는 고위직에 있는 경영자의 세력 범위를 확장하고 있다. 최고 경영자들은 컴퓨터가 만들어지기 전에는 분명 할 수 없었던 정도로 자신의 사업을 장악할 수 있다.[4]

책이 끝나갈 무렵 키더가 자세히 기록하고 있는 새로운 발전 단계의 컴퓨터는 해체해 화물 엘리베이터에 적재해야 할 정도로 큰 것이었다. 불과 15년 후 그 장면은 겨우 초기 모델의 자동차를 운전했던 누군가가 쓴 현대적 수송기관의 역사를 읽는 것 같다. 키더가 컴퓨터 기술 탓으로 돌린 모든 변화는 사실상 진행 중에 있지만 가장 널리 퍼져 있는 변화——개인용 컴퓨터의 등장(키더의 책이 출간되면서 막 일어난)——는 주목받지 않고 진행되고 있다. 개인용 컴퓨터의 중요성은 알프레드 베스터의 『타이거! 타이거!』의 파이어의 그것과 아주 흡사하다. 파이어는 핵 기술력을 전 주민에게 제공한다. 개인용 컴퓨터는 같은 방식으로 컴퓨터 기술을 거의 순식간에 민주화 했다. 사실상 내가 알고 있는 그 어떤 사람도 개인용 컴퓨터의 영향에서 벗어나지 못하고 있다. 컴퓨터 활용 능력은 웨이터의 조수 수준 이상의 거의 모든 직업에서 필수적인 것이 되고 있다. 80년대 의무교육을 받는 사람들 사이에선 똑똑한지 우둔한지, 혜택을 받았는지 받지 못했는지 분명한 차이가 있었다. 젊은이들 사이에서 컴퓨터에 일찍이 매료되어 재능을 발휘하는 것이 성공에 대한 가장 확실한 보장이었다.

한 때 SF에 대해서도 같은 말이 적용되었고 개인용 컴퓨터가 등장하는 시기에 두 가지 파급 효과가 오로지 해커들——즉 개인용 컴퓨터를 갖고 있는 사람들과 컴퓨터 시대의 분명한 특징이 로봇의 출현이 아니라 오히려 사이버스페이스 같은 새로운 전망에 대한 탐사를 이해한 사람들――을 대상으로 한 새로운 서적 틈새시장에 집중되었다. 가상공간은 우주 비행사들이 이미 탐사해 대중의 관심이 줄어든 외계도, 환각을 일으키는 1960년대의 유아론적인 내적 우주도 아니다. 대신에 당신의 신경망을 세계 컴퓨터 네트워크에 직접 연결해 현대의 이상한 나라의 엘리스가 컴퓨터 모니터 화면을 통해 발을 들여놓는 것처럼 쇄도하는 자료들의 영역으로 들어가는 것을 상상하라.

윌리엄 깁슨은 사이버스페이스 여행이라는 흥분되는 최초의 단계를 다음과 같이 묘사하고 있다.

> 케이스의 바이러스는 라이브러리의 명령을 정지시켜 윈도우를 뚫었다. 그는 직접 뚫고 들어가 빈틈없는 연푸른빛 네온 격자로 배열되어 색으로 쉽게 구분되는 무한한 푸른 스페이스를 발견했다. 비공간의 망에서 정해진 데이터 구조의 내부는 무한한 상상의 차원을 지니고 있었다. 다시 말해서 케이스의 센다이바이러스를 통해 입력된 어린 아이의 장난감 계산기는 몇 가지 기본적 명령으로 연결되는 무한한 공간의 심연을 드러내게 될 것이다.[5]

사이버스페이스가 무엇이고 혹은 어디에 있는 지에 대해 깁슨은 이 의문을 교묘히 처리하고 있다.

> 데이터 시스템들 간의 관계에 대한 추상적 표현……엄청난 양의 자료 처리와 교환을 쉽게 하는 전자 교감적 환영……인간의 확대된 전기적 신경시스템, 혼잡한 매트릭스에서 활발히 움직이는 자료와 신용, 별표들만이 고밀도로 정보

가 집결한 곳인 단색의 비공간, 그리고 무엇보다 군사적 시스템의 집합적 성운과 나선형 팔들이 선명하게 빛나고 있다.[6]

내가 시사한 것처럼 자동차가 로켓 우주선의 숨겨진 의미라면 사이버스페이스의 숨겨진 의미는 분명 비디오 모니터 화면이다. 그것은 사용자를 아주 완벽하게 빨아들여 그의 지각 데이터는 모두 컴퓨터가 초래하는 것이다. 당연히 가상현실을 상상하는 이야기는 사이버펑크 소설의 주요한 테마가 되었다. 사이버펑크라는 용어는 1982년 SF소설(데미안 브로데릭의『유다의 만다라』)에서 처음으로 등장했다. 1995년까지 그것은『공상과학소설 백과사전』에 24인치 컬럼난의 표제어를 차지했으며『공상과학소설 백과사전』은 많은 공식적인 '뉴로맨서적'(깁슨의 독창적인 소설『뉴로맨서』에 경의를 표하는 의미에서 사이버펑크 작가들은 총괄적으로 '뉴로맨서'로 알려졌기 때문에) 소설은 물론 필립 딕, 어슐러 르 귄, 존 베일리와 로저 젤라즈니의 소설을 초기 사이버펑크 소설들로 언급하고 있다.

SF적 개념으로서 가상현실의 문제는 주마등 같이 변하는 어떤 환상도 공상과학소설로 통할 만큼 아주 변화무쌍해 정의하기 어렵다는 것이다. 또한 그것이 바로 사이버펑크에 편승하려한 문학적 전위 예술가들과 그들의 이론적 옹호자들이 이용한 것이다. 최근 케이시 애커의『무감각의 제국』은 적응적 흡수 과정을 아주 분명하게 실증하고 있다. 케이시 애커는 자신이 특별히 동의한 깁슨의『뉴로맨서』의 상당히 많은 부분을 정말로『무감각의 제국』에서 구체화했다.

사이버펑크 SF작가들과 그들의 전위 예술가 동조자들의 문학적 주장에 가장 열광한 이론적 지지자는『리얼리티 스튜디오의 넘치는 에너지 : 사이버펑크와 포스트모던 소설 사례집』(1991)의 편집자 레리 맥카프리다. 명예로운 사이버펑크의 지위가 허용된 공헌자들 중에는 케이시 애커, 윌리엄 S. 버로스, 돈 데릴로, 롭 하딘, 토머스 핀천, 윌리엄 T. 볼만과 데드 머니가 망라되어 있다. 맥카프리의 인용구로 판단하건데 그들의 작품들은 공통적으로 (1)고의적으로 거침없이 관습을 거스르고(사이버펑크에서 '쓸모없는 것 punk'의 구성요소) (2)묘사하는 설명부분을 고의적이고 거침없이 단절하고 있다.

정상적으로 연속되는 설명부분에 대한 파괴현상은 약 100년 간 다다이즘과 초현실주의의 기본적 구성요소였다. 버로스가 산문의 견본을 가위로 잘라 잘라낸 자투리를 새로 짜 맞추었을 때처럼 연속성의 단절이 기계적으로 이루어지든, 저자가 오로지 정오표에 의존하든 결과적으로 분리의 시상은 흔히 참된 시적 감흥 같은 정신적 충격을 주는 것처럼 보일 수 있다. 하지만 잠시 뿐——한 절이나 한 쪽——이다. 더 오래 끌기 위해선 흥미를 지속시키고 초현실적 장치를 돋보일 수 있도록 어떤 유형의 이야기 식 외피가 있어야 한다. 그것은 이야기의 모습을 띠지만 실제로 독자들이 노골적인 관습위반에 직면한 이야기들을 읽기에는 암호를 보내 너무 많이 알림으로써 사실상 '무언'의 이야기다. 맥카프리가 교차하는 사이버펑크 지위에 있는 후보자들 한 명으로 지목한 마크 레이너의 기법 상의 증거는 다음과 같다.

어머니의 인공호흡기를 떼었다고 누이에게 말하기 위해 라스베이거스로 차를 몰고 있었다. 앞 컨버터블에 탄 4명의 대머리 남자들이 햇빛에 탄 머리에서 딱지를 떼어 그것들을 길에 튕겼다. 나는 피가 질질 흐르는 딱지들 중 하나 위를 달리다 미끄럼을 막는 제동장치를 제어할 수 없는 상황을 피하기 위해 차를 틀었다. 나는 네모난 한국 수입산 차 속에서 최선을 다해 조종했지만 정신은 다른데 있었다. 나는 며칠 동안 먹지 못했다. 나는 배가 고팠다. 갑자기 안개 속에서 나타난 언덕 꼭대기에 도착했을 때 점멸하는 밝은 네온사인이 보였다. '다음 출구에 간 요리와 녹색 강낭콩' 나는 안내 책자를 확인했다. 안내 책자에는 '훌륭한 음식, 남의 불행을 기뻐하는 분위기'라고 적혀 있었다. 나는 인체의 뇌하수체 분비 기관에서 짜낸 불법적 성장 호르몬을 습관적으로 남용하고 있었고 마치 내가 배설물 같은 더러운 것에 빠져 있는 것처럼 느꼈지만 먹음직한 어떤 것에 대한 기대감으로 기운을 차렸다.[7]

레이너는 미국 대중문화의 진부한 상징들을 유행하는 불빛 신호들로 조명된 제정신이 아닌 천박한 순간들과 뒤섞으며 한 동안 더 길게 같은 맥락을 이어가고 있다. 이는 저자의 의도처럼 그가 실제로 아는 체하는 멍청이일리는 없다는 확신을 주도록 묘사되고 있다. 속도와 지각없는 언행을 어느 정도 달리하고는 있지만 이런 방법은 액커, 버로스 그리고 묘사된 다른 반문화적 양식의 발췌물에서 볼 수 있는 것과 아주 흡사하다.

이런 작품이 일종의 SF로 받아들여질 수 있다는 사실은 SF가 분명 기묘하고 쓰레기 같다고 생각하는 주류 문학의 문화적 생각을 반영하고 있다. 이것이 프랑스 최초의 초현실주의자로 자기 시대의 윌리엄 버로스인 레이몽 루셀이 베른의 소설에 반응한 방식이다. 60년대 뉴 웨이브 작가들은 으제니 이오네스코, 이탈로 칼비노와 특히 해리 매튜 같은 후기 루셀주의자들의 작품을 읽음으로써 대개 간접적으로 루셀의 영향을 받았다. 뉴웨이브 작가들은 흔히 자신들의 SF에 해리 매튜의 미학을 깔고 있었다. 이런 관점에서 적어도『공상과학소설 백과사전』의 입장에선 내가 가장 무례한 자일것이다.『공상과학소설 백과사전』의 '울리포Oulipo'(L'Ouvoir de Literature Potenialle, 혹은 가능성 있는 소설 실습실의 머리글자어)에 대한 항목에서 나는 나의 소설 『334』로 'SF분야에서 가장 성공적인 울리포 관련 실험'이라는 명예를 부여받았다. 당시 루셀의 작품을 읽거나 울리포에 대해 들어본 적이 없기 때문에 나는 이것이 의도하지 않은 성공이자 나의 의도는 거의 정반대였다고 분명하게 주장한다. 사실상 나는 쥘 베른처럼 내 능력이 닿는 한 아마도 곧 도래하게 될 복지국가에 대한 사실주의적 소설을 쓰고 싶었다.

내가 보기에 '미래의 사실주의'는 아주 유능한 SF작가들의 야심이다. 그들이 묘사하는 세계와 그들이 이야기하는 사건들은 얼핏 보기에 비현실주의적으로 읽힐 수도 있지만 이야기가 전개될 때 이런 비현실은 대안이긴 하지만 '현실적'인 세계에서 사실적인 근거를 갖게 된다. 울리포의 범주에 드는 사람들의 작품은 이런 야심을 갖지 않는다. 그들은 자신들의 초현실주의를 교묘——정통적이지만 아주 다른 편애——하게 받아들인다.

SF와 반문화 사이의 밀월관계는 오랫동안 지속되어 왔다. 적어도 1960년대 말 전위 예술가들의 더 우주적인 요소들이 진영의 인기 있는 상징의 보물창고로 SF에 이끌렸다. 존 슬레덱, R. A. 래퍼티, 캐롤 엠쉬윌러 같은 SF지식인들과 더 많은 사람들이 아주 모더니즘한 초현실주의와 부조리주의의 선언적인 특수효과에 비슷한 매력을 느꼈다——대개 명문집 편집자들이나 아마도 팬들의 마음에 들지 않기 때문에 고전적 SF의 기준으로 돌아가지 않은 단편 소설들에서. 혼성체는 미묘한 유기체다.

주로 전위 예술가들을 SF로 끌어들인 것은 SF의 미학적 잠재력이 아니라(지성 정도에 관계없이 많은 독자들에게처럼) 특히 대안적 생활양식들이 섹스, 약물, 적절한 의상을 찬미한다면 대안적 생활양식 상점으로서 SF가 유용하기 때문이었다. '펑크'적 요소는 동시대 젊은이 시장에 정확히 같은 유용성을 제공하며 청소년 독자와 대학생 해커들은 향정신성 약물과 한두 개의 피어싱에 대해 아주 관대하다는 점에서 단순히 과거의 세상 물정을 모르는 사람들과는 차이가 있다. 깁슨이 1984년 전대미문의 사이버펑크 고전인『뉴로맨서』에서 그들을 대상으로 한 주인공은 다음과 같다.

> 케이스는 24살이다. 22살 때 그는 스프롤에서 가장 뛰어난 가축 도둑인 카우보이였다. 그는 이 사업의 전설인 멕코이 폴리와 바비 퀸에게 최고의 훈련을 받았다. 그는 젊음과 숙달의 부산물로 거의 지속적으로 아드레날린이 고조되었을 때 활동하며, 체에서 분리된 의식을 회로망인 교감적 환영 속으로 투사하는 맞춤의 가상공간 층에 접속한다. 도둑인 그는 더 부유한 도둑들인 다른 고용주들을 위해 일한다. 고용주들은 경계를 소홀히 하지 않는 기업 시스템의 벽을 뚫고 들어가 풍부한 데이터 영역으로 창을 여는데 필요한 신종 소프트웨어를 제공했다.[8]

그리고 우리가 처음으로 보게 되는 여주인공 몰리가 있다.

> [케이스]는 안경이 외과적으로 곤충이었으며 그녀의 소켓을 봉하고 있다는 사실을 알게 되었다. 은빛 렌즈들은 거칠게 잘려진 검은 머리칼로 테두리 지어진 그녀의 광대뼈 위 부드럽고 창백한 살결에서 자라난 것처럼 보였다.……그녀는 몸에 딱 붙는 가볍고 부드러운 글러브 가죽 바지와 빛을 빨아들이는 것처럼 보이는 광택 없는 직물에서 재단된 헐렁한 검은 자켓을 입고 있었다. "이 다트건을 치우면 안심하겠어, 케이스?"
> ……화살이 검은 재킷 속으로 사라졌다.……그녀는 손바닥을 위로 한 채 손을 폈고 하얀 손가락들을 가냘프게 펼쳤으며 겨우 들리는 딸깍하는 소리와 함께 10개의 쌍날이 있는 4센티미터 외과메스 날이 진홍색 손톱 밑 보호물로부터 미끄러져 움직였다.[9]

사이버펑크의 세계에서 몰리 같은 여자 지배자의 복장은 〈스타 트렉〉에서의 파자마처럼 어울리는 의상이 되었다. 소년들에겐 대부분 남자다운 가수들의 넝마주의 같은 옷차림이 어울리게 될 것이다. 그리고 안 될 이유가 어디 있겠는가? SF가 헛된 공상에 불과하다면 소설 속 인물들은 독자들이 좋아하는 록 스타가 입는 옷을 입게 될 것이다. 하지만 독특한 복장으로 정리될 수 없는 사이버펑크 내 '펑크'적 측면이 존재한다. 즉 1980년대 비도덕적 사기꾼들이 우글거리는 정치에서 사이버펑크의 묵인, 도시의 더러움, 세계적 약탈과 성에 관한 진실로서의 체계적 범죄에 대한 사이버펑크적 수용이다. 더 초기의 SF 작가들은 계급 없는 첨단 기술의 유토피아나 『1984』의 정신에서 디스토피아적 지옥을 창조하는 경향이 있다. 뉴로맨서류의 작품을 쓰는 작가들은 이 같은 정치 견해들 중 어느 것도 받아들이지 않는다. 사이버펑크의 사회적 전망은 무관심하지만 깊은 냉소주의다. 사이버스페이스의 '카우보이'이자 '도둑'의 현실 세계 상대역인 컴퓨터 해커들처럼 깁슨 & Co.가 메가콜프 Megacorp와 유니그리드 Unigreed에 대해 저지르는 범죄는 멋진 스포츠에 불과하다고 생각하고 있다. 사이버펑크는 현실 세계의 악에 대해 그럴 듯하게 설명하거나 구원받은 성도들의 공동체인 새로운 예루살렘처럼 들리는 르 귄의 희망을 받아들이지 않는다. 사이버펑크의 미래에선 모든 사람이 제3세계의 가난 속에 살게 되며 아메리칸 드림은 끝장나게 된다. 대중적 절망이라 부르는 사이버펑크의 전망은 유행과 사이버스페이스 내에서 사는 내적 삶이라는 두 가지 요소만으로 개선된다. 사이버펑크가 제시하는 최선의 희망은 사람들이 자신의 중추신경을 소유하고 있는 것이며 그 점에서 사이버펑크는 중산층 미국 젊은이들이 자신들이 원하는 것 즉 섹스, 마약과 록큰롤 다시 말해서 자신들의 머리카락, 자신들의 피부와

몸의 옷, 비디오 모니터상의 아주 빠른 화소들 같은 자신의 운명에 만족하도록 하는 목적을 띤 문학이다. 우리 시대의 X세대는 점점 이것들을 더 즐기고 찬미하며 선택하고 있다. 미래에는 사이버펑크 팬들이 자신들이 지금 상상하고 있는 세계를 꾸려나가는 사람들이 될 것이다.

사이버펑크의 본질적 유아론에서 사이버펑크는 또한 SF가 에드거 앨런 포 시대 이후로 꾸준히 건설해온 세계다. 「유레카」같은 숨겨진 '철학적' 작품들과 「어셔가의 몰락」같은 잘 구성된 소설들 모두에서 포는 자신의 정신적 도식인 세계, 집과 집 주변의 초현실적 정경들이 시인의 쇠약해진 정신의 비유적 외면화인 세계, 사이버스페이스만큼 전적으로(그리고 유일하게) 상징적인 세계를 가정하고 있다.

어떤 SF 작가의 작품에서도 로버트 하인라인의 작품처럼 이 같은 경향이 대규모로 그렇게 분명해진 경우는 없다. H. 브루스 프랭클린의 『로버트 하인라인 : 공상과학소설로서의 미국』 색인에는 '유아론'이라는 표제 아래 9개가 인용되고 있으며 그것들 상당수는 몇 쪽을 차지하고 있다. 이것을 비평가의 과잉해석으로 볼 수는 없다. 전 세계가 하인라인과 아주 흡사한 주인공의 상상 속에서만 존재한다는 견해는 마치 책이나 줄거리의 모든 인물들이 하인라인의 대리인으로부터 "복제"되었다고 인정하는 플롯장치들인 듯 그의 작품에서 정기적으로 반복되고 있다. 이 같은 경향은 1970년대 3권의 소설 『나는 악이 두렵지 않다』(1970), 『사랑하기에 충분한 시간』(1973), 『야수의 숫자』(1979)에서 절정에 이르고 있다. 이 책들의 구성은 일련의 나르시스적 사랑의 매듭이다. 풀렸을 때 사랑의 매듭은 라자루스("하인라인으로 부르라")가 신의 얼굴을 보고 싶다고 했을 때 신이 그에게 길게 부여한 『사랑하기에 충분한 시간』에서의 다음과 같은 충고의 말들로 요약되고 있다. 즉 "거울을 보라"

프랭클린은 다음과 같이 평하고 있다. "그의 조물주는 자신이다. 그리고……라자루스는 다른 모든 존재가 자신의 반영에 불과한 곳인 자기 자신이 고안한 유아론적 세계에 갇혀 있다." 이 같은 비평은 말 그대로 하인라인의 희극적 계시인 『야수의 숫자』의 개요다. 이 책은 '종말론적 범신교의 복합적 자아 유아론을 위한 우주 공동체의 1차 세기적 대표자회의' 같은 풍자로 절정에 이른다. 이 회의에는 하인라인이 자기 책들에서 선호하는 모든 인물과 그가 책을 읽게 함으로서 독자로 만든 사람들이 모든 소설, 특히 하인라인의 소설들이 구현한 다양한 우주들에서 모인다. 모임의 목적은 하인라인의 신성함을 찬미하는 것이다. 마지막 장은 '계시록 22장 13절'로 표제를 붙인 계시의 시 즉 '나는 알파이자 오메가이고 시작이자 끝이며 처음이자 마지막이다'이다.

백번 양보하더라도 하인라인은 어떻게 독자들이 이 계시를 볼 것이라고 기대할 수 있었을까 궁금할 것이다. 물론 뉴에지의 자유의사 존중을 사람은 누구나 자신의 하느님이라는 의미——하지만 킴 빈스테드가 만든 농담을 만들어내는 프로그램 '제이프'로서도 아니다——로 해석할 수 있어도 복음의 진리로서는 아니다. 차라리 그것은 헌법으로 거짓말할 권리가 보장되는 좋은 미국인으로 자격을 부여받은 현실도피다.

내가 1장에서 주장했듯이 미국인들이 거짓말할 권리를 갖고 있다고 믿는다면 그 철학적 기초는 SF가 늘 기본적 가정으로 인정하고 있는 철저한 유아론이어야 한다. 나는 알파요 오메가다. 나는 외계인에게 납치되었다. 나는 빛의 속도를 추월할 수 있다. 나는 매주 목요일 타임머신을 타고 공룡 사냥을 했다. 나는 뚱뚱할지 모르지만 텔레파시 능력자니까 조심하라. 만족할 수 있는 공상이라면 무엇이든 상관없다.

하인라인만 그 같은 사실을 알게 된 저자는 아니었다. 1979년 당시 SF 분야에서 가장 유명한 신인 작가인 존 베일리는 「지속되는 환영」을 발표했다. 이 소설에서 불운하게도 불구인(하지만 영적으로 재능이 있는) 뉴에이지 사람들의 집단이 하반신 마비 환자들만이 가질 수 있는 비밀스러운 지혜 덕분에 해탈하여 거의 전지전능해진다——'현실이 버팀목이다'라는 팬들의 지혜에 대한 입증. 예상대로 SF팬들은 그 점을 좋아했고 이 책은 휴고 상과 네뷸러 상을 받았다.

베일리 소설의 도덕적 명령은 '현실적으로 어려운 소망'이다. 또한 상들을 휩쓸던 래리 니븐의 소설 『링월드』(1970)의 도덕적 명령은 '행운이 함께하기를'이었다. 대단원은 유전학적으로 운 좋게 선발된 주인공들이 결국 유일하게 좋은 결과를 맺는다. 이야기의 긴장감이라는 게 그런 정도다!

니븐 명령의 더 고급 버전이 그렉 이건의 첫 번째 소설 『쿼런틴』(1992)에서 나온다. 젊은 호주인인 이건은 아마 1970년대에 베일리가 누렸던 성공을 1990년대에 누렸을 것이다. 그는 나노테크놀로지——바이러스와 인공두뇌의 구성요소들로 극히 작은 유효한 수단을 만들 수 있는 가능성, 사실상 자율적이고 지적인 약품——를 놀랍게 추정했지만 거기서 멈추지 않았다. 이 같은 가정을 둘러싼 '인간'의 드라마를 창작하는 대신 그는 다시 한 번 또 다른 알파이자 오메가인 주인공으로 귀결하는 줄거리를 강화하기 위해 무슨 일이든 허용되는 영원한 변명 같은 양자론을 사용하고 있다. 알파이자 오메가인 주인공은 사실상 나쁘게 귀결될 수 없다. 나쁜 종말은 이 소설의 부차적인 무한히 많은 우주에 있는 무한히 많은 복제 인간들에게만 일어날 수 있기 때문이다. 이 소설에서 주인공은 '논리적으로' 행복한 결말이 보장된다. 하인라인과 SF의 다른 중요한 유아론자들처럼 그렉 이건에게서 끌어낼 수 있는 교훈은 '나는 생각한다. 고로 나는 창조주인 신이다'라는 것이다. 그렉 이건은 이 교훈을 자신의 전임자들보다 더 분명하게 말하고 있다. 그의 복잡하고 정교한 표현은 흔히 잠이 올 정도로 복잡하지만 코란이 인간의 상을 만드는 것을 금하고 있듯이 유아론은 인간의 드라마를 금지하고 있다. 당신만이 도달할 수 있을 때 말이 무슨 소용이 있겠는가?

가까운 미래——말하자면 10년 후 같은——에 SF의 세계는 관성적으로 여기서 묘사되고 있는 것과 아주 흡사하게 유지되게 될 것이다. 이미 SF소설가들 중 가장 기교가 뛰어나고 야심적인 사람들은 시장의 요구에 부응해 작품이 아니라 제품을 생산하고 있다. 진 울프, 킴 스탠리 로빈슨, 윌리엄 깁슨은 저마다 오로지 또 다른 것을 시작하기 위한 3부작을 완성했다. 이런 식으로 적응할 수 없는 소설가들은 시인들과 장르 문학이 아닌 평범한 소설가들처럼 대학과 소규모 출판사의 부업으로 비집고 들어가고 있다. 필연적으로 그들이 주로 좋아하거나 학구적 적성에 맞는 것을 쓰고 있다면 그들은 더 적게 쓰게 될 것이고 많은 사람들이 글쓰기 시간의 더 많은 부분을 학술적 비평에 할애할 것이다. 그것이 대학에서 경력을 쌓기에 더 좋기 때문이다.

이것이 뉴 웨이브 시대에 가장 주목받은 많은 작가들의 표준적인 이력서다. 더 이른 시기엔 몇몇 SF작가들(특히 에드먼드 해밀턴과 제임스 건)만이 대학에 임용될 수 있는 기회나 수고를 아끼지 않았지만 70년대 이후로 최고 수준의 상당수 SF작가들은 두 가지 직업을 병행하고자 했다. 그레고리 벤포드는 샌디에이고의 캘리포니아 대학 물리학자이고, 조안나 러스는 워싱턴 대학에서 가르치고 있으며 조 홀드먼은 MIT, 존 케슬은 노스캐롤라이나 주립대학, 스콧 브레드필드는 코네티컷 대학에서 가르치고 있다. 이런 사례를 무수하게 열거할 수 있다.

이런 관점에서 사무엘 R. 딜레이니는 가장 대표적이고 유익한 직업을 가진 SF작가였다. 장르의 많은 10대 천재들 중 한 명인 딜레이니는 첫 번째 소설을 1960년에 출간했으며 당시 그는 20살이었다. 1966년 에이스 북에서 실습생으로 연이은 보급판 소설들을 출간한 후 딜레이니는 처음으로 차별화될 수 있는 뉴 웨이브 작품 『바벨 17』을 출간했다. 이 책에 이어 『아인슈타인 교차로』(1967), 『노바』(1968)와 그의 SF걸작 『달그렌』(1975)이 출간되었다. 그는 이 책들과 단편 소설들로 많은 상을 수상했지만 아메리칸 뉴웨이브의 가장 밝게 빛나는 별(장르적 파격의 아우라를 잃지 않고 아주 두드러지게 야심차고 성공적이었기 때문에)로 자신의 탁월함을 분명하게 각인시킨 후에 딜레이니는 방식을 바꾸었다. 그는 1980년대에 소설 저작을 줄였고 그의 소설 저작은 특히 『네버리온으로의 귀환』이라는 환상적 작품에서 SF이외의 자신의 관심 즉 지적으로 해체적 문학 비평과 기묘한 이론이 서로 뒤엉켜 있는 영역을 위해 훨씬 편향적인 무대가 되었다. 절망적인 상태에서 그는 미셸 푸코가 포함된 동성애 이론가들 중에서 매우 선호되었던 실패한 주장인 HIV가 에이즈의 원인이 '아니'라는 의심스러운 주제로 소설/회고록/통렬한 비평인 『미치광이』를 발표했다.

딜레이니의 유성 같은 이력을 요약하면서 피터 니콜스는 『공상과학소설 백과사전』에서 다음과 같이 쓰고 있다. "뒤늦게 딜레이니가 자기 경력의 다른 지점에서 다른 독자들을 찾았다고 가정할 수 있다. 즉 『달그렌』이 포함될 때까지의 아주 광범위한 전통적 SF독자층……그리고 그 이후로 더 한정되고 아마도 더 지적인 대학에 기반을 둔 독자층이다."[10] 어슐러 르 귄과 조안나 러스는 딜레이니의 이력을 어느 정도 공유하고 있지만 그들(페미니스트)의 성 정치학은 딜레이니(그의 3권의 포르노그라픽 소설들은 사드의 소설만큼이나 비현실적으로 관습을 거스르고 있다)보다는 덜 급진적이기 때문에 장르

내에서 명예를 유지하고 있는 반면 딜레이니는 자신이 지속적으로 추구하는 것을 공상과학소설에서 학구적 생활로 바꾼 것으로 보인다.

종신 재직권이 있는 교수직 같은 강화된 주변부와 별개로 SF의 미래에 대한 전망은 삭막하다. 전체적인 장르적 판매량은 줄어들고 있고 출간되는 종수도 줄어들고 있으며 미디어 끼워 팔기가 보급판 서적 판매를 계속해서 지배——그들에게 영감을 주는 시리즈들이 적어도 프로그램 배급 조직 내에서 인기를 유지하는 한——하고 있다. 하지만 모든 미디어는 끝이 있으며 〈스타 트렉〉이 종영될 예정이라는 소문이 다시 돌고 있다. 독점판권이 곤란에 처했다는 더 많은 징후는 독점판권 상품을 발생시키는 사람들이 곧 2% 인세도 없이 겨우 임금만 받고 쓰게 될 것이라는 편집자의 유언비어다. 이 같은 사실에서 독점판권 소유자들이 거금이 투자된 대작과 TV용 스페이스 오페라가 곧 예전에 어디에서나 볼 수 있었던 서부극만큼이나 보기 어렵게 될 것으로 예견하고 있다는 사실을 추정할 수 있을 것이다. 이것이 일찍이 고수익 상품이자 황금알을 낳는 거위의 운명이다.

결국 사람들은 책의 운명 자체를 생각해야 한다. 지금까지 인쇄된 종이를 대체하는 컴퓨터에 대한 초기 경고는 발견되지 않고 있다. 인쇄된 종이는 디스크에 부호화된 산문보다 훨씬 더 편리하고 저렴했었다. 하지만 일단 기술이 자리를 잡게 되면 SF는 어느 정도 기술적 결함을 극복할 수 있는 최초의 장르가 될 것이다. 결국 SF팬들은 개인용 컴퓨터에 가장 먼저 열광한 사람들이고 그들 중 상당수는 저자의 글을 수동적으로 받아들이기보다는 훈수를 둘 수 있는 기회——이미 올슨 카드처럼 더 선견지명이 있는 SF저자들이 제공하고 있는——를 환영하게 될 아마추어 작가들이다. 양방향 소설과 검색이 가능한 하이퍼텍스트는 아직 소수 사람들의 오락이지만 10년이나 20년 후 제대로 된 장비가 있게 되면 그것들은 당연히 일반적인 장르

소설의 상당부분을 대체할 것이다. 파괴주의적인 추리소설도 당연히 이 같은 변화에 유리하며 외계 행성을 처음으로 접하고 탐험하거나 유토피아들을 방문하는 SF소설들은 양방향 추세에 편승할 것처럼 보인다. 하지만 아직 가야할 길은 멀다.

양방향 소설을 쓴 나의 경험에 비추어 보았을 때 일단 이런 작업들이 일상화된다면 TV쇼처럼 한 사람의 작가보다는 팀으로 구성된 작가들이 작품을 창작하게 될 것이라고 예측해도 무리는 없을 것이다. 대규모 소설적 환경(단선적 이야기를 말하기보다)을 구체화하기 위해 쓰여야 하는 산문의 양은 유아론적 저자들을 멸종시킬 것이다. 연속극과 열린 결말의 드라마 시리즈를 위해선 작가 오케스트라가 필요해질 것이다. 시청자들은 그들의 이름을 알지 못하게 될 것이다. 작가들의 이름은 아주 빠르게 화면에 흘러내리게 될 것이다.

어떤 유형의 소설이든 소설을 읽는 독자들이 추구하는 것은 대리적 개입이며 그들은 읽기보다는 차라리 말해지는 이야기들을 '보고'자 할 것이다. 꽤 괜찮은 무대 공연의 〈햄릿〉은 책으로 쓰여 진 『햄릿』보다 더 매력적이다. SF는 아주 최근까지 영화화될 수 없는 이야기들을 말할 수 있었기 때문에 아주 오랫동안 독자들을 사로잡을 수 있었다. 이제 가능한 것에 영향을 미치는 것은 기술이 아니라 예산이다. 훨씬 더 쉽고 싸게 출판할 수 있게 해준 바로 그 컴퓨터들이 시각적 매체에 대해서도 같은 역할을 하고 있다.

영화와 TV가 승리를 거둘 수밖에 없다. 헉슬리가 『멋진 신세계』에서 '감각 예술품들'을 무지몽매한 것으로 묘사했을 때 그 점을 알고 있었지만 헉슬리는 이런 변화가 가장 낮은 공통분모로 보편적 수준에 이르게 될 것이라고 생각했으며 우리 모두는 토요일 밤마다 포르노에 탐닉하곤 한다. 사실상 좋은 취향의 지수는 그것이 하락할 때조차 상승하고 있다. 황금 시간대 TV 프로그램은 오페라와 공포영화, 프로 레슬링과 제인 오스틴, 찰스 디킨스와 제작자가 좋아할 수 있는 어떤 다른 소설가의 소설을 강렬하게 영상화한 것들이 망라되어 있다.

이론적으로 저자와 그의 너그러운 독자들과의 가능한 관계에 대한 이상적인 목표인 양방향에 대해 말하자면 거의 반세기 전 레이 브래드버리는 그 기술적 불가피성을 예견했다. TV시대가 시작되는 시기에 그는 『화씨 451』을 썼다. 이 책에서 주인공(모든 책과 책을 보관하고 있는 집들을 불태우는데 빠져 있는 '소방관')의 부도덕한 아내는 양방향 연속극의 애호가다. 양방향 연속극이 제공하는 것에 대한 이 여인의 설명은 다음과 같다.

> 이것은 10분 후엔 어디에서나 보이는 회로로 오는 오락이다. 그들은 우편으로 오늘 아침 나에게 나의 역할을 보내주었다. 나는 몇 가지 상품상자 광고에 이름을 알렸다. 그들은 한 가지 역할을 빠뜨리고 대본을 썼다. 참신한 아이디어다. 바로 나 같은 주부가 빠뜨린 역할이다. ……예를 들어 그 남자는 이렇게 말한다. "이런 전체적 아이디어에 대해서 어떻게 생각하시죠, 헬렌?"[11]

브래드버리가 전체적 아이디어에 대해 생각하고 있는 것은 분명하다. 서구 문화의 죽음이다.

텔레비전 시대 기술적 가능성의 관점에서 브래드버리는 선견지명이 있었지만 미디어 문화 충격의 관점에서 그는 완전히 틀린 셈이다. 이제 사람들은 더 많은 정보를 갖고 있으며 결국 전체적으로 더 똑똑해졌다──심지어 그들이 말을 하지 않기로 선택하는 방식들에서조차.

델모어 슈바르츠는 절반은 옳았다. 즉 꿈속에서 책임은 시작된다. 하지만 꿈속에서 무책임이 시작된다는 것 역시 진실이다. 두 가지 측면에서 우리가 하기에 따라 선택 가능성은 거의 무한하다.

공상과학소설은 그 같은 선택 가능성이다.

주와 참고도서

들어가는 말

1. Kenneth Fearing. "No Credit" in Collected Poems of Kenneth Fearing(New York: Random House, 1940), p. 59.

2. Lester del Rey. "Helen O'Loy" Modern Science Fiction. Norman Spinrad, editor.(Garden City, NY: Anchor, 1974), pp. 58, 67.

1장

1. 밀러는 에비게일이 악역이라고 설명했을 수도 있지만 1953년 연극에서 처음 등장한 이후로 의식적 흉악한 아동 학대에 대한 보고는 에비게일이 이제 유사한 신청교도적 경향을 가진 사람들에 대한 일종의 롤 모델로 설명될 정도로 일반적으로 널리 믿어지게 되었다.

2. Sissela Bok. Lying: Moral Choice in Public and Private Life(New York : Vintage, 1979), p. 149.

3. Phillip Knightley. The First Casualty: From the Crimea to Vietnam: The War Correspondent as Hero, Propagandist, and Myth Maker(New York: Harcourt Brace Jovanovich, 1975), p. 376.

4. Ibid, p. 423.

5. Ben Bradlee, Jr., Guts and Glory: The Rise and Fall of Oliver North(New York: Donald I. Fine, 1988), p. 544.

6. 슈 블룸의 『은밀한 생존자 Secret Survivors 』(New York: Wiley, 1990)가 고전

적인 예다. 블럼의 "근친상간 생존자들의 휴유증 점검표"에 있는 억압된 근친상간적 학대의 34가지 범주의 증상 중에는 몸에 대한 나쁜 이미지, 두통, 관절염, 약물이나 알코올 남용(혹은 철저한 금주), "꿈이나 기억들", 절도, 공포증과 "볼 수 없는 완벽이나 완벽하게 나쁠 필요" 등이 있다. 해도 그만이고 안 해도 그만일 정도인 점검표의 포괄성을 고려한다면 근친상간 생존자가 아닌 남녀를 상상하기는 거의 어렵다. 하지만 물론 그것이 책의 목적이다. 보급판 표지 뒤쪽에 엘리자베스 커블러 로스의 호의적 단평을 언급한 권유는 다음과 같다. "자신이 학대를 기억하지 못하고 살아가고 있다고 의심하는 사람들과 특히 인간 존재의 가장 어두운 부분을 열심히 공부하는 치료 전문가들을 위해."

7. Whitley Strieber, Communion: A True Story(New York: Morrow, 1987) and Transformation: The Breakthrough(New York: Morrow, 1988).

8. 존 G. 풀러가 『중단된 여행 The Interrupted Journey』(New York: Dial, 1966)에서 그들의 1961년 모험을 기록하고 있지만 NBC가 2시간짜리로 UFO사건을 방송한 1975년에야 충분한 영향을 미친다. 이제 일주의 엄청난 것을 재연하는 이런 사이비 다큐멘터리가 〈The Paranormal Borderline〉 같은 시리즈로 주시청시간대의 정규 프로다.

9. Douglas Curran, In Advance of the Landing: Folk Concepts of Outer Space(New York: Abbeville, 1985), p. 21. 커런의 책은 가장 열광적인 UFO 열광자들의 생활방식에 대한 그의 호의적이지만 면밀하게 관찰된 설명 뿐 아니라 미국의 풍경을 장식하고 있는 집에서 만든 비행 접시들에 대한 저자의 사진 갤러리로 주목할만 하다.

10. Strieber, Communion: A True Story, p. 243.

11. Bernice Kanner, "Americans Lie, or So They Say" New York Times, May 30, 1996.

12. 벤포드는 「퍼블리셔 위클리」 기사 인터뷰 "진짜 이야기는 언제 진실일까?"(August 14, 1987)에선 책에 대해 더 솔직한 평가를 할 수 있었다. "이 책은 출판계의 안타까운 추세의 일부이다. 자극적인 포템킨 마을식 과학으로 대중의 명백한 부조리에 부응하고 있다. 셜리 맥레인/브라이디 머피 하위 장르의 재등장은 사실상 기술과 무관하게 우리는 아주 합리적인 사회는 아니라는 사실을 상기시킨다."

13. Thomas M. Disch, "The Village Alien," Nation, March 14, 1987.

14. Philip J. Klass, UFO Abductions: A Dangerous Game(Buffalo : Prometheus, 1989), p. 208.

15. Ignatius Donnelly, Atlantis: The Antediluvian World(New York: Dover, 1976), p. I.

16. Erich von Daniken, Chariots of the Gods(New York: Bantam, 1971), pp. 51~52.

17. Jasper Griffin, "Anxieties of Influence," New York Review of Books, June 20, 1996, p. 70.

18. James Wolcott, "I Lost It in the Saucer," New Yorker, July 31, 1995, p. 77.

2장

1. 고맙게도 성경저자들의 주장은 테드 창의 단편 「바빌론의 탑」이 네뷸러 상을 수상하고 휴고 상 후보에 오른 1990년에 강화되었다. 창의 이야기는 또 다른 니므롯이 하늘에 이르는 탑을 건설하는데 성공한다면 일어나게 될 일을 이야기하는 바빌로니아의 테크노스릴러다. 이야기는 그 유익한 우주론이 고대 수메리아의 것을 염두에 두고 모든 세부적인 사항에서 과학적으로 정확하다.

2. Brian W Aldiss. Billion Year Spree: The True History of Science Fiction(New

York: Schocken, 1974), p. 26.

3. Jeffrey Meyers, Edgar Allan Poe: His Life and Legacy(New York: Scribner's, 1992), p. 261.

4. Jeffrey Meyers, quoting from Whitman's Specimen Days. Edgar Allan Poe: His Life and Legacy(New York: Scribner's, 1992), p. 265.

5. T. S. Eliot, "From Poe to Valery"(1948), in To Criticize the Critic (New York: Octagon, 1965), p. 35.

6. 편집자가 되고자 하는 포의 열의는 그의 혜안에 대한 또 다른 증거다. 휴고 게른스바흐가 1926년 「어메이징 스토리」를 창간한 이후 잡지 편집자들이 장르의 의제를 정했다. 존 캠벨(「어스타운딩」 이 것은 「아날로그」가 되었다), 프레드릭 폴(「갤럭시」), 마이클 무어콕(「뉴 월드」), 가드너 도조아(「아시모프」). SF에서 기계는 개별적인 인간보다 더 중요하다.

7. Daniel Hoffman, Poe, Poe, Poe, Poe, Poe, Poe, Poe(Garden City, NY: Doubleday, 1972), p. 159.

8. "『아인슈타인의 뇌』는 신화적 관심의 대상이다. 역설적으로 가장 위대한 지성은 가장 최신의 기계에 대한 이미지를 제공하고 있으며……아인슈타인의 신화는 일반적으로 그의 생각을 기계적인 소시지 제조에 유사한 기능적 노동 같은 것으로 말할 정도로 그를 매력없는 천재로 그리고 있다." Roland Barthes, Mythologies(New York: Hill & Wang, 1957).

9. SF의 역사는 이런 관점에서 다른 많은 장르처럼 문학사를 개괄하고 있다. 60년대와 70년대에 많은 향정신성 약물 메뉴는 마찬가지로 번득이는 재기를 보인 후 실패와 쇠진을 경험한 모든 세대의 SF작가들(내가 속한 세대)의 작품을 설명하고 있다. 곧 그 이상으로.

10. Jeffrey Meyers. Edgar Allan Poe: His Life and Legacy.(New York:

Scribner's, 1992). p. 180.

11. Timothy Spencer Carr, "Son of Originator of 'Alien Autopsy' Story Casts Doubt on Father's Credibility," Skeptical Inquirer(July-August 1997).

12. Peter Washington, Madame Blavatsky's Baboon(New York: Schocken, 1993, 1995), p. 36.

13. Quoted from John Symonds, Madame Blavatsky-Medium and Magician(London : Odhams, 1959).

14. Whitley Strieber, Communion: A True Story.(New York: Morrow, 1987).

3장

1. 『지구에서 달로』의 출판은 이 장 표제인 101년 비행시간의 시작을 특징짓고 있다. 1966년 소련 루나 9호의 착륙은 그 종말을 특징짓는다.

2. 장르 창시자의 천재성에 대해 사전에 준비된 예포가 없었던 것은 아니었다. "2장에서 미국인들을 최초로 달로 쏘아 올리자는 대통령의 제안을 지지하듯이 건 클럽은 이구동성으로 "에드가 엘런 포를 위하여"라고 환호하고 있다.

3. 또한……혹은 아마도 바로 그런 이유로. 어떤 영향력 있는 소설은 또한 흔히 정말 인 듯한 효과때문에 그 의제가 애매해질 수도 있지만 훌륭한 논쟁이라고 주장할 수 있을 것이다. 웰스는 바로 이 문제에 대해 헨리 제임스와 기억할만한 격론을 벌였었다. 헨리 제임스는 웰스의 초기 소설들에 열렬하게 환호를 보낸 후 이 소설들이 편향적인 경향이 있다는 사실을 발견하기 시작했다. 말하자면. 때로 제임스의 의도를 파악하기는 더 어려웠지만 그도 의도를 갖고 있었다. 의제 없는 사람은 없다.

4. 이런 점에서 공룡은 SF 레퍼토리에서 가장 유력한 "신화적" 상징들 중 하나다. 레이 브레드 버리 소설에 기초한 〈20000패덤에서 온 짐승〉(1953), 〈고질라〉(1954년

과 내가 책을 쓰고 있을 때 리메이크)와 〈쥬라기공원〉(1994). 공룡은 현대의 가장 인기 있는 괴물이다.

5. Richard J. Herrnstein & Charles Murray. The Bell Curve: Intelligence and Class Structure in America(New York: Free Press, 1996).

6. 혹은 더 우습게도 이름으로 그 특징이 표현된 새인 귀여운 파란 발 얼간이 같은 포유류. 이것이 커트 보네거트의 마지막 위대한 과학 소설 『갈라파고스』(1985)의 주제다. 이 책에서 순양 선박 바이아 드 다윈의 여행자들은 남은 인류가 자멸한 갈라파고스 섬들에서 난파된다. 새로운 호모 갈라파고스는 바로 자신들이 선조들의 과도한 지성과 상상력에서 자유로운 바다표범과 바다코끼리 같은 조건에 맡겼기 때문에 백만 년을 지속하고 있다.

7. 계속 속편을 만들어 어떤 의미 있는 성공을 거둔 베른은 또 다른 SF전통, 말하자면 상업적 성공을 거둘 수 있는 또 다른 원천을 예시한 것이다.

8. Arthur C. Clarke, 2001: A Space Odyssey(New York: Signet, 1968), p. 218.

9. Hal Lindsey, The Rapture(New York: Bantam, 1983), pp. 44~45.

10. 더 세속적인 저자들은 이 같은 등식에 더 세속적인 추론을 가장한다. 『보이드 캡틴 이야기』(New York: Timescape, 1983)에서 노만 스핀라드는 빌헬름 라이히 식으로 빛보다 더 빠른 여행의 해답은 오르가슴이라고 가정하고 있다.

11. Quoted from Paul Boyer's definitive study, When Time Shall Be No More : Prophecy Belief in Modern American Culture(Cambridge, Mass.: Harvard University Press, 1992), pp. 7~8.

12. Quoted from Charles Platt, Dream Makers(New York: Berkley, 1980), p. 180.

13. Arthur C. Clarke, Profiles of the Future(New York: Holt, Rinehart and Winston, 1984), p. 95.

14. David Hartwell, Age of Wonders(New York: Walker, 1984), pp. 80~81.

15. J. C. Ballard, "The Message from Mars," in David Pringle(ed.), The Best of Interzone(New York: St. Martin's Press, 1997), p. 35.

4장

1. Ray Bradbury. "There Will Come Soft Rains," in The Martian Chronicles(New York: Avon, 1997) p. 249.

2. 28년 후 브래드버리는 기본적으로 같은 근거에서 우주 프로그램을 집요하게 선전하고자 했다. "우리는 탈출할 수 있기 때문에 탈출할 수 있으며 탈출은 인간 정신에 매우 중요하고 고무적인 것이다." 하지만 브래드버리가 1978년에 말한 "탈출"은 일종의 자기기만 같은 단순한 현실도피다. 그는 그것을 다음과 같이 아주 분명하게 설명하고 있다. "내가 8살이나 9살 때 처음으로 「과학과 발명」이나 「놀라운 이야기들」의 표지에 있는 우주를 보았을 때를 지금도 기억하고 있다. 친구인 칼 세이건은 '낭만적인 사람'이고 그는 내가 알고 있는 에드가 라이스 버로스를 좋아한다고 말했었다." Charles Platt, Dream Maker(New York : Pantheon, 1985), p. 304.에서 인용.

3. Paul Boyer, By the Bomb's Early Light: American Thought and Culture at the Dawn of the Atomic Age(New York: Pantheon, 1985), p. 304. 에서 인용.

4. Ibid., p. 298.

5. Ibid., p. 305.

6. Ray Bradbury, The Stories of Ray Bradbury(New York: Knopf, 1980), pp.15~16.

7. 종말론적 사조 이후의 폭주족들은 물론 진정한 돌연변이는 아니다. 당연히 그들은 〈0년의 공포〉(1962)로 시작하는 최후의 심판일 영화 같은 더 익숙한 형식으로

이후의 것에서 유래하고 있다. 〈0년의 공포〉에서 핵 전쟁은 생존주의적 환타지들을 위한 자극물이다. 〈0년의 공포〉에서 레이 밀랜드는 로스 앤젤레스 피격에 이은 무정부상태를 헤치고 자신의 핵 가족을 인도하는 아버지다. 이번에 폭탄으로 풀려난 괴물은 고속 주행 개조 중고차를 타고 처음 등장한 시대에 뒤진 비행소년 3인방이다. 같은 해에 영국 핵 재난 영화 〈지구가 불타는 날〉에서 무정부상태는 수영복만 입고 색소폰에 맞추어 재즈를 추는 콩고 국경의 반항적 젊은이들의 형태를 취한다.

8. Ray Bradbury's The Martian Chronicles(1950), Bernard Wolfe's Limbo(1950), Leigh Brackett's The Long Tomorrow(1955), Alfred Bester's The Stars My Destination(1956), Philip K. Dick's Time Out of Joint(1959), Pat Frank's Alas, Babylon(1959), and Walter M. Miller's A Canticle for Liebowitz(1959).

9. George Orwell's 1984(1949), George Stewart's Earth Abides(1949), Robert Heinlein's The Puppet Masters(1951), John Wyndham's The Day of the Triffids(1951), Arthur C. Clarke's Childhood's End(1953), Clifford Simak's Ring Around the Sun(1953), Edgar Pangborn's A Mirror for Observers(1954), and John Christopher's The Death of Grass(1956).

10. H. Bruce Franklin. Robert A. Heinlein: America as Science Fiction(New York: Oxford University Press, 1980), p. 3.

11. 지나고 보니 마르쿠제의 "억압적 탈승화 repressive desublimation"는 분명 이전 마르크스 주의 정치 이론을 프로이트의 원칙과 조화시키는 필사적인 노력처럼 보인다. 60년대에 성의 사회적 관습은 관대해졌으며 한편으로 자본주의는 특정 이데올로기 창도자들의 고통에 대해 전례 없이 진보적인 성향을 드러내었다. 분열은 이론과 명성을 필요로 했으며 마르쿠제는 둘 모두를 제공했다.

12. Robert Heinlein, The Puppet Masters (New York: Signet, 1951), pp. 174~175.

13. Ibid., p. 40.

14. Ibid., p. 108.

15. Boyer, By the Bomb's Early Light, pp. 341~342.

16. Quoted in Gregg Rickman, To the High Castle: Philip K Dick: A Life 1928~1962(Long Beach: Valentine Press, 1989), p. 119.

17. Ibid., pp. 272~273.

18. 〈말타의 매〉처럼 스릴러에서 조사 대상. 히치콕은 늘 맥거핀을 갖고 있다.

19. Alfred Bester, The Stars My Destination(New York: Signet, 1957), chap. 16.

20. 성공하면서 비판을 받기 시작하자 딕은 초조해졌다. 1976년 나는 그의 첫 번째 소설 『태양계 추첨』의 양장본 재판에 "많은 후속작품들과 함께 『태양계 추첨』은 다소 마르크스주의적 성향의 일관성 있는 사회적 우화로 읽힐 수 있을 것이다"라고 썼다. 1978년 자기 자서전을 쓰고 있는 작가 그렉 릭만과의 인터뷰에서 딕은 나의 발언을 내가 그를 "현재 활동하고 있는 유일한 마르크스주의 공상과학소설가"로 분류했다는 주장으로 바꾸고 이어 충성선서를 했다. 그는 일찍이 나의 소설 『강제수용소』를 읽고 FBI에 나를 국가의 적으로 신고했었다. 질투 때문이었을까? 그럴 수도 있겠지만 진짜 편집증 환자에게 이런 고발은 진심으로 가장 듣기 좋은 칭찬일 것이다. 나는 칭찬 받은 셈치고 있다

21. Philip K. Dick, The Penultimate Truth(New York: Bluejay, 1984), p. 58.

22. Boyer, By the Bomb's Early Light, pp. 355~356.

23. Ibid., p. 35S.

5장

I. Peter Nicholls and John Clute(eds.),The Encyclopedia of Science Fiction(New

York: St. Martin's Press, 1993), p. 1208.

2. Ibid., p. 1157.

3. 또한 열정은 적당한 대가로 완성될 수 있다. 49.95달러로 헌신적인 트렉키는 스타 트렉을 구입할 수 있으며 스타트렉 시리즈 〈딥 스페이스 나인〉 셔스는 앞장식, 금속 별과 기장으로 마무리된다. 59.95달러로 숙녀들은 키라의 낙하복이나 더 과감한 다음 세대 모델이나 복제품을 살 수 있다. 어린이용 손목시계와 알람시계, '바조란' 귀걸이, 팔찌, 접은 옷깃 핀, 전화와 열쇠고리가 있으며 게임, 오디오테이프, 포스터, 책과 범퍼 스티커는 말할 것도 없다. '24시 사이파이 콜렉터블 핫라인'같은 800-트레커에서 모두 구입할 수 있다.

4. Richard Raben and Hiyaguha Cohen, Boldly Live As You've Never Lived Before(New York: Morrow, 1995), pp. 212~213.

5. Ibid., pp. 165~166.

6. Ibid., pp. 233~234.

7. Edward Bellamy, Looking Backward(New York: Signet, 1960), p. 143.

8. Ibid., pp. x~xi.

9. J. G. Ballard, The Atrocity Exhibition, rev. ed.(San Francisco: ReSearch Publications, 1990), p. 9.

10. Michael Moorcock. The Final Programme(New York: Avon, 1968) p. 38.

11. 최초의 '푸른수염'인 유명한 범죄자이자 조안 오브 아크의 친구. 또한 드 래로 읽는다.

12. 버로스는 자신이 선호하는 약물인 헤로인에 대해 형식상 가슴을 치며 슬퍼하는 체했다. 버로스는 헤로인을 갈망할 때조차 그것에 대해 비난했다. 하지만 다른 불법적 약물은 허가했다. 『네이키드 런치』(New York: Grove, 1959) 서문에서 버로스는 솔직했다. 즉 "약물 중독에 대해 말할 때 티벳버섯, 대마초나 해시시, 홍분제,

Bassnisteria Caapi, LSD6, 신성한 버섯이나 다른 어떤 환각제 약물을 참조하지는 않으며……어떤 환각제 사용이 육체적 의존을 야기한다는 증거는 없다. 이런 약물들의 작용은 생리적으로 마약 작용과는 상반된다. 두 가지 부류의 약물들 사이를 유감스러운 혼동은 미국과 다른 마약 부문들의 열의에 기인해 일어나고 있다." 현명한 소비자가 안전하게 다룰 수 있는 약물의 쇼핑 목록은 오늘날까지 반문화의 용인된 지혜로 남아 있다.

13. Aldous Huxley. The Doors of Perception(New York: Perennial Library, 1990), p. 18.

6장

I. U.S. district judge Frederick vanPelt Bryan, quoted in an appendix to the 1959 Grove Press paperback edition of D. H. Lawrence's Lady Chatterley's Lover.

2. John Norman, Rogue of Gor(New York: DAW, 1981), pp. 108~110.

3. 특히 찰리 맨슨을 포함한 60년대 반문화에서 이 책이 높은 평가를 받게 한 것은 약자를 괴롭히는 수컷 우두머리의 보호 하에 난잡한 성행위를 특징짓는 기숙사 스타일의 공동생활체적 요소다.

4. Robert Heinlein, Stranger in a Strange Land(New York: Ace, 1991), pp. 441~443.

5. Robert Heinlein, Friday(New York: Holt, Rinehart and Winston, 1982), p. 10.

6. Vonda Mcintyre, Fireflood(Boston: Houghton Mifflin, 1979), p. 87.

7. John Clute, Science Fiction: The Illustrated Encyclopedia(New York: Dorling Kindersley, 1995), p. 177.

8. 휴고 상은 SF팬들의 견해를 반영한다. 네뷸러 상은 미국 공상과학소설 작자협회가 시상한다.

9. Ursula Le Guin, The Word for World Is Forest(New York: Berkley, 1976), p.81.

10. Ursula Le Guin, "American SF and the Other," in The Language of the Night: Essays on Fantasy and Science Fiction(New York, Berkley, 1982), p. 87~89.

11. Marleen S. Barr, "Sea road Chronicles of Klatsand as a Pathway toward New Directions in Feminist ScienceFiction: Or, Who's Afraid of Connecting Ursula Le Guin to Virginia Woolf?" Foundation: The Review of Science Fiction 60(spring 1994).

12. George Slusser, "The Politically Correct Book of Science Fiction: Le Guin's Norton Anthology," Foundation: The Review of Science Fiction 6(spring 1994). Slusser's essay follows immediately after that by Barr cited in note 11. 두 저자 사이의 이데올로기적 거리는 영국에 기반을 둔 재단의 타협적이지 않은(때로 까다로울지라도) 선명성을 나타내고 있다. 영국에 기반을 둔 재단은 지난 25년 동안 SF비평에 대한 가장 믿을 만한 논거였다.

13. 같은 책에서 이에 대한 슬러스의 반응은 "왜 더 많은 백인 카부키 댄서와 하이쿠 시인들 혹은 가나국기 제작자들이 없을까"라고 묻는 것이다. 그는 또한 "아시아와 라틴 SF작가들이 있으며 문제는 그들이 아시아계 미국인이나 라틴계 미국인 작가가 아니라는 사실이다"라고 지적하고 있다.

14. Ursula Le Guin, Introduction to The Norton Book of Science Fiction : North American Science Fiction, 1960~1990(New York: Norton, 1993), p. 17.

15. Barry N. Malzberg, "Making It All the Way into the Future on Gaxton Falls of the Red Planet," in Norton Book, p. 313.

16. 그것은 전할 만한 요리법이다. 너무 많은 달걀과 설탕이 들어가기 때문에 더 엄격한 유형의 영양사들(어슐러가 시도해보지도 않을까 걱정이다) 사이에서 정치적으로 적당하지 않을지도 모르지만 여기서 요리법을 다시 추천해보기로 한다.

혼합물 : 설탕 1컵 ; 5테이블스푼의 밀가루 ; 2테이블스푼의 버터 ; 소금 약간

첨가 : 1/4컵 레몬 쥬스 ; 풍미를 더하는 리즈 레몬 껍질 ; 달걀 노른자위(휘저은) 3개, 우유 1컵

혼합물 : 3개의 휘저은 달걀 흰자위층

버터를 발라 구운 생산에 부어 뜨거운 물이 담긴 냄비에 넣고 350도 오븐에서 45분 동안 굽는다. 너무 굽지 말라. 저절로 양념이 되도록 윗부분은 케이크 같지만 바닥은 슬러피를 남긴다.

17. Joanna Russ. "When It Changed" in Again, Dangerous Visions, edited by Harlan Ellison(New York: Berkley, 1983), p. 254.

18. Robert Heinlein, I Will Fear No Evil(New York: Putnam, 1970).

19. Jessica Amanda Salmonson, "Our Amazon Heritage," in Amazons!(New York: DAW, 1979).

7장

I. David E. Kaplan and Andrew Marshall, The Cult at the End of the World(New York: Crown, 1996), p. 31.

2. Willa Cather and Georgine Milmine, The Life of Mary Baker G. Eddy and the History of Christian Science(Lincoln: University of Nebraska Press, 1993). 밀마인은 맥클루의 잡지 연재물로 1908년 첫 번째 책 출간의 단독 저자로 나타났지만 그녀가 기여한 것은 조사였고 카터가 실제 저자였다.

3. The Encyclopedia of Science Fiction(New York: St. Martin's, 1993).

4. 과학과 날조를 구분하기 위한 캠벨의 추적 기록은 쓸모가 없었다. 허바드와 방법상의 견해차를 보인 후 그는 1956년 헤어로니무스 기계를 옹호했다. 이것은 금속과 플라스틱으로 만들어졌을 때처럼 종이 위 도표에서도 잘 작동하고 영혼과의 대화가 가능한 위자보드와 유사한 프시입자 기계——이상적 관념을 구현하고 있는——다. 1961년 캠벨은 지속적인 운동 기계에 대한 먼 옛날 전통을 잇고 있는 반중력 장치인 딘 드라이브를 보증했다. '설명하기 어려운'과학에 대한 모든 주장에 대해 캠벨은 늘 사람을 미혹시켜 한두 달 동안 발행부수를 증가시킬 수 있는 사이비과학을 과대 광고할 준비가 되어 있었다.

5. John W Campbell. Introduction to Dianetics: The Modern Science of Mental Health(New York: Hermitage House, 1950).

6. Russell Miller, Bare-Faced Messiah: The True Story of L. Ron Hubbard(New York: Henry Holt, 1987), p. 157.

7. Ibid., p. 156.

8. Ibid., p. 203.

9. Lawrence Sutin, Divine Invasions: A Life of Philip K. Dick(New York: Harmony, 1989), p. 211에서 인용.

10. Ibid., p. 213.

11. Ibid., p.219.

12. Ibid., p. 227. 몇몇 수정된 원고에서 인용된 1986년 6월 인터뷰에서.

13. Ibid.

14. 측두엽간질(TLE)은 또한 보고된 휘틀리 스트리버와 다른 UFO피납자들의 경험에 대한 설명으로 제시되기도 한다. 스트리버의 경우는 의심스럽지만 더 초기의 소박한 경우들 중 몇 가지 사례에서 측두엽간질 때문이었을 수도 있다.

15. Sutin, Divine Invasions, p. 231.

16. Ibid.

17. Phillip Dick. "The Exegesis"(excerpts), in Gnosis(fall-winter 1985).

18. TK.

19. Ibid., p. 10.

20. Joseph Campbell, The Hero with a Thousand Faces(Cleveland: Meridian, 1963), p. 230.

21. Kinney, (0), p. 9.

22. Gerald Jonas. "The Shaker Revival," in Thomas M. Disch(ed.), The Ruins of Earth(London: Hutchinson, 1973).

8장

1. Quoted from PKD: A Philip K. Dick Bibliography, compo Daniel J. H. Levack(San Francisco: Underwood/Miller, 1981), p. 116.

2. 이 이야기 배후 조사는 토마스 페리의 작품이었다. 자신의 EPIC 흔적을 감추기 위한 하인라인의 노력에 대한 모든 설명은 페리의 '햄과 에그 그리고 하인라인'에서 볼 수 있을 것이다. 이 기사는 데이먼 나이트의 단명한 잡지 「모나드」의 1993년 3월호에 게재 되었다.

3. Robert A. Heinlein, Starship Troopers(New York: Berkley, 1968), p. 147.

4. I. F Clarke, Voices Prophesying War, new ed.(New York: Oxford University Press, 1992), p. 29.

5. Ibid., p. 41.

6. Richard Hofstadter. The Paranoid Style in American Politics: And Other

Essays(Chicago: U. of Chicago Press, 1979).

7. Ignatius Donnelly(writing as Edmund Boisgilbert, M.D.), Caesar's Column: A Story of the Twentieth Century(Chicago: F J. Schulte & Co., 1891).

8. Ibid., p. 113.

9. Jerry Pournelle, quoted in Dream Makers, Vol. 3: Interviews by Charles Platt(New York: Berkley, 1983), p. 7.

10. Ibid., p. 8.

11. Ben Bova, The High Road(New York: Pocket Books, 1983), p. 207.

12. Jerry Pournelle and Dean Ing, Mutual Assured Survival(Riverdale, N.Y.: Baen, 1984).

13. Baen Books blurbs Drake's 1991 opus, The Warrior, in these glowing terms : "그들은 최고였다. 알로아 햄머 대령은 5000명의 킬러들을 인간 세계의 다른 어떤 것보다 더 치명적인 무기로 결합시켰다. 하지만 '최고' 존재의 서로 다른 방식들은 햄머 슬래머의 잔인한 기준으로도 대량학살을 의미했다.

14. Garry Wills, "It's His Party," New York Times Magazine, August 11, 1996.

15. New York Times, March 30,1986.

16. Times Herald Record(Middletown, N.Y.), September 11,1996.

17. Kristin Hunter Lattany, "Off-Timing: Stepping to the Different Drummer," in Gerald Early(ed.), Lure and Loathing(New York: Penguin, 1994).

18. Warren Leary, "Space Agency Plans Layoffs, Shrinking to Pre-Apollo Size," New York Times, May 20, 1995, p. 1.

19. 하지만 감사의 글에서만 사례하고 있지만 『기회의 창』에 대한 또 다른 협력자는 SF작가이자 무기 개발 고문인 자넷 모리스였다. 그녀는 C. J. Cherryh (모리스처럼 미래전쟁 이야기의 전문가)와 함께 the March 30, 1986, "Letter to America" in the

New York Times. 의 초안작성자들 중 한 명이었다.

20. Newt Gingrich, To Renew America(New York: HarperCollins, 1995), p. 192.

21. Ibid., p. 191.

22. Ibid., p. 189. 깅그리치가 H. G. 웰스의 어떤 책들을 염두에 두고 있었는지 궁금할 것이다. 나약한 엘로이와 사람을 잡아먹는 멀록의 계급 체계로 넘어간 『타임머신』일까? 『닥터 모로의 섬』일까? 임종 시에 종의 운명에 대한 절망적 고백을 하는 『A Mind at the End of Its Tether』일까? 크리치턴의 모험 소설이 비관적이라는 그의 평가는 비슷하게 엉뚱하다.

23. 이 시리즈는 애초에 에드 나하가 시작했지만 『공상과학소설 백과사전』(New York : St. Martin's Press, 1993)에 따르면 이후에 나온 책들은 대개 사이버펑크 작가 존 셜 리가 가명을 쓴 작품이다.

24. Encyclopedia of Science Fiction, p. 646.

25. Robert Heinlein, Farnham's Freehold(Riverdale, NY: Baen, 1994), p. 33.

26. 역사 소설을 시도한 SF작가들(과거로의 시간여향이나 '대안' 과거를 포함한 두 가지 장르의 잡종을 쓴 사람들을 제외한)엔 쥘 베른, 존 브루너, 어슐러 르 귄, 로버트 실버버그, 브라이언 앨디스, 올슨 스콧 카드와 내가 포함된다. 이 같은 크로스오버 현상은 대부분의 독자에게 근본적으로 익숙하지 않은 사회 의정서와 물리적 환경으로 밀도 있는 가공의 세계를 창조하는 작업의 유사성 때문이다. 하나의 장르에서 학습된 이러한 기술은 손쉽게 또 다른 장르로 이전될 수 있다.

27. Quoted by Neil Caiman and Kim Newman(eds.), Ghastly Beyond Belief(New York: Arrow, 1985), p. 78.

9장

1. 1787년판 영역에서 인용된 Emanuel Swedenborg, De telluribus(1758)

2. John Adams, "Outer Space and the New World in the Imagination of Eighteenth-Century Europeans," Eighteenth Century Life(February 1995).

3. H. C. Wells. The War of the Worlds(New York: Popular Library, 1962), p. 131.

4. Ibid., p. 163.

5. William Barton's When Heaven Fell(New York: Warner, 1995) 전문에 대한 제명으로 재판된 A. E. Housman. "Epitaph on an Army of Mercenaries,"

6. Times-Herald Record(Middletown, NY), August 16, 1996, p. 50.

7. The Norton Book of Science Fiction(New York: Norton, 1993), p. 271.에서 인용된 James Tiptree, Jr., "The Women Men Don't See."

8. James Bowman, 'American Notes," London Times Literary Supplement, August 9, 1996.

9. 앨빈 메이커의 소설들은 계획된 더 많은 책들과 함께 Seventh Son(1987), Red Prophet(1988), Prentice Alvin(1989), and Alvin Journeyman(1995)이다.

10. Orson Scott Card, Prentice Alive: The Tales of Alvin Maker III(New York : Tor, 1989), p. 52.

11. Ibid., pp. 370~371.

12. 이런 관점에서 타잔의 창작자와 존 카터에 대해 거짓된 이야기가 통용되는 것에 거부감을 느끼지 않을 수 없다. 버로스 말년에 오랫동안 그의 막대한 유산의 피상 속인으로 알고 있었던 여자는 그의 소설들을 현실도피의 넌센스로 언급하며 그가 자기 소설들을 같은 관점에서 보았다고 추정하는 잘못을 범했다. 그는 그렇게 생각하지 않았으며 그녀는 그의 상속에서 제외되었다. 버로스는 카드가 자신의 소설들을 믿은

것처럼 열렬하게 자신의 소원성취 이야기를 신뢰했다. 그것이 그들이 성공한 비밀이다.

13. The Encyclopedia of Science(New York: St. Martin's, 1993).

14. Robert A. Heinlein, Farnham's Freehold(Riverdale, NY: Baen, 1994), p. 296.

15. Hal Clement, Mission of Gravity(New York: Del Rey, 1984), p. 229.

10장

1. Louis Menand, "Hollywood Trap" New York Review of Books, September 19, 1996, p. 6.

2. Nick Lowe. "Mutant Popcorn" in Interzone, October 1996, p. 37.

3. Al Sarrantonio to the author, August 8, 1997. Quoted by permission.

4. Tracy Kidder, The Soul of a New Machine(New York: Avon, 1982), p. 242.

5. William Gibson, Neuromancer(New York: Ace, 1984), p. 63.

6. William Gibson, Burning Chrome(New York: Bantam, 1986), p. 178.

7. Mark Leyner, My Cousin, My Gastroenterologist, quoted from Larry McCaffery(ed.), Storming the Reality Studio(Durham: Duke University Press, 1991), p. 102.

8. Gibson, Neuromancer, p. 5.

9. Ibid., p. 25.

10. The Encyclopedia of Science(New York: St. Martin's, 1993).

11. Ray Bradbury. Farenheit 451(New York: Ballentine, 1953), p. 18.

찾아보기

작품

옮긴이 후기

웰스의『타임머신』을 번역했었고 출간되진 않았지만 아시모프의 파운데이션 시리즈 중 한권을 번역했었던 적이 있다. 어릴 땐『투명인간』같은 작품들을 책 혹은 만화로 본 기억이 있다. 또한『브레이크 없는 문화』를 번역하면서 잭 런던의『강철군화』헉슬리의『멋진 신세계』조지 오웰의『1984』등을 읽었다. 하지만 SF에 대한 나의 주된 관심은 소설보다는 영화였다. 젊은 시절에 SF는 어린이용으로만 치부했고 다사다난한 한국 현대를 살아가는 사람에게 SF란 단순한 오락으로 여겨졌던 것도 사실이다. 하지만 어리석은 생각이었다. 결국 분야와 무관하게 주목할 만한 작품과 그렇지 않은 작품이 존재할 뿐이었다.

저자의 주장처럼 어떤 천재성 혹은 개성이라는 것이 집단 지성 혹은 작업실이나 누구 스튜디오라는 이름으로 흉내낼 수 없는 것이라면 이 책은 분명 저자인 토머스 M. 디쉬만이 쓸 수 있는 책이라 할 수 있을 것이다. 저자가 SF의 전성기라 할 수 있는 시대에 주역으로 활동하며 장르 소설의 변화와 발전을 지켜본 사람으로서 고유한 경험과 지혜를 글 속에 녹여냈기 때문이다.

흔히 꼬리 없는 원숭이에 불과한 것으로 비하되는 인간이 문명이나 문화를 누리며 살게 되기까지 그 바탕이 되는 지식이나 지혜는 어떻게 형성될까? 우선 사실과 자료들이 존재할 것이다. 그것들을 의미 있는 인과관계로 엮어낸 것이 지식이라면 삶을 통해 검증하고 확인된 지식을 지혜라 할 수 있을 것이다. 나는 이 지혜의 관점에서 토머스 디쉬 책에 특별한 강점이 있다고 생각한다.

저자의 말처럼 적어도 자신이 활동하며 살아 있는 동안 그는 SF분야의 대다수 중요 인물들과 만나며 SF 관련분야 일에 종사해왔다. SF를 읽기 시작한 이후 거의 평생을 SF 그리고 그 인접 분야와 관계를 맺으며 살아온 토머스 M. 디쉬는 SF분야에서 사회의 많은 쟁점들에 대한 끊임없는 논의와 변주가 진행되고 있었다는 사실을 확인해 주고 있다. 그는 미국 문화에만 고유하다 할 수 없는 정치인들의 파렴치한 거짓말과 책임회피, 이제 우리에겐 현안이 되어버린 시대착오적인 핵 불안, 남녀가 존재하는 한 계속될 페미니즘과 양성평등 문제, 전문화와 반비례해 다양해진 삶에 혼란스러워하는 사람들이 기준으로 삼고자 추구하는 유사 종교와 그 문제점, 그리고 무한한 가능성으로서의 유토피아 혹은 디스토피아로서의 미래에 대한 전망 등 현대 사회의 문제들을 망라해 논의하고 있다. 〈매트릭스〉, 〈아바타〉, 〈인셉션〉 등은 사회 문화적으로 적지않은 논란을 불러 일으켰으며 기술 발달이 상징하는 인공지능 알파고와 가상현실의 발전은 SF에서 오래전부터 논의되어왔던 것이 현실화하고 있는 것처럼 보여지기까지 한다.

저자는 이미 사망했고 이 책이 처음으로 출간된 지도 꽤 시간이 지났다. 하지만 고전이 고전이라 불리는 이유는 시간이 지나도 여전히 유효하게 읽힐 수 있는 보편성을 띠기 때문일 것이다. 그 점에서 나는 이 책이 적어도 SF분야에서 그리고 미국과 현대 사회 문화에 대한 의미 있는 비평서로 나름 고전으로 자리매김하고 있지 않을까 생각한다.

소설로서의 SF분야에 대한 나의 지식은 제한되어 있다. SF를 원작으로 하는 영화 정도나 관심을 갖고 **빼놓지** 않고 보는 정도다. 때문에 SF에 대한 지식의 한계가 오역으로 이어지지는 않을까 하는 걱정 때문에 여러번 확인하며 오역의 가능성을 줄이는 동시에 사회문화 비평의 흐름을 놓치지 않으려 노력했다. 그런 노력들이 헛된 것이 아니기를 바라며 SF에 관심이 있거나 사회, 문화를 또 다른 시각에서 보고자하는 독자들에게 의미 있는 독서가 되길 기대해본다.

1917년 6월 옮긴이